U0524891

本书系教育部人文社会科学重点研究基地
"中国人民大学伦理学与道德建设研究中心"的重大项目（16JJD720015）
研究成果

社会治理的伦理重构

张康之 著

中国社会科学出版社

图书在版编目（CIP）数据

社会治理的伦理重构 / 张康之著 . —北京：中国社会科学出版社，2020.8
ISBN 978-7-5203-6980-0

Ⅰ.①社… Ⅱ.①张… Ⅲ.①社会管理—社会公德—研究 Ⅳ.①C916

中国版本图书馆 CIP 数据核字（2020）第 145481 号

出 版 人	赵剑英
责任编辑	李海莹　马　明
责任校对	李　剑
责任印制	王　超
出　　版	中国社会科学出版社
社　　址	北京鼓楼西大街甲 158 号
邮　　编	100720
网　　址	http://www.csspw.cn
发 行 部	010-84083685
门 市 部	010-84029450
经　　销	新华书店及其他书店
印　　刷	北京君升印刷有限公司
装　　订	廊坊市广阳区广增装订厂
版　　次	2020 年 8 月第 1 版
印　　次	2020 年 8 月第 1 次印刷
开　　本	710×1000　1/16
印　　张	33.25
插　　页	2
字　　数	373 千字
定　　价	186.00 元

凡购买中国社会科学出版社图书，如有质量问题请与本社营销中心联系调换
电话：010-84083683
版权所有　侵权必究

目 录

导论 反思与重构 …………………………………… (1)
  一 概述 …………………………………………… (1)
  二 民主与法治的追求 ……………………………… (12)
  三 行政及其普遍性原则 …………………………… (32)
  四 合作治理的道德谋划 …………………………… (44)

第一章 人的关系及其工具化 ……………………… (57)
  第一节 重新认识人的关系 ………………………… (59)
    一 熟人、陌生人与匿名社会 …………………… (60)
    二 人与自然和人与社会 ………………………… (67)
    三 人的行动中的关系 …………………………… (74)
  第二节 管理学中的"科学"与"人" ………………… (81)
    一 科学化、技术化追求之路 …………………… (83)
    二 科学化、技术化追求的现实表现 …………… (90)
    三 把关注重心转移到行动者上来 ……………… (100)

第二章　法治与自治 ……………………………… (109)

第一节　法治以及在当前的困难 ……………………… (111)
一　现代化进程中的法治 …………………………… (112)
二　法律的缺陷和法治的困难 ……………………… (120)
三　全球化、后工业化中的法治 …………………… (129)

第二节　"自治"在社会转型中的遭遇 ……………… (136)
一　根源于自我的"自治"与"他治" ………………… (137)
二　"自治"与"他治"的历史与逻辑 ………………… (146)
三　"自治"与"他治"受到了挑战 …………………… (153)

第三章　从竞争到合作 …………………………… (161)

第一节　竞争及其社会后果 …………………………… (163)
一　工业社会的竞争文化 …………………………… (164)
二　对竞争原因的理解 ……………………………… (173)
三　竞争文化必将得到扬弃 ………………………… (180)

第二节　竞争文化中的竞争政治 ……………………… (187)
一　体现了竞争文化的政治 ………………………… (188)
二　竞争政治引发国际冲突 ………………………… (196)
三　终结竞争文化之路 ……………………………… (203)

第三节　从竞争文化到合作文化 ……………………… (212)
一　竞争文化中的司法 ……………………………… (215)
二　竞争的社会及其规范 …………………………… (224)

三　合作文化的兴起 …………………………………… (236)

第四章　流动性与社会治理 …………………………… (245)
第一节　流动性增强下的社会治理变革 ……………… (246)
　　一　流动性的迅速增强 ………………………………… (248)
　　二　流动性引发社会变革 ……………………………… (254)
　　三　社会网络与合作行动 ……………………………… (264)
第二节　从制度到行动的转变 ………………………… (272)
　　一　社会治理的制度性思维 …………………………… (274)
　　二　民主的政治生活方式 ……………………………… (282)
　　三　行动导向的社会治理 ……………………………… (289)

第五章　超越个人与集体 ……………………………… (298)
第一节　个体与集体问题 ……………………………… (299)
　　一　基于个体的社会治理 ……………………………… (301)
　　二　重新定义"个体" ………………………………… (309)
　　三　个体与集体归于行动者 …………………………… (318)
第二节　个人主义话语及其社会建构 ………………… (325)
　　一　个人主义话语及其功能 …………………………… (327)
　　二　以个人为出发点的社会建构 ……………………… (334)
　　三　自我中心主义的行为表现 ………………………… (342)

第六章　道德化的进路 ……………………………………（351）

第一节　重新认识道德与理性 ……………………………（352）
一　道德与理性间的关系 ……………………………（354）
二　理性社会中的"反伦理" …………………………（361）
三　反思政治时的道德体悟 …………………………（371）

第二节　社会治理的道德化 ………………………………（381）
一　社会治理变动的新迹象 …………………………（383）
二　依然存在排斥道德的力量 ………………………（392）
三　伦理建构的必然性 ………………………………（400）

第七章　民族国家的处境 ……………………………………（407）

第一节　全球化中的民族国家 ……………………………（409）
一　民族国家及其历史表现 …………………………（410）
二　民族国家的结构性矛盾 …………………………（419）
三　民族国家遭遇挑战 ………………………………（429）

第二节　从"世界"观念到"全球"观念 …………………（436）
一　全球治理问题的提出 ……………………………（437）
二　全球治理模式问题 ………………………………（443）
三　建构全球治理模式的阻力 ………………………（452）

第八章　全球治理中的合作 …………………………………（462）

第一节　走向合作的全球治理 ……………………………（463）

一　全球治理：新旧模式的更迭 …………………（464）
　　二　世界治理的行动逻辑 …………………………（470）
　　三　为了人的共生共在的全球治理 ………………（477）
　第二节　基于道德的合作治理 ………………………（488）
　　一　全球社会的道德条件 …………………………（489）
　　二　全球化与全球治理 ……………………………（498）
　　三　全球治理就是合作治理 ………………………（506）

主要参考文献 ………………………………………（514）

后　记 ………………………………………………（522）

导论　反思与重构

◇一　概述

　　社会治理是人类文明的标志。在人类走出野蛮状态的时候，也就有了社会治理。但是，完备的和具有科学属性的社会治理模式则是在工业社会中建立起来的。工业社会中的社会治理在政治上是以民主和法治为基本特征的，民主与法治也是社会治理的基本框架和主要方式。随着政治与行政的分化，社会治理体系分成了两个部分。政治部分所推崇的是民主政治和规范化的法治；行政部分则在技术主义道路上得以建构。大致是19世纪后半期，工业社会基本定型，所呈现出的是"政治与生活的分离，形式法的领域与道德商谈的领域相脱节，自主的艺术与个人的生活过程相分离，最后，生活世界本身越来越从属于经济和行政过程的动力，这些因素不断地把个人推向一种物化的社会体系的边缘"①。从20世纪行政发展的情况看，虽然民主和法治是一个基本框架，但行政集权化的倾向却日益明显。在这种情况下，人们出于对民主的热爱和对集权的恐惧，要求把民主程式引入行政过程。而且，在20世纪80年代开始的全球性改革运动中，也的确在行政的民主化方面作出了诸多探索。

自20世纪80年代起，社会治理变革的主题引起了人们的广泛关注，世界上几乎所有国家都在用行动去阐释这一主题。然而，经历了40多年的时间，再来观察这一主题阐释的情况，却又不得不去作出一些反思。其实，起始于20世纪80年代的这场全球性的改革仍然耽于近代以来的思想及其理论框架之中，受到既有的线性思维模式的限制，并未找到一条展现光明前景的道路。因而，我们很难判断说这场全球性的改革运动已经根据全球化、后工业化的要求去建构适应高度复杂性和高度不确定性条件下的社会治理模式了。如果将改革进行下去的话，那么也许我们需要换一种思路，并努力去发现社会治理建构的另一个可能的出发点。正是这一追求，把我们引向了对道德的关注，提出了社会治理伦理重构的设想。

我们应当看到，在人类历史上，正是在从农业社会向工业社会转变的过程中，建构起了以"民主""法治"以及由现代政府所承载的"公共行政"等为内容的社会治理体系。现在，人类

---

① ［德］阿尔布莱希特·韦尔默：《后形而上学现代性》，应奇等编译，上海译文出版社2007年版，第91页。

社会正处在全球化、后工业化进程中，这是人类社会的又一次伟大的历史性社会转型运动，是从工业社会向后工业社会的转变，也意味着整个社会及其社会治理体系的重构，而且应当看作社会治理模式的重构。在思考社会治理模式重构的问题时，我们首先需要认识到的问题就是：社会治理应当承担的任务和开展行动的条件都完全不同了。因而，社会治理模式重构的逻辑以及所要建构起来的社会治理模式的基点，也将与工业社会的社会治理发展行程和运行方式完全不同。具体地说，在此过程中，工业社会的那种在社会治理体系建构中缺失道德之维的状况应当改变。我们在全球化、后工业化进程中开展社会治理模式重构时，应当把丢失了的道德之维找回来。这是社会治理赖以展开的基点的转移，也是社会治理模式性质的改变。我们在全球化、后工业化进程中所要建构起来的新型社会治理模式，应当体现伦理精神，一切属于社会治理的行为和行动，都应当具有道德的属性。

当我们立足于全球化、后工业化的时代回望历史的时候，就会真切地感受到，工业社会的民主、法治追求以及公共行政的科学化、技术化追求把我们带进了这样一种状态，我们既已拥有的这个社会在每一个方面都成了孤立的碎片，以普遍性为支柱的同一性的社会治理也经常性地表现出无从着力的状况。每当政府想要解决某个迫切的、严重的问题时，在另一个地方，就会冒出来一堆更为迫切、更为严重的问题。而且，政府在解决了某个问题的时候，又总是会引发一些无法预想到的新问题。这就是社会治理所遭遇的空前困窘状态。到了20世纪后期，在工业社会的基本框架下，在既有社会治理模式的储备库中，除了那些已经习以为常的做法之外，几乎不再有可资利用的有效治理工具。在某种意义上，社会治理本身，已经成为制造各种麻烦的总根源，人类在今天所遇到的最迫切、最根本的问题是：唯有通过社会治理模式的变革才能找到出路。这就类似于"拆迁"和"重建"。

在中国人为什么喜欢"拆迁"的问题上，西方人一直是不理解的。在西方国家，16世纪的建筑随处可见，而在中国，人们总是习惯建了拆、拆了重建。有的人在此中领悟出了中国人不喜欢历史的结论，其实不是这样的。中国人实际上无比珍爱自己的历史，无时不陶醉于自己的历史中，甚至总希望吮吸历史那只干瘪塌陷的乳房，从中吸尽最后那滴乳汁。中国人喜欢"拆迁"是由其思维方式决定的。具体来说，是源于中国人创作时的那种思维方式。以作画为例，西方人画油画是可以经过无数次修改的，直至完成；中国人在宣纸上作画，要么成画，要么变为废纸。就社会治理这个领域来看，中国人的态度总是不断地否定、抛弃。即便是改革，实际上也是革命。

在全球化、后工业化进程中，随着社会变革问题的提出，西方人意识到，也许中国人的这种思维方式是有益的。因为，中国的改革开放几乎是与人类社会的全球化、后工业化运动同时启动的，特别是经历过了几十年对西方的学习和研究，我们已经对画油画的技法了然于胸，而且对油画成画后构图的死板僵化不甚满意。我们追求泼墨写意的畅快，也深谙景在画外的意境。因而，我们以改革的方式去造就一场革命是完全可能的。在全球化、后工业化进程中，我们所要实现的就是一场革命。其中，社会治理模式的重构则是这场革命取得合乎历史进步要求成果的保障。既然人类在工业社会的历史阶段中尝试过以政治的民主化、法治化和行政的科学化、技术化为特征的社会治理模式，那么，在社会治理重建的过程中，我们是可以设想伦理建构的可能性的。

全球化、后工业化已经把我们领入了这个改革的时代，在既有的改革和对未来的开放语境中，我们应当形成正确的认识和确立起正确的观念。

如果进化论是可信的，我们在它所提供的视角中所看到的就是，因为社会的进化太快而使得生物进化似乎停滞于某处了。特别是在近代以来的社会发展行程中，所谓社会的进化，更多的是由人的活动推动的，尽管人在生活中和在开展各种各样的活动时并未去关注宏观社会后果。即使人们对宏观社会后果予以关注了，也往往未能预知其后果。这是因为，在近代以来所确立起来的模式化思维中，人们是不可能跳出思想的边界而预测到微观行动的宏观后果的。历史哲学家们也把社会进化称为"自然历史过程"，尽管它是"自然历史过程"，却由于人的一切活动在微观的意义上又都被贯注了目的性的内容，特别是人们发明了工具、对行动进行谋划和发明了组织技术等，使得人脱离了生物进化的天择属性。所以，社会的进化不同于生物进化，而且在经历了工业社会历史阶段中的科学技术大跃进后，所呈现出来的是加速化的态势，是人为推动的社会加速化。尽管是人为推动的，却又无法为历史掌握航向。

社会进化的加速对人造成的影响可以在两个层面上去认识：第一，社会进化速度的加快使人无法适应，从而陷入了某种"人类的疯狂"状态之中，并有可能走上自我毁灭之路。也许人们不相信这种情况出现的可能性，即使认为存在着这种可能性，也会认为现代社会科学以及制度等能够防范人类在整体上陷入疯狂并自相残杀的状态。不过，我们认为这种状况是有可能出现的，在能否防范和如何防范的问题上，是需要加以探索和研究的。第二，社会进化的加速化已经破坏了人赖以生存和延续下去的生态，而且依然处于加速恶化的进程中，一种把人类引入毁灭境地的趋势似乎无法避免。在这一点上，可以说人类已经达成了基本共识，除了少数极端的执拗人士不承认这一点。虽然这一点在很大程度上已经成为共识，但人们不愿从造成这种恶果的道路上跳出来，或者带着某种无力感，认为无力跳出，也就干脆不去尝试了。更有一些政客在认识到这一点后竟去做进一步推动之事，只要能够讨好失去了理智的"选民"而求得一时畅快，似乎让人类早一日毁灭也无妨。

面对这种情况，唯有一些学者带着哀声在呻吟，却也无济于事。难道人类果真只能这样等待"末日"的到来？面对这个问题，我们认为，即使无力挽回，也应心有不甘吧。所以，我们希望呼唤所有愿意尝试一把的力量。在此过程中，我们必须指出：首先，社会进化加速的趋势是不可逆转的，而且对人的生存构成的挑战也越来越大。其次，任何有意识地忽略、回避的鸵鸟式心态、悲观消极的看法、"今朝有酒今朝醉"的行为等，都是错误的。所以，我们应有所作为。

其实，在社会进化加速的趋势中，我们还是能够从隐藏于背后的那种人的活动中看到某种希望。因而，我们所应做的工作就是，努力去把"自然历史过程"改变为"自觉创造过程"，真正地去推动社会发展和历史进步。一旦我们有了这一构想，就会发现，当前正在发生的全球化、后工业化运动恰恰是一个机遇，给予我们的是创造性地建构后工业社会的机会。在我们努力把握住这个机遇的时候，也许科学家的一个提示是值得我们去努力尝试的："我们面临的挑战将从目前的科学实践为主转变为道德实践为主。如果说，从我们目前的观点看，道德任务似乎还显得相对琐碎的话，这只能说它反映了我们目前的不成熟。"① 基于这样的思路，我们是有理由提出社会以及社会治理模式的伦理建构的，而且应把社会治理模式的伦理建构作为优先实践的事项确立起来。

在历史进步和社会发展的视角中去看，吉登斯认为："打破传统以对传统的理解为开始：当传统被理解为事情曾经如此、现

---

① ［美］麦克斯·布罗克曼编：《下一步是什么》，王文浩译，湖南科学技术出版社2018年版，第31页。

在如此以及应该如此，传统的影响力最为强大。但在把某些实践植入'传统'的时候，后者也因此而遭到破坏，因为它在各种已经认可的既有实践中加入了其他模式。"① 这是难以避免的，因为现实的实践必然包含着来自传统的意识形态的介入。而且，在对这种实践的观察中，传统所赋予观察者的理解模式以及观察者在接受传统的过程中习得的偏好，都促使他去从实践中搜寻可以证明传统的因素，并将其放大。所以，传统的力量是强大的，打破传统往往是非常艰难的工程。

一般来说，只有传统的束缚致使当代人处于某种窒息的状态，才会激发出打破传统的力量。也只有当这种力量被激发出来，对传统的理解才会从属于打破传统的要求。更多的时候，人们陶醉于对传统的无比美妙的想象中，以自恋的方式为传统而自豪，即使传统已经束缚了人们前行的脚步，即使传统已经发生了变异，也痴狂地维护那个传统。比如，民主是工业社会这个历史阶段社会治理的一个伟大传统，当工业社会遭遇了全球化、后工业化运动的否定的时候，民主开始显现出了变异为民粹的迹象，人们却因为对民主的迷恋而不愿意正视这种变异，甚至不愿意承认民主正在变异为民粹的事实。也正是这一点，让人对全球化、后工业化抱持怀疑的态度。学者们虽然意识到全球化、后工业化已经是一场现实的运动，却又千方百计地要将它植入传统之中。

---

① ［英］安东尼·吉登斯：《社会理论的核心问题》，郭忠华等译，上海译文出版社2015年版，第213页。

这样做的结果可能是：让人类在承认全球化、后工业化是一场历史性的社会转型运动并在寻找和发现了不同于传统的行动逻辑之前，付出惨痛的代价。

20世纪后期以来，人们一直处于对各种改革方案的尝试之中，而且20世纪80年代开始的全球性改革也在一些学者的研究中被分出了多种类型。对于这场全球性的改革，在是否反映了全球化、后工业化的要求这样一个问题上，却很少有人去作出审查并提出令人信服的判断。无论是在政治的意义上，还是在管理的意义上，20世纪后期以来，公众参与都构成了一个显著的社会治理现象。正如克莱顿所说："从前大多数公共管理者都习惯于在幕后远离公众监督或不被公众关注的环境下工作。但是，今天这一工作的环境大大地改变了，公共管理者不得不与公民或公民组织保持密切的接触，与公民一起从事日常公共事务的管理。对于公共管理者来说，公民参与已经成为他们工作与生活中的一部分，这是一个不争的事实。"[①]

从历史演进的趋势来看，这还只是一种具有过渡色彩的社会治理现象。它意味着社会治理垄断局面正在被打破，人们不再把社会治理看作精英的事务，而是在对自我利益的关切中直接地参与到社会治理过程中来。如果说在天体的形成中星云可以不断地在旋转中形成行星或恒星，那么，在广泛的公众参与中也会形成

---

① [美] 约翰·克莱顿·托马斯：《公共决策中的公民参与》，孙柏瑛等译，中国人民大学出版社2005年版，第10页。

一个个的组织，并以组织的形式参与到社会治理过程中来，甚至会成为相对独立的社会治理行动者。到了这个时候，由政府主导社会治理的局面就被打破了，会呈现出多元主体合作开展社会治理的局面。事实上，多元主体合作开展社会治理的局面已经形成，特别是非政府的、非营利的组织的出现并参与到了社会治理过程中来，造就了社会治理主体多元化的局面。这是全球化、后工业化进程中的一种给予人们很多联想的社会现象，让我们看到了社会治理模式变革的新希望，那就是合作治理模式的出现。

博克斯被认为是关于社区自治问题研究的专家，他努力推广美国20世纪后期的社区自治经验，认为那是民主进化的一种新的形式或一个新的阶段。博克斯认为："合作模式鼓励市议会朝向共同目标来协同工作，从而使整个社区受益。在这一模式中，管理当局将重点放在赋予组织工作使命、深思熟虑地回应员工的政策建议上，它们避免涉入政策执行的细节中。在合作机制中，市长作为新政策的倡议者，或作为直观的社区领导中心，发挥着促进沟通和协调的作用。"① 不过，我们不禁要说，姑且不论博克斯的这一描述是否真实和准确，单就他的这样一个在民主模式及其理念下的解读来看，除了在一些微不足道的微观事务上实现了各方协商和分级授权是可能的之外，对于那些重大的、紧迫的事项，难道能够遵循这样一些做法吗？显然是不行的。

---

① ［美］理查德·C. 博克斯：《公民治理——引领21世纪的美国社区》，孙柏瑛等译，中国人民大学出版社2005年版，第91页。

事实上，博克斯也是这样为政府官员进行定位的。他说："就我们的需要，我们只确定了一个角色，那就是帮助者的角色。帮助者通过为代议者解释公共意愿，向公民和代议者提供组织和技术的专业知识，以及对政策制定和执行进行监控，以保证公民有机会参与等方式，在政策制定和执行过程中发挥积极的作用。"[1] 在高度复杂性和高度不确定性条件下开展行动，是不可能将建议者与执行者区分开来的。让"市长作为新政策的倡议者"，本身就是对其权威的一种默认，相信他因为高高在上而具有远见卓识。这对社区治理中的自治精神来说，显然是一种腐蚀剂。如果说这一做法已经突破了政府主导的话，所取得的进步也是不足道的。在社会的高度复杂性和高度不确定性条件下思考社区自治的问题，优先关注的应是社区本身以及环境的特殊性，要把社区的每一个事项都看作独特的，都需要由社区发挥自身的主动性去寻求解决方案，而不是由外部的某个权威去提供建议和倡议。

全球化、后工业化对既有的社会治理模式构成了全方位的挑战，"当今的挑战确实令人困扰，但是，挑战也为我们提升公共服务能力提供了令人振奋的机会"[2]。正是挑战，引发了20世纪80年代以来的改革。对于这场全球性的改革，是应当给予积极评价的，因为这场改革在社会治理方式、方法上作出了诸多调整

---

[1] [美]理查德·C.博克斯：《公民治理——引领21世纪的美国社区》，孙柏瑛等译，中国人民大学出版社2005年版，第117页。

[2] 同上书，第1页。

和创新，已经使社会治理的面目变得不同于以往了。但是，虽然经历了数十年的改革，无论是在全球还是在一国内部，社会秩序、贫富分化、人类的生存环境等各个方面却并未走向理想状态，反而显得迅速恶化。这说明，社会治理的改革未能在根本上找到应对挑战的方案。

显然，社会发展走进了高度复杂性和高度不确定性的历史阶段，而改革却没有在社会治理模式总体性变革方面找到出路。因而，出现了工业社会建构起来的这一社会治理模式与社会治理的现实要求相冲突的问题。为了解决这个问题，我们提出的是社会治理模式伦理建构方案。虽然要求在社会治理中更多地突出道德价值已经成为许多学者的共识，但这些思想更多的是以碎片的形式出现的。如果我们意识到人类在全球化、后工业化进程中面对的是社会治理重构的问题，就不应满足于在社会治理中尽可能多地引入道德价值，而是需要作出全面的反思，并在伦理的基点上去想象社会治理重构的系统性方案。

◇二 民主与法治的追求

民主与法治是工业社会治理文明的标志之一。但是，当代学者已经充分证明，人类在工业社会所建构起来的民主是一种形式民主。"形式民主的概念包含着一种经常被忽视的模糊性。它可能意味着一种只在正式制度的层面上才是实在的民主形式。在这种情形中,与'形式'民主相对的'实质'民主已经是一种非形式的实在,已经渗透在社会生活和它的公民的习惯、反思和情感中。"① 法默尔在《公共行政的语言》一书中表达的看法是,工业社会的民主活生生地表现为一种盛大节日。民主更多地反映在选举等活动中。意思是说,人们在选举日到来的时候,就如过节一样兴奋。在日常性的社会治理过程中,特别是通过官僚制组织起来的政府去开展社会治理时,则不可能时时恪守民主原则。即便代表制被认为是一种经典性的民主设置,也是由他人代表自己去参与政治活动和社会治理的。不过,从20世纪社会治理的基本表现来看,基本上可以说,在政治方面,贯彻了民主原则,打造出了程式化和操作性都非常强的形式民主;在政府的日常社会治理活动中,则表现出了集权,是通过集权的方式作用于社会的。也就是说,政治与行政的表现是不同的。

在工业社会的低度复杂性和低度不确定性条件下,形式民主已经能够满足社会治理的需要,它的历史合理性是毋庸置疑的。正如韦尔默所指出的,20世纪的历史经验证明,"纯粹形式民主的概念也可能意味着一种以对正义和自由的形式和普遍原则的承认为基础的民主形式。在这种情形下,'实质'民主只可能意味着这样一种民主形式,在这种形式中,自由主义的自由和正义原

---

① [德] 阿尔布莱希特·韦尔默:《后形而上学现代性》,应奇等编译,上海译文出版社2007年版,第257—258页。

则的有效性从属于某种共同体的或'人民的'意志,这种意志的内容已经被宣布为实质上合理的。这种民主概念逻辑上只能导致专政形式或威权体系;而且最近的经验已经证明了这一点。在这种情形中,实质民主的实现意味着个人自由和共同体自由的废除"①。

如果是这样的话,人们也就不可能再在民主追求的道路上继续前行了,因为形式民主已经构成了终极性的最佳的社会治理框架。其实,从形式民主在20世纪定型后的各种表现来看,并不能够认为它是一种最优的社会治理框架。因而,对实质民主的追求仍然是一个尚未破题的课题,仍然有着巨大的诱惑力。我们不认为形式民主就是民主的终极形态,在民主的进化中,还有很长一段路要走,从形式民主向实质民主的发展,必然会在人的进一步追求中实现。一旦实质民主成为一种现实的政治生活状态和社会治理方式,也许就会不再用"民主"一词来冠名了,对实质民主的命名可以采用"合作"一词。用"合作"一词来标识实质民主本身就意味着,它已经超越了民主与集权的话语。实质民主绝不是一种必然与集权专制联系在一起的社会治理模式,相反,它恰恰是一种既高于形式民主又与集权毫不相关的社会治理方式,也正是人类在社会的高度复杂性和高度不确定性条件下需要努力建构的社会治理框架。

---

① [德]阿尔布莱希特·韦尔默:《后形而上学现代性》,应奇等编译,上海译文出版社2007年版,第258页。

一个显而易见的道理是，民主是有条件的。在古希腊的雅典，在卫城西那个民主活动赖以开展的广场中，可能是很难让人作出形式民主与实质民主区分的。在近代以来的社会中，由于对政治家美德的怀疑，不得不求助于外在性的设置，从而不断地对制度、程序和运行机制进行强化，建构了形式民主，而且排除了实质民主建构的可能性。需要指出，民主是近代以来政治生活的理想模式，或者说，民主理想的确立以及民主政治生活的建构是与民族国家联系在一起的。民族是与国家一道兴起的，学者们也把现代形态的国家称为民族国家。有了民族国家后，在政治体制建构过程中，才会遇到民主还是集权的问题。民主与集权的问题仅仅是与现代民族国家联系在一起的，为民主寻得古希腊的源头和把集权斥之为封建的政治糟粕，都是错误的。

对于近代早期的思想家来说，为了思想表达的安全和寻求传播、认同的需要，采取"托古改制"的策略，那是可以理解的一件事。我们能够理解他们为什么要从古希腊和罗马去寻找民主和法治的原型，但是，我们认为那在很大程度上是虚构的。对于后世学者而言，启蒙思想的权威地位已经确立了起来，而且成了社会建构的理论依据。如果还像启蒙思想家那样"托古改制"，闭着眼睛去谈论古希腊的民主和古罗马的法治，就只能说这种做法在思想上是不严肃的，在学术上是不严谨的。在20世纪，当以阿伦特为代表的思想家们思考民主政治转型的问题时，尽力淡化民主的制度和体制色彩，要求在行动的意义上重新定义民主，也确实产生了协商民主理论、公众参与理论等。但是，他们的所有思考都是在既定的民族国家框架中进行的，并不具有泛历史的普适性。就全球化、后工业化运动对民族国家所构成的冲击而言，也使得这些试图进行民主重构的思想失去了色彩。一旦全球化、后工业化运动取得积极进展，一旦民族国家的身形变得模糊、再模糊，关于民主、集权等问题的讨论也就完全失去了意义。

当我们确认了民主政治与工业社会间的关系后，就会看到，关于民主与集权之争都必须在这个历史背景下才有可能，也才有意义。如果我们在考察农业社会的治理问题时在民主与集权的视角中去作出评价，是不能成立的。农业社会所拥有的是一种统治体系，而统治体系的不同层级间的关系则是松散的。也许在我们把美国的联邦体制看作民主模板时会认为农业社会的治理体系具有民主的属性，实则不然。比如，很多人在中国当代的改革过程中就表达了对中国农业社会的那种"皇权不下县"的推崇，认为那是一种"自治"状态。吉登斯曾说："传统中国的中央政府很少设法直接控制其各个省份，尤其是那些较为偏远的省份。当时，中国统治范围内的大部分居民都过着一种与其统治者完全不同的生活，无论是在文化还是在语言上，他们都与其统治者很少有共同之处。"[1] 如果在体制上把中国当时的社会治理结构称作

---

[1] ［英］安东尼·吉登斯：《社会学：批判的导论》，郭忠华译，上海译文出版社 2013 年版，第 14 页。

是民主的，认为地方统治者（政府）有着自由和自决权，人们都不会赞同。既然如此，人们又有什么理由把集权的帽子戴到那个时期的政治头上呢？正如吉登斯所正确地指出的："欧洲民族的兴起，尤其是它们在世界其他地方的发展，仅仅是一种相对晚近的现象。"①

回顾启蒙时期的民主理论建构，特别是在卢梭关于"公意"与"众意"的讨论中，可以看到，民主是公共意志得以体现的最好方式。在民主追求中，公共意志应当被放在至高无上的位置上。当社会治理必须通过政府去实施的时候，就出现了公众与政府的区别，政府垄断了社会治理过程，往往对公共意志以及意见采取冷漠的态度。只要政府垄断了社会治理，就不可能出现官僚与公众的平等对话，政府就是发号施令者，而公众则是倾听者。在民主的理念中，可以让公众发声，但这种声音在何种程度上能够被政府及其官员听取，就是另一个问题了。基于民主理念的一些极端主张会以无政府主义的形式出现，而无政府主义所给予人的又是对社会失序等问题的恐惧。所以，阿马蒂亚·森复述了一个长期为学者们所持有的理性立场，即"对平等对话的挑战，包括既要消除官僚主义的剥夺，也要防止无政府主义的影响。在对待官僚主义的态度上，我们要树立这样的观点：公众是变革的能动的参与者，不是指令或

---

① ［英］安东尼·吉登斯：《社会学：批判的导论》，郭忠华译，上海译文出版社2013年版，第13页。

者资助配合的被动的顺从的接受者"①。这至多是一个道德说教，如何让官僚接受这一点，显然是无法找到保障的。

虽然近代以来的社会治理一直是在民主的框架下展开的，但执行社会治理任务的却是政府。在政府面前，公众就是被治理者。当治理者与被治理者相向而立的时候，所谓公众通过民主的程式而对政府及其官员进行制约，往往成为一句空话。即便能够看到公众通过民主程式而对行政官员行使权力的过程作出了制约，其效果也是非常微弱的。用黑格尔的话说，"凡是存在的都是合理的"。形式民主的出现是与工业社会的要求相适应的，是与低度复杂性和低度不确定性的条件联系在一起的。然而，在全球化、后工业化进程中，我们发现，人类社会呈现出高度复杂性和高度不确定性。当人类走进高度复杂性和高度不确定性的社会中，政治生活以及整个社会治理都无法通过形式民主去获得赖以开展和得以实现的良好效果。

我们在全球化、后工业化进程中所提出的构想是：需要告别形式民主。实际上，当我们关注高度复杂性和高度不确定性条件下的合作行动时，已经包含了要求扬弃形式民主的理论内涵。社会的高度复杂性和高度不确定性并不是一种理论假设，而是已经形成的一种现实力量，并对我们形成压制，迫使我们必须去探索社会高度复杂性和高度不确定性条件下的社会治理问题，特别是

---

① [印度]阿马蒂亚·森：《以自由看待发展》，于真等译，中国人民大学出版社2002年版，第276页。

要对社会治理的基本框架给予更多的关注。一旦我们把视线放在社会治理的框架和行动这两个方面，提出变革要求，那就等于在整体上提出了社会治理模式变革的要求。全球化、后工业化意味着人类社会的根本性转型，也意味着社会治理模式的根本性变革。只有当我们突破既有社会治理模式及其观念的束缚，并开展全新的社会治理模式建构，才能找到应对既有一切挑战的方案。其中，在开展社会治理行动的行动者这里寻求根本性的变革，应是一条正确的通道。只有当行动者发生了变化，社会治理才能实现根本性的变革。当然，从行动者出发只意味着我们找到了一个起点，至于社会治理模式的整体性变革，则是一个复杂的系统性工程。

从历史上看，在农业社会中开展社会治理的是君主臣僚；在工业社会中，担负着社会治理职责的则是民主政治框架下的由人民授权的官员。在全球化、后工业化进程中，当我们瞻望后工业社会的社会治理中的行动者的时候，就会发现这将是一个"无主"的时代，不再是君主或民主的问题，而是每一个人都进入了合作治理体系之中，既是治理者也是被治理者。也就是说，存在着这样一个历史图式：从"君主"到"民主"是一场伟大的社会治理变革；同样，从"民主"到"无主"也将是一场伟大的社会治理变革，而且其意义要更大。

在行动主义的视界中，当形式民主与实质民主都归于合作行动的时候，既是民主得到实现的状态，也是民主的概念因为民真正成为现实实践而失去理论叙事价值的状态。关于这种状态，韦尔默的描述是具有启发意义的："创造形式的和非形式的民主之间、民主实践的建制化的和非建制化的形式之间，有一种有效的互补关系（在这里，'民主实践'应当被理解为包括参与者在具体的情境中追求相应的解决办法或共同体的自由时进行试验的能力和行使他们的想象力的能力，或者至少有这种准备和倾向）。"① 最为关键的是，这是一种行动者在行动中去表现自我和证明自我的状态。

这个时候，行动者的自主性是得到制度、文化鼓励和支持的，也是根源于自我的内在要求的；既受到人的共生共在的目的规范，也受到行动者作为人（或最终可以归结为人）的道德规范。更为重要的是，行动者的自主性在其想象力中能够得到表现和诠释，能够以创造性的行为去聚合起合作行动，从而使合作成为民主的实现状态。合作行动具有民主的形式，因而是形式民主的实现。对于合作行动而言，工业社会中的形式民主设置以及运作方式等，都会因具体情况的需要而被有选择地加以运用。合作行动自身所具有的是实质民主的性质，因而是形式民主与实质民主相统一的真正的民主形态。也正是在此意义上，人们将关注和思考合作行动，从而放弃对"民主"一词的使用。

---

① ［德］阿尔布莱希特·韦尔默：《后形而上学现代性》，应奇等编译，上海译文出版社2007年版，第257页。

民主是与法治联系在一起的，在民主的理念遭遇挑战或无法贯彻的时候，法治总会跃身而起，去填补空场。正是由于这个原因，当政府中出现民主缺席的时候，合法性的问题就被提出来了。结果是：在形式民主的框架中，人们对法治的迷恋被移情到了程序上，在程序正义的名义下表达了对程序的推崇。实际上，在决策者道德价值缺失的情况下，即便是在严格的合法程序下进行决策，也会生产恶的政策。这也说明，即便在工业社会低度复杂性和低度不确定性条件下，也不应抱有对程序的迷信，更不用说高度复杂性和高度不确定性条件下的决策了。

反思工业社会的治理文明，可以看到一个显而易见的事实，那就是整个社会及其治理所包含的建构性原点就是个人。在工业化、城市化进程中生成了原子化个人，随着原子化个人被赋予人权之后，也就奠立了社会以及社会治理建构的原点。正是基于这种原子化的个人，才有了民主的理念和制度，才需要通过法治去提供保障原子化个人的人权。对于工业社会的治理文明而言，个人及其人权就是社会治理的前提和出发点。所谓人权，在每一个层面上去加以解读，归根结底都是人的平等与自由。社会治理的一切活动，无非都是为了保障人的平等和自由，同时也隐含着对人的平等和自由加以证明的目的。人的人权是不能从单个的人出发去进行解读的，而是需要在社会中去加以认识。对此，理论上的讨论是非常多的，但社会治理的实践并不关注这个问题。民主的理想是，从原子化个人出发，出于维护和保障人权的需要，不能让任何一个人缺席，而是需要让每一个人的意见都得到尊重和被听取。一旦落实到社会治理的行动中，理论上的这种逻辑显然就成为制作空想的作坊。

韦尔默认为："自由的来源并不在孤立的个人，而在于社会，后者正是通过社会化实现个人化的媒介；自由应当被认为最终存在于一个更大的社会整体的结构、制度、实践和传统之中……如同泰勒所指出的，自由的概念本身假定了个人主义的观念所不具备的一种规范性的意义。因为这种观念不再仅仅意味着没有妨碍行为者做他想做的事情的外在障碍，而且意味着行为者决定他们想做什么的特定方式。作为既是个人的又是集体的自决观念，自由观念具有一种不可化约的规范性维度，因为从概念上说，它是与理性的观念联系在一起的。"① 从原则上讲，韦尔默这里对自由的界定是没有问题的，但行文背后的潜台词却是：个人与社会之间的关系构成了一个基本的框架。这个框架是既定的和静止的，除了个人与社会之间的关系以外，没有其他因素居间存在。或者说，其他因素可以忽略不计，即无须考虑。在工业社会低度复杂性和低度不确定性条件下，这样去思考问题基本上所实现的是一种程式化的思维操练。近代以来，人们一直是基于这种思维去看问题的，也同样是基于这种思维去寻求一切社会性问题的解决方案的。尽管如此，当韦尔默进一步地扩大讨论范围而

---

① ［德］阿尔布莱希特·韦尔默：《后形而上学现代性》，应奇等编译，上海译文出版社2007年版，第192页。

涉及人权的问题时，还是发表了较为正确的看法。

平等和自由是人权的基本内容。在谈到人权时，韦尔默认为："我们的人权概念与公民的基本权利这一概念有着很近的亲缘关系，又与一种必须通过基本权利来注释的普遍主义道德理解密不可分……'我们'对人权或基本权利的理解这一说法只是一种粗糙的简化说法。人们也可以在麦金泰尔的意义上说，人权的概念本质上是一个有争议的概念……'我们'对人权的理解这一说法只是表明，由于在自由主义文化内部存在着显著的共同性，争议只限于有限的游戏空间内。除了普遍主义的道德理解，这种显著的共同性还包括在其文化内部对自由和民主的基本权利的承认。"① 人权概念以及这一概念所包含的全部观念都是与特定语境联系在一起的，这可以说是一个正确的认识。无论从什么角度看，在农业社会，并不存在人权的问题，一旦人类脱离了工业社会而进化到一个更加文明的社会，人们同样不再会申述人权，更不允许与人权联系在一起的话语霸权存在。这样一来，韦尔默其实是正确地指出人权观念是与具体的历史阶段联系在一起的。

韦尔默在这里显然是努力把人权的适应范围又缩小了一圈，即仅仅将其与自由主义文化语境联系在一起。这实际上是说，在非自由主义话语语境中，人权的概念是没有意义的。虽然这是韦

---

① ［德］阿尔布莱希特·韦尔默：《后形而上学现代性》，应奇等编译，上海译文出版社 2007 年版，第 263—264 页。

尔默的深刻洞见,却无法解释现实。因为,在人权获得话语霸权地位后,其影响范围其实扩大到了全世界,而不是"只限于有限的游戏空间内"。如果认识不到这一点,也就无法理解人权作为一种话语霸权的性质,甚至会对利用人权概念进行征战杀伐的行为视而不见。韦尔默要求人们认识人权概念适用范围的有限性,这一基本精神是正确的。显然,从原子化的个人及其人权出发,所建构起来的社会治理模式是由民主与法治两个维度构成的。在政治行动上是民主的;在作用于社会的社会治理过程中则表现为法治。从对政治的观察中,又可以获得形式民主与实质民主两种认识。不过,保留民主以及法治概念的模糊性,并不刻意关注形式民主还是实质民主的问题,无论是对政治家还是批评者来说,都是非常有用的策略。

工业社会的政治实践一直是以形式民主的面目出现的,而实质民主更多地停留在理论设定中。虽然在理论上存在形式民主与实质民主的区分,但政治家不愿意考虑这种区分。保留一个模糊的、可以任意解释的民主概念,对政治家是非常有利的,他可以在民主的信仰已经深入人心的时代去充分利用民主概念的模糊性而在一切需要的时候都作出有利于自己的解释。以政治家的批判者面目出现的人往往是被人们归类为知识分子的人,也同样希望维护民主概念的模糊性,以求自己的任何一种批评都显得非常有力。在高度复杂性和高度不确定性条件下,这种状况必须终结。这是因为,一旦人类社会呈现出高度复杂性和高度不确定性,在风险无处不在和危机随时构成威胁的情况下，关于个人的自由能否实现的问题，可能就无法单单在个人与社会关系的框架中去思考，而是需要在行动中去发现、去体验。在社会的高度复杂性和高度不确定性条件下，一切属于个人的和社会的问题的解决，都需要在行动中进行。对于这种条件下的行动，民主与法治所构成的都是一种束缚。

人既在行动中去发现和获得自由的体验，也在行动中去创造一切属于人的自由。这种自由不仅属于创造者自己，还属于整个社会，并成为每一个行动者的经验事实。在高度复杂性和高度不确定性条件下，一切预设的东西——无论是制度、规则还是各种各样的物化设置——都是不具有合理性的。不管人们怎样强调这些预设的东西是合乎理性的，但在人的行动展开的过程中，都无法被证明或无法获得合理性，服务于行动的社会治理本身就是以行动的形式出现的。在这里，任何先验性的框架都将被抛弃。排除一切先验性的因素，在行动中存在的就只有经验。这种经验不再是康德所说的那种经验，即不再是近代认识论哲学所贬斥的经验，而是具有理性属性的经验。在适应社会高度复杂性和高度不确定性要求的社会治理行动中，我们看到的经验必然是具有理性属性的经验。我们也将这种经验称为经验理性。在这一社会历史阶段中，包括在这一社会历史阶段的社会治理中，行动展开的过程都会生成两种经验：一种是非理性的经验；另一种是理性的经验。决定经验是否具有理性属性的因素，则是道德价值。所以，高度复杂性和高度不确定性条件下的行动中所包含的经验理性无非是一种包含着道德价值的经验。

阿伦特在谈到古希腊的法律时,特地引用了赫拉克利特关于"法律是城邦的城墙"的比喻,认为法律的功能类似于"正如必须先建好城墙,一个可以辨认出轮廓和边界的城邦方能存在;法律决定了居民的品行,使自己的居民与众不同,能够与其他城邦的居民区分开来。法律是由某个人所设定和建造的城墙,众人可以自由活动的现实的政治领域便建在这城邦之内"①。阿伦特指出古希腊法律的这种"城墙"功用,是为了说明古希腊的法律与现代不同,它是超政治的,是在政治之先或政治之外得以确立的,而现代法律则是生成和存在于政治过程之中的。对于超政治的古希腊法律而言,"重要的是边界的标记而不是关系和联结的形成。也就是说,法律使城邦得以持存,如果法律被废除,城邦也就失去了自己的身份。对法律的违背是一种傲慢的行为,是对生命本身界限的僭越。法律在城邦之外是无效的;它的约束力仅仅适用于它所圈定的空间"②。

如果把古希腊的法律看作法律的原始形态,那么,法律像城墙一样发挥着隔离作用,通过圈定一个空间,使空间内的生活不受外部因素的干扰。空间内的一切都可能是自由的、有序的,一旦突破法律的边界,就会看到暴力,甚至接受以暴力形式出现的

---

① [美]汉娜·阿伦特:《政治的应许》,张琳译,上海人民出版社2016年版,第154页。
② 同上。

无情惩罚。比如，被判定僭越"城墙"的苏格拉底，所受到的就是这种惩罚。所以，"法律尽管界定了人们在其中共同生活而不使用武力的一个空间，但就其起源和本性而言，法律涉及某种暴力的东西。法律的产生依赖的是生产而非行动；立法者类似于城邦的建筑师或建造者，而非政治人或者公民。法律造就了政治发生的场域，法律本身包含着内在于一切生产之中的暴力。作为一个制成品，法律完全不像任何自然生成的东西那样不需要上帝或人们的协助便能存在。任何非自然的、并非靠自身而形成的东西都包含着自身被生产出来所依据的法则，每种东西都体现它自己的法则，法则之间的关系不过是哪种法则的产物之间的关系"①。在这里，法律本身就是神，也是王。在法律所圈定的空间中，它凌空傲视众生亦如羊群，谁也不能踏出它所划定的边界。就法律所具有的至高无上的地位而言，由法律施行的统治与由君主主宰的统治一样，都无非是一种统治，只不过统治的样式不同而已。所以，在法律的统治之下，城邦中需要管理的事项是微乎其微的，城邦中几乎没有什么值得给予关注的管理事务。

现代学者往往认为古希腊城邦所实行的是法治，这是一个天大的误会，是将法律的统治与现代法治相混同了。正是因为存在着这种误解，才会认为古希腊的"法律的统治"是现代法治应当学习和模仿的样板。这反映出的是一种不求甚解的肤浅认识。

---

① [美] 汉娜·阿伦特：《政治的应许》，张琳译，上海人民出版社 2016 年版，第 154 页。

我们认为，从阿伦特的描述中已经能够清晰地看到，亦如君主主宰的统治一样，法律的统治也同样属于统治型的社会治理模式。"法律是城邦的主人和指挥官，而城邦中没有哪个人有权指挥他的同侪。因此法律是父亲与专制君主的合体……由于对法律的服从没有任何自然的目的，因此公民与法律的关系还可以类比于主人和奴隶的关系：法律划定了公民一辈子都是一个'儿奴'"①。在法律的统治之下，城邦中除了可以对公民、外邦人、妇女、奴隶等进行区分之外，并不存在社会性的群体分化，公民是具有同质性的。城邦所拥有的是一种统治结构，存在于公民、外邦人、妇女、奴隶之间的是一种统治关系，而不是法律关系。在这个类似于君主的法律统治之下，城邦各构成要素之间并无法律关系。即便在公民中，智慧、勇敢等也是从属于荣誉追逐的，公民之间并无法律关系得以表现的责任和义务等。

"无论我们对希腊人的这种法律的概念作何解释，对他们而言，法律从来没能帮助国家之间或是一国之内不同政治共同体之间建起桥梁。"② 在没有法律关系的地方，我们怎能解读出法治呢？所以，古希腊并不存在现代学者所臆想的"法治"，只是在资产阶级革命中，特别是得益于18世纪的启蒙运动，才确立起现代法治。这种法治是建立在民族国家得以建构起来的前提下的。在民族国家的框架下，几乎所有居民都获得了公民权利，被

---

① ［美］汉娜·阿伦特：《政治的应许》，张琳译，上海人民出版社2016年版，第155页。
② 同上。

规定为平等的社会存在物，而且在理论上被赋予了自由的权利。这样一来，统治结构解体了，从而使法治具有了管理的属性。

在法治框架确立起来后，社会治理在遵循和贯彻法的精神时可以拥有一些工具选择上的灵活性。比如，面对常规性的事项依"法条"行动；面对较为复杂和不确定的事项依政策行动。在现代法治的框架之下，工业社会的社会治理也经历了从依据法条向依据政策的变动。从20世纪后期的情况看，在社会治理的过程中，世界各国都出现了这样一种具有趋势性的做法，援用政策去开展社会治理的方式占有越来越大的比重。无论是根据法条还是政策开展社会治理，都是法治的实际表现，都是对法的精神的实践诠释。20世纪后期以来显现出的那种越来越多地运用政策手段和依据政策开展社会治理的状况无疑包含着一种隐喻：社会的复杂性和不确定性的增长使得法条显得僵化，无法满足社会治理的实际要求，以至于不得不求助于灵活性程度较高的政策。作为一种趋势，它所指示的未来，即高度复杂性和高度不确定性条件下的社会治理，必然会要求具有更大的灵活性。

如果对中国古代的法治思想和现代法治实践进行比较，静止地审视法，可以看到，其中包含着的某些可以进行比较的价值。中国古代的法包含着以"道"为名的价值，而现代的法，则包含着以"民意""公意"等为依据的价值。但是，在法的应用中，它们之间的区别却显现了出来。中国古代要求那些运用法去开展社会治理的人必须拥有一种价值判断的能力，要做到"畏天敬地亲民"；现代法治则要求运用法的人不能掺杂个人的价值判断，而是要按照法的规则、标准等去做客观判断，行为及其结果必须与法的规则和标准严格一致。正是在对法的应用层面的观察让我们看到，中国古代对社会治理者的价值判断以及智慧提出了较高的要求，使得理想中的法治有了"刚柔并济"的特征，现代法治则是一种"祛柔卫刚"的社会治理形态。

在工业社会的低度复杂性和低度不确定性条件下，现代法治是可行的，从实践效应来看，也确实取得了巨大成功，而且也在造就辉煌的工业文明的过程中发挥了重要作用。在全球化、后工业化进程中，当我们的社会呈现出高度复杂性和高度不确定性的时候，现代法治的"刚有余"而"柔不足"的状况也就无法适应社会治理的要求。这并不是说我们应回复到中国古代的法治构想中去，因为，中国古代的法治构想所反映的都是一种极其初级的、粗糙的社会治理思想。从上述对古希腊的评价中就可以看出，我们是不承认那种形态具有法治属性的。作为工业文明的法治实践已经对它作出了否定，而且这种否定是以历史进步的形式出现的，我们怎么可能抛弃人类历史进步的成果而走回头路呢？

不过，中国古代的所谓法治思想却能给予我们诸多启示，为我们寻求高度复杂性和高度不确定性条件下的社会治理以诸多启发。首先，在中国古代的法治思想中，法为"绳规"的思想给予我们的启发是，我们需要重新认识法的概念，不要去把法的刚性规则和标准视为法所应有的唯一形态，而是应当思考如何使法更有弹性。其次，运用法律的人不仅要根据自己的法律知识去开展行动，而且需要根据对法的精神的领悟去获得知法、用法的智慧。最后，在一切法的实践过程中，都需要把法的规则和标准放在价值判断的基础上，以价值判断统领事实判断，从而深入到事实的深处，把握事实的本质。如果我们在这三个方面去思考社会治理模式重建的问题，是能够找到社会高度复杂性和高度不确定性条件下的善治路径的。

在古希腊时期，人们就认识到了道德与法律是两类基本的社会规范。在近代社会早期，当人们开始自觉的社会建构行程后，却更多地钟情于法律，概括和提炼出了法的精神，依据法的精神开展社会建构。在法治实践中，法条被放在了突出的位置上，致使法的精神并未在实践中转化为价值判断。这就是工业社会呈现给我们的现实。在全球化、后工业化进程中，我们不仅对依据法条的治理提出批评，指出这种治理形态未能够把法的精神转化为治理价值，而且，我们提出了实现对法的精神的超越的构想。这是因为，我们的视线再度移向了道德，我们希望从已有的道德理论和道德实践经验中去提炼出伦理精神，并根据伦理精神而进行社会建构。如果说后工业社会将与工业社会不同，如果说后工业社会将在超越的意义上实现对工业社会的否定，基于伦理精神而开展社会及其社会治理建构就应当是一个正确的思路，也是一条必然之路。

三　行政及其普遍性原则

密尔指出："人民政体中的好政府的一个最重要的原则是，任何行政官员都不应根据人民的选举来任命，即既不根据人民的投票也不根据他们的代表的投票来任命。政府的全部工作都是要专门技术的职务；完成这种职务需要具备特殊的专业性的条件，只有多少具备这些条件或者具有这方面的经验的人才能对这种条件作出适当的评价。"① 这可以看作关于现代公务员制度的最初设想。从政治的角度看，它应当被看作源于对民主制度缺陷的一种深刻洞察，属于一种基于对民主制度的认识而提出的通过对技术的关注去矫正民主缺陷的要求。密尔的这一思想后来被威尔逊概括为政治—行政二分原则。正是政治—行政二分原则得到广泛认同并付诸实施后，政治部门的民主与行政部门的集权才被认为是一种理所当然的事情。具体地说，政治部门依然在民主的原则下运行，行政部门则开始在两个维度上得到发展。

首先，行政部门在效率追求上走上了技术主义的发展道路，甚至以技术的名义而把民主政治生态条件下的行政集权看作合理的，进而引发"官僚病""行政傲慢"等一系列问题。由于公共行政的发展走上技术主义的道路，"在20世纪的大多数时间里，

---

① ［英］密尔：《代议制政府》，汪瑄译，商务印书馆2009年版，第193页。

公共管理者被看作技术官员,他们只有独立于公众,才能最好地从事行政管理工作。然而,新的观念却认为,现代公共管理者作为公共政策的制定者,他们对于公民偏好与利益的认定和选择,远比他们对技术标准的界定和提供要重要得多。因此,公共管理者在与公民相隔绝的状态下,是根本无法知晓并理解公民的偏好的"①。

其次,行政部门在法治的维度上进行自我建构和作用于社会。民主与法治是近代以来所拥有的最为基本的政治特征。因为在民主之中包含法治的要求,同样,法治也只有在民主的框架下才能成为现实,而且民主也必须得到法治的保障。应当说,在一个较长的时期内,人们是在政治的层面上去认识民主与法治的关系的。随着政治—行政二分原则的提出,政治层面上的民主与法治关系依然是社会治理的一个重要方面,而政治与行政间的分工也体现在对民主与法治的选择上。对于行政而言,政治民主是社会治理框架,也被一些学者看作社会治理生态,而当行政在民主的框架下开展行动的时候,则是通过集权的方式去推行法治的。只要行政部门在推行法治的过程中不突破政治民主的框架,就是合法的,而且也被认为是合理的。

行政过程的技术主义特征更突出一些,从20世纪后期的文献来看,具有人文主义精神的学者基本上都把批判目标集中在对

---

① [英]约翰·克莱顿·托马斯:《公共决策中的公民参与》,孙柏瑛等译,中国人民大学出版社2010年版,第1页。

技术主义的批评上。从公共行政的发展史来看，自"二战"后，基本上是处在技术主义的统治中的，主要是通过技术对技术主义进行诠释的。即便是在我们所说的那些批评意见中，也主要停留在了通过重申民主而去对技术主义加以矫正。直到20世纪后期，人们才开始思考用伦理及其道德去矫正技术主义所带来的公共行政片面性和畸形化等问题。但是，关于社会治理重建的问题，一直未引起人们的关注，所有试图矫正公共行政技术主义的探讨，基本上都停留在了不对既有的社会治理模式作出根本性变革的前提下。就全球化、后工业化对社会治理的要求来看，社会治理实际上是不能耽于民主或技术两个方面去做选择的，而是需要对二者都加以扬弃，即重建社会治理模式。这样一来，首要的任务就是去为社会治理模式的重建寻找新的基础。按照这一思路，伦理及其道德所发挥的就不是矫正技术主义的作用，而是应当被作为社会治理重建的基础来对待。

　　在民主的理念下，通过制度以及运行机制的设计去保障最低限度的民主，可以说是近代以来社会治理一直努力追求的。当古德诺基于政治—行政二分原则而把决策与执行区分开后，的确一度出现了政治部门致力于决策而行政部门致力于执行的状况。于此之中，我们所看到的则是社会治理民主追求的一种退缩和妥协，即不再把民主贯彻到整个社会治理过程中，而是退缩到决策过程中。就工业社会的发展过程来看，从近代早期开始的行程一直表现出社会的复杂性和不确定性持续增长的状况。虽然这种复杂性和不确定性持续增长是在20世纪即将结束的时候才发生质变，但在量变的过程中，也对社会治理构成了挑战，以至于威尔逊提出政治—行政二分的要求，而古德诺则基于这种政治—行政二分的原则去对政治和行政作出分别定义，即把政治界定为承担决策职能的部门。我们说这是民主追求的退缩，但这样做，至少是在决策过程中保证了民主原则能够得到贯彻。也许是受到古德诺对政治与行政所作出的这种定义的影响，让我们看到了这样一种情况，那就是，在社会治理过程被区分为决策与执行两个方面后，人们更多地要求在决策过程中贯彻民主的原则和理念，而对行政过程往往并不提出这样的要求。直到20世纪70年代新公共行政运动发生的时候，才含含糊糊地提出所谓"民主行政"的主张。在进入新世纪后，当新公共行政运动的一些代表人物重新出场时，通过提出公众参与等改造公共行政的方案而把民主行政的主张落到实处。直到今天，在实践上所取得的进展依然是无法给予高度评价的。

因为古德诺对政治与行政进行的分别定义而把决策与执行的职能划分清楚了，从实践来看，也的确在不到30年的时间内，似乎表现出对古德诺的定义的遵从。但是，社会治理实践也很快就突破了古德诺的定义，即显现出决策已经不再限于古德诺所定义的那个狭义的政治过程中。在经历20世纪30年代的"大萧条"后，随着政府的集权以及得到专业技术和科学操作程式的支持，也就不再仅仅是由政治部门从事决策活动了，行政部门也承担起了大量的决策任务。事实上，决策已经成为行政部门的一项日常性活动。当行政部门必须承担起决策职能的时候，如果要求用由官僚制组织起来的政府也像政治部门那样按照民主的原则运行，那显然是不可能的。既然无法保证作为行政部门的政府按照民主的原则运行，就需要寻求新的约束措施。一种民主进一步退缩的方案被提了出来，那就是以"合法性"这个概念为标志的新的约束方案。也就是说，必须按照合法性的要求去时时审查政府，不仅要求政府遵循合法性的理念，还要求在实际行动中通过制定明确的、严格的程序去保证政府所作出的各项决策不偏离方向，让行政部门所承担的社会治理活动能够始终在并不真正发挥作用的所谓民主框架中运行。然而，诚如韦尔默所指出的："诉诸决策程序的合法性不能带来实质性的改变，因为，第一，通过合法的程序也可能做出错误的决策，第二，程序也是法律秩序的一部分，也必须通过决策确定。"①

　　虽然我们对工业社会的形式民主作出了诸多批评，但就人类文明化的进程而言，那却是一个必经的历史阶段。形式民主的历史性功绩表现在它作为一个训练机制而在人类文明化进程中发挥了作用。比如，在代议制中，想成为代表的人必须表明自己是有着社会责任感的，表现出同情社会中的那些弱势群体，作出力求在个人生活中（至少在不为人知的意义上）遵守社会主流文化

---

① ［德］阿尔布莱希特·韦尔默：《后形而上学现代性》，应奇等编译，上海译文出版社2007年版，第272页。

所认同的道德等姿态。尽管这些表现出来的东西有很多是一种表演，但在一代又一代的传递中，却发挥了训练出一批又一批优秀的社会成员的作用，至少发挥了强化某些主流价值观的作用。之所以形式民主的这些功能未能在社会治理的实践中充分显现，也许正是一些学者、理论家一直扮演着不光彩的角色所致。正是这样一批人，反反复复地念叨着个人主义、"经济人"等词语，时时提醒人们：你是自私自利的存在，不要太多地把社会责任、道德观念等当作一回事儿。

随着公共行政模式的确立，行政管理活动是在官僚制组织中展开的，而官僚制的最基本要求就是按照规则行事。这也是法治的观念在组织运行中的体现。同样，在组织的外部功能方面，按照以法的形式出现的规则、标准开展行动，更是获得合法性的基本途径。所以，法治也就是行政管理的最高标准和最为基本的特征。公共行政与其政治生态之间是不一致的，因为政治是按照民主的要求而开展活动的，所拥有的是民主制度。这就使行政与政治之间出现了制度性的冲突。对于这个问题，是通过政治—行政二分原则的确立去加以解决的。也就是说，确认了行政与政治的不同。虽然政治与行政都是服务于社会治理目标的，都是社会治理体系的具体构成部分，但政治是意见的领域、决策的领域，而行政则是执行的领域和过程，承载行政活动的组织可以拥有不同于政治的制度，因为它是以官僚制的原则去加以建构的。不过，从美国来看，在经历了罗斯福总统的行政集权后，就出现了一些学者（如沃尔多等）开始重新思考行政与政治的关系，直到20世纪70年代演化出了"新公共行政运动"，明确地提出了行政的政治控制要求，他们所提出的也就是一种否定官僚制的主张。

新公共行政运动仅仅是在政治与行政的关系问题上去作出了思考，20世纪80年代的新公共管理运动则要求把视线转移到第三个方面，即提出引入"企业家精神"。这在否定官僚制方面无疑是一项积极贡献。在政治与行政之间的关系问题上的争论无法形成共识性意见的情况下，也就将这个问题搁置起来了，转而到另一个方面去寻找出路。所以，新公共管理运动并不去讨论政治与行政的关系问题，而是搬出一个能够对官僚制造成直接冲击的因素——企业家精神。这样做的效果是，在新公共管理运动的影响下，"人们努力改进政府运作过程，越来越多地使用了诸如顾客、质量、服务、价值、鼓励、创新、授权和灵活性等词语，这表明了官僚制范式已经不再是美国政府管理中唯一主要的观点和论据了"①。虽然新公共管理运动所采取的这些改革措施还更多地具有一定的被动选择的特征，但是，这恰恰表明人们对官僚制的失望。其原因就在于，社会的复杂性和不确定性程度日益增长，使得官僚制组织无法在复杂性和不确定性的环境下依然保持其分工—协作的高效运行。

新公共管理运动在提出对政府的改造方案时，实际上陷入了

---

① [美]麦克尔·巴泽雷：《突破官僚制》，孔宪遂等译，中国人民大学出版社2002年版，第130页。

近代早期关于国家与社会、政府与市场关系问题的经典讨论之中。如果说政治—行政二分原则的提出，凯恩斯主义处理国家与社会、政府与市场关系的做法，都无非是对源于近代早期经典讨论的解决方案。新公共管理则为这种讨论的再循环确立了"新起点"，事实上是回复到了现代性社会治理理论自觉前的那个起点上了。虽然在对新公共管理运动的基本做法进行概括时可以归结为在公共部门中引入企业家精神和竞争机制并实现公共产品民营化这样三点，但就这场运动来看，撒切尔主义的"私有化"标签也许更能反映其实质，它回复到了自由主义的起点上去了。所以，即使我们给予新公共管理运动的历史地位以积极评价，也只能说它在抽象的意义上实现了社会治理的一种螺旋式上升式的循环。设若把工业社会所造成的发展后果也联系起来看的话，就会看到，人类社会已经走进了高度复杂性和高度不确定性状态，这种循环即便具有螺旋式上升的特征也将变得不再可能。设若出现了再一波循环，则有可能将人类社会引入非常危险的境地。

对于新公共管理运动而言，"政府再造就是用企业化体制来取代官僚体制，即创造具有创新惯性和质量持续改进的公共组织和公共体制，而不必靠外力驱使，就是创造具有内在改进动力的公共部门"①。我们不禁会产生疑问：在现代化的过程中，企业与政府都是在同一个时间点上产生的，它们也都经历了几个世纪

---

① [美] 戴维·奥斯本、特德·盖布勒：《改革政府：企业精神怎样改造公营部门》，周敦仁等译，上海译文出版社1996年版，第15页。

的发展，为什么在这么长的一段时间内人们都没有想到去用企业化体制来再造政府，而是把这项贡献留给了新公共管理运动？在整个现代化的过程中，为什么人们会耽迷于对政府体制和企业体制进行单独设计和更新，而不是用一种体制去改造另一种体制？如果说这是一个人类在认识上长期无法认识到和无法克服的难点的话，那么，我们是应当承认新公共管理运动所取得的这项成就的。相反，如果这在认识上并不是无法企及的，而是因为人们发现这样做会引发一系列更为严重的问题——诸如政府性质和职能的异化——的话，那么，新公共管理的做法不仅不是一项新发现，反而是在民主政治的生态中产生的一株"毒草"。因为，它在所谓"民营化"的口号下让政府可以冠冕堂皇地把政府应当承担的社会责任推卸给社会，而政府的规模以及税收并未相应地实现大幅度的减少。

到了20世纪，社会治理体系中的行政部分也被称作"公共行政"，意指其属性上的公共性。从理论上看，这种公共性是从近代早期哲学家们关于普遍性的讨论中演化而来的，但也是因为现实的要求。一方面，政治上的形式民主必然要求用行政的公共性去诠释普遍性；另一方面，因为社会是建立在原子化的个人的基础上的，个人存在形态上的差异则是行政必须抹除的，因而必须秉承普遍性的原则，只不过是把普遍性翻译成了公共性。

近代以来的社会治理一直是在形式民主的框架下运行的，无论是在技术主义的维度上还是在法治的维度上，所形塑出来的社会治理都是在形式民主的框架中展开的。在民主的政治框架下，政府的日常性社会治理必须遵从普遍性原则。结果，"搭便车"的现象任何时候都不可能完全杜绝。为了防止"搭便车"行为对公共利益的实现产生消极影响，就需要对相关人的行为进行规范。从行为性质的角度来看，一切"搭便车"的行为都是有害的；但从量的角度分析，并不是所有"搭便车"的行为都会对公共利益造成消极影响。有些"搭便车"行为不会对公共产品的供给和配置造成影响，这些行为也就不属于规范控制的对象，而且可能在道德容许的范畴中。既然政府不能从根本上杜绝"搭便车"的问题，也就只能在道德容许的限度内对某些"搭便车"行为持宽容的态度。当然，即使是对这些"搭便车"行为，也应尽力加以限制，以防止被效仿而扩大化。由此就会形成一种认识，即认为政府出于长期利益以及发展正义的要求，应当杜绝"搭便车"的行为。在既有的社会治理模式中，这样做是不可能的，因为形式民主以及它赖以建立的理论基础都崇尚普遍性和同一性。在对普遍性和同一性的追求中，民主的一切操作方式以及社会治理的一切实施方案，都无法不给"搭便车"者留下广阔的空间。

审视既有的社会治理模式，也许我们可以作出这样一种构想，即从文化方面去谋求杜绝"搭便车"的行为。这样的话，就需要造就一种鄙弃"搭便车"行为的氛围。其实这也就是对形式民主以及工业社会的社会治理模式所奉行的普遍性、同一性哲学原则的扬弃，也是对科学化操作方案的超越。这样做无疑是告别了通过外在于人的规则去约束和规范人的行为的做法，而是把防止"搭便车"行为的发生寄托在人的文化自觉上了，特别是让人们因为一种道德意识的生成而主动地去与一切"搭便车"的做法划清界限。这一点是非常重要的，因为它将意味着社会治理文化上的变革，即意味着一种社会治理合作文化的生成。只有合作文化，才能让每一个人都成为自觉的行动者而不是旁观者，更不是"搭便车"者。可以认为，一切"搭便车"行为都是与合作的要求相背离的，即使它对合作体系不构成破坏，也属于合作上的"不作为"。

20世纪后期，在公共选择学派那里，"搭便车"一词是包含某些特定指向的，那就是要防止穷人在公共领域的活动中占小便宜，即防止富人在利益的实现中吃亏。这是从社会对立的角度看问题而提出的一种主张，然而，实际情况可能是与公共选择学派的判断相反的，在公共利益的实现和公共事务的展开过程中，"占小便宜"的总是富人，而穷人历来都处于不利地位，不但不可能"搭便车"，而且社会治理的几乎所有安排，也都包含着让穷人对社会作出更多贡献的内涵。即使我们不使用诸如"剥削"和"压迫"等词汇，而是用"劳动"一词去描述那些靠出卖自己的体力和智力的人的活动，认为他们是在为了自己获取生存机会的同时而对社会作出贡献，这些人也都基本上可以归入穷人的行列。当然，在20世纪，福利政策等的实施为穷人提供了生存保障，但那是为了富人财富持续增长的需要，是为了不至于让穷人生存不下去而丧失能够通过劳动去创造财富的劳动力。

在工业社会的背景下，即使从社会对立的角度看问题，如果希望这种对立不因为扩大化而影响富人利益的持续实现，也不应刻意地去杜绝"搭便车"的现象。所以，我们并不一概地否定"搭便车"行为，而是认为需要对"搭便车"的问题加以研究。如果我们能够从社会公正的角度去作出合理安排，也许就不会形成"搭便车"的概念，它也就不再是一个问题。之所以在工业社会中会出现"搭便车"的问题，其一，是利己主义话语把人们训练成自私自利的人，使人变得渴望占小便宜；其二，在公共领域与私人领域的分化中产生了公共利益，使得人们有了"搭便车"的机会。一旦人类走出工业社会，所有这些都会得到扬弃。那样的话，也就不再有所谓"搭便车"的问题了。在社会治理的合作文化生成后，"搭便车"的行为将不会再发生，甚至"搭便车"的概念都会失去存在的价值。在合作文化的框架下，也会存在需要社会治理者惠顾的人，他们无法对社会作出贡献却需要社会为他们提供生存保障。为这些人提供生存保障，将是社会文明化的一个标志，它表明，我们的社会不再是出于为这个社会储备劳动力后备军的目的而去致力于社会保障事业。可以相信，一旦合作文化生成，每一个拥有行动能力的人都会参与到合作行动中去作出自己的一份贡献，而不是时时窥探可以"搭便车"的机会。

◇◇ 四　合作治理的道德谋划

20世纪后期，人类走进高度复杂性与高度不确定性的社会，这是与技术进步分不开的。虽然每一单项技术的发展并未明显地表现出推动社会复杂化和不确定化，而是更多地表现出克服某个方面困扰人的生活和活动困难的价值，或者开拓出人的生活和活动的新领地，但是，由无数的技术进步成果相互促进、相互激荡出的浪潮，则把人类推进高度复杂性与高度不确定性的社会中。

市场同样是复杂性与不确定性的重要发源地。与技术进步相比，市场在推进社会的复杂化和不确定化方面贡献率更大。也许人们会说，市场中有一个可以把握的恒定因素，那就是所有市场主体都是"经济人"，都有着自我利益追求。即便某个市场主体胸有慈悲、怜爱和道德，也无法改写市场主体整体上自利追求的事实。的确如此，市场主体共有的自利本性可以在理论解释上消除复杂性和不确定性。特别是在组织中，通过激励手段的运用，也能将复杂性和不确定性拉入可以控制的轨道上，甚至达到降低或消除复杂性和不确定性的目的。但是，在自由市场的意义上，却并未因为理论上抽象出了一般性的自利追求而使复杂性和不确定性降低，反而是市场主体的自利性追求持续地推动了社会的复杂化和不确定化，以至于将人类推入高度复杂性和高度不确定性的社会状态中。当然，古典经济学所设想的完全竞争市场并不会促进社会复杂化和不确定化，但在现实中，竞争总是不完全的，正是因为所有竞争都属于不完全竞争，以至于社会走上复杂化和不确定化的道路。所以，社会的复杂化和不确定化是不可避免的事实，社会的复杂化和不确定化成了近代以来社会发展的一个基本趋势。

  复杂性和不确定性可以分为两种形态：一种是低度复杂性和低度不确定性；另一种是高度复杂性和高度不确定性。在低度复杂性和低度不确定性条件下，民主与法治无疑是最合适的社会治理框架。在高度复杂性和高度不确定性条件下，社会治理的这一框架则显示了诸多不适应，甚至发挥着某种消极作用。从工业社会的总体情况来看，属于一个低度复杂性和低度不确定性的社会。在人类历史的这个阶段中，人们一直对民主与法治表达了无限热情，人们相信民主与法治能够给予我们最为理想的社会治理，能够解决所有社会问题，能够给予我们解决所有社会问题的最佳路径和方案。从20世纪80年代开始，随着全球化、后工业化迹象的显现，随着社会呈现出高度复杂性和高度不确定性特征，社会治理也遭遇了诸多新的问题，以至于不得不提起改革的问题。客观地审视已经走过的将近40多年全球性改革的路程，我们却发现，人类所面临的各种困扰不是减少了，而是增多了。正是在改革的过程中，人类陷入全球风险社会，不得不面对危机事件频发的现实。何以如此？根本原因就是，工业社会的这个社会治理框架没有受到质疑。相反，改革中的几乎所有探索，都一直是在努力修补这个社会治理框架。所以，我们并未通过改革消除那些困扰和可能困扰我们的问题。

在我们对始于20世纪80年代的这场全球性改革运动作出反思的时候，必然会指向工业社会的社会治理基本框架，要求我们对这个基本框架作出反思。只有在这方面实现了根本性的变革，才能将社会治理引向健康发展的道路，才能开辟人类社会治理的一个新时代。在中国，党的十八大以来，提出了"深化体制改革"要求，其中所包含的正是这种变革工业社会基本治理框架的要求。中国的改革、开放在时间点上也是发生在20世纪80年代，是与全球性的改革同一时间开始的。但是，在将近30年的时间内，中国的改革并不是全球性改革的一部分。这是因为，中国的改革开放所要解决的主要是中国的问题，即改变计划经济时代的社会治理模式。在此过程中，因为对外开放的原因，我们也感受到全球化、后工业化的挑战，但那并未构成"主要矛盾"。现在，情况发生了变化，随着中国融入全球体系，西方发达国家所遇到的问题也在中国显现了出来。中国的改革也遇到了全球性改革所应解决的问题。事实上，西方发达国家在40多年的改革过程中并未解决这些问题，并未承担起对工业社会的社会治理基本框架加以变革的任务，以至于中国在提出"深化体制改革"的同时，也要承担起为全球性改革探索一条新路的任务。

总之，民主与法治构成了工业社会的社会治理基本框架。对这一框架的变革和调整,意味着社会以及社会治理建构出发点的调整,意味着社会以及社会治理建构的出发点也就不会停留在个人及其人权之上。在全球性改革的时代,法默尔表达了对道德的期望。他指出:"心灵的变革乃是最基础的变革;还有社会关系的革新和公共生活的改革。没有更强有力的道德声音,公共权威就负担过重,市场就无法运转。没有道德的承诺,人们的行动就不会兼顾各方。"① 如果说始于20世纪80年代的这场改革意味着社会治理模式重建的话,那么,就不仅仅是引入道德因素的问题了,而是需要以道德作为社会以及社会治理建构的前提和基础。就道德归根结底是人的道德来看,仍然是从人出发的。从人的道德出发与从人的人权出发是不一样的,落实到社会以及社会治理建构方面,会显示出巨大的差异。从人权与道德两个不同的角度去反观人,那是完全不同的人。从人权的角度去反观人,看到的是原子化的个人,这个"个人"以自我为中心,把自我之外的一切都作为利益实现的工具。从道德的角度去反观人,所看到的则是人的"他在性"观念及其追求,他会把与他人的共生共在看得高于一切,会在与他人间的差异中产生尊重与包容的要求。

从原子化个人出发实现的社会以及社会治理建构会改变个人的面貌,即把作为原点的抽象个人改变成仅为自我利益谋划的

---

① [美]戴维·约翰·法默尔:《公共行政的语言——官僚制、现代性和后现代性》,吴琼译,中国人民大学出版社2005年版,第321页。

"经济人"。所以，在社会生活以及社会治理活动中，我们所看到的是"经济人"。如果社会以及社会治理建构的出发点不是抽象的原子化个人，而是有道德属性的人，情况就会完全不同。在社会生活以及社会治理活动中，所面对的就不再是为了自我利益谋划的人。就道德的行为不从属于利益谋划而在实际上造成道德主体的利益受损而言，显然是不合乎经济人的理性原则的，因而，对社会治理的功能定位也就会发生变化。那样的话，社会治理既不是出于保护人权的需要，也不是在个人利益实现过程中维护普遍性的公共利益，更不是约束和规范竞争，而是将视线主要放在对因为不道德行为而造成的个人利益损失进行必要补偿方面。如果社会没有一个对道德主体的利益补偿机制，那么道德行为就不会再次发生。一旦道德行为成为社会稀缺的因素，也就唯有通过强化规则等外在于人的设置去实现社会控制。

  道德行为有没有持续性和能否普遍化，是由社会决定的。在竞争的社会中，当整个社会设置都从属于工具理性和服务于"经济人"的目标追求的时候，只有合法和合理的利益追求才是可以普遍化和具有可持续性的。在这种情况下，道德行为即使由舆论所倡导，也无法普遍化，更不具有可持续性。因此，道德行为普遍化和可持续性的基础应当是整个社会设置系统的道德化。其中，德制建设就是全部社会设置系统道德化的重心。我们在全球化、后工业化进程中所应建构的社会治理模式，正是围绕着道德展开的。因而，必然会关注道德实现的条件以及如何去促进道德行为的普遍化。正是这些,将成为社会治理所应具有的基本功能。

从道德出发去构想社会以及社会治理建构的问题,并不必然走向空想。如果撇开道德,即从自利的个人出发去寻求改革的方向,任何美好的承诺都会变成空想。比如,在工业社会治理文明继续展开的逻辑中,许多学者向我们展示了一个不同于柏拉图版本的"理想国",具体地说,就是民主和法治将会带来一个和谐社会。果若如此,假如在月球或火星上建起一个"理想国",那么它的第一批地球移民肯定是一些不道德的"小人"。因为,这些地方的生存条件如果比地球优越,而地球人又是无法徒步走到那里的,必须通过集中输送的方式才能到达那个地方。谁应优先被送去,显然是那些不道德的"小人"。不是说社会有一套甄别"小人"的方法和机制就能够把这些不道德的"小人"都选择出来,并把他们送到那个"理想国"去(就像英国早年把罪犯送往美洲、澳洲一样),而是因为这些不道德的"小人"惯常于投机取巧、欺诈、向可资利用的人行贿等。因为他们善于这样做,所以他们肯定会赢得优先安排去"理想国"的机会(就如今天世界各国的贪官及其家属总能获得移民美洲的机会一样)。这样的话,一个充满不道德"小人"的理想国也可能不再是一个理想的国度了。也许人们会说,通过严苛的法律以及监督制度建设去防范这些"小人"率先进入"理想国"。在这类"小人"的投机技巧面前,法律应当严苛到什么程度?监督体制又能够做得多严密？

就社会治理文化而言，只有在社会治理者不拥有道德的时候，或者说只有在社会治理者不再从道德的角度去看问题的时候，社会中的"逢迎拍马的鼠辈"才会都向社会治理过程中汇集。这个时候，社会治理者就会成为一个自足的群体，至于被作为社会治理对象的公众如何看待他们，他们都不会在乎，因而也不会去考虑合法性的问题。这只能说是一种较为极端的情况。从历史上看，当社会治理过程中允许价值因素发挥作用的时候，道德也会渗入社会治理过程中并在一定程度上发挥作用，它会使"逢迎拍马的鼠辈"有所收敛而不表现得太过露骨。另一种情况是，当社会治理祛除"价值巫魅"，不允许道德发挥作用时，则会用科学以及技术理性去保障"公事公办"，会强化程序上的形式合理性。只要技术理性还留下哪怕一点点没有覆盖到的地方，那么，"逢迎拍马的鼠辈"一旦进入社会治理过程中就仍然会无孔不入，就能够找到炫耀其独特的逢迎拍马能力的机会。

农业社会的政治及其社会治理反映的是前一种情况，而工业社会的政治及其社会治理则是后一种情况的代表。就现实来看，无论是在农业社会还是工业社会，官场中的那种阿谀与傲慢神情从来都被人们视而不见，会被认为是一种自然而然的事情。对此，为什么人们会不觉得其可耻？就是因为人们习惯了社会治理的支配与控制，也连带着接受了支配与控制的各种衍生现象。正是这些现象的存在，在从工业社会向后工业社会转型的历史时刻，才促使我们去构想一种新型的社会治理模式。这种新型的社会治理模式应当是服务型的社会治理模式。如果社会治理模式转变为服务型的社会治理模式，如果社会治理是服务而不是支配和控制，相信上述现象就会销声匿迹。

社会治理的建构往往是基于对社会的认识作出的，而在对社会的认识上，不同学科是有着不同的侧重点的。我们发现，与政治学相比，伦理学在为近代以来的这个社会进行把脉时，会表现出对个体主义和整体主义的特别关注。事实上，长期以来，人们一直陷入了个体主义与整体主义的争论之中。不过在黑格尔那里，这个问题其实已经在辩证法的名义下做了合理的处置，只是因为其论述过于晦涩而没有终结这方面的争论。在黑格尔看来，个体主义与整体主义并不是截然对立的，彻底的个体主义也就是整体主义，同样，彻底的整体主义也就是个体主义。在社会科学研究中，纠缠于个体主义还是整体主义是没有什么意义的，反而会让人认为这是一种理论上学艺不精的表现。然而，在工业社会及其思想的发展过程中，却围绕这个问题展开了数百年的争执，而且，在20世纪竟然以两种制度及其意识形态的形式相对立。这不能不说是人类的悲剧。如果有更多自命的或被封的思想家达到了黑格尔的思想深度，也许这种悲剧就不会发生。不过，我们也不能因此而说数百年来的所有学者在理论上都存在着学艺不精的问题，而是因为社会生活和实践的现实，把个体主义还是整体主义的问题摆在了学者们面前。

随着全球化、后工业化进程的启动，我们应对此发一声感叹：俱往矣。现实情况却无法令人乐观，特别是在全球化激荡出的各种现象面前，个体主义与整体主义的交锋似乎又开始活跃起来，工业社会中的那种一以贯之的在静止的坐标中看问题的思维习惯依然在延续。我们虽然可以用一句"活跃于每一个时代舞台上的都是庸俗学者"去解释当前存在着的这种现象，但那是没有用处的。因为，在全球化、后工业化这样一场历史性的社会变革中，这个问题的影响是极坏的。在全球化、后工业化呈现给我们的高度复杂性和高度不确定性面前，如果人们还在一个静止的坐标中围绕着个体主义还是整体主义进行争论，不仅是无意义的，而且是有害的。因为人类的命运是如此息息相关，人的共生共在已经变得如此重要和如此迫切，以个体自由的理由反对整体，抑或以整体利益的名义压制个体，都不合乎人的共生共在要求，甚至会对人的共生共在构成威胁。

我们反对任何对人的共生共在主张进行整体主义解读的做法。在高度复杂性和高度不确定性条件下，人的共生共在要求将人推上了无分个体主义还是整体主义的行动之中，而是要求把一切人——无论是以个体还是整体形式出现——都推入合作行动过程中，使所有社会意义上的主体与客体都消融于作为行动者的现实存在中。在积极的、自主的合作行动中，人们共享人类文化史所提供的一切有益于人的共生共在的价值，过一种既是自觉的又是自由的伦理生活。无论人是以个体的形式还是以集体的形式出现，也都是有道德的行动者。

德沃金借批评沃尔泽之机指出了正义的不确定性："在一个其传统接受种姓等级制度的社会里，种姓等级制度是正义的；在一个平等地分配物品和其他资源的社会里，种姓等级制度不是正义的。"① 在某些地方，"正义"一词的真实含义是指正当性，而在另一些地方，则是指合法性，更多的时候，人们是在政治的和道德合理性意义上来理解和谈论正义的。也就是说，即便在正义这样一个具体的问题上，也需要在不同的情境和条件下去加以把握，更不用说担负着提供正义的社会治理体系了。由于正义的概念具有不确定性，因而，一个较为流行的观点认为，正义并不是一个可以追求和可望实现的目标，而是我们当下现实的一面镜子，让我们看到现实中存在着诸多不正义就如我们脸上的污点。

德沃金并不满足于这样一种镜子的比喻，而是进一步将正义的意义提升到"批评家"的位置上。"因为我们的共同生活的一部分在于，正义是我们的批评家而不是我们的镜子，无论受到挑战的传统多么顽固不化，关于分配任何一个物品——财富、福利、荣誉、教育、承认、岗位——的任何一个决定都会被重新考虑，我们会总是质问某些现行制度框架是不是公平的。"② 对于德沃金这样的法哲学家而言，显然希望把正义作为目标而不是镜子。如果考虑到社会治理模式的话，我们也同样主张，我们不能

---

① [美] 罗纳德·德沃金：《原则问题》，张国清译，江苏人民出版社 2012 年版，第 271 页。
② 同上书，第 273 页。

够满足于既有社会治理模式为我们提供的秩序、稳定的生活和基本安全保障,也不应把我们社会中所出现的问题(如危机事件频发、灾难愈来愈多而且不可控制等)归于客观原因,从而为既有社会治理体系开脱,也不应把社会治理中的诸多不可能归结为人心不古。总之,我们需要持有的是面向现实和面向未来的积极的社会治理变革追求。

根据社会契约论的逻辑,作为社会合作后盾的因素显然应由政府来提供。从历史上看,一切无政府主义的主张都引来无数嘲笑,被认为是荒唐的。所以,当阿克塞尔罗德关注合作的问题时,在思想评述中表现了对霍布斯的同情也就在所难免。阿克塞尔罗德指出:"与其说卢梭的社会契约论是个人资源基础上的某种社会合作,而毋宁说他是主张一些人以'集体理性'和'社会公意'为名义实行个人的专制独裁。就此而论,尽管卢梭从词语上不同意霍布斯的君主专制主张,但在通过控制社会来强制人们进行某种社会选择这一问题上,二者可谓是殊途同归。"① 姑且不论这里是否包含着曲解的成分,就霍布斯的思想成为社会契约论的"草稿"来看,指出它与卢梭思想之间的一致性并无多大意义。关键的问题是,如果超出了人们已有经验的框架去看问题的话,关于合作是否必然要在政府的控制下进行,就是一个可以争议的问题了,更不用说在民主的框架下实行由政府所承担

---

① [美]罗伯特·阿克塞尔罗德:《合作的复杂性:基于参与者竞争与合作的模型》,梁捷等译,上海人民出版社2008年版,第4页。

的所谓"专制独裁"了。

　　政府完全是一个现代性的概念，正是在社会现代化进程中才生成了政府。从农业社会的情况看，承担社会治理职能的并不是政府。在中国的农业社会承担起社会治理职能的是衙门，而政府仅仅是工业社会的创造物。如果说人类在工业社会中并未将农业社会的衙门承袭下来，那么，到了后工业社会，会依然沿用工业社会的政府吗？今天看来，政府也许会在后工业社会的一个很长的历史阶段存在下去，并在社会治理过程中发挥着不可替代的作用。但是，政府的性质将会发生根本性的变化，即转变为服务型政府。一旦政府转化为服务型政府，也就根本不会出现所谓"专制独裁"的问题。如果我们提出一个更为大胆的设想，在后工业社会中，人类将会创造出一个"治场"，即"治理场所"，各种各样的社会治理行动者都在这个治场中开展社会治理活动。在"治场"中开展社会治理活动时，人们所扮演的都是特定的角色，政府也无非是多元社会治理行动者中的一个不可或缺的行动者。当然，这将是合作治理的典型形态。走向这一典型形态的过程将是漫长的，也许人类永远都无法逼近这一典型形态。在全球化、后工业化进程中，我们需要把社会治理演进调整到朝着这个方向前进的轨道上来。

　　在对卢卡奇的研究中，霍耐特概述青年卢卡奇的思想说："个人自我实现的机会仅仅在这样的限度内才会出现，即存在着一个共同体共享的表达媒介，作为一种媒介，它能够为个人把自己的内在动力清楚地、公开地客观化服务；反过来，成功地形成共同体的可能性仅仅在这样的范围内才会出现，公开的、共同的制度被建立起来，在其中主体能够重新发现自我并实现自我。在这里，个人的自我实现和社会共同体的建构作为目标是相互交叉的。"① 在卢卡奇的时代，乃至整个工业社会的历史阶段中，这种思想都只能被视为乌托邦，徒有浪漫主义的魅力，却无法实现。在全球化、后工业化进程中，正是社会的高度复杂性和高度不确定性使得人的生存环境变得越来越恶劣，把人的共生共在的主题推展了出来，迫使人们必须在这种条件下建立起道德制度和开展合作行动，因而有了一种共享的媒介——合作。此时，无论人能否适称于"主体"，但作为行动者的自我实现，却是与人的共生共在一致的。这种一致性超越了卢卡奇所设想的交叉而表现为一种重合，是个人的自我实现合于人的共生共在的状态，也是人的共生共在融入行动者的自我实现中的状态。

---

① [德] 阿克塞尔·霍耐特：《分裂的社会世界》，王晓升译，社会科学文献出版社2011年版，第11页。

第一章 人的关系及其工具化

　　社会是人的社会，在每一个社会中，人都是最活跃的因素，社会无非是人的活动空间。同时，社会又是包含在人之中的，特别是包含在人的关系以及人的行动之中。所以，一切社会建构都需要从人出发。人的关系包含两个方面的内容：一方面，是人与自然的关系；另一方面，是人与人的关系。人与人的关系也是狭义的社会关系，而广义上的社会关系也应包括人与自然的关系以及通过自然的中介而发生的人与人的关系。人的关系是处在历史性变动过程中的。在历史上，对人的关系的认识和把握，也一次又一次地发生重心转移。在农业社会中，占主导地位的人与自然的关系是一种人对自然的依赖关系，人的社会关系则是一种熟人关系；工业社会中人与自然的关系是一种征服关系，即存在于人对自然的征服之中，而人的社会关系则是一种陌生人的关系。现在，人类正处在全球化、后工业化进程中，社会的高度复杂性和高度不确定性决定了人与自然的关系以及人的社会关系都必将统一为一种共生关系，也就是人与自然、人与人的共生共在。

人类是一个命运共同体。这个共同体的状况如何，则需要得到自然界的支持。所有这些，又都只能寄托于人的行动，即通过人的行动去把人类建构成一个命运共同体，并在行动中去诠释人与自然、人与人的关系。这种行动也就是一种新型的合作行动模式。在工业社会，发展出了较为完备的处理人与自然的关系以及人与人的关系的方式方法系统，其中，管理的途径得到了不断的刷新，也是人类在20世纪所取得的一项最为显著成果。在很大程度上，管理上的诸多成就都得益于管理学这门学科的出现。可以认为，管理学是人类社会管理自觉的体现。

在管理学的发展中，近代早期产生的理性主义与人文主义两大传统都得到了较为充分的体现，构成了管理学中"科学"与"人"两大主题。其实，"科学"与"人"也是整个社会科学的两大主题，只不过管理学更深地涉入了现实而感受到了这两大主题带来的某种压迫感。当然，我们也看到，在管理学的发展中，随着科学理性、技术理性逐渐取得了话语霸权地位，"人"的主题被排斥到了边缘，而"科学"的主题得到了非常充分的诠释。特别是在管理实践中，造成了人的失落和异化，也把整个社会推向了"非人化"的一极。现在，人类社会进入了全球化、后工业化的历史性社会转型过程中，提出了后工业社会的建构问题。因而，整个社会科学都需要通过自身的重建去在社会重构中确认自己的角色。管理学如果实现了自身的重建，是可以在社会转型中发挥重要作用的。但是，管理学在自身的重建中必须实现主题的转变，即把"科学"与"人"的主题转变为"行动者"这样一个主题。当然，也可以把行动者的主题看作"科学"与"人"两个主题的合题。

◇◇ 第一节　重新认识人的关系

黑格尔认为，人是一个历史性生成的概念。"例如，罗马法就不可能对人下定义，因为奴隶并不包括在人之内，奴隶等级的存在实已破坏了人的概念。"① 不过，如果我们看到了人的双重性，这一点就清楚了。作为自然的人，人是在人类社会出现时就已经产生了的，但作为社会的人，则是在历史进步中逐渐生成的。正因为作为社会的人是历史地生成的，人的关系也是历史性的，在不同的时代，人的关系具有不同的模式。马克思说"人是社会关系的总和"，所以说，人的关系构成了人的一部分，或者说人的关系构成了人的社会的那一部分。

在宏观历史视野中，人类社会可以划分为农业社会、工业社会以及正在走进的后工业社会这样三个历史阶段。相应地，在人类历史上的这三个不同阶段，有着三种不同的人的关系模式。现在，人类社会正在发生着的是从工业社会向后工业社会转变的运

---

① ［德］黑格尔：《法哲学原理》，范扬、张企泰译，商务印书馆1979年版，第2页。

动，人的关系也处在变动之中。在这一变动的时刻，需要对工业社会中人的关系进行反思，而且需要在这种反思的基础上去重构人的关系。社会治理无非是要理顺和调整人的关系，归根结底是要理顺和调整人的关系。对全球化、后工业化进程中人的关系新变动的认识，是探索社会治理变革的前提。只有当我们认识了人的关系的新变动，并基于这些新的变动去进行制度等各个方面的安排，才能够建构起适应我们时代要求的新型社会治理模式。

一 熟人、陌生人与匿名社会

狄尔泰要求把人的生命作为哲学思考的出发点，但是，从人的哪种生命开始呢？因为，人有自然生命和社会生命。如果从人的自然生命出发，就难免陷入传统哲学中的某一种中去，甚至会陷入某种宗教哲学的思想起点中去。如果不是以人的自然生命为出发点，所谓以人的生命为哲学思考的出发点，那就无疑是要以人的社会生命为出发点。应当说，人的完整的生命是自然生命和社会生命的统一，是由这两个部分构成的统一体。但是，当我们在人的生命的整体中区分出自然生命和社会生命时，就会看到，人的自然生命是以孤立的个体的形式出现的，对人的自然生命的研究属于生物学的范畴。人的社会生命则需要在人与他人的关系中去把握，这是人的生命中的社会生命部分。所以，一旦去认识人的社会生命，就会看到，人无非是在人与社会、人与人之间的关系中产生和发育的。人的自然生命如果是现实的话，也需要借助人的社会生命和通过人的社会生命而得以实现。经历了工业社会的历史阶段后，我们深深地感受到，人的自然生命要得以维持，所需要的所有物质资料和精神养分都需要在社会中获得，都需要在与他人的交往中获得。因此，一个社会中人的关系的状况才是哲学应当首先关注的对象。而且，对人的社会关系的关注应当是动态的而不应当是静态的。只有这样，才能使思想合于现实。

在人类历史的不同阶段，人的社会关系具有不同的内容，特别是主导性的、基础性的和具有决定性意义的社会关系，是不同的。在农业社会的历史阶段中，血缘关系以及由血缘关系衍生的各种社会关系是主要的和基本的社会关系。在从农业社会向工业社会转变的过程中，由于人的流动和陌生人的频繁相遇，交往关系一度成为人们关注的重要社会关系。但是，交往关系并未构成社会的主导性的和基本的社会关系模式。因为，随着工业社会的生产特征的凸显，交往关系无非是建立在生产基础上的或由生产关系引起的一种社会关系。与交往关系一样，工业社会的其他社会关系也都直接或间接地建立在生产关系的基础上，由生产关系所决定，或与生产关系之间形成因果链。

从20世纪中期开始，服务业的兴起对生产关系的基础性和决定性地位形成了冲击，使得生产关系在社会关系体系中的地位和比重下降了。相应地，交往关系显性化而成为社会关系体系中的一种更为重要的社会关系，服务业的兴起意味着交往关系在很大程度上与服务关系重合了，我们在人类历史的演进中所看到的人的关系有一条去自然色彩的轨迹。也就是说，在农业社会，人的生命更多地显现为自然生命，社会生命的比重要小得多；到了工业社会，人的社会生命迅速成长起来，而自然生命则显得要比社会生命弱了一些。因此，人与自然的关系在工业社会中也就不再像农业社会中那样重要，取而代之的是人与人、人与社会的关系的重要性日益上升。人与自然的关系在工业社会中依然重要，却在人的关注中显得不像人的社会关系那样引起更多的重视。到了20世纪中后期，人与自然的关系再一次进入了人的视野的中心，引起了更多的议论。

从科学发展史上看，20世纪的社会科学研究开始有了空间意识，对人以及社会的研究往往是从空间的角度出发的。因此，地域、领域等概念是研究者乐意使用的。随着空间意识在社会科学研究中的引入，随着研究者在地域、领域的视界中去认识和把握人，也就出现了熟人、陌生人等概念。熟人与陌生人代表了人的社会关系的两种形态，也意味着人类社会的两个历史阶段。农业社会基本上是熟人社会，而工业社会则是陌生人社会。从历史上看，是在工业化和资本主义世界化过程中，通过一场城市化运动而从根本上消解了熟人社会，造就了陌生人社会。这场城市化运动没有消灭"乡巴佬"，在某种意义上，正是城市化造就了"乡巴佬"，当较多的人成为见多识广的城市市民后，使另一小部分人变成了"乡巴佬"。发生在全球化、后工业化进程中的新型城市化则不是这样的,它不会让一部分人成为"乡巴佬",而是会把所有人都裹挟进来。特别是技术网络应用的普及以及信息技术的广泛应用,使得每一个人都可以轻易地获取新知,并紧跟时代运行的节奏。所以,我们说全球化、后工业化将意味着人类社会的一次最为根本性和全面性的变革。

工业化、城市化的根本或重大成果是人的自我意识的生成,也就是人实现了自觉,能够意识到自我与他人的区别。因此,在从熟人社会向陌生人社会转变的过程中,用理性的视角重新审视人际关系和基于理性而开展社会建构是无可选择的行动,是一项必然选择。这是因为,陌生人社会的产生意味着联系人的情感因素变得越来越稀薄,以至于必须通过理性去建构起那些能够使人们联系起来的机制。从近代以来的情况看,理性以及基于理性的社会建构是成功的。到了20世纪后期,这种成功所具有的历史局限性却显现出来,许多人开始表达对熟人社会的怀恋之情,而且,所发出的声音也表现为不断地提出更多的异见。这种"回头看"的做法是无益的,因为人类已经告别了熟人社会,永远也不可能走回到熟人社会。从人类进入陌生人社会后,就只能在社会陌生化的道路上继续前行。20世纪后期所呈现出来的社会新变动,仅仅表明人类在陌生人社会的发展中实现了充分的量的积累,出现了质变的迹象。在陌生人遭遇否定的时候,将展现给我们一个匿名社会。匿名社会将是陌生人社会的虚拟化,不仅不同于近代以来的陌生人社会,而且与熟人社会相隔的历史间距更大了。这意味着，任何依照农业社会的蓝本去设想重构人际关系的方案都是不靠谱的，甚至是荒唐的。对于匿名社会中人际关系的建构，绝不是从理性倒退到情感，而是沿着理性的足迹前行，实现对理性的超越。

今天看来，匿名社会正在生成之中，它的完整的形态尚未展现出来。摆在我们面前的是人类曾经经历过的历史事实，特别是那个从熟人社会向陌生人社会转变过程中所发生的变化。因此，在熟人社会中，往往会形成情感集团。在集团之间，却极易发生冲突。在陌生人社会中，所形成的往往是利益集团，利益集团因利益而聚散。即使在集团稳固的情况下，利益集团之间也能够因利益而达成合作。虽然利益集团之间也会发生冲突，但几乎所有的冲突都是由利益决定的。如果能够在利益上找到妥协的途径，冲突也就可以消解了。

比较而言，情感集团之间的冲突往往在达到强弱对比悬殊的时候才会中止。处在陌生人社会，从原则上说，你不应期望在你遇到困难的时候会有一只援手出现。在你成长乃至整个人生旅途中，是不可能获得无缘由的帮助的，任何帮助都不会自动地降临到你的头上。只有当你拥有被利用的价值的时候，而且相信相应的回报会在你那里获取，才会有所谓帮助给予你。你一旦处在与他人的互动中，你就应当是他人利益实现的工具，能够满足他人利益实现的要求。否则，任何不期而至的帮助和援手，对你都是一种奢侈，是不可能到来的奢望。当然，至于你获得了某种基于慈善的帮助，那只能说是例外，在很大程度上，需要从农业社会的文化遗产那里去寻求解释的理由。

在陌生人社会中，人们"不是和睦相处，而是躲避和隔离，这已成了当代大都市中主要的生存策略。如今已经不再有爱或恨你邻居的问题了。与邻居保持一定的距离，会使难题迎刃而解，使选择毫无必要。它从根本上避开了需要选择爱或恨的各种时机"①。正是由于这一原因，陌生人社会所表现出来的是："环境的无保障集中在对人身安全的担忧上，而那反过来又强化了陌生人那模棱两可、变幻莫测的形象。街上素不相识的人、家宅周围的徘徊者……防盗报警器、有监视和巡逻的聚居区、有人守卫的公寓大门——这一切都是为了一个共同的目的：把陌生人拒之门外。入监只是这许许多多措施中最为极端的一种。"② 由于人的隔离，以致人们面向他人所展露出来的，往往只是那些某种表面上可以察觉到的模糊面目。这就是桑内特所说的："在陌生人的环境中，人们往往看到某个人的行为、言谈和职业，却并不了解此人的过去，也对他从前的行为、言谈和职业一无所知。"③ 因此，信任关系赖以建立的基础并不存在。为了在陌生人之间营建起信任关系，以求交往活动得以开展，就需要求助于能够得到制

---

① [英]齐格蒙特·鲍曼：《全球化——人类的后果》，郭国良等译，商务印书馆2001年版，第46页。

② 同上书，第119页。

③ [美]理查德·桑内特：《公共人的衰落》，李继宏译，上海译文出版社2008年版，第47页。

度保障的契约。这就是契约型信任关系得以产生的原因。

在工业社会中，随着工作与生活的分离，随着工作场所与生活场所的分离，进一步促进了人的陌生化。"由于增长和工业化与现代化的迅速蔓延，生活在工作场所和社会中的民众只能通过功能性的方式建立联系：他们缺少亲密的、社会互动的和相互信任的关系。"① 虽然在日常生活领域中仍然保留了人们之间的亲情、友谊等关系，但在工作场所，由于人们是被官僚制所组织起来的，人的亲情、友谊等所有这些情感的和价值的因素都被作为巫魅而加以祛除了，以至于人们之间的关系也被工具理性格式化了。这个时候，人们之间的关系不仅陌生化了，甚至在一定程度上是一种非人的关系。

韦政通在对中国农业社会的考察中所形成的结论是："一个以家族为中心的社会，其人生的目的，既不外光宗耀祖，兴家立业，那么人生的努力，便只变成为私而非为公，自无从培养公德观念……中国人因重家族情谊，所以凡事重情不重理，这就是中国人情味特浓的由来，它的出发点大部分为私而非为公。好处是人与人之间可以少几分暴戾之气；坏处是往往会破坏社会公理和公德观念。一个处处只讲人情的社会，是不公平的社会，也是不健全的社会，因人情常常会排斥是非。"② 韦政通所说的这种现象在中国的工业化、城市化过程中受到了冲击，特别是随着农村

---

① ［美］全钟燮：《公共行政的社会建构：解释与批判》，孙柏瑛等译，北京大学出版社2008年版，第1页。

② 韦政通：《儒家与现代中国》，上海人民出版社1996年版，第74—75页。

人口大量涌入城市并流动起来后,一个陌生人社会已经出现在了中国。更为重要的是,在中国社会陌生化的过程中,由于互联网等交往平台的出现,人们不仅成为陌生人,同时也表现出了匿名人的特征。特别是在有知识、有文化的阶层中,在围绕着公共话题展开讨论时,往往是以匿名人的形式出现的,不仅人格荡然无存,而且应当建立起来的守法意识也在摇篮中就被扼杀了。

二 人与自然和人与社会

马克思理想中的"社会是人同自然界完成了本质的统一,是自然界的真正复活,是人的实现了的自然主义和自然界的实现了的人道主义"①。这种统一如果不是体现在人的生活中的话,那显然是不可能出现的。只有从人的生活的角度去认识这种统一,从人的生活的要求出发去追求这种统一,才是正确的道路。然而,陌生人社会却如埃利亚斯所说的那样,"社会不光产生一致化和类型化,也还产生个体化"②。其实,这是一枚硬币的两面。一致化、类型化恰恰是建立在个体化的基础上的,是因为对个体的抽象,才有了一致化,也同样是因为对个体的概括,才将其归类到了不同类型中。关于这一点,黑格尔用普遍性与特殊性、一般与个别等概念已经做了非常清楚和充分的描述。

---

① 《马克思恩格斯全集》第42卷,人民出版社1979年版,第122页。
② [德]诺贝特·埃利亚斯:《个体的社会》,翟三江等译,译林出版社2008年版,第63页。

在关于人与自然的关系问题上，马克思在批判费尔巴哈时所表达的看法是，我们"周围的感性世界决不是某种开天辟地以来就已存在的、始终如一的东西，而是工业和社会状况的产物，是历史的产物，是世世代代活动的结果"，"樱桃树和几乎所有的果树一样，只是在数世纪以前依靠商业的结果才在我们这个地区出现。由此可见，樱桃树只是依靠一定的社会在一定时期的这种活动才为费尔巴哈的'可靠的感性'所感知"①。据此，卢卡奇提出了"第二自然"的概念，用来指称与那种人迹未至的"第一自然"（原初自然）的不同。第二自然是由人的影响所改造过了的自然，是人的物化了的结果，体现了人的意志、目的和价值，所以，也被称为"物化的自然"。更为重要的是，这个第二自然的创造不是合目的性的，反而是人的异化。我们看到的是人与自然关系的恶化，即这个自然已经不再支持人的生命，反而对人的生命构成威胁。如果说在卢卡奇的时代，这种论断还只是作为一种哲学观点出现的话，那么，到了20世纪后期，物化自然相对于人的异化品质已经充分地体现了出来。

就人的社会关系来看，首先，在共同体的边界处，如果说人类社会的早期如霍布斯所说的那样，"在人们以小氏族方式生活的一切地方，互相抢劫都是一种正当职业，绝没有当成是违反自然法的事情，以致抢得赃物愈多的人就愈光荣"②。在工业化的

---

① 《马克思恩格斯全集》第3卷，人民出版社1960年版，第48—49页。
② ［英］霍布斯：《利维坦》，黎思复等译，商务印书馆1986年版，第129页。

过程中，资本主义世界化造就了一个广阔的世界，以个人的形式出现的抢劫者组织了起来，以国家的形式对外侵略和掠夺，也在国家富强中获得了荣光。即便是在民族国家内部，我们所看到的也是人与人之间的冲突、社会与政府之间的冲突和社会不同构成要素之间的冲突。人与自然之间的冲突大致是在20世纪70年代进入人们的视野，因而人们提出了通过保护环境去改善人与自然的关系的要求。经历了大致半个世纪的时间后，人与自然的关系并未得到根本性的改善。反而，人与自然的关系变得更加复杂化了。而且在投射到社会上来的时候，使我们的社会呈现出了高度复杂性和高度不确定性。

乔治·亨利指出："动物和人之间有一种区别。鹞鹰和人都吃鸡，但鹞鹰越多鸡越少，而人越多鸡越多。海豹和人都吃鲑鱼，但一只海豹吃一条鲑鱼就少一条鲑鱼，如果海豹的增加量超过某一点，鲑鱼就会绝迹；而人将鲑鱼放在良好的环境中，鲑鱼的数量便会大大增加，比补充他所吃掉的数量还多。因此，不管人增加怎样多，增加的需求决不会超过鲑鱼的供应。"[①] 这显然是一种盲目的乐观主义，但是，它却表达了人的主动性。人作为动物中的能够瞻前顾后的特殊种类，是能够对自己的前景作出大概的描绘的，在一定程度上能够知道自己的行为后果。应当说，当这一原理被简约为一个人或一个组织的时候，是能够做到这一

---

① [美] 乔治·亨利：《进步与贫困》，吴良健等译，商务印书馆1995年版，第118页。

点的，而由人组成的社会却不一定必然能够做到这一点。比如，正是社会的发展造成了湿地的减少，而湿地的减少则使那些携带病毒的候鸟失去了活动场所，使之更多地在人所生存的地方出现，从而造成禽流感的流行。社会是否意识到湿地减少的影响会以人患禽流感的形式出现呢？显然没有。

究竟是什么原因使社会比个人的行为更具有盲目性呢？毫无疑问，是社会的制度和运行机制。社会虽然是由人构成的，但当人在社会中的时候，他的行为就不再是自己的行为，而是社会的行为，是与社会的运行模式相对应和相适应的，体现了社会运行模式的特征。认识到了这一点，我们就形成这样一种看法，那就是，在历史进步的维度上，如果希望发挥历史能动性，与其说对人进行改造，毋宁说对社会的改造显得更加重要；与其说通过对人的教育、教化等去努力造就"新人"，还不如把更多的精力用来思考社会改造的方案。

人与动物一样，都有属于自然的生理需要，但人的满足需要的方式是不同于动物的，人必须通过社会才能满足其生理需要。正如普列汉诺夫所说的："什么是实际的需要呢？在我们的哲学家看来，首先就是生理的需要，但是人们为了满足生理的需要，必须生产某些产品，而这种生产的进步，又使另一些需要发生，这些需要和原有的那些需要同样实际，不过它们的性质不再是生理的，它们是经济的，因为这些需要是生产发展所引起的后果，是人们在生产进步中必须进入的相互关系所引起的后果。"① 在农业社会，生活与生产是统一的和混沌一体的，而在工业社会，生活与生产分化了，表现为日常生活领域与私人领域的分化。在这种领域分化的条件下，生活与生产的实现方式都发生了根本性的变化，以至于生活的社会性需要在日常生活领域中的社会性中来加以理解，而生产的社会性则需要放置到私人领域的社会性中来进行认识。所以，它们作为人们的社会联系以及需要在社会联系中而实现的状况，都有着很大的不同。

在工业社会中，人的生物性需求也需要通过社会去加以实现，从而使得人与人的关系变得更加重要。但是，在工业社会实现了人的个体化的同时，也使个体的人碎片化了，人在社会交往以及整个社会生活中，都是以碎片的形式出现的。正如麦金泰尔所说："现代社会把每个人的生活分割成多种片段，每个片段都有它自己的准则和行为模式。"② 人的碎片化也就意味着人的关系的碎片化，甚至是人的关系的割裂状态。在人的碎片化的情况下，人在交往中，只是用人的一个碎片去与他人发生关系，而不是以完整的人的形态与他人发生关系。比如，人的社会生活可以分为政治生活、经济生活等，在不同的生活中，人分别是政治人或经济人，人以其政治的或经济的部分与他人交往并结成关系。如果说工业社会基于启蒙思想而要求人与人平等的话，那么，在

---

① 《普列汉诺夫著作选集》第2卷，生活·读书·新知三联书店1961年版，第129—130页。
② [美]麦金泰尔：《德性之后》，龚群译，中国社会科学出版社1995年版，第257页。

人的碎片化的情况下，所谓人的平等只不过是人的碎片之间的平等，而不是完整的人之间的平等。这也就是我们总是看到人的平等是一个无法实现的理想的一个原因。

近代以来的社会发展所呈现出来的是，由于分工和专业化，致使我们的生活被分割成了一个个的碎片。进而，我们的社会也是这样被分割成了不同的领域，呈现出的是一种割据状态。正如埃利亚斯所说："在一个像我们这样的冲突如此频繁、职能分割如此众多的社会里，向大众个人开放的劳务活动，只要职业工作依然占据人们日常生活中的主要部分，就会要求一种或多或少狭隘的专门化；相对于单个人的诸多专长和爱好，它们不过只提供了相对有限的和有目的的单一的施展空间。这个由职能互济加上相对开放的机遇组成的社会，正走回一种机遇相对封闭的团契状态。"[1]"随着职能分割的增强和各时期文明的演进，首先是单个个人越来越强烈地感觉到：他必须抛弃他的原本所是，以便在人际关系中获得自保……人际关系网作用于个体的压力，这个网系的构造责成于单个人之上的限制，以及所有这一切在他身上造成的紧张、断裂是如此强大。"[2]

在工业社会中，工具性思维是一种深植于人的心灵中的思维习惯，即使在人对上帝的信仰中，这种思维也是根深蒂固的，更不用说在世俗性的社会生活之中了。比如，妻子是什么？妻子就

---

[1] ［德］诺贝特·埃利亚斯：《个体的社会》，翟三江等译，译林出版社2003年版，第34页。

[2] 同上书，第35页。

是上帝用来惩罚我的工具,她在与我的一生厮守中消除我前世积下的全部罪愆,让我死后升入天堂;妻子又是上帝派来的执法者和监督者,她在我的一生中时时监督我,使我不犯错误。总之,妻子是上帝用来完善我的工具。但是,历史进步开始削弱工具性思维,开始在平等的互动关系中来理解自我与他人。根据这种新的思维,我与妻子就成了共同生活、相互帮助的关系。若这种关系是和谐的,就会被继续下去;如果这种关系中的不和谐因素不断增长并积累下来,到了一定的临界点,夫妻关系就会宣布终止。在现代生活中,对夫妻关系的这种理解得到与日俱增的事实证明。今天,"婚姻"这个词与它在历史上曾经有过的含义已经大不相同,相信在不久的将来,人们甚至不再需要上帝或政府部门来证婚这种形式了,完全自主的结合将会把任何形式化的要求看作多余。而且,也只有这种完全自主的自由结合,才能保证一对男女生活中的健康关系。这个时候,他们完全成了生活中的合作伙伴,任何一方都不可能成为上帝用来惩罚对方的工具,甚至婚姻本身的一切工具性特征也都将消失,婚姻自身就是目的,就是一种健康的单元性的人际关系。

家庭是一种特殊的合作体,是人的精神、道德与物质生活最能够交融为一的合作体,人在家庭中的所有关系都不从属于工具主义的理解。在近代社会的一切关于家庭的理想中,爱都被放置到最高的地位,认为只有包蕴着爱的家庭才是幸福的。反过来,认为爱的缺失是家庭(特别是夫妻关系)解体的充分理由。然而，在家庭实存形态中，物质的方面往往显得更为重要。实际上，上述理想是一种变态的理想，而家庭在现实中的实际状况则是变异了的实际，都没有在合作体制的意义上来理解家庭。也就是说，在真正属于人的关系中，既不应仅仅把家庭看作爱的物化形态，也不应把家庭完全看作经济单元，而是需要把握家庭作为精神归宿、道德温床和物质生活融洽的完整的合作体。从家庭中，可以孕育出神会合作的力量。而且，一旦当这种合作成为社会生活中普遍性的人的关系形态，成为共同行动的普遍形式时，家庭本身也就是社会合作的基础和样板了。

三 人的行动中的关系

无论是人与自然的关系还是人与人的关系，都是建构性的，是由人自己创造的。马克思指出："人们自己创造自己的历史，但是他们并不是随心所欲地创造，并不是在他们自己选定的条件下创造，而是在直接碰到的、既定的、从过去承继下来的条件下创造。一切已死的先辈们的传统，像梦魇一样纠缠着活人的头脑。"[①] 在全球化、后工业化时代，我们所在的社会呈现出的是高度复杂性和高度不确定性，这是我们时代的一个基本特征，是在人类历史上从来都未出现过的，却是由历史给予我们的。既然农业社会简单的和确定的社会条件下产生的是一种人的关系，既然工业社会低度复杂性和低度不确定性条件下形成的

---

① 《马克思恩格斯选集》第1卷，人民出版社1995年版，第585页。

是另一种人的关系,在全球化、后工业化进程中出现的这种高度复杂性和高度不确定性条件下,也必将造就出一种新型的人的关系,我们也必须基于社会的高度复杂性和高度不确定性去创造适应这一条件要求的人的关系。

当康德说"人是目的"时,显然所表达的是一个人类中心主义的立场,要求面对自然的时候把人作为目的。不过,当我们沿着这个思路向前走的时候,就会发现,在处理与他人的关系时,则需要以自我为目的。这个时候,无非是对边沁的利己主义的再申述。在康德的时代,所面对的是英法启蒙思想,针对社会契约论把全部关注点都放在了谋求如何使人过上"好生活"的路径上,康德提醒人们说"人是目的",希望让人们不要因为过多地关注手段而忘记了目的。这应当说是积极的。但是,康德并未对"人是目的"作出更为充分的阐述,更没有基于此而作出系统化的理论建构,至少是没有为人们提供一个可以接着进行探索的明确的逻辑展开空间。在方法论的意义上,康德的这一"人是目的"的设定也是一种静态的思考问题的方式,即确立一个静态的终极性的理论目标。所以,康德在英法启蒙思想之后而作出的这一提醒似乎没有发挥实质性的影响,康德之后的几乎全部社会建构都仍然是在社会契约论的逻辑中展开的。

全球化、后工业化进程中的社会高度复杂性和高度不确定性却迫使我们不得不重新把康德的提醒放到桌面上来。我们是以"人的共生共在"的表述去置换康德的"人是目的"的,它意味着我们的理论研究已经转向了目的而不是手段方面。当我们确立起这样一个理论方向，关于手段的探索也会有着新的收获，甚至可以预见，在对手段的探索中将会绘制出全新的图景，但目的将被放在首位，不会像近代以来的思想行程那样，因为对手段的关注而忘记了目的。最为重要的是，当"人是目的"的设定转化为"为了人的共生共在"时，将带来人的关系的根本性变化。如果"人是目的"在逻辑展开的过程中表现为首先以人类为中心然后再以自我为中心的话，那么人的共生共在的设定则要求消除任何中心，人的关系不再从属于工具—目的的理解。

超越了工具—目的理解的人的关系如何得以建构？对这一问题的回答，就需要考虑到全球化、后工业化时代的现实条件，那就是社会的高度复杂性和高度不确定性。这牵涉到对人的重新认识和定义的问题。我们认为，在社会的高度复杂性和高度不确定性条件下，不能再对人作出静态的定义，而是需要赋予人以动态的可理解性质。在此意义上，我们是用"行动者"一词来代替"人"的概念。我们之所以要求用人的行动来定义人，把人说成是行动者：其一，是因为社会的高度复杂性和高度不确定性使一切外在于人的客观性设置都呈现出功能衰减的趋势，唯有在人的行动中，才能发现社会规范的因素以及可预期的力量；其二，是因为创新已经成为一项空前重要的社会主题，而创新的一切可能性都是包含在人的行动之中的；其三，是因为此前一切用来定义人的外在性因素都不再能够准确地用于对人的定义了，人的行动者特征空前地凸显了出来，使得原先用来定义人的那些客观因素和外在性设置都显得不再重要；其四，是因为对人的静态观察和理解已经不再可能，在人处于一种不停歇的运动状态之中时，关于人的认识和理解必须从人的行动入手。

就人类历史的总的行程来看，复杂性和不确定性是在社会发展中得以生成的。当社会处在急速发展的过程中时，原有的社会安排会被打破和置换。在打破并要求置换原有社会安排的过程中，就会产生各种各样的建议和提出各种各样的方案。每一种方案在付诸实施时，都会经过实践中的各种各样的尝试，最后在诸多看似合理的方案中确定一种方案或融合成一种方案。这个过程中，必然会出现社会震荡，表现为各种社会力量的冲突。因此，会使得社会表现出复杂化的状况，所有的社会存在也都会呈现出不确定性的特征。一旦一场社会变革运动风息雨歇，就会表现出一种相对的平静，似乎复杂性和不确定性开始减弱了。实际上，这种情况仅仅意味着复杂性和不确定性是在一个新的起点上开始了量的不断增长的行程。从人类历史来看，留下的是复杂性和不确定性持续增长的轨迹，走过了从简单到复杂和从确定到不确定的道路。在20世纪后期，又开始了从低度复杂性和低度不确定性向高度复杂性和高度不确定性的过渡。

总之，社会的发展就是走向高度复杂性和高度不确定性的行程。当我们陶醉于社会发展的成就时，也不得不学会适应社会的高度复杂性和高度不确定性。我们这里所说的"适应"本身，就是指人不能够再像在工业社会中那样，事先为行动设立目标和制订计划，而是需要因时因势而开展行动。进而，人的关系也不再有某种静态不变的模式，而是包含在人的行动之中。在高度复杂性和高度不确定性条件下，没有普遍适应的一般性存在和行动方案。比如，我们对道德尊严的强调，只是为了恢复属于人的那部分本然的价值，而不是为了确立社会建构的原点性基石。在我们正在走进的未来社会中，当一切因素都在人的行动中得到证明和在行动中发生变化时，也就不再会如工业社会那样去寻找"阿基米德支点"，我们也绝不会用诸如人的尊严等去代替人的权利。也正因为如此，这个社会对人的尊严的重视才不会导致任何悖论，而且在实践中，也总能发挥相对于社会健全和人际关系和谐的正向价值。

不用说人的关系，即便是社会结构，也是包含在人的行动之中的，特别是在社会的高度复杂性和高度不确定性条件下，更是如此。根据吉登斯的看法，社会结构的延续性取决于人们在其中的行动再生产现行模式的程度。正是人的行动，再造了社会结构。但是，又是什么决定了人的行动呢？也许影响人的行动的因素是非常复杂的。比如，观念、欲望、认知结果以及各种各样的限制条件，都对行动产生非常重要的影响，但结构所发挥的作用则是主要的和基本的。一种结构本身就意味着一种模式，在某种结构中，人的行动就会自然而然地合乎某种模式。所以，并不是人的行动能否再造现行模式，而是现行模式规定和限制了人的行动。这也就是在人的行动中要产生创新往往显得非常艰难的原因。不过，吉登斯的观点在基本方向上是值得肯定的，那是因为，突破和打破既有结构的唯一出路只能包含在人的行动中，除了人的行动，不可能有促使既有结构变化的其他力量和途径。

一旦我们将视线投向了行动，也就看到了历史与未来、现实与理想、条件与目标等所有与人相关的方面，在我们的视野中，所有这些都汇聚到了人的行动之中，并在激荡中产生打破既有结构的动力。如果说社会变革可以归结为结构变革的话，我们也就不能不把视线投向行动，不能不在人的行动中去发现、培育和促进那些能够代表未来和指向未来的积极因素。吉登斯其实也提醒过人们，不要去把结构理解成一种静态的存在形态，而是要理解成一个过程。他在这样说的时候，也正是要说明结构与人的行动之间的互构，而且也确实把我们的视线引向了人在行动中的自觉性和主动性。即便如此，我们还是不能满足于吉登斯的这种观点。在思考超越工业社会既有模式的社会变革问题时，我们应当看到结构，从而谋求突破和打破既有结构的社会变革路径，而不是满足于对结构与行为互构的理解。

一旦我们思考社会高度复杂性和高度不确定性条件下的行动时，就应当尽可能地把结构从我们的观念中剔除出去，甚至不满足于"结构化"的表述。高度复杂性和高度不确定性意味着结构几乎没有形成的可能性，即便不稳定的动态结构，也不可能出现，相对于人的瞬间存在的结构没有任何实践意义，不会对行动者的决策构成影响。高度复杂性和高度不确定性意味着非结构化,行动者的决策和执行等行动不再有结构性的依据。在高度复杂性和高度不确定性条件下,行动者所面对的任务和环境都是非结构化的。如果社会的非结构化是一个历史趋势的话,那么,我们的社会将会把人的关系凸显出来,以至于我们的认识重心也将实现从社会结构向人的关系的转变。那样的话,在人的行动中去把握人的关系,也就会成为合乎时代要求的方法论。

行动本身就是一个创造的过程,特别是在高度复杂性和高度不确定性条件下开展行动,所承担的是处在变动中的任务,行动者必须充分发挥创造力去迎接变动中的任务所提出的挑战。因此,人的关系的发生和变动,都是由行动所决定的,是行动形塑出了人的关系,也是由行动决定了人的关系的性质和形式。高度复杂性和高度不确定性条件下的行动必然是一种合作行动。合作既是一个行动过程,也是人的一种新型关系。就合作是人的关系而言,应当是真正属于人的关系。在高度复杂性和高度不确定性条件下,不合作或对合作取消极态度,都会平添额外的风险。

在工业社会中,可以把风险加于陌生人并使自己独立于风险之外或降低自己的风险;而在高度复杂性和高度不确定性条件下,任何人都不可能在制造出风险后而仅仅将风险推给别人。这个时候,制造风险的人不可能独善其身,甚至会与他人平等地承受风险。就合作作为行动过程而言,是互利的。也许这种互利不是行动者的直接互利,却必然是合乎人的共生共在的要求的。在社会的高度复杂性和高度不确定性条件下，人的自我存在以及人的自我实现，都包含在人的共生关系之中，人的共生共在本身就是人的关系的形态。其实，当人们普遍持有人的共生共在观念时，行动者就是超越了自我的人，他不是为了个人利益而进入合作体系和开展合作行动。因此，也就无须关注每一个具体的合作项目中自我利益的实现状况，即不再计较一次具体的合作行动是否能够达成互惠互利的结果，而是在有益于人类命运共同体的意义上开展合作行动，并在行动中创造性地建构和诠释人的关系。

◇◇第二节　管理学中的"科学"与"人"

卡蓝默指出："别再装模作样地认为，市场、科学和技术会自动保证我们本该用相应的公共管理来加以保证的平衡。市场、科学和技术是人类创造的工具。它们已经被证明是非常有效的。只是它们仅仅是工具而已。现代之悲剧在于，正如其在西方定义且在世界其余地方所广泛确认的那样，市场、科学和技术迅速地脱离了工具的地位，成为名副其实的目的（有时候甚至成了必然！）强加于人类社会并导致了结局莫测的重重危机。"[1] 虽然卡蓝默在这里是针对公共管理而提出的批评意见，但对于所有的管

---

[1] ［法］皮埃尔·卡蓝默、安德烈·塔尔芒：《心系国家改革——公共管理建构模式》，胡洪庆译，上海人民出版社2004年版，第3页。

理活动乃至人类在20世纪这个时代中的几乎全部活动来说，都是适用的。自人类社会实现了管理自觉之后，就一直徘徊在"科学"与"人"这两个主题之间，处在选择困难的状态中。就管理实践而言，应当说科学的主题得到了更多的重视，而在各种各样的社会理论对管理学和管理实践的批评中，则不断地申述人的主题。在我们所看到的各种各样的批评意见中，都强调指出"管理把工具变成了目的"，而原本应当成为目的的因素却隐退了。结果，社会异化为人的对立物，不再适宜于人的存在和发展，甚至对人的生存构成威胁。

工业社会的发展已经走到了这个地步，工具的目的化几乎遍布了社会生活的每一个领域。比如，在社会治理的领域中，政府等公共部门中的机构本来应当是服务于人类有序生活和更多福祉的工具，但它凌驾于社会之上，成了整个社会的目的。由于它自身成了目的，就似乎是自然而然地去营造一种科学至上的意识形态，并通过技术的强化去实现对社会的管理，以求借助于科学和技术去达成对社会的控制。在组织系统中，管理本来是围绕着人展开的，是服务于人和从属于人的，而在管理的控制追求中，走上了对科学技术的依赖，处处都实施着对人的压制，排斥了人应当拥有的那些因素。对于这一问题，也许人们以为将颠倒了的世界重新颠倒过来就能得到解决。这种想法也许在历史上的某个时刻是可行的，然而在今天，这种社会的异化状态如此深重，已经不可能再通过这种简单的颠倒去解决问题了，而是需要寄望于根本性的创新去加以解决。我们正在走进一种社会的高度复杂性和高度不确定性状态，人类处在有可能将它毁灭一万次的活火山上，简单的颠倒所带来的震荡随时有可能激活这座活火山。如果说管理活动是人的一切社会活动中最重要的活动的话，那么，我们就需要首先对管理这一项人类最伟大的文明成就进行思考，即反思管理学对待"科学"与"人"这两个主题的态度，去寻求管理学继续前行的道路以及管理的未来方式。

一 科学化、技术化追求之路

在科学与人的关系问题上，哲学家的态度也许是明确的，那就是认为人是目的，科学无非是服务于人和从属于人的手段。但是，在社会科学的各个具体的门类中，这个问题并不是那么明确。在社会科学的诸多具体的探讨中，目的与手段的关系经常呈现出非常混乱的状况，存在于社会科学中的许多理论可能是明确宣示或以隐喻的方式去表达对"人是目的"这个主题的排斥或轻蔑。这一点在管理学中表现得尤其明显。在某种意义上，管理学在20世纪所表现出来的是科学化、技术化追求，所设立的管理原则、制度以及规范等都表现出或反映了对人的排斥或轻慢。

从文艺复兴开始，思想家们就把全部精力放在了"人的解放"的追求上。在当时，人的解放无非有两条道路：其一，通过革命把人从旧有的统治和压迫中解放出来，让人获得做人的尊严和过上人一样的生活；其二，通过科学去启蒙人，让人知道自己是人和如何做人，发展社会生产力并提高人的生活水平，即从愚昧无知、贫穷灾病等之中解放出来。对于人的解放而言，革命与科学是两条道路，也是两种手段。而且，这种两种手段并不是冲突，而是可以并行的。

18世纪的启蒙思想不仅继承了文艺复兴时期的人的解放的主题并作出了系统性的阐发，而且补充了一些非常必要的部分。第一，在人为什么需要得到解放的问题上进行了进一步的理论论证，即指出人因为天赋人权而"生而平等"和"拥有自由"；第二，在人获得了解放后，需要有一整套制度去巩固解放的成果，让人不至于面对解放成果重新失落，而这一整套制度就表现在民主与法治上；第三，人的解放也许有起点，但没有终点，而是一个持续的过程，科学就是推进解放事业持续展开的主要推手。也就是说，在启蒙思想那里，人仍然是思想的主题，人是目的，解放是人的表现形态，而达到解放的途径可以是革命，也可以是科学。革命是阵发性的，即便后世把"革命"改写成了"改革"，在实践上也仍然具有某种阵发性特征。科学则是连续性的，可以持续地推动人的解放事业前进。但是，随着工业社会进入平稳发展的阶段，人开始褪色、消隐，直至受到排斥和压制。

在"理解管理"的追求中，阿尔维森和维尔莫特看到，事实上存在着理性主义和人文主义两种管理方式，"在各种情况下，理性主义理论都因其组织培养方式和工作设计——他们已经抑制了创造力，并且对士气和生产力产生了普遍的消极影响——而受到批评。通过承认员工的创造力，为他们增加以创新和'负责任'的态度解决问题的机会，人文主义管理与组织研究理论制定了一个与官僚制规则和机械化的运用程序不同的制度。虽然它们采用的方法不同，但是都共同关注员工情绪的激励——例如，致力于通过设定一些有关核心价值的特质来促进灵活性和创新性"①。从20世纪的情况看，这两种管理方式（或者说两种管理风格）各有优势，往往会表现出循环更迭的状况，即因组织运行的状况而以改革的名义更换管理方式。对于不同的组织来说，其规模、环境和专业性也决定了它更倾向于选取理性主义还是人文主义的管理方式，甚至会有一些组织希望将这两种方式融合到一起。由于管理实践中存在着这两种管理方式，在管理学中也就有着相应的主张或倾向。事实上，在管理学中存在着"科学"与"人"这两个基本主题，如何处理这两个主题，决定了管理理论的属性。

从管理学在20世纪中的总体情况看，科学的主题得到了较为充分的阐发，而人的主题则受到了忽视，被排斥到了话语的边缘。对管理实践有着直接影响的管理学理论基本上都突出了对科学主题的诠释，而对实践影响较弱的各种社会理论往往对管理学持批评态度，要求管理学重视对人的主题的关注。如果我们不是

---

① ［瑞典］马茨·阿尔维森、［英］休·维尔莫特：《理解管理：一种批判性的导论》，戴黍译，中央编译出版社2012年版，第265—266页。

在历史的横断面上去看围绕着这两个主题所展开的论争,而是在总的社会背景中去看这个问题的话,则可以看到,在低度复杂性和低度不确定性条件下,组织运行中的管理活动是可以在理性主义与人文主义之间去作出选择和取舍的。但是,在高度复杂性和高度不确定性条件下,随着组织本位主义的消解,选择什么样的管理方式的问题也就不再存在,理性主义与人文主义之间的争议将丧失其意义。可是,理性主义与人文主义的同时终结如何可能?也就是说,如何扬弃或超越科学与人的主题?则是需要我们在全球化、后工业化这个历史性社会转型的时刻去加以思考的问题。

在 20 世纪后期,韦伯的官僚制理论受到了广泛诟病,但在韦伯提出官僚制理论的时候,就他本人而言,是有着深深的思想矛盾的,是处于科学与人的纠结之中的。阿尔维森和维尔莫德指出了这一点:"韦伯对于科学的态度是颇为矛盾的。一方面,他把科学确认为是一种适于驱散神秘偏见的强有力的、积极的力量:它祛除了先入为主的偏执,以揭露事实真相,韦伯认为,通过运用科学发展,现代的个体,能够更少地为他们自身和他们所处的世界而感到困惑。他们还能够更多地确定他们对特定价值的承诺如何可能更有效地实现。在这些方面,人们可以认为:科学为个体的觉醒和责任感的发展作出了有效的贡献。另一方面,为了使人们不再因痴迷于科学而造成对现有传统和道德价值的影响,韦伯又是深为焦虑的,他警告说,在那些科学权威的局限没有得到充分认识的地方，科学的揭穿事实的力量对于那些让人们满意，并且为那些参与其中的人带来非凡意义的制度和实践——尽管在科学上站不住脚——而言，却可能是破坏性的。"① 20 世纪的社会发展充分印证了韦伯的忧虑，诸如组织流程再造、绩效管理、全面质量管理等，几乎所有根源于泰勒《科学管理原理》的被人们认为是新发明的管理制度，都逐级加码地破坏了人类生存的道德根基，显现出一种力图将所有道德价值荡涤净尽的势头。

韦伯是在科学理性、技术理性的推绎中发现了官僚制，而且也根据逻辑的需要而不惜篡改历史去寻求对官僚制的历史证明，以求让人相信，官僚制不仅具有合理性，而且因为根源于历史而具有合法性。但是，作为一个思想家，韦伯又清楚地看到，由于官僚制以及必然会相伴而生的科学管理——事实上，在此时的大洋彼岸，科学管理已经作为一场运动而轰轰烈烈地开展了起来——必然要压制人和毁灭人的道德。"简而言之，韦伯既看到了科学知识启蒙的一面，也看到了它破坏性的一面，并且因此对已经受到人们充分认识与重视的科学知识的局限给予了关注。韦伯的关注表现在他所坚持的对以下两种事物的严格区分上：（a）依据科学的事实的产物，（b）关于社会制度优点的价值判断……总之，韦伯的基本立场是：没有任何科学方法，能够对相

---

① ［瑞典］马茨·阿尔维森、［英］休·维尔莫特：《理解管理：一种批判性的导论》，戴黍译，中央编译出版社 2012 年版，第 64 页。

互竞争的行为规范作出不判优劣的裁定。"① 韦伯没有去对人的行为规范问题进行讨论，而是把叙事重心落脚在了行为上，围绕行为而展开了官僚制的整幅图景。也许韦伯以为，在始于文艺复兴的人文主义语境下，不需要再去刻意地突出人的主题，而是应当把视线集中在组织运行中的各个方面的合理性上。恰恰是这个思路，让韦伯留给后人的是一种不关心人以及人的道德价值的印象，人们甚至在官僚制的建构中要求遵从"非人格化"的原则，要求组织运行中的管理以及制度和程序等都把追求形式合理性作为根本宗旨。

管理学是一门科学，在韦伯确立的组织空间中，由泰勒的行为控制，再加上法约尔关于管理者的描述，这三个方面构成了管理学这个学科的基本方面。这个学科的基本框架由韦伯、泰勒和法约尔奠立起来之后，来自各个方面的知识迅速地涌入，填满了那个框架，或者说构成了管理学这个学科的丰满血肉。在20世纪初，当管理学刚刚兴起的时候，人们是将其看作一门学科的，反映出经济学、社会学、心理学、政治学等诸多学科交叉的特征。就这门学科在一开始就把效率确定为管理的核心目标而言，更多地包含了经济学的观念，管理学是从经济学中汲取了更多的用于学科建构方面的知识。在经济学的视野中，生产要素基本上是物质形态的，即便在存在形态上不是物质的，也是可以还原为

---

① [瑞典]马茨·阿尔维森、[英]休·维尔莫特：《理解管理：一种批判性的导论》，戴袤译，中央编译出版社2012年版，第64—65页。

物质因素的，或者是可以通过物质的因素来加以衡量和计量的，或者是能够找到某种物质的等价物的。如果说管理学到了20世纪后期不得不基于实际而将文化、观念、行为态度等非物质性因素作为必须考量的东西，那么，经济学始终未在这些方面作出尝试。因而，深受经济学影响的管理对人的主题的轻慢也就是可以理解的了，正是经济学的影响而使管理学忽视了人的主题。这可能就是管理学这门学科走上科学化技术化追求的谜底。

虽然近代以来的社会存在着理性主义和人文主义两大传统，但建构了管理学这门学科的早期思想家们肯定深受人文教育的影响。即便理性主义传统对他们发挥了同样的影响，也不至于令他们在其理论建构中忽视人。如果考虑到所有管理活动都是发生在组织之中的，而组织恰恰是人的集合形态，活跃于组织之中和通过组织去开展行动的都是人，那么，对人的忽视和对管理的科学主题的偏爱，就变得更加不可理解了。一旦把这个不可理解的问题与经济学的影响联系到一起，就变得可以理解了。因为，在经济学对经济过程的研究中，人在经济要素中的地位是很低的，人往往被其他的经济要素所掩盖。特别是在生产过程中，人是以异化形式出现的，即不再是人，而是雇佣劳动中的劳动者、劳动力。在生产力这个概念中虽然包含着人，但那个人是以具有劳动能力的"劳动者"的形式出现的，是异化了的而不是完整的人。经济学的这一特征被带入了管理学之中，也使得管理学在处理科学与人的主题时，把重心移向了科学一边。

在全球化、后工业化进程中，进入生产过程以及其他经济活动中的非物质性因素越来越多，而且对经济活动的影响也越来越大，甚至对经济过程的每一个具体的终点有着决定性的影响。这样一来，对于经济学的出发点和基础，都构成了挑战。我们看到，20世纪后期，甚至出现了"知本"概念，所要强调的是知识在经济过程中的作用。由于对知识的定价方面仍然沿用旧的思路，甚至希望打通知识与资本间的通道，以至于没有在经济制度等安排方面取得进展，而是在经济学的旧框架下去创造了"知本"这样一个新名词，甚至显得有些哗众取宠。与"资本"的概念比较起来，"知本"的概念包含着某种把人纳入到"本"的构成要素之中来的隐喻。表面看来，是突出了知识的价值，实际上则会在管理过程中回归到对人的重视方面来。如果不考虑社会背景而单单就管理学这门学科的发展逻辑来看，也许一个概念就能够引起人们关于某种发展趋势的联想，一旦我们考虑到社会已经从低度复杂性和低度不确定性状态转向了高度复杂性和高度不确定性状态，就会理解这个在社会低度复杂性和低度不确定性条件下产生的管理学是需要在自我否定中开拓未来的。最为重要的是，应实现对自己所拥有的一直处在争议和冲突之中的科学和人这两个主题的超越。

二 科学化、技术化追求的现实表现

就组织实践来看，20世纪的官僚制组织一直走在科学化、技术化追求的道路上，特别表现出了对技术的热情拥抱。无论是建立在自然科学基础上的工程技术，还是建立在社会学基础上的社会技术，都被引入到了管理和组织的运行之中。有了技术的支持，官僚制组织也就更加理直气壮地致力于形式合理性追求。面对官僚制组织的形式合理性追求，面对组织理论的科学主义倾向，克罗齐耶和费埃德伯格表达了这样的意见："对组织运行的研究……应该是通过观察，通过对成员的态度、行为、策略的衡量，通过对他们的特殊资源的评估，从而在重建组织结构、恢复其本性以及重新确立他们参与的游戏时，理解这些态度、行为以及策略的合理性。"[①] 在对官僚制组织进行观察时，让我们看到的却是，官僚制组织是因为其层级结构而压制了组织成员的行动自主性，至于其他方面的原因，都无非是层级结构的具体表现，是根源于层级结构的。所以，如果希望组织成员在组织的运行中为组织提供某种非结构性的动力，在官僚制组织这里是做不到的。

既然组织不需要其成员为其提供运行的动力，而是把结构以及正式制度作为组织运行的基础，希望从结构和正式制度中去获得组织发展的动力，就肯定会把思考的重心放在结构和正式制度安排的科学性上。这个时候，即便考虑到了人，也是一个需要通过技术去加以控制和支配的问题。所以，在克罗齐耶等人的这一

---

① ［法］克罗齐耶、费埃德伯格：《行动者与系统——集体行动的政治学》，张月等译，上海人民出版社2007年版，第92页。

寻求组织成员在组织运行中发挥更多积极作用的思路上，就会走上否定官僚制组织的道路，即寻求某种可以替代官僚制组织的新的组织形式。我们关于合作制组织的构想，似乎是走在这条道路上的，即寻求组织成员的主动性和积极性。合作制组织由于不再拥有官僚制组织那样的层级结构，而是属于一种非结构性组织，而且其合作制度也是弹性化的，从而使组织成员的行动自主性得以释放出来。至于诸如资源等约束行动自主性的因素，在由网络所构成的合作体制中，也是能够得到轻易克服的。在某种意义上，合作制组织与官僚制组织的最大不同就在于组织成员有无行动自主性。

在管理学这门学科刚刚兴起时，虽然在科学管理这个概念的引领下走上了对科学主题的阐释之路，但在科学化、技术化追求的背后，依然有着某种程度上的对人的关注。比如，在组织管理中，"人事"这个概念就包含着人，是指对与人相关的"事"的专门管理。这样的话，其中就包含着人是事的主体的隐喻，即在一定程度上突出了人，至少是保留了人。一旦突出了人或保留了人，就在与人相关的事上很难做到客观，在处理与人相关的事的问题上，就很难保证合乎合理性的要求。所以，在科学的逻辑中，走到了20世纪60年代，"人事"的概念开始逐渐地被抛弃了，并代之以"人力资源"的概念。

人力资源的概念所包含的是一种客观性的隐喻，即把人作为一种可以开发和利用的资源。从"人力资源"这个词语中可以看出，人力以及作为人力载体的人，是被作为一种可以进行开发的资源。只要科学地对待这种资源，它甚至有着无穷无尽的可开发潜力。与很多资源一样，被开发和利用之后，会剩下一些废渣。比如，当人到了一定的利用年限（可以是60岁），就成了"废渣"，退休金等就属于处理"废渣"的费用。至少，在人力资源的概念中是潜在地包含着这一重含义的，只不过人力资源管理专家不愿意点破这一点而已。所以，与人事的概念相比，人力资源的概念中所包含的是一种科学立场和观念，是把人作为与其他的组织资源一样的资源对待的。正如每一类资源都具有属性上的和存在形式上的特殊性一样，人力资源也具有其特殊性，从而决定了对人这种资源的开发和利用方式有着专业性的特点。

也应看到，对人的关注在管理学中也一直有着相当重要的地位。但是，当管理学关于人的主张进入了管理的实际过程之后，关于人的抽象假设也就立即被证明是不可行的。正是由于这个原因，在管理学中才有"复杂人"之说。人是复杂的，即使同一个人，此时此地与彼时彼地的表现也会迥然不同，更不用说不同的人了。由于人是复杂的，在管理活动中就应当摒弃任何把人框定在同一格式中的做法。管理活动只有充分考虑到人的复杂性，尊重人的多样性需求，才能发现正确引导人的行动的方案，也才能使作为管理对象的每一个体的潜力都充分地爆发出来。在此基础上再对他们的行为作出有效的整合，就可以形成巨大的合力。这种合力就是一种每一个成员都发挥出来的最充分的力量，而不是每一个成员的力量都受到部分抑制时所结成的合力。

就管理学理论中的基本隐喻看,也许是因为人过于复杂,而管理学又不能像哲学和社会学那样去进行理论上的自为建构,才在管理过程的设计中干脆放弃对人的关注。如果根据复杂人的观念去设计管理过程,那么,管理学就必须考虑每一种主张、意见在管理实践中的应用。正是这一原因,管理学在无法对复杂人作出科学解析的情况下放弃了对人的关注,从而使整个管理学显现出科学化、技术化追求的单色调。在管理实践中真正收获了明显实效的管理学理论,大都是在科学化、技术化追求中产生的,至于在人的主题之下形成的管理方案,一般都无疾而终。比如,关于组织文化建设的建议在20世纪后期一度引起了人们的广泛关注,但人们很快就发现,并不像管理学家们所期许的那样能够发挥显著效果。特别是关于所谓"日本经验"的倡导,在很大程度上所发挥的是类似于政治上的宣传效果,而不是能够转化为管理制度的因素。

20世纪后期一度引起人们广泛关注的团队建设,在某种意义上可以认为是一种试图整合科学与人这两个主题的方案,甚至可以认为是一种有意识地摆脱科学主题约束的做法。因为,团队更多地注重人文因素的影响而较少地考虑管理技术的规范。这个时期的人们认为:"组建一个能够保持很好平衡的团队是管理者首要的社会等级技能。如果社会被重新设置,我们就需要重新设定人们的管理者的角色,现在的技术时代有机会处理比历史上任何一个时代更大的数据库。这样的一个管理者不应该被看作是在他或她的社会等级技能之外的力量的掌控者，也不应被看作是高于其他人的关键选手。作为人们的职业，这些人可以用他们自己特有的方式做出有价值的贡献。"① 即便对于社会微观层面的组织来说，团队也是更微观的行动体，并不构成对管理模式的冲击。团队本身与组织的关系也包含着诸多冲突。比如，团队是否与组织的其他部门争夺资源？是否对规范化的日常管理构成破坏性的影响？除了承担任务的特殊性或优异的绩效之外，团队还有什么样的理由去要求自身成为组织中的"特区"，以制造不平等和破坏公正的方式获得特殊优待？类似的问题有很多，而且会涉及整个工业社会的基础性的观念和意识形态问题。正是这些原因，致使团队并未成为得到社会科学界广泛推荐的组织形式，而且在实践中也只是管理者在需要处理一些特殊任务时偶尔使用一下的手段。

一般来说，科学与人的主题会反映在领导者或管理者的偏好上，甚至会表现为他们人格上的不同。在组织之中，集权者会表现出对不确定性的某种偏爱，特别是对于那些大权独揽、能够纵横捭阖的人来说，不确定性是他们展示权威魅力、驾驭组织、施展权术的机遇。集权者也总是希望营造出一定的不确定性，并将在不确定性条件下开展活动称为领导艺术，集权者最喜欢听到的

---

① [美] 梅雷迪思·贝尔宾：《超越团队》，李丽林译，中信出版社 2002 年版，第 163 页。

称颂词就是说他知人善任。与之不同，那些工具人格特征较强的领导者或管理者总会表现出对不确定性的畏惧，会将绝大多数的工作时间放在寻求降低不确定性的对策上。这类具有科学偏好的领导者或管理者倾向于去制定严密的规章制度等，希望将所有的工作都换算成可操作的量化指标，追求组织运行的所有方面、所有环节都有章可循。这类管理者在努力降低不确定性的时候，不仅会将自己的大部分精力消耗在这些方面而不是组织任务的承担和组织目标的实现方面，而且会同样把大量的组织资源消耗在降低不确定性方面。也许他经过一番努力，对自己降低不确定性的成果感到非常满意。比如，组织的一切活动都有章可循，每个岗位都有着明确的职责，组织的分工—协作环环相扣。然而，正当他志得意满之时，一个关键岗位的重要成员因为无法忍受组织为了对付不确定性而造成的非人格化状况，压抑已久的情绪终于爆发了，拍拍屁股走人了，从而带来了组织无法承受的不确定性，甚至使组织陷入某种危机。

　　这就是奈特所说的，"我们可以将所有的社会资源都用来降低不确定性，而不用于其他用途。问题是我们能走多远。使用资源降低不确定性的活动本身却带有最大的不确定性。这使降低不确定性的问题更加复杂"①。由此看来，组织往往会陷入经营不确定性和消除不确定性两种变态行为之中，而这两种行

---

① ［美］弗兰克·奈特：《风险、不确定性与利润》，郭武军、刘亮译，华夏出版社 2011 年版，第 258 页。

为都会为组织带来不确定性的后果。这种在不确定性方面表现出来的不同偏好，溯及根源，还是一个如何对待人的问题。表现出了偏好不确定性的领导或管理者往往属于重视人的一类；一直在努力去降低不确定性的领导或管理者则属于重视科学的一类。

如果对公共组织与私人组织进行分别考察的话，就会发现，以政府为代表的公共组织的目标具有模糊性、非具体性的特征，往往无法以量化的标准、指标出现。这说明，在对科学主题的诠释中发展起来的绩效管理方法在政府中的适应性是很低的。可是，这样一种并不适用于政府的管理方法为什么会被那么多政府官员所热衷呢？

其一，政府中处于领导岗位上的官员一般都有着明确的任职期限。这决定了他们总会谋求任内的绩效，对有较长期影响的战略性任务缺乏热情。为了谋求任内绩效，绩效管理就成了目前为止最能实现"短、平、快"的管理方法，至于它在一个较长时期内会产生什么样的消极效应，则是官员们所不予关心的。

其二，管理科学化的传统决定了政府官员的思维定式。自泰勒、韦伯以来，整个20世纪都陷入管理科学化运动的鼓噪中，政府也被这场运动所席卷。20世纪成长起来的几代人一旦进入管理过程之中，自然而然地就会被管理科学化的思维定式所征服。就绩效管理方法产生于20世纪后期而言，是管理科学化运动的最新成果。对于一切拥有管理科学化思维定式的人来说，绩效管理都拥有无穷的魅力。所以，才会表现出人们都热衷于尝试绩效管理的状况。

其三，自从韦伯作出了设定后，现代组织的运行一直追求非人格化管理。在工厂作业中，生产流水线可以说较好地用机械化代替了人的监工。政府部门中的情况则不同，因为在政府这个组织的运行中，直接的权力行使一直是管理的基本特征。其结果则是，在权力的行使中经常性地产生上级与下级、领导与部属之间的矛盾和冲突。面对这一问题，绩效管理成了一个极好的替代方式，它以绩效指标的非人格化代替了权力的行使，使人与人的冲突大幅度地减少了。或者说，用绩效指标对人的压迫取代了权力持有者对人的压迫。这恰恰是组织领导岗位上的官员所乐见其成的。

绩效管理是管理学在20世纪后期所取得的一项最大的创新性成果，它在实践中的应用极大地促进了组织生产力水平的提升。就组织运行中的管理来看，绩效评估是当前极受推崇的管理方式。但是，绩效评估并不适用于所有的组织。对此，不仅如我们上述所说，而且福山也指出了这个问题："公共部门的组织主要是提供各类服务，而且服务部门的绩效与生俱来难以考核。在私营企业中，监督与问责的问题虽没有得到很好的解决，但至少还可以用利润指标来考核检测代理人的绩效；而在许多类公共部门中，这个问题是一个无解的难题。绩效倘若无法准确地考核，最终便不可能建立制度化的机制来保证公共部门的透明性和问责制。"① 在那些表面看来适宜于进行绩效评估的组织中，也会因具体的组织而异。不同的组织是不能够使用同一种方法的，即便它们属于同一类型的组织，其绩效要求和表现也殊异不同，也不能通过同样的绩效评估而获得正确或恰当的结论。一种试图达到普遍适应效果的方法必然会包含诸多抽象的规则和变量，这些抽象出来的要素与组织实际存在的状态必然会有着很大的差异。所以，在绩效评估中产生"测不准"的问题是必然的。

我们必须承认，"在相对抽象的规则与相对具体的绩效逻辑之间存在冲突的另一个来源，即制度化要素之间的矛盾性。制度环境常常是多元化的，社会散播彼此矛盾的神话……在制度化组织中，如果强调日常技术活动的绩效，就会产生大量的不确定性问题。普遍性的神话规定不适合具体的情景，彼此矛盾的结构要素会为了争夺支配权而发生冲突"②。尽管如此，作为一种管理类型的绩效管理对公共部门回应力的提升还是产生了极大的促进作用，这一点是值得肯定的。但是，从绩效管理实施几十年的情况来看，并未从根本上改善公共部门与社会之间的关系，以至于无法对它抱有更多的期望。应当说绩效管理是管理学发展中所取得的一项最新重大成就，也正是绩效管理，用科学长期以来的客

---

① [美] 弗朗西斯·福山：《国家建构——21世纪的国家治理与世界秩序》，黄胜强等译，中国社会科学出版社2007年版，第55页。
② [美] 鲍威尔、迪马吉奥主编：《组织分析的新制度主义》，姚伟译，上海人民出版社2008年版，第61页。

观性追求彻底地宣告人的主题的终结。但是，产生于管理学及其实践中的这种对人的驱逐，如果超出了管理的领域，能否被作为人类社会进步的标志呢？

三 把关注重心转移到行动者上来

围绕着科学与人的主题，产生了诸多相关概念。注重诠释科学主题的理论一般被认为是理性主义的，但其理性主要是指工具理性；相反，关注人的主题的理论则被称为人文主义，表现出对价值理性的重视。由于注重诠释科学主题的管理学理论在实践中取得了很大成功，以至于人们往往把科学化、技术化追求看作管理学这门学科的基本特征。这样一来，20世纪后期管理实践中出现的许多问题也为管理学这门学科带来了诸多"污名"。所以，对工具理性的批评曾一度显得非常激烈。针对工具理性的批评是指应用它的某些后果无法令人接受，就工具理性自身而言，并不能说它是邪恶的。"工具理性基本上是对人类有益的：通过那些可以减少不必要的分离、损害或者浪费的途径，它使我们能够组织自然的和人类的资源。当工具理性被应用于组织成员，使之达到明确的和工作强迫性的一致意见时，它对人类福祉，献益良多。"① 这是建立在工具理性不被置于排斥价值理性等的支配地位的情况下的，如果工具理性被突出到不恰当的地位上，组织

---

① ［瑞典］马茨·阿尔维森、［英］休·维尔莫特：《理解管理：一种批判性的导论》，戴黍译，中央编译出版社2012年版，第137页。

以及管理世界中的一种普遍的"非人化"后果也就必将出现。"如果离开了实践理性——即由政治—伦理灌输所促成的判断,工具理性就会无从考虑其无意造成的影响,这种影响包括'外部成本',例如,人类社会和自然环境的毁灭"①。

管理学的科学化、技术化追求对管理实践的影响是巨大的,这种影响造就了一种科学至上的管理模式。结果,在管理实践中,管理者就会经常性地陷入某种道德体验中,并为自己的不道德行为而内疚。这个时候,只要想到管理学为他(们)的不道德行为提供的合理性证明,便会振作起来,重新去做那些经不起道德评价的、反道德的事,直到他们养成了道德麻木感,也就成为合格的管理者了。管理学所发挥的就是把那些人训练成合格管理者的作用。管理学家们会对此论述提出抗辩,因为他们从未打算去教导管理者如何做,他们的研究是集中在组织的体制、结构、运行机制等方面的。即便涉及管理行为方面,也是通过制度设置去开拓和培育某类行为的。的确如此,一个合格的管理者也正是一个善于把他们所有不道德行为推托给制度的人,而"制度"一词所代表的那一整套设置,却又是根据管理学提供的方案建立起来的,是合乎科学原理的,是具有形式合理性的。正是因为有了这一整套设置,管理者不需要运用自己的判断力,久而久之,也就失去了判断力,在是否道德的问题上变得麻木不仁。

---

① [瑞典] 马茨·阿尔维森、[英] 休·维尔莫特:《理解管理:一种批判性的导论》,戴黍译,中央编译出版社2012年版,第137页。

显而易见，当管理者心中有人的时候，就会关注道德的状况，他自己也会在道德感方面得到不断增强。相反，如果他脑子里所想的都是体制、结构、运行机制等，就会表现出对科学的热衷，就会受到科学理念的格式化，以至于在道德上变得麻木不仁了。

为了解决管理实践中由工具理性带来的问题，一种要求把民主理念引入管理过程的意见被提了出来。在一个时期，它以"参与式管理"的提法引起了人们的关注。根据佩特曼的说法，"研究已经表明，在较低的管理层次上，普通工人中存在着广泛的参与要求，但这并不导致更高层次上对决策活动的参与要求……"[①] 这也说明，参与的意愿根源于对切身利益的关注。一般来说，高层次的决策对于一个企业而言意义更为重大，但企业中的普通员工往往漠然应之。因为，他们没有从这些决策中看到哪些方面是与自身的切身利益直接相关的。在基层的管理层面，员工往往直觉地感受到或清晰地认识到哪些管理中的事项会影响到他的利益，所以会拥有更大的参与热情。

从这种情况中，我们清楚地看到，民主在一切与人的切身利益直接相关的地方都有着深厚的基础。在对人的切身利益的影响不明或不确定的地方，就很难看到人们的民主参与热情。这个时候，就需要有一批人来动员、组织人们参与到民主生活及其过程中来。这些实施动员和组织的人，大致可以分为两类：一类是充

[①] [美]卡罗尔·佩特曼：《参与和民主理论》，陈尧译，上海人民出版社2006年版，第80页。

满民主理想和信念的人，他们愿意为民主而献身；另一类是发现了民主能够给予他实现个人目标的机会，从而希望利用民主达到自己的目的。他们实际上属于机会主义者。在去把人们动员和组织到民主生活的过程中，因怀着个人动机而更乐意于使用欺骗伎俩。这个时候，他们就像毒贩诱骗人们吸毒一样，只不过是为了扩大毒品的市场。当然，我们更愿意相信，近代以来的几个世纪中出现的政治家和民主理论家都属于前一类人，但也不排除有人是为了个人目的而选择了以政治为业。事实情况究竟怎样，我想每个人只要想到了这个问题，都会给出一个极其明确的答案。这个问题反映在管理过程中，还会出现另一种需要关注的事项，那就是，如果出现了组织内的"政治家"，会不会使那些直接地代表了组织生产力的人被边缘化？

现在，我们遭遇的是社会运行和社会变化的加速化，反映出来的是社会的高度复杂性和高度不确定性。这意味着管理活动赖以发生的基本社会背景发生了变化。如果说在管理自觉的过程中创建起来的管理学一直思考的是社会低度复杂性和低度不确定性条件下的管理问题，那么在今天，我们正在走进社会的高度复杂性和高度不确定性状态之中，那些思考以及所形成的观点、理论等是否还适应，就是一个根本性的问题了。我们看到，牛车不适宜于在轨道上运行，而且更不适合于在高铁轨道上运行，那些在社会低速运行条件下形成的管理学主张如何能够适应今天这样一个社会高度复杂性和高度不确定性条件下的管理呢？在由社会运行和社会变化加速化带来的高度复杂性和高度不确定性条件下，"行为条件和情境确定都在越来越短的时间间隔中失去了它们的效用和稳定性"①。因而，行动必然面对陌生的环境，或者说，必须在所有环境条件都不熟悉的情况下开展行动，以至于灵活性的和随机性的回应性选择必将成为基本的行为模式。对于这种行动来说，类似于工业社会的那些旨在约束和规范人的行为的社会设置，以及旨在为人的行为指明方向和确定步骤的管理措施，都无法派上用场，甚至会成为行动的负担。这就是管理学必须充分重视的现实。

行动体的规模越小，在行动中所表现出来的灵活性就越大，就会呈现给人们一种快速变化和适应快速变化的状况。其实，自然界也是如此，越是微观的生物，在变化上就越是显得快速。据说，感冒病毒在由一个人传播给另一个人的时候就发生了变化，以至于每一个人体内的感冒病毒都不同于他人。与组织相比，团队就是由若干人构成的一个行动小组，其规模比较小，因而在行动上也必然会显现出很大的灵活性，会随时处在变革之中。如果在团队的基础上去思考组织，希望建立起作为团队集合形态的组织的话，就会从逻辑上推断出这种组织具有官僚制组织不具有的某些特征。比如，"变革的素材来自所有的组织成员。变化层叠，由下到上，上层管理者像是变革的催化剂，是拥护者、发起

---

① ［德］哈尔特穆特·罗萨：《加速：现代社会中时间结构的改变》，董璐译，北京大学出版社2015年版，第183页。

者，也是变革原型"①。这样的话，就不会像官僚制组织那样，把一切改革要求的实现都寄托于组织的领导者和管理者。

基于团队而提出的组织重建的构想仍然反映了一种实体性思维。就官僚制组织的发生史来看，也是在这种实体性思维的基础上发生和演进的。如果从团队出发的组织建构继续在实体性思维的逻辑上推绎，其结果仍然是走到了官僚制组织那里，即走在官僚制组织生成和发展的道路上了。这就是团队研究以及从团队研究出发去构想超越团队的组织模式等设想在理论上都显得较为肤浅的原因所在。如果希望寻求一种可以替代官僚制组织的新型组织的话，就必须在组织形态上作出创新性的思考，特别是需要超越实体性思维，不再去把组织想象成一种实体性的存在物。

在一般的意义上，我们是把行动者视为行动着的人和组织的，是把人看作个体的行动者和把组织看作集体的行动者的。在广泛的意义上，当我们把人和组织都看作行动者的时候，也就意味着把人类历史看作行动者的历史。行动者创造了历史，行动者又是在历史与现实交合而成的社会框架中开展行动的。在行动的属性上，我们又可以区分出主动的行动和被动的行动。如果将行动的主动性与被动性推及行动者这里，就可以形成主动的行动者和被动的行动者。持有主体性哲学观的人是不把被动的行动者视为行动者的，他们眼中的行动者仅仅是主动的行动者。如果说行

---

① ［美］迈克尔·贝尔雷等：《超越团队：构建合作型组织的十大原则》，王晓玲、李琳莎译，华夏出版社2005年版，第65页。

动者不像近代理论中的人那样具有抽象形态，而是与实践联系在一起的，是存在于实践之中和具有实践品性的，那么，在行动者是否具有主体性的问题上，就无法根据行动者的主动、被动而进行对应性的排列，具有主体性的行动者也可能在特定的条件下以被动的行动者的形式出现，反之亦然。

在关于历史和社会的理解中，"人"与"行动者"分属于两个不同的视角。在人的视角中所进行的理论建构，发展出了主体性等一系列概念；在行动者的视角中去进行思考，则形成了主动、被动等概念。虽然这两个视角的区别是较为细微的，却又是非常清晰的。在行动者的视角中同样可以获得完整的历史和社会发展观，尽管它与从人的视角中写就的历史有着诸多重合之处。不过，当我们的视线集中到行动者这里来的时候，就会立即被置于实践的具体性场景之中，我们不能再像讨论人那样在抽象的理论层面展开。如果说人是可以抽象的，如果人这个概念本身就是一种抽象，那么，与之不同，行动者是由行动来定义的，而一切行动都是发生在特定场景中的。因而，我们必然会遇到行动的条件、资源等问题，而且行动者在社会关系、自然关系中的位置也决定了行动是为了自我、他人、群体、统治者、支配者等。或者说，我们所遇到的是这样一个问题：行动者是听从内心的还是外部的命令；是自主行动还是依规则、规范的要求行动。

从人类历史进步的总体过程看，如果撇除原始状态的行动，同时也撇除"以言行事"的行动，那么，存在于广义的社会关系和自然关系中的行动是有着自觉性、主动性增强的光谱的，是在历史行进中不断地得到增强的。我们可以认为，在统治型社会治理之下，行动者在更多的情况下是以被动的行动者的形式出现的；在管理型社会治理之下，行动者的自觉性和主动性能够得到一定程度的承认和尊重，而且社会组织化程度的提升即官僚制的普遍建立，并未使行动者的自觉性和主动性受到削弱，至少在客观历史进程中的表现是基本如此的。所以，才会产生出主体性哲学这种理论构想。全球化、后工业化是这个历史进程的一个新的起点，真正自觉和主动的行动者将生成于全球化、后工业化进程中。在高度复杂性和高度不确定性条件下，一切制约着行动而使行动被动的社会因素都将得到消解，从而使得一切行动者都能够成为主动的行动者。我们描述人类历史的这一演进趋势，目的就是要指明管理学需要根据历史所处的不同阶段去调整自己的主题。在全球化、后工业化进程中，科学与人的主题都正在失去意义，或者说这两大主题都正在归入行动者的主题之中。那个时候，在管理学的视野中，将会发现，人们满眼所见的是行动者。这就是主题的变迁。随着主题发生了变化，这门学科也应当得到重建。

根据理性主义为我们提供的思考问题的方式，在考察一切行动的时候，都可以看到目的与工具两个方面。就20世纪的管理学而言，科学与人两大主题的冲突实际上也可以理解成目的与工具的冲突，有些理论看到的是工具而忽视了目的，另一些理论强调目的的价值而对工具表达轻蔑。在全球化、后工业化进程中，在社会运行与社会变化加速化的条件下，在社会的高度复杂性和高度不确定性背景中，抽象的人不再能够成为目的，科学也将代表着人的生活及其可能性，都需要在行动者这里去加以诠释和体现。同时，对每一个人来说，其存在的现实性都包含在了人的共生共在之中，每一个人都会把人的共生共在作为目的，而且人的共生共在也将成为所有人的共同目的。这个目的也是包含在行动之中的，是通过行动去进行诠释的。科学、人、人的共生共在都将融合为一，并以行动者的形式出现。其中，发挥根本性调节作用的是道德。这就是管理学这门科学重建的基本立足点。

第二章　法治与自治

作为一种治理方式，也许可以把法治上溯到人类历史上的较早时期，但严格来说，作为一种社会治理模式，法治则是在近代以来的社会发展中生成的。法治是具有历史性的，它作为一种社会治理模式，应当被理解成仅仅适用于工业社会，是历史地生成的和具有历史适应性的。在农业社会，存在着作为社会治理方式的法治，但在社会治理模式的意义上，这个历史阶段的社会治理则属于"权治"。现在，我们处在全球化、后工业化进程中，作为社会治理方式的法治仍然会被使用，但作为社会治理模式的法治必将得到扬弃。在全球化、后工业化时代回顾法治生成的历程，并对作为社会治理模式的法治进行分析，可以看到它存在着诸多缺陷，而且也仅仅在社会的低度复杂性和低度不确定性条件下才会显现出优越的社会治理功能。在社会的高度复杂性和高度不确定性条件下，作为一种社会治理模式的法治的优越性也许将荡然无存。所以，我们需要在对法治的解剖中去寻求新的社会治理模式。

一种社会治理模式能否得以成立，是与社会构成以及运作方式联系在一起的。就人以及人群的存在状态而言，学者们经常是从"自治"与"他治"的角度去进行解释的。不过，"自治"与"他治"也只是工业社会才有的问题。离开了工业社会这个历史阶段去谈论所谓"自治"与"他治"的问题，其实是不合适的。在农业社会的历史阶段中，人是消融于共同体之中的，没有"自治"与"他治"的问题。一些人在对农业社会中的生活状态进行现代性解读时认为那个时候存在着"自治"，实际上是不实的。"自治"与"他治"的问题是产生于现代化进程中的，首先是因为人有了自我意识，其次是因为在社会分化中产生了个体与社会的关系问题，才产生了"自治"与"他治"的问题。

就自治而言，从个体的人到群体到组织再到民族国家，有着各种各样的表现方式，而他治也同样有着层层展开的结构。但是，无论是自治还是他治，都可以从理论上追溯到个人主义的逻辑源头。在政治上，现代社会中的自治是与民主联系在一起的，而他治总是让人首先想起法治。尽管在实践中有着诸多难以罗列的表现方式，但总的来说，自治与他治构成了一种矛盾，也许只有辩证法才能够帮助我们厘清自治与他治的关系。这对矛盾的出现和存在，是与特定的历史阶段联系在一起的，随着全球化、后工业化运动的兴起，自治与他治的所有争论都将失去价值。因为，作为自治与他治相融合的形态——合作治理——正在生成。

◇ 第一节　法治以及在当前的困难

我们不厌其烦地申明，在工业社会的历史阶段中，法治是最优越的治理方式，在推动人类文明化、历史进步等各个方面都取得了巨大成就，这些成就足以令人赞叹不已。但是，我们看到哈耶克表达了这样的看法："很可能，希特勒是以严格的合乎宪法的方式获得无限权力的，因而在法律的意义上说，他的所作所为都是合法的。"① 如果哈耶克的判断是正确的话，那么，也许我们就没有理由将法治神化了。即便退一步说，作为一种社会治理模式的法治也应当属于工业社会这个历史阶段，在人类历史上的农业社会中，是不存在着作为一种社会治理模式的法治的。因此，也可以同样认为，法治绝不是人类社会治理发展的终极形态。当人类走在告别工业社会的历史转型期中，向望一种超越法治的治理方式，既是合理的也是现实的。也就是说，在人类的未来，人类将会发明一种新的社会治理模式，用之替代法治。

一旦我们提出超越法治的问题，视线也就自然而然地转向了德治。显然，在工业社会的社会治理框架下，提倡德治是不现实的，尽管作为一种治理方式的德治一直是人们所向往的。因为，

---

① ［英］哈耶克：《通往奴役之路》，王明毅等译，中国社会科学出版社1997年版，第82页。

德治与法治在逻辑上存在着冲突，它们之间并不具有兼容性。考虑到工业社会分化为公共领域、私人领域和日常生活领域的现实，就会看到，在日常生活领域中，道德发挥着非常重要的调节作用，但那种作用很难归入自觉的社会治理活动之中，甚至很难将道德在日常生活领域中的作用归入严格的社会治理范畴中去。也就是说，在社会治理的意义上去谈论德治，总有一些空想的成分。在工业社会中，作为一种社会治理方式的德治是不可能的，作为一种社会治理模式的德治更不可能与法治模式并立。当前，关于德治的构想是面向后工业社会作出的，如果在当下的场景中去谈论德治的话，肯定会沦为空想。不过，在作为一种社会治理模式的法治面临着失灵甚至危机的时候，我们又不得不去构想一种替代性的社会治理模式。正是这种似乎是无奈的追求，别无选择地把我们引向了对德治的向往，即提出社会治理的德治模式构想。

一　现代化进程中的法治

作为一种社会治理模式的法治源于主权观念，是因为社会契约论把主权观念转化成了一整套逻辑展开的社会框架后而完成了法治模式的规划。在主权观念中，第一个现身的就是公民，有了公民并基于自由平等的人权原则而使得法律成为社会治理的基本手段和途径，从而形成了法治模式。正是这一点，使工业社会与农业社会相区别。我们赞同齐格蒙特·鲍曼的观点："前现代的国家不知道有公民资格,更不会实践它。"① 当社会存在着等级差别时,或者说在王朝治理的统治结构中,天下的归属是某个家庭或某个至高无上的君主。在君主面前,所有人都是臣民,而且是以等级的方式排列起来的臣民。

臣民与公民是无法并存的,在有臣民的地方,就不可能出现公民。实际上,只要社会被划分为等级,就不可能出现真正的公民。君主的存在只是等级社会的典型形态,其实质是社会的等级化。在一些地区,没有明确的君主,却是等级化的社会,因而不会出现公民。在任何等级社会中,都不会出现公民,即便像不存在君主的古希腊雅典城,也没有公民。现代人从雅典城中解读出公民,完全是一个误会。也就是说,认为古希腊统治阶级的成员是公民显然非常牵强,即便古希腊人自己将那个特定阶级的成员称作公民,也与工业社会公民概念所指完全不同。公民是一种普遍性的身份,应当为一个社会的每一个成员平等地拥有。在这个身份的意义上,或者说拥有这个身份的人,谁也不比谁有更高的地位。随着臣民转化为公民,随着等级身份制的瓦解,法律也就不再是服务于等级统治的规则,不是用来维护强权的,而是具有了普遍性,从而成为一个社会中所有人都必须遵守的规则。也只有到了此时,才有了"法律面前人人平等"之说,法律才真正地成为社会治理的手段和途径,并以法律为轴心而生成法治

---

① [英]齐格蒙特·鲍曼:《被围困的社会》,郇建立译,江苏人民出版社2006年版,第38页。

模式。

古代社会是有法律的，否则，大学里开设法律思想史或法制史就没有根据了。显然，无论是在中国还是在西方，都有一大批古代法的专家，其中也不乏声名显赫之辈。但是，古代的法律与现代的法律在性质上是完全不同的。古代法律"所关心的不是'个人'而是'家族'，不是单独的人而是集团。即使到了'国家'的法律成功地透过了它原来无法穿过的亲族的小圈子时，它对于'个人'的看法还是和法律学成熟阶段的看法显著不同的。每一个人的生命并不以出生到死亡为限；个人生命只是其祖先生存的一种延续，并在其后裔的生存中又延续下去"①。现代法律则是完全建立在个人的基础上的。正是抽象的、原子化的个人，成了法律关注的全部。也许是现代法律与个人主义的同构，决定了它的适用性的历史范围。只有在这样一个特定的历史阶段中，法律才是适用的，才能成为社会治理的基本依据。这个历史阶段中的社会可以被归结为抽象的、原子化的个人，或者说在这个社会中可以离析出抽象的、原子化的个人。一旦社会变得不可分解、不可离析的时候，法律以及依据法律的治理也就会像一个被刺穿的肥皂泡一样破灭了。

古代的法律是从属于权力和出于维护等级的需要而生，是为了证明权力应用的极端形态——暴力的正当性的需要。今天看来，是否应用暴力，往往被认为是文明的标志，但在人类社会的

---

① [英] 梅因：《古代法》，沈景一译，商务印书馆1984年版，第146页。

早期,经常性地使用暴力却被人们所习惯。在整个农业社会的历史时期中,暴力的应用都是非常普遍的。正如卢梭所说:"我们在查士丁尼的法律中也发现,古代的暴力在许多方面都是得到认可的,不仅仅是对于已经宣布的敌人,而且还对于凡不属于帝国臣民的一切人,因而罗马人的人道,也并不比他们的统治权伸展得更远。"① 一些人也试图在权力与暴力之间作出区分,认为暴力是恶的,却认为权力并不一定是恶的。比如,克罗齐耶就认为:"权力本身并不邪恶,邪恶的是诸种关系模式与维系这类关系模式的系统的结构。"② 权力的存在是有条件的,只有在社会呈等级状态的时候,才会在等级之中生成权力。一旦考虑到权力是生成于社会等级之中的,在这种等级关系被近代社会宣布为邪恶的之后,也就不能说"权力本身并不是邪恶"的了,尽管组织中的权力另当别论。

从历史上看,权力的功能更多地表现在对社会等级的维护上,即便说权力是用作维护社会秩序的,也主要是通过对等级关系的维护而实现其秩序功能的。就近代以来的法律秩序来说,也需要求助于权力,也许这一点可以证明"权力并不是邪恶"的。我们却可以设想,假如法律秩序的合理性或正当性丧失之后,或者说,随着合作秩序的兴起,权力的既有功能也就丧失了。如果在这种条件下依然坚持表达对权力的依赖,就会造成非常消极的

---

① [法]卢梭:《社会契约论》,何兆武译,商务印书馆2005年版,第193页。
② [法]克罗齐耶:《法令不能改变社会》,张月译,上海人民出版社2007年版,第30页。

后果。

在社会治理模式的意义上，农业社会的社会治理是依靠权力的治理，我们也将这种治理模式称为"权治"；工业社会的社会治理是依靠法律的治理，它也就是人们最乐意于称道的"法治"。其实，权治与法治都可以做两种解读：其一，是以治理方式的形式出现的；其二，是以治理模式的形式出现的。作为一种社会治理模式的法治的探索过程始于中世纪后期，完成于19世纪。这个过程反映在历史表象上是以市民社会的生成为标志的。学者们也往往断言，"市民社会是现代世界的标志"[①]。因为市民社会的生成，人类告别了农业社会的统治结构，让"社会把国家政权重新收回，把它从统治社会、压制社会的力量变成社会本身的生命力"[②]。市民社会之所以具有这种力量，是因为个体的人在此过程中生成了，个体的人将权治赖以成立的基础消解掉了。

在此前的社会中也存在着个体的人，但那是自然意义上的"个体的人"，在社会的意义上并无个人，因为人消融于共同体之中而不具有个体性。在中世纪后期，随着社会意义上的个体的人的出现，对原先共同体中的统治机构造成了巨大的冲击，一种把人从共同体中解放出来的要求汇成了巨大的洪流。黑格尔指出："市民社会是各个成员作为独立的单个人的联合，因而也就

---

① [英]马克·尼奥克里尔斯：《管理市民社会》，陈小文译，商务印书馆2008年版，第10页。

② 《马克思恩格斯全集》第17卷，人民出版社1963年版，第588页。

是在形式普遍性中的联合，这种联合是通过成员的需要，通过保障人身和财产的法律制度，和通过维护他们特殊利益和公共利益的外部秩序而建立起来的。"① 作为个体的"社会人"是与市民社会一道产生的。当人不仅是自然的个体而且获得了社会个体的属性时，市民社会也就生成了。或者说，市民社会的生成是包含在个体的人出现的过程之中的，个体的人的出现与市民社会的发生是同一个过程的两个方面。个体的人出现了，并被规定为自由和平等的社会性存在物，有着"天赋人权"，并基于这种权利而与他人订约，从而形成了现代法律。现代法律既是行使权利的结果，又是出于维护权利的需要，完全不同于古代社会中用来体现权力意志的法律。

从农业社会向工业社会的转变虽然表现为一种全面性的颠覆，但在社会治理中，权力得到了继承。这种继承仅仅意味着权力从对全社会的覆盖转变为只存在于社会治理体系之中，或者说权力的作用范围从社会退缩到了组织之中，生成于组织的层级结构中，并成为组织运行的动力机制。在组织之中，依然会表现出权治的特征。不过，此时的权力及其运行是需要得到规范和制约的，而法律就是用来规范和限制权力的最为基本的设置。"为不受限制的权力的行使设置障碍，法律力求维护某种社会平衡，这在许多方面应被看作社会生活的一种限制力量。与赤裸裸的权力的侵略和扩张倾向相比，法律寻求的是政治和社会领域里的妥

---

① ［德］黑格尔：《法哲学原理》，范扬等译，商务印书馆2007年版，第174页。

协、和平与一致。一种发达的法律体系，往往通过在个人和团体之间广泛分配权利以分散并从而平衡权力的重要措施，来防止残酷的权力结构产生。"①

作为一种社会治理模式的法治得以生成的合理性还需要从社会分化的角度去加以解读。因为，当社会分化导致不同群体或阶层出现后，就会产生群体间、阶层间的对立和冲突。建立在这种对立和冲突之上的社会治理，或者说出于缓和这种对立和冲突需要的社会治理，有两个不同的方向可供选择：其一，通过集权的方式获得一种社会力量（权力）去控制对立和冲突；其二，通过民主的方式获得共识，然后根据共识去开展社会治理，以便实现消除和控制对立以及冲突的目的。

在谋求共识和通过共识去开展社会治理的路径中，包含着要比通过权力去开展社会治理更多需要论证的环节。民主是形成共识的路径，但在形成共识的过程中，需要防止来自民主之外的某种社会力量（如权力）把某种因素强行说成共识，需要捍卫民主不发生变异。为了保证民主不发生变异，就必须使参与到民主过程中来的每一个群体甚至个人都保持必要的独立性和自主性，不以他人的意志为判断自我的标准。这种独立性和自主性又必须反映在竞争行为中。只有当人们之间的关系是竞争关系时，才有可能通过竞争性的意见表达去达成共识。再者，共识的形成本身

---

① ［美］埃德加·博登海默：《法理学——法律哲学和方法》，邓正来译，上海人民出版社1992年版，第323页。

也意味着消除对立和冲突，有了这种共识，人们就必须遵从。不仅形成共识的过程需要按照法律规定的程序进行和得到法律的保障，而且共识本身也就是法律。一方面，共识就是法律；另一方面，形成共识的过程也必须遵守法律。这就是法治生成的逻辑，也是近代以来所走过的现实道路，更是法治的真谛所在。

作为一种社会治理模式的法治除了反映在作为社会治理方式的法治上，还应包括一个必要的因素，那就是法制。法制是近代以来社会治理的基本框架，在这个框架中，可以使用多种社会治理方式。其实，在农业社会的历史阶段中，也有着丰富的法治思想。在文献中，我们看到古罗马时期的西塞罗就曾讴歌法治，认为所有的人都成为法律的奴隶是获得自由的前提。在中国历史上，不仅有过法家思想对法治的系统规划，也有过秦王朝的努力施行。我们要求对作为治理方式的法治与作为治理模式的法治进行区分，是要指出，对于一种治理模式而言，会有一个基本制度，而在这个基本制度的框架下，是可以作出多种治理方式选择的。

中国农业社会拥有的是权治模式，这个权治模式中包含着权力制度（"权制"）。在权力制度的框架下，有过法治的构想和实践，也有过德治的构想。2000多年的社会治理历史表明，在权力制度的框架下所开展的权治是成功的。中国农业社会之所以长期尊孔奉儒，其原因就是儒家设计出了完整的权治模式，要求在权力制度的框架下开展依靠权力的治理。秦王朝之所以会成为一个短命王朝，原因也在于它在权力制度的框架下推行法治的治理方式。因为，作为治理方式的法治与权力制度之间的相容性较差，致使秦王朝无法承担起社会治理的任务。同样，中国的宋儒对德治方式作出了系统的设计，但与权力制度之间也不具有相容性，以至于中华帝国自此开始逐渐变得外强中干。还以西塞罗为例，他虽然歌颂法治，却没有构想过法制。对他来说，法制是不可想象的。他无法想象法制条件下的人人平等将是什么样子，甚至当他意识到人人平等的逻辑要求时，他感到恐惧，认为那是一种非常恐怖的状态。今天看来，人人平等不仅没有什么可怕的，反而恰恰是我们追求的法治境界。

我们的基本判断是，在农业社会、工业社会和后工业社会，所存在的和将要存在的分别是三种治理模式——权治、法治和德治。在这三种治理模式中，分别存在着三种制度：权制、法制和德制。与这三种制度相适应的则是三种治理方式：权治、法治和德治。除了这三种治理方式之外，其他的治理方式也是可以尝试的。在历史上，这种三种治理方式都得到过尝试，但成功的范例往往是那些治理方式与制度相匹配的治理。

二 法律的缺陷和法治的困难

在当下中国，唱衰法治是不智之举，必然会招致左右侧目。我们必须认识到，近代以来的贤哲们经过了数代的努力，用法治的金丝线编织起了一个被认为完美无缺的褴褛。中国人对这只褴褓无比神往，希望能够躺在这只襁褓中享受温暖舒适的生活。可是，我们的社会又是那样需要一只牛虻。对于那些无限痴迷于那只襁褓的人，需要有一只牛虻将他们蜇醒。本着科学的精神，我们不能无视现实，既不能因为法治曾有的辉煌光辉而迷了我们的心窍，也不应为了法治的信念而罔顾现实。其实，在西方国家，已经有许多严肃的学者对法治做了反思，为我们作出了榜样。

在谈到法律的诸多缺陷时，博登海默指出："法律的这些缺陷，部分源于他所具有的守成取向，部分源于其他形式结构中所固有的刚性因素，还有一部分则源于与其控制功能相关的限度。"① 这三个方面都是依靠法律的治理不适应社会高度复杂性和高度不确定性的原因。首先，在高度复杂性和高度不确定性条件下，一切行动都应将创新放在首位，没有可以守成的，甚至可以说，既有的一切都可能会成为包袱；其次，高度复杂性和高度不确定性条件下的一切事项都是具体的，无法在各种事项的具体性之中抽象出普遍性，因而，天然的就是去结构化的，即便存在着某种结构，也是具有弹性的，因而不支持任何刚性的存在因素；最后，高度复杂性和高度不确定性条件下的一切行动都是非控制导向的，控制的不可能性使得人们必须采取回应式的行动。

依法治理的法律在社会治理过程中会存在着一个"时滞性"的问题，正如博登海默所说的，"法律的'时滞'问题会在法律

---

① [美]埃德加·博登海默：《法理学——法哲学及其方法》，邓正来译，中国政法大学出版社 1999 年版，第 402 页。

制度的不同层面中表现出来"①，而不是偶然的现象。在社会的低度复杂性和低度不确定性条件下，法律的这种"时滞性"并未成为严重的问题，不会引发严重的问题，相反，还会赋予社会治理以更加理性的色彩。在社会的高度复杂性和高度不确定性条件下，这种时滞性可能就是无法接受的了。高度复杂性和高度不确定性条件下的许多事件具有突发的和迅速扩散的特征，法律的时滞性本身就决定了它是不可用于社会治理的工具。法律的时滞性使得依靠法律的行动也同样迟缓，无法适应应对突发事件的需要。

工业社会的中心—边缘结构也体现在规则体系中。比如，工业社会的法治是不可能单独由法律承担起来的，而是需要庞大的衍生性的规则体系来为法律的施行提供支持。但是，在包括法律在内的整个规则体系之中，"法律维护着其自身所具有的一种优于所有其他行为准则的首要地位。法律是权威的最终的源泉"②。这样一来，这个规则体系中的其他规则就会依次而构成边缘性的存在，并从属于法律。就法律体系自身来看，也有着基本法与部门法的区别，也同样构成了一个中心—边缘结构。特别是当法律的执行通过组织去承担的时候，就可以看到，因为整个执行体系的中心—边缘结构而必然会有着排斥和限制。当组织需要突出某

---

① [美] 埃德加·博登海默：《法理学——法哲学及其方法》，邓正来译，中国政法大学出版社1999年版，第403页。
② [英] 瓦克斯：《法哲学：价值与事实》，谭宇生译，译林出版社2006年版，第37页。

些规则的时候，就会排斥和限制其他规则发挥作用。如果规则之间存在着某些不一致甚至冲突，也许还需要通过制定新规则去作出排斥和限制。

在低度复杂性和低度不确定性条件下，组织可以"通过建立例行程序或者规则，可以限制每一个部门或职位的行动，使它们与相互依赖的其他部门在行动上保持连贯一致"①。社会的高度复杂性和高度不确定性使得这一做法不再可能。因为组织所面对的环境是瞬息万变的，所承担的任务是非常复杂的，固定的程序和规则所发挥的限制性作用也就会同组织行动的要求相冲突。这种冲突是非常严重的，会迫使组织要么接受程序和规则的限制，要么抛弃程序和规则。但是，组织的行动以及组织要素间的关系必须得到规范，这一点是不可怀疑的。在程序和规则失灵的情况下，就必须寻求其他规范去对组织行动以及各种关系进行限制和整合。严格来说，高度复杂性和高度不确定性条件下的组织将会更多地接受整合性的规范而不是限制性的规范。

法律是公正的化身，司法机构往往被等同于公正的仲裁人，司法诉讼中的律师和中立陪审团显然是为了公正的名义设立的。但是，"即使在抽象意义上所有人在法律面前一律平等，可是法律对抗制度却显然偏爱那些能够为法律辩护掏钱最多的人（更不用说能够付得起钱来影响司法程序的人了，法律本身就是通过

---

① [美]詹姆斯·汤普森：《行动中的组织——行政理论的社会科学基础》，敬乂嘉译，上海人民出版社2007年版，第65页。

这些程序得以表达的)"①。竞争的社会假设人们在政治上是平等的，但这种政治平等却必须以人的经济不平等为前提。尽管在每一具体的竞争事项上人们必须平等，而在社会总体上，人们在经济上的平等将会使整个社会失去竞争的动力。恰恰因为人们在经济上是不平等的，才使得人们愿意竞争，才能孕育出竞争的动力。反过来看，即便是在具体的事项上，竞争也必然会导致人的经济上的不平等。竞争必然会产生有输有赢的结果，而且，也只有能够把竞争者推向两极的竞争才会被证明是有效的。所以，竞争的社会也必然会把人们之间经济上的不平等作为竞争的结果呈现出来。

既然人们在经济上是不平等的，有钱人与贫穷者并存于这个社会也就是一个非常正常的现象。当法律无处不表现出对有钱人的偏爱时，法律的公正形象在何种意义上不是一个幻影？在这种情况下，对司法程序、法律的执行以及依法治理的各种期许，又在何种意义上不是自我欺骗？当然，竞争的社会能够在具体的事项、具体的领域营造出某种公正的幻觉，但在更多的领域、更多的事项上，并不提供公正。就整个竞争的社会而言，并无公正可言，至多也只能营造出某种形式的公正。对公正的追求必然会最终指向对竞争社会的超越，在逻辑上，也指向了对法治的超越。

在还原论的逻辑中，法治与民主有着共同的源头，都可以追

---

① [美]迈克尔·克尔伯格：《超越竞争文化——在相互依存的时代从针锋相对到互利共赢》，成群等译，上海社会科学院出版社2015年版，第50页。

溯到人权。其实，工业社会的各项设置都是建立在人权的基础上的。人权本身并不是作为一种工具而被发明的，但这个社会是把人权当作工具的。根据韦尔默的意见，"人权概念在深受宗教影响的文化或语境中与在自由主义的文化语境中有着不同的含义。在前一种语境中，伊斯兰法学家对所谓渎神的作家的裁决，或者举一个时代错乱的例子，对异教徒用火刑，并不意味着对人权的侵害。这些例子表明，我们的人权概念——我指的是现代自由和民主的传统下形成的人权概念——根植于特定的概念土壤，这一概念土壤与我们借以描述该（政治法律）传统之规范内容的一系列概念密切相关"①。所以，人权概念有着特定的历史适应性。如果把历史压缩到一个平面上的话，则可以看到人权的地域适应性。所以，人权并不是普世性的。同样，即便在人权诞生的地方，因为有着丰厚的土壤而使得人权成长得无比兴旺，但在"人权是目的而不是工具"的问题上，即使在这些地区，也从来没有梳理清楚。

任何可以成为目的的东西都不具有普世性，只有那些作为工具的因素才具有普世性。恰恰是工具，在历史的演进中总是不断地变换着自己的形式。这也对人权的普世性形成了否定。这就说明，无论人权是被作为目的还是被作为工具，都不具有普世性。除此之外，我们还看到，人们往往是把人权作为社会判断的标准

---

① ［德］阿尔布莱希特·韦尔默：《后形而上学现代性》，应奇等编译，上海译文出版社2007年版，第263页。

而加以利用的。在人权成为判断标准时，又包含着某种话语霸权，或者说人权本身成了话语霸权。本来，根据人权概念的逻辑，是不允许任何话语霸权存在的，而当它自己被推上话语霸权的地位后，却成了少数人的工具。在国际社会上，则成了少数强国制裁弱国的借口，即在行使霸权的时候也要同时获得"道义"优势。由此看来，在法治的源头就存在着逻辑上的错乱。虽然在人权的基础上建构起了法治，但在任何一个线索中去进行逻辑推理，法治都不能成为一种普世性的治理模式，也不是一种普遍适应的治理方式。

人权是基于社会的原子化而提出的一种假设，而人权的确立以及建立在人权基础上的社会设置也进一步促进了社会的原子化。学者们往往把社会的原子化看作社会离析的根源，其实，社会的原子化只是社会构成的一种形态，真正使社会离析的是对社会原子化所作出的制度安排。这在近代社会就是法律制度，是法律制度促进社会离析，又重新进行形式上的整合。结果则是：一方面，社会在实质上离析甚至走向崩解的边缘；另一方面，法律制度又在形式上把它整合为一个同一体。在形式上的同一体中，个人在利益追求中开展竞争，在竞争中也会有着双赢的愿望。

在思考这一问题时，奥斯特罗姆认为："一项有利于双赢关系的安排，以及阻碍损害或者伤害关系的安排，只能通过审慎选择、运用共同理解的行为规则、制约具有潜在多样性的人类行为而得到。法律的作用是引入作为政策或者选择事务的制约，来约束具有潜在多样性的人类行为。"① 事实上，在 20 世纪，社会治理已经完全实现了这种安排。不仅在社会治理过程中，而且在广泛的社会活动中，人们都努力根据双赢的要求去开展活动。既要开展残酷的竞争，也提出了竞争双赢，声言反对"零和博弈"。人们在竞争中的双赢并不是没有代价的，而是把这种代价转嫁到了系统之外，让竞争过程之外的其他系统或其他人去承担。就人类社会是一个大系统而言，则是在人类社会的繁荣和进步中将代价转嫁给了自然界。恰恰是这些，成了法治的目的，是法治在规范竞争时所要达到的目的。结果，人们之间在竞争中实现了所谓"双赢"，推动了社会发展，而竞争必须付出的代价却被转嫁到了自然界中，让自然界因为承担这些代价而呈现出环境污染、生态链断裂等。

近代以来，社会治理已经形成了对法治的路径依赖。在法治的路径依赖中，必然会走向这样一个方向："给人造成困难的，更多的并非是规则的限制性力量，而是规则本身所必然具有的复杂性。"② 在某种意义上，我们今天所遭遇的社会高度复杂性和高度不确定性以及风险社会，也可以认为是法治赐予我们的，至少法治是导致这种局面的一个方面的原因。在法治的路径依赖中，会要求人们在做一切事时都求助于规则。人们以为任何一项

---

① ［美］文森特·奥斯特罗姆：《复合共和制的政治理论》，毛寿龙译，上海三联书店 1999 年版，第 46 页。

② ［法］克罗齐耶：《法令不能改变社会》，张月译，上海人民出版社 2007 年版，第 35 页。

规则都能够确立起一种行为方式，却忽视了规则的根本。其实，规则并不是为此目的而制定的，规则的制定是为了排除某些行为方式。只要规则得到遵守，就可以达到消除规则希望排除的行为方式的目的，而在规则允许的空间中，行动者却能够作出行为方式的选择。就此而言，对规则的要求就是，不能出于确立或塑造某种行为方式的目的而过于狭隘和过于严苛。如果规则过于狭隘和过于严苛，就会使行动者丧失自主性。

关于规则的这些辨识似乎显得有些学究气，但对于实践而言，则是非常必要的。从现实来看，之所以法治的理念会驱使人们制定越来越严苛的规则，就是因为没有真正认识到规则的功能表现在排除而不是建构上。由于对规则功能的这种误解，致使行为主体开展行动的空间被限制在了极小的范围内，没有回旋腾挪的余地。一旦考虑到这一点，就可以看到法治在社会高度复杂性和高度不确定性条件下的尴尬境遇：其一，高度复杂性和高度不确定性条件下所有需要得到规范的社会事项和行为都是非常具体的，如果通过法律去规范的话，就必须制定越来越具体和越来越细密的法律；其二，当法律变得越来越具体和越来越细密时，人的行为选择也就变得不可能了，即不存在行为选择的问题，而是按照法律的规定去做，可是法律又不可能穷尽高度复杂性和高度不确定性条件下的所有社会事项和行为方式，以至于人们总会遇到缺乏法律规定而不知如何开展行动的问题。总之，由法律所代表的规则成了确定人们行为方式和形塑人们行为方式的模具，而且是在排除性的意义上作为模具而出现的。这样一来，致使人们在社会的高度复杂性和高度不确定性条件下无法进行行为方式选择，从而不得不在需要开展行动的时候受到法律的羁绊而无法行动。

三　全球化、后工业化中的法治

在古希腊，虽然作为社会治理模式的法治是不可能被提出的，但作为社会治理方式的法治思想则是很丰富的，无论是苏格拉底还是亚里士多德，都对法治做了非常深入的思考。在亚里士多德看来，法治所依靠的法律本身就构成了一个条件，那就是所依靠的法律必须是良法。根据亚里士多德的意见，"法治应包含两种意义：已成立的法律获得普遍的服从，而大家所服从的法律又应该本身是制定得良好的法律"[①]。这其实是为法治作出了严格的限定。并不是所有称为法律的都应得到公众的普遍服从，公众所服从的应是良法。进而，如果法律不能得到公众普遍服从，就谈不上法治。总之，存在着这样一个逻辑，法治建立在人们对法律的服从前提下，为了保证法律能够得到公众的普遍服从，就必须建立相关的设置。但是，这同时对法律本身也提出了要求，即要求法律必须是良法。至于那些违背公众意志的、与习俗直接相冲突的恶法，公众是没有服从义务的。如果强迫公众服从恶法

---

① ［古希腊］亚里士多德：《政治学》，吴寿彭译，商务印书馆1965年版，第199页。

的话，就会走向法治的反面。

农业社会是等级社会，在社会的等级结构中，自然而然地生成了权力。所以，权力是不断地再生出来的最为丰裕的社会资源，利用这种资源而开展社会治理并形成权治模式，无疑是最为明智的选择。工业社会是建立在人的自由平等之设定的基础上的，社会等级失去了合理性，因而，权力也就失去了不断地生产出来的土壤。也正是由于这一原因，我们说权力退缩到了依然保有等级结构的组织之中。在组织之中，存在着受到一定约束的权治；对于整个社会而言，由于失去了权力这一社会资源的支持，就只能用人造的规则和法律等去开展社会治理。规则和法律也是一种社会资源，是人造的资源，是通过不断地生产出规则和法律而对社会治理提供支持的。事实上，工业社会依靠规则和法律而实现了法治。现在，人类走进了全球化、后工业化进程，规则和法律是否仍然能够成为有用的社会资源，也就成了一个问题，至少应提出这个问题。

有了法治，才会有合法性的问题。正如韦伯所说："一切经验表明，没有任何一种统治自愿地满足于仅仅以物质的动机，或者仅仅以情绪的动机，或者仅仅以价值合乎理性的动机，作为其继续存在的机会。毋宁说，任何统治都企图唤起并维持对它的'合法性'的信仰。"[①] 但是，在获得合法性的问题上，有一个自

---

① ［德］马克斯·韦伯：《社会与经济》，林荣远译，商务印书馆1997年版，第239页。

觉的过程。正是近代以来的社会治理者，才把合法性的获得作为维系治理体系稳定性的基本内容。合法性概念本身就是韦伯基于近代以来社会治理的经验而概括出来的。韦伯所理解的合法性还是一种较为狭义的合法性，即"合法律性"。但是，当韦伯的这一合法性概念被引入到政治哲学的观察中去的时候，却无疑赋予这一概念以社会治理对象的接受、认同和响应方面的内容了。对于这一问题，如果稍作深思，就可以发现，之所以对合法性的信仰是必要的，是由政治以及整个社会治理的性质决定的。在这种社会治理模式中，治者与被治者是分离的和对立的，为了使统治、支配和管理更少地遭遇抵制和反抗，就需要求助于对合法性的经营。如果社会治理模式发生了根本性的改变，特别是用服务去替代任何形式的支配和控制，关于合法性的经营也就没有必要。那是因为，在不需要应对抵制和反抗的时候，经营合法性本身就是一种不经济的做法，是毫无收益的浪费行为。

撇开社会治理是否需要经营合法性的问题，就会看到，我们现在所面对的问题还不是法律以及法治本身的缺陷，而是时代的转换置法治以尴尬的境地，是全球化、后工业化使得法治不再适应社会治理的要求。在对法治的基础的厘定中，还可以看到，法治是建立在社会分工的基础上的，或者说法治促进和护卫着社会分工。但是，正如卡蓝默指出："眼下的治理与科学生产体系一样，基于分割、隔离、区别。职权要分割，每一级的治理都以排他的方式实行其职权。领域要分割，每个领域都由一个部门机构负责。行动者要分割，每个人，特别是公共行动者，都是自身的责任领域。人与自然隔离，经济和社会隔离。这个隔离的原则在公共机构的运作中所分的层次更细，政治与行政要分离，领导和执行要分离，实施和评估要分离……我们的结论是：明天的治理再也不能忽视关系了，而是应将关系放到制度设计的中心位置。"① 20世纪后期开始，领域融合的趋势已经显现。这是人类历史的一次大逆转，从有史以来的分化、分离、隔离转向了融合。

如果我们看到了领域融合这一历史趋势的话，也就不会像卡蓝默那样从工业社会的既有理论中去作出选择，即要求"公共管理的中心——也是永恒的——问题：协调，把我们联系在一起的相互依存性和使我们更为丰富多彩的多样性。这也是民主的中心和永恒的问题：热爱信仰、言论和创意自由。一言以蔽之，热爱多样性的公民们，他们会顾及使之联系在一起的相互依存性，自愿接受'合作'，接受共同规则，并为共同体的利益和生存而放弃他们的一部分自由"②。而且，我们也不会去制作任何说教。如果我们看到了从割裂、分离到融合这样一种社会发展中的逆转趋势，就会根据高度复杂性和高度不确定性的社会现实，根据人的共生共在的要求，去寻求合作治理模

---

① [法] 皮埃尔·卡蓝默：《破碎的民主——试论治理的革命》，高凌瀚译，生活·读书·新知三联书店2005年版，引言第11页。
② [法] 皮埃尔·卡蓝默、安德烈·塔尔芒：《心系国家改革——公共管理建构模式》，胡洪庆译，上海人民出版社2004年版，第116页。

式建构的方案。当前人们是在法治模式不变的条件下构想合作治理的，然而，如上述已经指出的，在法治的中心—边缘结构中，在法治的排斥和限制中，是不可能产生与"合作"一词本义相符的合作治理的。真正的合作治理必然是在突破了法治之后才得以成立的。

公共政策是法治的重要手段，甚至可以说是基本途径。在政策执行的过程中，如果出现了目标置换的问题，那可能意味着政策执行者为了适应所要解决的问题的具体性而采用了一种灵活性的方式，即作出了其他选择。在复杂条件下，由于决策赖以建立的信息等因素不足，会要求在政策执行中对政策目标作出适当的调整。从现实情况看，存在于政策过程中的大量目标置换往往并不是因为复杂条件对政策提出的要求，而是潜规则使政策受到歪曲或使政策执行走偏。对于政策执行过程中的目标置换，我们需要加以甄别。一般来说，在低度复杂性和低度不确定性条件下，目标置换的问题大都是由于政策执行者的个人利益要求以及潜规则的因素引发的；在高度复杂性和高度不确定性条件下，特别是在人的共生共在理念已经深入人心的条件下，政策执行中的目标置换就必须从所要解决问题的具体性方面来加以理解。在高度复杂性和高度不确定性条件下，政策本身就应当拒绝提供具体目标，而是提供一些原则性的、方向性的指导意见。这样的话，政策本身就是有弹性的，是行动者开展行动的基本框架，而不是让行动者因政策目标而受到束缚。

从心理学的角度看，全球化、后工业化意味着行动者将不倾向于在共同行动中使用暗示的方式。在高度复杂性和高度不确定性条件下，共同行动的合作性质决定了行动者的交流和交往都是开诚布公的。在共同行动中，他们没有必要也不可能采取暗示的方式进行交流和沟通，尽管他们在行动中是高度默契的。在这一条件下的共同行动中，行动者在每一个需要交流和沟通的地方都会采用明确而直白的语言。在迄今为止的人类历史上，暗示都是一种极其普遍的交流方式，即通过给定某个符号和信号，引起相关方的相似性联想。在农业社会，它甚至成为人的社会生活中的重要内容。不仅在宗教活动中，而且在政治的以及"类政治"的生活中，也广泛地使用暗示的手段。在工业社会中，公共领域中的法律、规则、公文等，私人领域中的契约以及广泛地分布在这两个领域中的组织指令等，都不允许使用暗示的方式。在日常生活领域中，还是随处可见暗示的方式广泛地存在于人的交流、交往行动中。即便在公共领域和私人领域中，暗示也仍然被作为一种交流方式而存在于一些非正式的或边缘性的活动中。在某种意义上，在一国的外交活动以及国家间的交往过程中，广泛地使用暗示的手段甚至会被认为是智慧的象征。在高度复杂性和高度不确定性条件下，这种以暗示的形式出现的交流和沟通方式是不被允许用于交往的。合作行动中的每一个行动者都应当拥有相对于合作者的透明性，用于交流和沟通的每一个信号都必须是明确的和准确无误的，甚至不允许包含可能引起歧义的因素，更不用说暗示了。就这一点来看，是对法治中所要求的法律的明确性的继承，但它比法律的覆盖范围更广，功能也更强，是存在于人的交往以及行动的每一处的要求。所以，可以视为对法治的超越。

从理论上看，社会及其规则、规范体系的建构可以从完全相反的角度出发。比如，对"囚徒困境"、"搭便车"、讨价还价等现象的思考，可以提出完整的社会建构方案。相反，从人的德性、信任关系、友爱情感、知耻心出发，也可以提出一整套社会建构方案。社会建构的出发点和路径有多条，只是由于近代以来所培育出的一种话语取得了霸权地位，从而压抑了人们寻找其他路径的努力，把人们的思维引向了一条唯一的通道。在全球化、后工业化进程中，特别是我们的社会已经显现出的高度复杂性和高度不确定性，决定了我们只有在道德制度的建构中才能真正"提供一种结构使其成员的合作获得一些在结构外不可能获得的追加收入"①。在社会治理的领域中，德治模式的确立也是这样。虽然农业社会的治理者被寄予——作为一种社会治理方式的——德治的要求，却不意味着一切德治的倡言都是对农业社会治理模式这份旧乐谱的重奏。真正的、完全的——作为一种社会治理模式的——德治，绝不是农业社会治理模式的复辟，而是后工业社会所独具的社会治理模式。

---

① ［美］道格拉斯·C. 诺思：《制度、制度变迁与经济绩效》，杭行译，格致出版社1994年版，第3页。

◇◇第二节 "自治"在社会转型中的遭遇

昂格尔在谈到对工业社会及其社会治理模式的总体批判时说:"首先,总体批判可能会期待一种抽象形式的体系,它依然不能将这种形式变得足够具体。它会去界定这样一些条件,思想中符合这些条件的矛盾解决方案,在社会中是能够被切实实现的。比如,它可以确定在何种意义上以及根据何种普遍的方法,价值主观性原则是能够被替代的,以及与原则相对应的经验是如何被改变的。其次,通过其论述我们自己的自我意识的作品,总体批判的实践自身也会向修正道德感的方向而努力,向着政治的重新定位而努力。"① 昂格尔认为,如果理论做到了这两个方面,那么,"我们就能够认识到,理论既非主人,亦非证人,而是历史的同谋"②。

在全球化、后工业化这场历史性的社会转型运动中,如果我们希望致力于理论思考的话,就需要有这样的追求,那就是:在人类即将走进的一个全新的历史阶段中,作为"历史的合谋者",应当如何去提出建构后工业社会的构想,特别是去对社会治理模式作出原则性的规划。在工业社会的历史阶段中,在社

---

① [美]昂格尔:《知识与政治》,支振锋译,中国政法大学出版社2009年版,第24页。
② 同上书,第24—25页。

治理的问题上,一直是在"自治"与"他治"之间去寻求平衡的,而且也通过制度安排去为"自治"与"他治"提供一个基本框架。在某种意义上,民主可能更多地包含着"自治"的内涵,而法治则意味着"他治",尽管民主与法治都包含着对方所突出显示的内容。在全球化、后工业化进程中,随着历史性的社会转型显现出了越来越明显的迹象,社会治理的条件也发生了根本性的变化,以至于工业社会关于社会治理模式建构、方法选择等所有方面所取得的成就,都因为根本性的条件变化而应让位于新的构想。面对已经显现出来的社会高度复杂性和高度不确定性,我们关于社会治理的构想是合作治理,它是对工业社会"自治"与"他治"的超越。这一构想并不是来自于理论致思,而是对现实要求的反映,用昂格尔的说法,就是"历史的同谋者"。

一 根源于自我的"自治"与"他治"

在中国古代,由于"皇室统辖力的微弱,造成了居住在城乡的中国人实际上的'自我管理'局面。就像宗族在乡村地区所扮演的角色一样——在乡村地区,宗族将那些不属于任何宗族者,或至少不属于任何古老且有力的宗族者都纳入控制的范围——城市里的行会对其成员的整个生存握有绝对的控制权"[①]。这是韦伯在现代性视野中所解读出的中国古代社会的"自治"。

---

① [德]马克斯·韦伯:《儒教与道教》,洪天福译,江苏人民出版社2005年版,第18页。

实际上，它绝不是现代性的自治。如果强行地把它说成是自治的话，那至多也只是一种"自然的自治"，而不是建立在理性自觉的基础上的自治。存在于中国农业社会皇权空白处的自治更多的是建立在血缘关系的基础上的，血缘关系不仅是开展自治的基础，也是发挥着社会整合功能的资源。至于习俗、习惯以及道德，既是在血缘关系的基础上生成的社会资源，也是在自治过程中发挥辅助性整合作用的自然资源。这是建立在相信了韦伯在史实无误的前提下所作出的判断。事实上，在中国古代并未出现如西方中世纪后期那样的"自治组织"——行会，而是由家层层扩大而生成的"家元共同体"，而"家元共同体"无非是具有自然属性的社会存在物。

在自然的自治模式中，正如鲍曼所说："人作为某部落之一员而生，亦作为该部落之一员而死，以一种严格规定、不容异议的前后顺序，相继被赋予严格规定、不容商议的身份，随后又解除相应的各种身份。对部落的唯一要求，就是遵守这一顺序，依据每一种相继而来的身份规定而行动。"① 虽然鲍曼所说的还是农业社会较早时期的情况，但在整个农业社会的历史阶段中，社会的性质并未发生根本性的变化。在整个农业社会中，部落或后来已经变形了的"部落"——"家元共同体"，一直是社会生活的基本空间，也是自然的自治赖以发生的前提。在这种家元共同

---

① ［英］齐格蒙特·鲍曼：《寻找政治》，洪涛等译，上海人民出版社2006年版，第151—152页。

体中，诚如鲍曼所说："部落乃是归属感这一概念的最充分体现，在人类历史当中的大部分时间里，部落是人的抟结的主导形式。事实上，部落的归属感是总体性的，将一切囊括其中；所有其他选择都在它的盲区之中，因此，不是说它无视、抑制这些选择，而是对它来说，这些选择根本不存在。"① 与之相比，在全球化、后工业化进程中也出现了新的一波社会自治的运动，以非政府组织、社区等形式出现的社会自治力量在广阔的社会空间中正在用自治去替代政府加予社会的治理。这种自治属于理性的自治，是具有自觉性的，而且也是在近代以来全部"自治"与"他治"之间的互动中发展出来的成果。所以，在根本性质上，不同于农业社会的那种自然的自治。

近代早期，随着市民社会的生成，"自我调整的经济和公众或公共意见，可谓是促使社会得以逐渐在政治结构之外达至统一或者协调的两种路向。这两种路向使洛克的——源自中世纪的观点——关于社会在政治领域之外拥有其自身的品格的观点，得以展现。从这一观点似乎可以作出下述推论，即在社会自主性得以展现的那些领域，政治权力应当尊重社会的自主权"②。这样一来，就产生了"自治"与"他治"两个相对而立的面相，而且

---

① ［英］齐格蒙特·鲍曼：《寻找政治》，洪涛等译，上海人民出版社2006年版，第151页。
② ［加］查尔斯·泰勒：《市民社会的模式》，载邓正来、［英］亚历山大《国家与市民社会——一种社会理论的研究路径》，邓正来译，中央编译出版社1998年版，第21页。

这也是需要认真思考和努力解决的现实问题。首先，在市民社会生成后，应当采取自治还是他治？如果市民社会像霍布斯所说的人与人的关系像狼一样，每个人的自治如何得到保障？进而，在这个社会陷入了普遍战争的状态时又如何能称得上自治呢？其次，在市民社会的独立自治不具有可能性的情况下，如何去建构他治，有了他治也就必须处理他治与自治的关系问题。这就是自由主义与保守主义得以产生的前提。就工业社会的发展轨迹来看，理论上的几乎所有应然性的理念都无法在实践中得到严格的落实。在整个工业社会中，我们满眼所见的都仅仅是理论上表述出来的对社会的尊重，而在实践中，社会只不过是管理的对象，权威机构时时处处都把无孔不入的控制加予社会，在一切可以实现操纵的地方，也从不放过操纵的机会。或者说，近代以来的历史包含着这样一条不断趋近于对社会进行控制、操纵的发展轨迹，也就是自治的衰落和他治的不断强化。

根据桑德尔的看法，在美国，"当初设计联邦主义的时候，是希望通过分散政治权力来促进自治，这种安排以一度风靡的分散化经济为其前提。随着全国市场和大型企业的成长。早期共和国的政治模式便在自治方面显得有些捉襟见肘了。自20世纪初以来，政治权力的集聚与经济权力的集聚如影随形，其目的是要维护民主的控制力"①。本来，民主是在自治的前提下开展统一

---

① ［美］迈克尔·桑德尔：《公共哲学》，朱东华等译，中国人民大学出版社2013年版，第35页。

性活动的场所、仪式和方式，民主是尊重自治的，也把促进自治作为目标。就历史背后的逻辑来看，如果美国不是在一系列政治的妥协性安排中探索出了一条建立联邦体制的道路，它就不可能在民主政治方面成为典范。所以，自治是民主政治的前提。

如桑德尔所指出的那样，美国民主政治的发展却走上了一条用集权的方式去维护民主的道路。尽管不是通过建立集权体制去实现护卫民主的目标，但显然是运用集权手段和具有集权性质的行动去捍卫民主体制的。具体地说，表现为中央权力的逐步增强。这说明，就美国的具体情况看，有效的管理总是针对社会的具体情况作出的，而在具体的管理过程中，不自觉地就走向了集权。就美国既定的民主框架不可撼动而言，在社会治理包含了集权要求的时候，也需要在民主体制不发生变动的前提下去寻求调整的措施。比如，在二战前的一个时期，罗斯福总统利用经济危机的特殊条件战胜了国会而实现了集权。在特朗普总统想要效法罗斯福的时候，其集权冲动就受到了很大的限制，总是无法随心去行动。即便是宣布美国进入紧急状态，在美国的公民看来，也只是一场闹剧，是美国总统把其所掌握的权力游戏化的行动，而不认为是可以严肃地去表达支持的集权行动。正因为他滥用了宣布紧急状态的权力，当"新冠病毒"大流行这种危机时刻到来时，公众就不再将他的命令当一回事儿了。

对于缺乏美国这种民主政治传统的其他社会治理系统而言，就不会受到这种联邦体制和意识形态惯性的限制。所以，许多国家在"二战"后经历了短暂的民主实践过程就走上了确立集权体制之路。本来,在民族解放运动中兴起的这些国家之所以选择民主政治,也许是由其社会治理的客观要求所决定的,反映了一种历史趋势。但是,由于同当地占支配地位的话语、政治观念和传统文化相冲突,特别是受到了来自美国所代表的西方世界直接或间接的干预而陷入动乱后,以至于不得不通过集权去建立秩序。如果排除这些因素的话,也许能够进入正常的国家发展状态之中。所以,在工业社会这个历史阶段中,我们也无法武断地指出某一种社会治理方式是正确的、合理的,更不能依据某一社会治理方式而去对其他社会治理方式作出贬斥和排除。

我们一再指出,社会治理应有多种方式以供选择,关键的问题是能否反映来自经济、社会的客观要求。说到这里,人们立马就会想起斯大林主义等集权模式,它杜绝了言论自由,以其个人和小集团的主观判断为"真理",并将自身与经济社会发展的客观要求对立起来,从而演出了一幕悲剧。的确,这是集权体制需要解决的问题。如果集权体制能够解决这一问题,那么,也许它能够在社会治理中作出优异表现。在全球化、后工业化的时代背景下再去讨论这类问题已无意义。只是出于把政治学者从集权还是民主的无聊论争中拉出来的目的,我们才指出这一点。但是,从工业社会这个历史阶段中的不同国家社会治理的差别中却可以看到,集权体制下没有自治的问题,社会治理更多地具有"统治"的属性,即统而治之。在民主体制下才会有自治的问题,但自治又无法单独得以成立，而是与他治相对应的，是相对而言的。或者说，自治与他治是社会治理的两个方面和两种表现方式。也正是这个原因，民主与法治不可分离。民主更多地意味着自治，而法治则更多地意味着他治，自治与他治既是矛盾的又是统一的。

如果把视线从国家内部转移到国际上来，根据桑德尔的看法，由于美国在其内部需要通过集权行为去护卫民主，那么在国际上则是通过强权、暴力等去推广民主和捍卫民主的。美国作为一个强大的国家只是一种假象，是联邦各成员在这个国家的发展中曾经得到了某种梦想的支撑而使它变得强大。在它强大起来后，则是依靠对全世界的经济掠夺而维系联邦成员对它的信念。这样一来，反而使得民主、自由等成了神话而不是现实，是因为成为神话而显示出了无穷的魅力。如果世界秩序发生某种变化，美国对全世界进行经济掠夺的机制稍有运行不畅，它所拥有的庞大联邦机构以及武装力量所造成的经济负担就会转移到国内，让联邦各成员承担。那样的话，以它现有的政治体制和自治原则，某个或某些联邦成员就会通过诸如公投等而脱离美国，而且会得到效仿，以至于这个国家顷刻之间就瓦解了。

桑德尔所指出的这一点只能说是一种理论上的推断，在现实中尚未看到这种迹象。就桑德尔的用心来说，显然是要呼吁美国进行改革。也就是说，根据桑德尔的意见，如果美国不希望看到分裂和瓦解的结果出现，就必须进行根本性的改革。虽然桑德尔没有明言，但从他的分析来看，其实是建议美国废除联邦制，建立起一个统一国家。那样的话，联邦各州的自治也就不存在了。或者说，对于声称自己是共和主义者的桑德尔来说，是要求用共和制取代联邦制。尽管桑德尔的这些想法如果明言出来会显得很荒诞，但他无疑是揭示了联邦体制因为自治的最初要求而导致的一个重要缺陷。最重要的一点就是，在国内自治的情况下必须依赖对全世界的经济掠夺去维持联邦的运转。桑德尔认为这是美国最重要的潜伏着的危机，所以，他通过揭示这一点而去要求美国学会自己养活自己，而且是建立在一种感觉上的时间差之上的，那就是，在联邦各成员并未感受到经济负担明显增长的情况下，美国就需要做到能够自己养活自己。

在桑德尔的这项建议中，显然也包含着国家在世界体系中的自治问题。这样一来，他的主张中就包含了一个逻辑上的不同一性：一个国家在内部取消自治，而在世界体系中则应自治。这实际上就是民族国家的一种较为普遍的形式，就美国用集权去护卫民主政治而言，也无非是美国联邦制与世界上的其他国家的同形化而已。"自治"的概念是具有相对性的，在个人这里，是相对于外在性的规则而言的，是自律得到了实现的状态。在群体（包括民族、地区等）那里，是针对国家的权威机构而言的，遵守法律等正式规则而拒绝权力支配。在诸如殖民化时期，与殖民地相比较，那些建立起了民族国家的地区享有了自治权。作为一种正式制度确立起来的联邦体制——主要以美国为代表——宣称联邦各州自治。如果美国放弃了联邦制的话,那么,它在世界体系中拥有了桑德尔所指示的那种能力,避免了现在所具有的那种分裂和瓦解的潜在危机,但联邦各州也就不再拥有自治权了。作为一个国家在国际社会中实现了自治,也就不再在其内部拥有自治。那样的话,以自治为内容的民主国家形式也就不存在了,作为国家的公民群体也就不可能保证拥有依法自治的权利。进而,个人的道德自治能否得到保障,也就会成为一个无法获得肯定回答的问题。

回到自治与他治问题产生的源头,也许时间标记的象征意义是值得一提的。在英国,1880年统一使用格林尼治时间之前是存在着几十种时间的,统一到格林尼治时间的历程是极其艰苦的,特别是在人权观念和自治意识已经觉醒的条件下,每一个被要求放弃该城镇时间的居民,在心理上都承受了巨大的羞辱,他们感受到尊严受到了侵犯。在二战后民族国家兴起的运动中,当一些国家使用统一时间时,不同地区的民众却没有感受到羞辱,甚至没有人去对关系到"每个人生活中的每一个时刻"这种重大问题的独裁做法表示质疑。在没有经历过充分讨论和投票表决的情况下,权威机构武断地决定了统一时间并强加给了全体居民。对此,人们并未将其理解为那是一种极其专断的"法西斯霸权"。

在整个工业社会中,从西欧的情况看,几乎所有城镇在近代早期都建立起了作为标志性建筑的时钟钟楼。到了20世纪后期,人们又将其作为集权的象征而纷纷拆除。这说明，集权与民主作为社会治理的途径和方式，都取决于人们的认识，社会治理所关注的和所要处理的事项都需要在具体的时代背景下去把握其重要性，是以当时人们的心理取向和心理聚焦而定的，并不存在任何时代、任何环境和任何语境下都必须通过集权或民主的方式去作出决定的社会事项。所以，对于人们所面对的社会问题，选择了集权的或民主的方式去加以解决，都不是具有必然性的。同样的道理，作为集权与民主问题的逻辑延伸，所谓自治，不仅在空间形式上，而且在性质上，都具有相对性。对于国家、民族、地区以及个人而言，都是如此，都不应把自治或他治看成是具有绝对正确性和普遍适应性的治理方式。

二 "自治"与"他治"的历史与逻辑

鲍曼认为："现代国家已经被马克斯·韦伯界定为这样的机构：它要求获得许可的（'合法的'，不可上诉并且不予补偿）强制垄断，换言之，它要求成为有权实施强制性行动的唯一机构，以便迫使现存的事态有别于它过去的状态，也有别于若使之放任自流所继续下去的状态。"[①] 这也就是沃尔多所说的"行政国家"。在社会的低度复杂性和低度不确定性条件下，国家具有强大的秩序功能，能够既有效率又具有普遍性地凌驾于整个社会

---

① ［英］齐格蒙特·鲍曼：《被围困的社会》，郇建立译，江苏人民出版社2005年版，引言第2—3页。

之上去开展社会治理。在高度复杂性和高度不确定性条件下,如果既有的社会构成方式不变的话,政府的社会治理垄断不仅不再可能,而且既无效率也不能实现对整个社会的覆盖。在20世纪后期的改革中,出现了社会自治力量,似乎发挥了弥补政府在社会治理上的不足的作用。但是,这种所谓的社会自治以及所扮演的角色和发挥的作用,只是在工业社会的社会治理基本框架未发生改变的情况下呈现出来的一种社会新特征。如果全球化、后工业化运动对工业社会的社会治理框架造成致命冲击,如果社会的高度复杂性和高度不确定性使得他治不再可能,那么,它还能够被看成是一场新的社会自治运动吗?

从实践上看,自治并不是脱离了他治的,而总是表现为对他治的响应。他治也无法脱离自治,如果没有人的内在力量去支持他治,就会沦为强制,就会演化为一种徒有形式而无法发挥作用的设置。在主体性哲学理论的视野中,"主体意味着占据一个位置,行动者从此出发,可以实现从理论到实践的过渡。而这样的过渡往往在一个行动者寻找到了某种动机,促使其不再犹豫,而采取行动"①。也就是说,主体仅仅听从自己的命令而开展行动。但是,"自古以来,采取行动最强有力的动因就是强制性命令——这应该是有着内在的和情感的,或者是外在的和社会的自然属性。然而现代性文化中有所作为的因素与他治是格格不入

---

① [德] 彼得·斯洛特戴克:《资本的内部:全球化的哲学理论》,常晅译,社会科学文献出版社2014年版,第87页。

的，因此，就会寻找并找到一种方法，让发号施令者似乎进入了听从命令者的身体内部，这样一来，听从命令者的服从和让步看起来就好像是听从了某种内心的声音一样。通过这样的方法就要求、创造并完成了'主体性'的事实情况"①。

是人的主体性把自治与他治统一了起来。比如，人们自觉地遵从规则和按照规则行动，似乎是听从了自己内心的志愿，成为行为主体和自主的行动者。实际上，他在此意义上而成为主体仅仅是一种主体的幻象。即便是从行动动因中析出了欲望、目的、动机等因素，在多大程度上是产生于内心的或其他内在的需求而不是在外部刺激下生成的，也是显而易见的。在某种情况下不可能产生的欲求而在另一些情况下却可能会显得非常强烈，那就只能说，人的主体性恰恰是不属于人的，或者说根本不存在什么主体性的问题。在对行动的观察中所形成的关于主体的认识和界定，仅仅是存在于行动之中的主体性和能动性，已经不具有认识论意义上的主体与客体相对而立的绝对性了。显而易见，在实践意义的行动之中，认识论的机械性的主体只是一个在特定的具体环境中才能加以理解的范畴，而不是一个可以随处滥用的概念，主体性哲学只是一个荒诞的传说。也正是在此意义上，我们认为，在高度复杂性和高度不确定性条件下，我们所能看到的都是行动者而不是什么主体。

---

① ［德］彼得·斯洛特戴克：《资本的内部：全球化的哲学理论》，常晅译，社会科学文献出版社2014年版，第87—88页。

总之，在高度复杂性和高度不确定性条件下，随着人们不再关注笛卡尔的那个静态的"我思"，关于主体与客体的区分也就失去了意义。在行动中，我们时时关注的是那些直接作用于和影响着我们的约束性和促动性的条件，随时把一切可以转化的力量转变成行动的动力，处理好该项行动所要处理的任务。这与形而上学的主体是完全无关的，因而，也就无法说具有主体性。这样一来，人就既不是自治的主体也不是他治的客体了。

近代以来的理性论者基本上都是在高调颂扬理性的时候贬抑人的情感的，往往把情感看作恶的，会导致人的盲目冲动，进而必然置人于他治之中。理性主义者相信理性能够保证人的"我思故我在"，从而对人的自治形成充分的支持，似乎"能够正确地指明他自己利益的人，用现代哲学的话语规则来说，总是会倾听'理性的声音'。将理性完全宣称为自己的，才足够洗净行动当中他治的嫌疑"①。然而，直到今天，人不仅没有实现自治，反而压迫人的力量却来自四面八方，人的行为和行动无不受到驱使。那些驱使着人的力量究竟是来自哪里，却让人无法确定。即使是以人的群集形式出现的群体、组织等，甚至大到民族国家，都不具有不受羁束的主体性。如果说在农业社会中压迫和驱使我们的力量无非来自自然界和统治者，那么在工业社会中，特别是

---

① [德]彼得·斯洛特戴克：《资本的内部：全球化的哲学理论》，常晅译，社会科学文献出版社2014年版，第88页。

到了工业社会后期，包括政府首脑、军队统帅、资本家在内的所有人，也包括所有人的群集形式的存在物，都时刻感受到某种力量压迫他（它），驱使他（它）只能这样做而不能那样做，但他（它）不知道那是一种什么样的力量以及来自何处。如果他（它）强行地去识别那种力量，那么他（它）很快地就会发现自己错了。因为，那意味着他（它）实际上陷入了一种理性不可能的状态。这显然是理性主义者的悲剧。

斯洛特戴克认为："理性的声音是否真的能完全成为倾听者私人的财产，对于进阶了的启蒙运动来说显得越发可疑，因为理性的要求往往总是和主体的另一个内心深处的声音意见相左，那就是情感。"① 即便不去考虑理性使人成为主体的外在条件，不去关注那些对人的理性构成冲击和否定的因素，单单去看人自身，作为情感活动的主体、审美判断的主体、道德活动的主体等，与理性的主体也都不在一个频道上。它们在人这里可能是共在的却又是不相容的，从逻辑上看，也必然导致人自身的分裂。对于一个处于分裂状态中的人来说，在何种意义上能够成为合格的行动者，显然是值得怀疑的。也就是说，在人自我分裂了的状态中，人是无法实现自治的。无法实现自治的人在任何一种意义上都不能够成为主体，因而也就不可能成为独立自主的行动者。

---

① ［德］彼得·斯洛特戴克：《资本的内部：全球化的哲学理论》，常晅译，社会科学文献出版社2014年版，第88页。

对于一些激进的民主主义者来说，往往更为推崇直接民主。所以，反对代表制的声音在近代以来的这个历史阶段中从来都没有停息过。正如艾丽斯·M.杨所说的："那些激进的民主主义者通常都不会相信代表制度。他们通常会将代表制看作是有违民主政治本身价值的。他们认为，代表制'以真正的自治为代价而使人们的政治意愿被疏远与孤立'，'削弱了共同体作为一种正义的调节工具而发挥作用的能力'，同时'排除了那种正义的理念可能扎根于其中的参与型的公众群体的发展'。"① 在某种意义上，协商民主理论也可以归类到这种直接民主观之中。对于这种直接民主观，艾丽斯·M.杨并未作出简单的否定，而是指出其对"代表"概念的错误认识，反对将"代表"与"参与"对立起来的做法。艾丽斯·M.杨指出："强有力的民主政治应当具有各种直接民主的制度，例如，作为其程序性节目角色的全民公决。而且，当社会成为更深层次的民主社会的时候，它就会拥有越多的用于政策讨论的公民论坛和主办的讨论会——其中，至少某些讨论会和论坛在程序上应当会影响到各种权威性的决策。然而，这种反对代表制的观点拒绝正视民主过程所具有的各种复杂的现实，同时也错误地将代表制和参与对立了起来。"②

如果说民主是一种国家制度和政治生活方式，那么，一个简单的事实就是，不可能让几百万、几千万甚至几亿人同一个时间

---

① [美]艾丽斯·M.杨：《包容与民主》，彭斌等译，江苏人民出版社2013年版，第154—155页。

② 同上书，第155页。

到同一个场所开展公共辩论，即使在互联网平台上，这也是不可想象的，更何况各种复杂的原因致使全体成员不可能都到场开展平等的辩论。所以，艾丽斯·M.杨认为："代表制是必不可少的，其原因在于，现代社会生活的网络通常会将处于某个地方的某些人和机构的行动与各种在许多其他地方的人与机构的行动结果联系起来。任何人都不可能出席所有那些其行为影响到他的生活的决策或者决策制定机构中去，因为诸如此类的决策和决策制定机构是如此之多，并且如此分散。虽然他的这些愿望往往会遭受挫折，但是，他希望其他人将会以与他的想法相似的方式考虑各种境况，同时代表他们参加那种问题讨论。"① 艾丽斯·M.杨认为，代表制是不可废除的，这就带来了一个问题：当一个人让他人去代表自己的时候，就等于把自己交给了他人，至少是把自己的一部分交给了他人。一旦他把自己交了出去，他要么失去了自我，要么使自己成为一个不完整的自我，那样的话，他就失去了自治的基础。没有了自我，何谈自治？

当然，艾丽斯·M.杨在表述她对代表制的拥护意见时引入了"社会复杂性"的维度，认为是社会的复杂性决定了，直接民主一旦超出了小型的、自足的单位所构成的那种空间就变得不再可行。就艾丽斯·M.杨的这个意见来看，是出于现实主义的原则而抛弃了民主的理想条件，不再考虑民主政治赖以生成的前

---

① ［美］艾丽斯·M.杨：《包容与民主》，彭斌等译，江苏人民出版社2013年版，第155页。

提——人的自治。我们需要指出的是，进入了艾丽斯·M. 杨视野中的复杂性其实只是一种低度复杂性，而在高度复杂性和高度不确定性构成的时空场域中，代表制其实是不可行的。在那种情况下，关于直接民主与代表制之间的争论也将不再有任何意义。我们可以想象那样一种情况：高度复杂性和高度不确定性条件下的人必须是完整的自我，他不可能也没有办法去把自己交给他人去代表——虽然这与卢梭的观点相似，但我们是在高度复杂性和高度不确定性条件下看到的一种必然状态，而且人处在流动的状态中，人的自我可能就是瞬间存在的状态，他也没有可以交给他人去代表的东西。在无法由他人代表的情况下，就不会生成他治；在自我已经不再可能去由他人代表的时候，人对自治的追求也将变得虚幻。这就是自治与他治都将遭到否定的原因。

三 "自治"与"他治"受到了挑战

"自治"一词包含着个人主义的观念，或者说，人们是在个人主义的意识形态中去想象自治和进行自治模式建构的。因而，自治无非是用来与他治相对立的一种主张和实践，意味着每个人都是独立自主和能够自我决断的，或者是以此为前提的。然而，在高度复杂性和高度不确定性条件下，个人与集体的边界变得难于划分了，以至于自治与他治的区分无法进行，而且失去了意义。高度复杂性和高度不确定性条件下的社会治理将是自治与他治的融合，并以合作治理这种新的形式出现。在社会的高度复杂性和高度不确定性条件下，即便生物性的个体仍然是个现实，那么，个人与集体也都不再能够构成现实性的存在。这样一来，作为社会理论的个人主义也会因为社会性个人的消失而失去了继续存在的根据，产生于个人主义中的自治观点和自治追求也就会为人们所忘却。

在现代性的语境中，哲学、伦理学等所谈论的自治主要是指个人与社会对应关系中的一种状态，而政治学、管理学等学科所谈论的自治则是以群体、地区等形式出现的行动体的自我管理状态。从个人主义的角度去看这个话题，就会发现，无论哪个学科所谈论的自治，都是在个人主义思维的线性逻辑中登场的。就集体主义与个人主义是一枚硬币的两个面而言，个人主义既是贯穿于工业社会的建构过程中的逻辑，也是一切社会治理活动得以展开的前提和起点。随着全球化、后工业化运动推动人类社会的转型，个人主义话语将不再适用于社会以及社会治理的建构，自治与他治的问题也将与个人主义一起从人们的视野中消失。所以，通过全球化、后工业化运动而实现的社会转型将把合作治理推展出来。我们在一些场合也说合作治理是"自治"的，但那是相对工业社会的社会治理模式而言的。一旦我们走进后工业社会的高度复杂性和高度不确定性状态之中，自治与他治的区分已然成为过去。合作治理既不是他治的也不是自治的，或者说是自治与他治已经实现了融合的社会治理状态。

罗萨说:"从主体的自我关系的或者人格类型的占主导地位的形式角度来看,现代化在社会科学的分析中,从社会学'经典作家'的时代起就表现为个体化的过程。个体化的过程与社会关系的动态化与生俱来地联系在一起,特别是它表现为将个体的行为实施和人生过程从僵硬的、预先给定的社会角色和社会位置中,从约束性的传统和习俗中抽取出来,并且大大地提高了个体的自我塑造的自由程度以及对自己的人生的责任。"① 这是产生于自我意识生成过程中的硕果,也是社会原子化的过程。这个"个体自我塑造"和"对自己的人生的责任",既是社会建构的起点,也是社会建构的逻辑,整个被建构起来的社会,都是从属于和服务于此的。也正是由于这个原因,个体具有了——至少是在一定程度上有了——选择的自由,但人的基本的或基础性的身份还是给定的。比如,公民身份就是由民族国家给定的,而职业身份则是由人自己作出的选择,而不是像前现代的传统社会那样"子承父业"。

随着个体化的进程不断推进,到了 20 世纪后半期,逐渐显现出了一种开始进入"实质性的行为选择和生活多样性的开放的过程,在这个过程中不断增加的塑造自己的生活的责任逐步地向个体转移。因而,其前提就是在对传统的默认值的液态化和角

---

① [德]哈尔特穆特·罗萨:《加速:现代社会中时间结构的改变》,董璐译,北京大学出版社 2015 年版,第 266 页。

色模式的液态化的塑造方面的社会变革。任何人不再被外在确定，而是在越来越大的范围内由自己所参与的塑造所决定。个体化因而首先意味着这样的可能性，但是也需要自己找到或者选择任务，确定身份的角色、关系、职业、婚姻伴侣、宗教团体、政治信仰等，并且承担后果"[①]。也正是在这些选择之中，包含着否定自我和终结个体化的内容。也就是说，当个体化达到自己的顶点时，在自我选择并对自己的选择负责以及服务于此的社会体制的共同作用下，把人类社会领进了高度复杂性和高度不确定性之中，并把人的共生共在的主题推展了出来。这样一来，自由的自我选择就需要受到人的共生共在的规约，自己只有对他人负责，才能使"自我负责"成为现实。

没有自我的地点并不是指传统上的无人区，比如南极、北极、沙漠、戈壁以及超过了一定海拔高度的地区，而是那种失去了自我的存在状态。我们看到，在流动的社会中顺势行动的行动者是坚守自我、捍卫自我、发现自我和证明自我的人，他却是没有地点的自我。与之相反，把自我放置在某个地点上，抱残守缺，不愿意在变动的环境中改变自我，不愿意顺应流动性的要求而开展行动，也许他以为这可以使自我得到维系，实际上却是失去了自我。而且，在失去了自我的那个地方，包括他的肉体，都成了没有自我的地点。总之，自我不是某种静态

[①] [德]哈尔特穆特·罗萨：《加速：现代社会中时间结构的改变》，董璐译，北京大学出版社2015年版，第267页。

的可以长期维系的存在,而是存在于显现过程中的,是在行动中去发现、去形塑、去证明的存在物,而且不会停留在得到发现、得到形塑、得到证明的状态之中。自我呈现给我们的是一个时间维度,而不是可以在空间上去加以把握的实体形态。即便退一步而在空间上去看,也可以在全球化、后工业化运动刚刚启动的时刻就能够清晰地看到,"这样的社会里,大量的居民无一例外地获得了较强的流动性,而令其地点的束缚变得松散;另一方面,过境地点也大大增加,在这些地点上面,频繁光顾的人们却不可能有一种居住的关系。所以说,'全球化的'以及'动员性的'社会同时在向上述的两个极端靠近:既有游牧式的极端,没有地点的自我;也有荒漠的极端,没有自我的地点——由地区文化和安守本土的满足感构建起来的中间地点在不断缩减"①。

全球化、后工业化运动不会驻足于某种表面上的流动状态,而是会不断地向纵深处挺进,会把"没有地点的自我"和"没有自我的地点"闪烁不定地呈现在我们面前。而且,在"没有地点的自我"那里,也会留下"没有自我的地点"。同样,也会在"没有自我的地点"那里,偷偷地掩藏着"没有地点的自我"。总之,全球化、后工业化正在终结我们已经适应、已经熟悉的工业社会,"即生活在一个稳固的、种族或族群的容器关系

---

① [德]彼得·斯洛特戴克:《资本的内部:全球化的哲学理论》,常咀译,社会科学文献出版社2014年版,第236页。

（连同它们特有的关于来源和使命的幻想）中以及毫无风险的可以将国家和自我混为一谈的许可，由于全球化的趋势以决定的方式遭到了侵犯"①。全球化将把全新的社会生态开拓出来，同时又让所有"地方化"的存在物都在互动和联动中去获得免疫力。"没有地点的自我"意味着就没有了开展自治的平台和场所；在"没有自我的地点"中，谁去实现自治呢？同样，在"没有自我的地点"，他治何以发生？在"没有自我的地点"，他治又针对谁去施行？"地点"与"自我"的这种流动状态，这种既在又不在的性质，决定了人们之间处在联动之中，以合作的形式去开展行动。所以，人们在联动中获得免疫力，在联动中实现人的共生共在。

全球化与地方化是并行的。地方与地方之间的区别，中央与地方的划分，都将转化为一个地方联动的体系，而且是地方间的联系。如果说全球化中存在着某种可以进行哲学把握的统一性，那么，这种统一性"不是通过共同的自然基础，而是因为共同的形势。这个形势是单纯的生态学和免疫学确定的，并处处指出文化的文明化的强制。这意味着，没有一个地域的传统生活形式能够以其单纯自身的方式适应新的情况。在其高度分散的种属当中的人类的统一现在依赖于，所有各自处在其地区和历史中的他们，都成为被共时化了的、远方被涉及的、感到羞愧的、被撕裂

---

① ［德］彼得·斯洛特戴克：《资本的内部：全球化的哲学理论》，常晅译，社会科学文献出版社2014年版，第236页。

的、被链接上的和被过分要求了的人——成为一个充满活力的幻象的诸场所、资本的地址、均质空间的各点，人们回到这些地方，这些地方也可以回到自身——看到的比去看的多，抓到的比去抓的多，达到的比朝目标迈进的多。每个人，无论男女，都必须从现在开始，从回归自我中去理解做他们自己的好处与坏处"①。

  这是自我消失的状态，即便说还存在着自我，那个自我也意味着不确定性。他看到的、抓到的和得到的越多，其实也就越难回归到自我；他看到的、抓到的和得到的更多，也就意味着自我流失的更多，甚至会流失殆尽，以至于躯壳尚存而自我却不知所踪。也就是说，过去为自我定位的宗教、文化、生活方式以及各种各样的关系因为他看到、抓到和得到的更多而远离他而去，以至于没有什么能够为他定位，从而失去了自我。在失去了自我之后，自我也就不可能对自我定位。总之，没有什么可以为人定位，人将不再像工业社会中的无产者那样在物质的意义上一无所有，而是在灵魂上也将变得一无所有。对于这样的自我来说，需要自治吗？如果需要自治的话，怎么去实现自治？同样，面对这样一个自我，他治又如何可能？这个时候只有一条道路可走，那就是通过行动去证明自我和获得自我。一旦人们进入了合作行动之中，也就意味着发现了和建构起了合作的自我。这个自我是属

---

  ① ［德］彼得·斯洛特戴克：《资本的内部：全球化的哲学理论》，常晅译，社会科学文献出版社2014年版，第227—228页。

于合作的，为合作而生。这个自我又是独特的，有着独特的能力去把看到的、抓到的和得到的文化、宗教、知识、经验以及各种各样的关系进行编辑并应用于合作行动。这就是人类在工业社会中一直纠结的自治与他治归于统一的状态——合作治理。

第三章 从竞争到合作

工业社会的另一面也被表述为资本主义,而资本主义的表现方式就是竞争。所以,当我们对人的行为进行审视时,可以看到,在工业社会中占主导地位的行为模式是竞争。而且,在工业社会中所产生的各种思想、理论,也都对竞争作出了深入思考。总体来看,工业社会的几乎所有主流思想都从属于对竞争合理性的证明,可以归入对竞争文化加以阐释的行列。正是这些思想和理论,以及由这些思想和理论物化而成的制度和社会结构,把人形塑为竞争行为的主体,而人的竞争行为又引发了诸多社会后果。在社会的低度复杂性和低度不确定性条件下,人的竞争行为是处在社会的存在和延续能够承受的范围中的,然而,在社会的高度复杂性和高度不确定性条件下,人的竞争行为则把人类引入了风险社会之中。随着人类命运共同体意识的觉醒,我们需要通过文化重构去再造人的行为模式,以实现合作文化对竞争文化的替代。

工业社会经历了数百年的发展把这样一个世界推展给了我

们,那就是:我们生活中的几乎一切,都在证明和诠释着竞争。应当说,竞争的社会是在近代建构起来的,所拥有的是竞争文化。由于竞争文化的生成,致使我们已经习惯于在竞争文化之中去开展政治活动以及几乎所有社会活动。竞争使我们的社会获得了活力,推动了历史进步。但是,竞争的消极影响也是很大的。反映在政治中,不但使政治背离民主原初所指向的目的,而且导致了全社会的利益冲突。在国际社会中,则经常性地以战争的形式去诠释竞争。即使是以和平的形式出现的竞争——也就是我们所推崇的理性化的得到了规范的竞争——也必然会带来巨大的成本消耗,甚至这种成本消耗会达到人类无法承受的地步。更为重要的是,竞争在逻辑上有着把竞争成本转嫁给无辜者的必然性;人类的竞争却又进一步地将成本转嫁给自然界,从而破坏了整个人类的生存条件。

　　克尔伯格对竞争文化以及竞争政治作出了深刻反思,在他所做的那些反思的基础上,致令我们提出了终结竞争文化以及竞争政治的要求。克尔伯格的《超越竞争文化——在相互依存的时代从针锋相对到互利共赢》一书是一部对资本主义竞争进行全面探讨的著作,也是对现代资本主义文明中的竞争行为及其制度保障进行深入反思的著作。正如克尔伯格在其书中所揭示的,在现代社会中,人的所有社会生活和交往中都包含着竞争行为。从竞争的角度认识现代社会是一个非常重要的视角,对于理解这一社会的性质有着无可替代的意义。比如,司法过程以及学术活动往往并不像经济过程那样被人们视作竞争的场所，但根据克尔伯格考察，恰恰是在这些领域中，可以发现和证明竞争文化的无处不在。我们相信，竞争文化只是人类历史发展中的工业社会这一历史阶段的文化，在全球化、后工业化进程中，一种合作文化将会生成，并将取代竞争文化。当我们在理论探讨中去对规范进行考察的时候，也同样可以发现，与竞争文化相伴的是法律文化，而与合作文化相伴的则是道德文化。

◇◇ 第一节　竞争及其社会后果

达尔文的进化论是工业社会早期残酷的生存斗争的真实写照，实际上，达尔文只不过是在用生物进化史去描述人类社会中的生存竞争事实。然而，正是达尔文的进化论，使人类社会中的生存竞争得到了合理性证明，将"物竞天择，适者生存"制作成为资本主义的铁律，为竞争文化的生成提供了似乎是科学的依据。正如阿克塞尔罗德所指出的："按照达尔文的说法，我们悲观地假设生命在自然选择这一层面是极端自私的，对苦难无情地冷漠，残忍地损人利己。"[1]

人为什么是人而不是动物？在资本主义早期，这个问题其实

---

[1]　[美] 罗伯特·阿克塞尔罗德：《合作的进化》，吴坚忠译，上海人民出版社2007年版，序言第1页。

并未引起人们的深思,尽管我们在文艺复兴以来的文献中可以看到诸多谈论人和对人表达了人文主义关怀的经典论述。当然,从20世纪的情况看,关于如何定义人的问题,已经得到了某种程度的探讨。但是,这个时候,竞争文化已经成形并深入人心,而且物化为稳定的社会结构及其运行机制,以至于人们的行为模式都被框定在竞争的框架之中。现在,全球化、后工业化进程中的社会高度复杂性和高度不确定性对人们提出了强烈的警示,要求人们必须突破竞争文化的框架,并用合作取而代之。在风险和危机面前,我们已经清楚地看到,竞争行为的危害性是人类无法承受的。如果我们把整个人类看作一个命运共同体,就必须实现合作的自觉,形塑出合作的行为模式,以遏制竞争行为所引发的各种各样的消极社会后果。人的行为模式从竞争向合作的转变,将是人类历史的一个新的起点。

一 工业社会的竞争文化

文化对于拥有它的人以及在它发挥作用的一切地方,都是一种无形的力量。文化会表现出无处不在的状况,甚至会渗透到人的思维之中,而且会在人的几乎所有行为中都表现出来。正是这样,文化的作用力以及文化支配过程,都让人觉得是那样的自然而然,以至于抗拒它、回避它会显得无比艰难。工业社会所拥有的是竞争文化,因而使得这个社会中的人显得如此习惯于竞争,甚至不敢想象没有竞争的社会形态会是何样。也正是这个原因,当人类已经进入全球化、后工业化进程时,当我们的社会呈现出高度复杂性和高度不确定性时,竞争文化却阻碍着人们去探寻社会高度复杂性和高度不确定性条件下的社会生活和交往行为模式。之所以我们处在全球化、后工业化这一伟大的社会转型时期却依然感到变革如此艰难,在很大程度上,就是因为竞争文化束缚住了我们的头脑和手脚。

竞争文化不仅以我们的行为惯性的形式出现,而且存在于近代以来的各种学说和理论中,或者说,它是由近代以来的各种学说和理论加以建构和作出论证的。虽然近代以来的各种学说、理论间存在着巨大差异,而且也会表现出相互冲突和对立的状况,但在建构竞争文化方面,却有着一致的方向。甚至可以说,所有的理论都在竞争文化的建构和阐释中努力发挥更大的作用和扮演更为重要的角色。在工业社会的历史阶段中,一种理论之所以能够广为传播,一种学说之所以能够得到更多的人的信奉,往往是因为它在建构和论证竞争文化方面发挥了基础性的作用,是在与其他理论的竞争中胜出的。

如果说竞争文化仅仅存在于人的行为之中和表现为人的行为惯性的话,那么从逻辑上判断,它在近代以来这样一个高扬理性的社会中,肯定会受到反思和遭遇批判,还有可能受到激烈的否定。之所以没有出现这种情况,是因为工业社会中几乎所有能够得到流行的学说和理论都或者明确或者隐蔽地去论证竞争行为的合理性,并在形塑竞争文化方面发挥了各种各样的作用。当竞争文化是由各种各样的学说、理论所承载的时候，也就决定了一切拥有智识的人都会无条件地接受它，并对它相对于社会生活和交往行为的合理性深信不疑。也是这个原因，令我们看到，在全球化、后工业化进程中，竞争文化阻碍了我们关于合作社会的探讨。即使那些已经意识到了人的共生共在需求的人，也会将对竞争文化的超越和扬弃视为畏途，不敢去触碰这一课题。因而，才会出现诸如"竞争—合作""合作博弈"等折中的表达式。

就人们的社会生活和社会活动来看，在今天，人们是如此的习惯于竞争，人们已经将竞争视为自然而然的事情了。这正是竞争文化已经深入人心的社会表现。克尔伯格在思考这一问题时指出，"当文化活动被内在化之后，对将其内在化的人来说，这些活动就常常显得自然不可避免，而且不可改变了"。[①]在竞争文化中，人们所拥有的一切都服从于竞争的需要，被作为竞争的资本、工具等对待。比如，在政府部门中，机关工作的内容是什么往往并不重要，工作人员一般说来都会愿意做好分内的工作，尽可能地不出差池。这样做只不过是出于一个目的，那就是为了在一个可以期待的时间节点上在与同事竞争某个职位时能够获胜，至于他的工作具有什么样的社会价值，关乎多少人的生命安全，他没有丝毫的兴趣去了解。正如美国学者爱德华·霍尔所描述的那样："在政府的印第安人事务局里，

---

① ［美］迈克尔·克尔伯格：《超越竞争文化——在相互依存的时代从针锋相对到互利共赢》，成群等译，上海社会科学院出版社2015年版，第4页。

产生了一套关于如何'处理'印第安人及其问题的惯例，积习难改。和国务院讲习所一样，印第安人事务局频频调换其雇员的岗位，结果，终身在局里供职的人对自己管辖的印第安人却一无所知。"① 他们既无兴趣也无必要去了解自己工作的性质，反而需要时间去考虑如何作为同事的对手，如何一步步地扫除自己升迁道路上的障碍。我们对政府寄予各种各样的期望，我们在纳税的时候也同时把我们的安全、财产保障以及幸福生活的愿望一并交给了政府。政府中的工作人员对我们交托的这些并不在乎，他们所关心的仅仅是更多的薪水、更高的职位。而且，在"经济人"假设中，在竞争文化中，他们这样做被认为是合情合理的。

竞争本身就意味着人们之间的对抗。事实上，竞争往往是以显性的或隐蔽的对抗方式出现的，并在结果上也往往导致对抗的局面。在社会发展历程中，特别是在社会转型的过程中，变革往往是以对抗的形式出现的。然而，"对抗性社会变革策略给这些运动制造了一种悖论。一方面，这些策略看起来似乎是进行社会变革唯一有效的方式。除了通过党派组织、诉讼或'走上街头'外，社会活动家还能怎样带来变革呢？另一方面，同样的对抗性策略常常由于多种原因而造成自我限制"②。更为主要的是，"将

---

① [美] 爱德华·霍尔：《无声的语言》，何道宽译，北京大学出版社 2010 年版，第 22 页。

② [美] 迈克尔·克尔伯格：《超越竞争文化——在相互依存的时代从针锋相对到互利共赢》，成群等译，上海社会科学院出版社 2015 年版，第 70 页。

对抗性策略内在化需要付出高昂代价，而人们往往对此不予注意，而且对这些策略的惯常信赖可能并不是一种社会变革的长期有效方式"①。

在对抗性社会变革中，变革者内部也经常性地分化出不同派系，这些派系可以用"左""右"来标识，它们之间的竞争甚至斗争也都会变得非常激烈。即便这种社会变革在经历过一系列事件而最后宣告成功，也仍然会重新将竞争文化和竞争行为模式奉为圭臬，再度陷入普遍性的竞争氛围中。其实，欲借竞争和对抗而变革社会是不可能的。对于人类社会的根本性变革来说，对于人类从竞争社会向合作社会的转变而言，是不可能通过竞争性变革来实现的。这是因为，"当社会活动家参与党派政治组织过程时，他们也将竞争的管理模式合法化了。这些模式由于政治竞争的昂贵成本，使他们在政治舞台上永远处于不利地位。同样，当社会活动家参与诉讼时，他们也将法律对抗体系合法化，这个体系也由于法律竞争的昂贵代价而使他们永远处于劣势地位"②。

既有的竞争社会是不可能通过竞争和对抗的方式来加以终结的，合作社会也不可能在竞争性的变革中到来。总之，无论是通过温和的还是极端的人的竞争，都不可能实现竞争文化的终结。只有采取"去竞争化"的方式，才有可能终结竞争文化。在竞争文化已经让人形成了"竞争是一种自然而然的事情"的观念

---

① ［美］迈克尔·克尔伯格：《超越竞争文化——在相互依存的时代从针锋相对到互利共赢》，成群等译，上海社会科学院出版社2015年版，第70页。

② 同上书，第72页。

情况下，终结竞争文化的追求也就应当首先让人们认识到，竞争不是自然而然的。人们之间，除了竞争之外，也许还有其他的相处方式。如果说竞争文化具有历史性，那么，我们在人类历史的一个新阶段到来时，应当追求用合作文化去置换竞争文化。

克尔伯格认为："正如许多文化评论家和改革家所了解的，改良特定文化习俗的第一步是去自然化，即证明它们的出现是出于一种文化偶然性，而非生物确定性。例如，在整个历史上，许多文化都将奴隶制视为一种自然和不可避免的现象。于是，18—19世纪废奴运动的一个首要策略就是证明奴隶制的文化偶然性。同样，在历史上的许多文化中，妇女的从属地位被视为是天生的必然现象。多数力图解放妇女运动的首要策略之一，就是证明性别不平等的文化依据，而非其他自然基础。"[1] 我们并不认为竞争文化的出现具有偶然性，它在人类历史上出现是具有必然性的，但它仅仅与工业社会这个历史阶段相联系。关于偶然还是必然的问题只是一种形而上学的探究，在对工业社会竞争文化的考察中是没有意义的。就克尔伯格指出的"因为竞争文化而让人们把竞争感知为自然而然的"来看，这是一项正确的描述，对竞争文化的超越就是要实现"去自然化"。

在社会发展的视野中，竞争文化生成于工业社会，是这个特

---

[1] ［美］迈克尔·克尔伯格：《超越竞争文化——在相互依存的时代从针锋相对到互利共赢》，成群等译，上海社会科学院出版社2015年版，第4页。

定的历史阶段的产物，是一种具有历史性的社会现象。也就是说，竞争文化仅仅是工业社会这个特定历史阶段中才应有的文化。一旦人类走出这个历史阶段，就应当抛弃竞争文化。人类的社会进化就是一个不断打破某种自然而然状态又建构起另一种自然而然状态的过程。在工业社会，竞争被人们感知为一种自然而然的状态，然而，当我们建构起合作文化后，也就完全能够让人将合作感知为自然而然的状态。一旦人们视合作为自然而然的时候，竞争行为反而会显得格格不入，正如今天人们对奴役现象的态度一样。在今天，我们也完全可以从心理学的某些事实观察中去证明奴役现象是人的本性使然，但工业社会还是终结了奴役制度，并将奴役行为视作犯罪。同理，今天被人们视作自然而然的竞争行为会不会在合作文化的语境中被当作一种罪行，可能是我们今天尚难加以确定的事情，但我们相信这种状况会出现。

指出竞争文化的历史性，也就意味着我们要把竞争行为与竞争文化区分开来。对于竞争行为，我们并不持一概否定的态度。这是因为，在迄今为止的人类历史上，人们的竞争行为都给予社会以活力。出于社会秩序的要求，治理体系也需要通过力量对比上的优势去威慑和打击犯罪行为以维护正义，甚至需要通过战争去惩罚邪恶，通过竞争性的政治操作去选择领导人。事实上，竞争行为是存在于人类历史的每一个阶段的，在人不是以自然个体而是以群体或聚合在一起的形式出现时，人们之间必然会存在着竞争的问题，会用竞争行为去达成各种各样的目的。所以，在任何时候都不可能彻底消除竞争行为。即使在合作社会中,竞争行为广泛存在的可能性也是可以想象的。但是,在合作社会中,竞争行为将不再得到竞争文化的支持。

一旦我们建立起了合作文化,竞争的消极影响就会减少到极小的程度,而不至于在逻辑上无限展开。合作社会中的竞争将不会以黑格尔所说的那种"恶无限"的形式出现,它将被限制在特定的社会层面和交往过程中,并发挥正向功能。这种情况将完全不同于工业社会中的竞争表现。在工业社会中,当竞争行为转化为竞争文化时,或者说在得到了竞争文化的支持下,整个社会被形塑为竞争的社会。所以,竞争成为普遍性的而且是排斥了其他行为的社会现象,形成了服务于竞争的社会结构和各种各样的社会设置。在合作社会中,社会具有高度复杂性和高度不确定性的特征,如果也去建构竞争秩序的话,对人的生存条件的破坏则必然会走向人类所无法承受的结局,也将使人们完全失去其应有的生活形态,甚至导致人的全面异化。

总的来说,文明、文化等本身就是历史的产物,具有历史性,人类不可能拥有任何一种永恒的文明和文化类型。文明总是一个自我否定的过程,不断地为新的文明所替代。如果说旧文明与新文明之间有着承袭关系的话,也仅仅是将旧文明中的那些对于人类生存依然有价值的因素贡献给了新文明的体系,融入和包含到了新的文明体系之中。文化亦如此。在我们习惯于将文化视为某种实体性存在时，所看到的是用一种文化类型替代另一种文化类型，人类历史在某种意义上也可以看作一种文化类型对另一种文化类型的替代过程。如果我们将"文化"一词解读为"文明化"，意味着文化永远处在自我否定的不定型状态。这样看来，竞争文化无非是人类历史特定阶段中的文化类型或文化形态，必将在人类历史演进中为另一种文化类型或文化形态所取代。在全球化、后工业化的进程中，种种迹象显示：人的共生共在正在对文化的转型提出要求，或者说我们需要基于一种深植于人的共生共在的要求而建构起新型文化。这种新型文化应当是一种合作文化，将实现对竞争文化的置换。

在高度复杂性和高度不确定性条件下，人的相互依存性越来越显现出来，近代以来成长起来的竞争文化显得不再合乎时宜。也许人们会说，竞争文化源远流长，在远古社会中已经有了竞争文化的基因，但那丝毫也不能证明这种文化必然会被未来的人们所继承。更何况有着久远历史的仅仅是竞争行为，只是在资本主义条件下才形成了竞争文化。我们承认竞争文化对于推动人类进步的贡献，也愿意对此作出高度评价，但我们今天却不得不面对这个由竞争文化赐予我们的风险社会，以至于我们不得不对竞争文化作出反思，并谋求合作文化对竞争文化的替代。我们现在已经到了告别竞争文化的时候，需要基于人的依存性增强的社会发展趋势去建构新型文化。这个过程就是合作文化取代竞争文化的过程。

二 对竞争原因的理解

与工业社会相比较，农业社会要显得野蛮得多了。总体来看，在农业社会的历史阶段中，虽然很少有像20世纪那样两次规模浩大的"世界大战"，但暴力冲突之频繁、杀戮之残忍，也都让我们怀疑考古学家和人类学家经常使用的所谓"文明"的概念。它说明，农业社会这个历史阶段的人类离动物世界的距离还较近，将动物界捕食时所暴露出来的本性带到了人类社会中。就一些动物残杀同类而言，人类在这方面显得更加野蛮。在工业社会这个被人们称道为民主、法制健全的社会中，那种比动物都更加野蛮的现象仍然是人们经常感受到的现实。在工业社会中，由于竞争行为转化成了一种文化类型，使其基本上能够得到规范。也应当指出，在工业社会这个历史阶段中，国际社会中因为存在着更多动物性的弱肉强食而使竞争行为无法得到有效的规范，进而经常性地引发战争。在民族国家之中，那些生成了竞争文化的社会，基本上都能够对个人的、组织的竞争行为作出有效规范。这可以认为是竞争文化的秩序功能。

在工业社会的整个行进进程中，表达对农业社会"家元文化"怀恋的声音一直不绝于耳。不仅空想主义，而且那些诸多实现了理性建构的理论，也都时常表露出对农业社会的怀恋情结。农业社会在社会层面存在着非常野蛮的竞争行为，而在

"家元文化"中却杜绝竞争。即便家庭生活中存在着竞争,也是受到"家元文化"的抑制和排斥的。这种"家元文化"与社会竞争行为的冲突构成了农业社会文明与野蛮并存的图景。它也意味着,社会和谐仅仅存在于"家元文化"发挥作用的地方。在"家元文化"无法发挥作用的地方,竞争总是以暴力等无比野蛮的形式出现。与农业社会不同,在工业社会中,由于竞争文化的出现,竞争行为得到了社会规范,因而显得文明化了。但是,在国际社会中,迄今都未能实现对竞争行为的规范,以至于国家间的竞争行为经常性地引发战争和冲突,特别是霸权国家,总是以各种方式破坏公平竞争。比如,美国总统就直白地宣布"美国优先",试图让整个世界都服从于美国利益。特别是在风险社会已经使人类被动地成为命运共同体的情况下,"美国优先"的危害是极大的。

克尔伯格从学术思想中发现,许多"经济学家完全反对主宰几个世纪的有关'经济人'的自私和竞争性的理解,赞同对人性进行更广泛的诠释,以此作为对合作、利他主义甚至自我牺牲行为的解释。事实上,越来越多的经济理论和研究表明,竞争性的自私追求常常是比互助合作要低效的策略——即使参照物质利益的指示进行严格仔细的斟酌"[①]。我们也看到,尽管存在着这些声音,但在社会科学领域中,这些声音往往得不到人们的关

[①] [美]迈克尔·克尔伯格:《超越竞争文化——在相互依存的时代从针锋相对到互利共赢》,成群等译,上海社会科学院出版社 2015 年版,第 79—80 页。

注。对此，不应理解成偏好竞争的学者们有意忽略了这些声音，而是因为这些声音本身所代表的显然是一种肤浅的论争。无论是把竞争还是合作说成人的本性，都是从个体的人出发而展开的思考。这样做虽然可以找到无数事例证明人有着合作的本性，却不可能证明人不应有竞争的本性。其实，关于合作的证明恰恰需要在思维方式上超越论证竞争合理性的逻辑，应当从人的共生共在的客观要求出发，对于合作社会的建构，必须首先告别一切关于人的本性是什么的争论。

即便从人的本性的角度看问题，我们也同意霍尔所指出的：弗洛伊德的研究发现，"每个人都有一种理想的自我，我们赞许这样的自我；也有若干不那么吸引人的自我，其中一些令人恶心，只有很坚强的人才能容忍。……日常生活中实际的自我是多种行为模式的大杂烩，并将其称为精神动力。这些动力是与他人整合的方式。其中一些使自己能觉察的，但另一些精神动力是分裂的、隐蔽的，不被自己觉察，却向他人袒露"[①]。关于人的这一认识和描述是较为客观的，人确有自私的一面。如果人的自私的一面不是得到近代各种学说、理论的合理性证明的话，也许人们会将这个自私的一面视为"令人恶心"的，也就不会基于这个自私的一面展开与他人的竞争。所以，竞争的心理基础是由近代以来的各种学说、理论形塑而成的，而不是天生的。

[①] [美] 爱德华·霍尔：《无声的语言》，何道宽译，北京大学出版社 2010 年版，第 49 页。

令人惋惜的是，弗洛伊德的这一革命性的发现没有引起人们的足够重视，以至于没有人基于弗洛伊德的发现去进行进一步的理论探索，反而，所呈现出的学术诠释图景让我们感觉到，比比皆是的都是试图将弗洛伊德纳入既有解释框架的做法。比如，用弗洛伊德的"性欲说"去证明人的自私本性，认为人的自私是由性欲本能引发的。其实，弗洛伊德通过"梦的解析"而对人的精神中那些隐蔽部分所作出的揭示，恰恰证明了人是把导致人的自私的因素看作可耻的。就此而言，弗洛伊德的发现是能够对人的自私本性作出否定的。我们并不赞成弗洛伊德通过个体的人去进行精神分析的研究路径，但就他发现人的精神具有多个方面而言，形成的可以说是革命性的批判意见。弗洛伊德的研究路向证明，从个体的人出发去开展科学研究，一旦达到了较为彻底的地步，也会对近代以来占主导地位的学说、理论形成否定。

对于人的行为的理解，不应从人的所谓本性出发，反而应当从人所拥有的文化出发。根据霍尔的论断："文化不仅强制人，而且如果稍加引申就可以说，文化就是人。文化是联系人与人的纽带，是人与人互动的媒介。"[①] 之所以我们强烈地感受到人是自私的，人会为了私利的期待而与他人竞争，会把竞争当作一种乐趣，是因为工业社会所拥有的是竞争文化，是竞争文化要求人们应当如此，是竞争文化把人格式化为竞争的动物。工业社会的

---

① ［美］爱德华·霍尔：《无声的语言》，何道宽译，北京大学出版社2010年版，第143页。

人文社会科学所展示给我们的是：总是为了论证竞争的合理性而去引经据典和篡改人类历史，更有甚者到生物界去寻求证明的依据。结果，一种被称为"物竞天择"的世界观也就占据了人的头脑，以至于不参与竞争的人和希望做竞争旁观者的人，有可能连生存权也会被剥夺，更不必说那些让人觉得不可思议的合作行动了。不过，我们并不认为人会永远耽于这种状态。全球化、后工业化进程中的社会高度复杂性和高度不确定性已经明确宣告：人的这种竞争状态是不适当的，进而言之，是非常有害的。

竞争文化可以实现对竞争行为的规范。但是，在思考竞争的根源时，人们总会首先想到人的自私本性，断定人的自私本性是引发人们之间竞争的原因。其实，那是因为竞争文化实现了对人的格式化，才使人发现自己在与他人交往中持有自私的动机，才会让人用所谓的"自私本性"和自利追求去解释一切社会现象。在对农业社会的解读中，如上所述，在"家元文化"发挥作用的地方，就不会产生竞争行为。即使产生了竞争行为，也会受到抑制和排斥。即便在工业社会中，我们也同样看到：如果人们在家庭生活中孝敬尊长，为妻儿付出，在社会生活中进行小额捐款，呼吁和呐喊公平正义，在精神生活中礼敬诸神并基于信仰而积极从事慈善事业，那么，他们就不会表现出自私本性，就不会在作出这些行为选择的时候让这些行为表现为竞争行为。

人是不是自私的，完全是文化的产物，正是竞争文化孕育出了自私的人。反过来，也正是因为竞争文化是人的行为发生的基本框架，致使人的基于自私本性的行为表现出了能够得到竞争文化规范的状况。如果人的行为突破了竞争文化，是在竞争文化框架之外发生的，那么，也就不需要和不会表现出受到竞争文化规范的状况。比如，一种情况是，农业社会的以野蛮的暴力形式出现的竞争以及工业社会中国际关系上的竞争，都没有得到竞争文化的规范；另一种情况是，农业社会中的"家元文化"所鼓励的行为以及工业社会中的慈善行为等，也同样超出了竞争文化的框架，不受竞争文化的规范。当我们看到人的一切善行都不会表现为竞争行为，都不是出于所谓的人的"自私本性"，也就可以判断，人其实并不存在"自私本性"的问题。人之所以是自私的，应当理解成是文化嵌入的结果。是因为有了竞争文化，才会让人表现出自私。既然农业社会中的"家元文化"并不让人表现出自私，那么，当社会进步实现了对竞争文化的超越，即建构起了合作文化，人也同样不会成为自私的人。一旦合作文化实现了对竞争文化的替代，一旦人们接受了合作文化和受到合作文化的熏染，就完全能够获得与他人合作的能力，就能够回归到与他人共生共在的基点上，就能够意识到人类是一个命运共同体。

　　人不是天生就属于某种文化的，而是在后天的生活中习得和适应了某种文化，得到了某种文化的塑造，并用自己的行为举止去表现他所拥有的文化。就此而言，人们也许会以为文化可以像知识一样传授，其实不然。我们可以通过某种培训去让人了解某种文化，却无法让他拥有那种文化，更无法奢望他通过自己的行为方式去表现那种文化。这就说明，文化并不像知识那样可以传授，人只有生活在某种文化氛围中经历长期的文化体验才能拥有那种文化。所以，说人天生是自私的判断并不可信，完全是竞争文化把人形塑成了自私的人。而且，人之所以乐意于竞争而不情愿地作出理性的合作行为选择，也只能说是竞争文化赋予人以这种禀性。由此也可以想见，如果希望人的行为模式实现一种根本性的大逆转，即从乐意于竞争而转向乐意于合作，显然是需要首先实现从竞争文化向合作文化的转型的。

文化对人的格式化是通过多种途径实现的。文化可以凝结到知识、观念、信仰中直接作用于人，转化为人的精神存在并形塑出人的行为模式；文化也可以通过制度、社会结构以及人（群）之间的关系等形式规定着人的行为。就工业社会而言，在分工和专业化的背后，也包含着个人主义的逻辑。因而，分工和专业化也在竞争文化的生成中发挥了推动作用。反过来，竞争文化又体现在分工和专业化之中。对于分工与专业化，我们不能持简单的否定态度，正是分工和专业化促成了协作，使基于个人的协作变得必要和可能。就这一点而言，它又构成了竞争的对立面。

在工业社会中，如果竞争与协作能够大致平衡的话，会使个人主义呈现出积极意义。由于个人利益总是被推到至高无上的地位，在意识形态上以及社会治理实践中，都把个人利益的实现作为高位标准看待，以致竞争总是对协作形成冲击，甚至时常对协作构成破坏。总体来看，因为个人利益至上，使得竞争总能得到来自人的内在力量的支持和驱动，而协作则依赖于外在于人的规则、体制、制度等设置来加以维护。相对于竞争而言，协作也就显得不是那样自然而然，往往需要协调机制的支持。这也说明，工业社会的基调是竞争，这个社会所拥有的是竞争文化，以至于一切与竞争文化不一致的社会因素都会受到压制。在这个社会中，唯有人的竞争行为得到了鼓励，而且是表现为一种自然而然的鼓励。

三 竞争文化必将得到扬弃

在工业社会尚处于形成过程的时候，黑格尔便从中发现了矛盾，揭示了矛盾的普遍性，即存在于这个社会的每一个方面。基于矛盾的视角，黑格尔总结出了"对立统一"规律。这无疑是深邃的哲学洞见。由于黑格尔的这一发现，作为一个协作体系的工业社会与竞争并存也就变得可以理解了。也就是说，竞争与协作是既对立又统一的。尽管黑格尔派的诸多思想家努力在对矛盾普遍性的诠释中去将矛盾推及人类历史的每一个阶段，甚至将矛盾推及自然界中，但在我们看来，名副其实的矛盾普遍性是仅存于工业社会这个历史阶段。只有在这个特定的历史阶段中，竞争与协作以及所谓的"合作"（协作）博弈才可以构成一个解释框架。当人类走出这个历史阶段后，当人的合作行动模式取代了协作后，上述解释框架就会呈现出解释力下降的趋势。

一般来说，竞争是社会矛盾和社会冲突等的直接原因。一旦出现了社会矛盾和社会冲突,社会治理体系自然而然地就会作出压制矛盾和控制冲突的反应,矛盾就会因为受到压制而积累起来,而不是在一产生的时候就得到释放。当社会治理对矛盾的压制出现某种缝隙,矛盾就会以冲突的形式表现出来,而且是规模和激烈程度较大的社会冲突。这时,社会治理体系就会制止和控制社会冲突,并对矛盾施以更为全面的压制。如此一来,就会陷入轮番升级的状态。显然,这种导致"恶性循环的'控制权'和'压制权'关系与人们对社会相互依存的整体理解,二者之间格格不入"[1]。也正是这个原因,使社会风险处于持续增长之中,使危机事件频繁发生,而且一次比一次更为剧烈。

克尔伯格揭示道:"当代资本主义经济因其过度竞争的价值观和缺少来自内部、外部的管理,成为广泛的社会冲突和生态恶化的根源。通过将人类界定为自私自利和竞争性生物,以此相应地构建了人际关系。"[2] 人是历史地建构的,正是因为假定了人是自私自利的,才从这一假定出发把人建构成了自私自利的生物,进而把人置于广泛的竞争环境之中,形成了竞争文化。这就是工业社会的建构逻辑。在全球化、后工业化进程中,即使我们希望将工业文明的所有成果都保留下来,也必须果决地抛弃它的这一社会建构逻辑。否则,无论人类在全球化、后工业化进程中创造出了多少新成果,一旦被纳入到工业社会的建构逻辑之中,

---

[1] [美]迈克尔·克尔伯格:《超越竞争文化——在相互依存的时代从针锋相对到互利共赢》,成群等译,上海社会科学院出版社2015年版,第102页。

[2] 同上书,第44页。

都会转化为加剧人与人、人与自然紧张关系的力量。只要工业社会的建构逻辑不被抛弃,人类在其他方面取得的新成就越大,引发的危机也就越严重,否定人类本身的力量也就越强。比如,我们正惊叹于和享受着新技术带来的社会生活改善的成果,却也在同时不得不承受着社会迅速两极分化带来的压力。

我们现在所拥有的整个社会科学体系都渗透着竞争文化,几乎所有的制度建构方案、人际关系处理方法、行为策略等方面的原理和技术都从属于竞争,是出于竞争的需要和服务于竞争制胜的要求而作出的探讨。因而,竞争之于我们这个社会和时代,既是共有的文化,也是非常坚固的思维定式。一旦提出用合作文化替代竞争文化的构想,人们就可能陷入某种恐慌之中。虽然面对恐怖袭击时人们会产生某种恐慌,但那种恐慌是感性的。然而,在合作文化替代竞争文化的需求面前,人们将会表现出一种理性的恐慌。或者说,越是那些受过良好教育的人,越是学者,越会体验到某种恐惧,甚至会迫不及待地跳出来对倡导合作文化建构的人进行某种非理性的指责和攻击。所以,克尔伯格认为:"竞争文化可以被视为是一种霸权主义文化形态。"[①]

在竞争文化深入人心的社会中,几乎所有的游戏都被用来诠释竞争文化,人们不以竞争为耻,反以竞争为荣。可以认为,20世纪一度成为学术时尚的博弈论无非是科学名义下或者说披上了

---

① [美]迈克尔·克尔伯格:《超越竞争文化——在相互依存的时代从针锋相对到互利共赢》,成群等译,上海社会科学院出版社2015年版,第81页。

科学外衣的权术，是在竞争的社会中发展出来的竞争策略，它阉割了权术中的智慧因子而用理性填充阉割后留下的空场。博弈论之所以受到追捧，是因为人为了个人利益而更倾向于掌握和运用权术谋略。如果我们接受了工业社会的人们习惯性的从人性的角度去解释问题的做法，就会看到，博弈论揭示了也迎合了人性缺陷，让人性中阴暗的一面得到科学论证而登堂入室，即获得了合理性证明。对于学者而言，信奉博弈论的人，都在某种程度有着这种人性缺陷。这种人性的缺陷其实是由竞争文化造就出来的，反过来用博弈策略去强化人性的缺陷，无疑是要把竞争文化诠释到极致。当竞争的社会为合作的主题所改造后，当人的共生共在而不是个人利益成为社会存续与发展的优先关注点时，当人们充分认识到人类应当是一个命运共同体时，对博弈论的追捧也就显得不合时宜了。

近代早期的自由主义理论有一个基本假设，那就是认为社会处于完全竞争的状态。如果整个社会处于完全竞争之中，没有一个人可以独立其外，那么，在理论的假定中，是可以实现公平、正义的。实际情况是，竞争也需要有非竞争性的存在作为支撑点，换个角度的话，在逻辑上也必然会得出这样的结论。这样一来，竞争必然会将其支撑点上的人排除在竞争之外。所以，完全竞争的假设是不可能成为现实的，在理论上也是不能成立的。不仅如此，竞争亦如其他任何一种社会行为一样，也会有消耗，从而产生某些成本。如果竞争的行为结果与成本是等值的，就会使竞争丧失意义。就整个社会而言，如果是一个封闭系统的话，竞争的成本肯定是与结果等值的。所幸的是，社会不是一个封闭系统，而是一个开放系统，而且显示出开放性日益增强的状况。所以，竞争必然会因为开放和外部因素的介入而显现为不完全竞争。

就社会而言，存在着系统内的竞争、不同系统间的竞争。在系统内，竞争者一方的收益将与另一方的损失等值；如果共赢的话，就必然是把竞争成本转嫁到了系统之外，由其他与该系统有关联的系统去埋单。系统间的竞争亦如此。再度扩大视野，还可以看到，在社会系统之外还存在着自然系统。一旦看到自然系统，我们也就充分理解了竞争增益于社会的全部秘密，那就是：自然系统最终默默地承受了社会竞争转嫁过来的全部成本。

表面看来，自由主义主张完全竞争；实际上，如果没有完全竞争的假设，自由主义在理论上就是不成立的。然而，从社会运行来看，不仅在广泛的社会领域，即便是在经济领域中，也不存在完全竞争。所以，虽然自由主义是工业社会得以建构的理论基础，但社会的实际运行始终与自由主义的设定和要求不相一致。尽管人们在开展行动的时候总是基于那些源于自由主义的观念而作出行为选择，而在这些行为选择以社会实践的形式出现时，往往对自由主义形成否定。当然，在工业社会低度复杂性和低度不确定性条件下，理论与实践的冲突往往不至于造成社会无法承受的恶果。在社会运行节奏相对缓慢的情况下，是允许人们在某种程度上想一套、说一套、做一套的。随着社会呈现出高度复杂性和高度不确定性，社会实践与自由主义的冲突就会对社会造成极重的创伤，特别是被作为自由主义前提性假设的完全竞争变得更加不可能。这个时候，如果不对其加以否定，如果仍然作为人的行为选择时的支配性观念，所引发的有害性社会影响就可能是无法估量的。

在低度复杂性和低度不确定性条件下，社会能够包容和承受普遍化的竞争及其消极后果，竞争也发挥了促进生产力水平的提升和社会进步等诸多积极作用。然而，当人类进入高度复杂性和高度不确定性的社会中，竞争对于社会以及人的生存的一切积极作用都将消失，而其消极后果则是人类无法承受的。鉴于此，合作取代竞争就是我们唯一的选择。"随着人口持续增长、科技发展、资源匮乏、全球范围内相互依存，竞争文化正在接近'稳定上限'。与此同时，随着旧的对抗秩序的瓦解，这也为一种新的且根本的文化调整的出现提供了可能。"[1] 准确地说，这将是一场文化变革的运动，而且是具有历史发展必然性的文化变革。我们必须承认，人类已经走到了这个地步，竞争文化通过人的行为所造成的消极后果是人类无法承受得了，无论是在人与人之间制造的冲突，还是所引发的人类社会与自然界之间关系的紧张，都达到了随时有可能爆发的地步，即把人类无法承受的风险和危

---

[1] [美]迈克尔·克尔伯格：《超越竞争文化——在相互依存的时代从针锋相对到互利共赢》，成群等译，上海社会科学院出版社2015年版，第99—100页。

机施加于人，并有可能以大规模灾难的形式出现。所以，竞争文化必须得到终结，代之而起的也只能是合作文化。

合作文化反映了人的共生共在的要求，出于人类命运共同体维系的要求。一旦我们建构起合作文化，并在合作文化的框架中开展合作行动，也就必然会增益于人的共生共在。正是在竞争文化的终结和合作文化的兴起中，人类社会将获得一种完全不同于以往的生存模式和人际关系模式，将会第一次为了人的共生共在而不是自我利益的实现去开展行动。这个时候，也许是人类第一次不再去斤斤计较"利我"还是"利他"的问题，也许是人类第一次把整个人类的存续与发展放在共同行动的出发点的位置上。

即便是在工业社会这个历史阶段中，关于人的生存以及尊严的认识也在发生着变化。如奥肯所看到的，"19世纪自由竞争资本主义的虔诚信仰者，否定向私人慈善家恳求施舍的权利，并在原则上反对有任何保障生存的权利。对他们来说，经济效率要求强制性地贯彻不劳动者不得食的法则"①。公共服务的扩大化，社会保障制度的建立和健全，以及贫困线的划定，都在社会治理活动中占有越来越重要的比重。这说明，关于人的生存甚至尊严处置，并不是从属于市场原则的社会事项，不仅不应为市场让路，反而是市场需要给予尊重的社会目标。

---

① ［美］阿瑟·奥肯：《平等与放弃——重大抉择》，王奔洲等译，华夏出版社2010年版，第20页。

如果说工业社会的历史中本就包含着这一发展逻辑的话,那么,在全球化、后工业化时代,当越来越多的社会成员被拖进生存前景甚至现状不确定性的状态中,显然会将生存的课题放在更重要的位置。其实,在高度复杂性和高度不确定性的社会状态中,风险社会的形态不只是将社会成员中的一部分,而是将全体社会成员,都置于生存的不确定性之中了。面对这一情境,我们呼吁建立起人的共生共在理念,并在一切可能的和必要的情况下替代市场原则而对人的行为作出指导,就绝不是一种无理由的过分要求。我们在全球化、后工业化进程中面对着的正是社会的高度复杂性和高度不确定性,这意味着我们也只有终结竞争文化和建构合作文化这样一条出路。

◇◇第二节　竞争文化中的竞争政治

竞争文化在政治生活中的反映是:"一个健康的民主程序需要诸多政治力量的震荡冲突和众多利益的开放性的矛盾斗争,一旦缺少这些,它就会轻易地被不可谈判的道德价值与本质主义的身份认同之间的敌对状况所取代。"① 当政治领域中的冲突结构化了,变成一种日常形态,而且又由于政治承担着社会治理的功能,也就不能不把整个社会拖进无穷无尽的冲突之中。如前所

---

① [美]墨菲:《政治的回归》,王恒等译,江苏人民出版社2001年版,第7页。

说，之所以工业社会无处不存在冲突，归根结底是它所拥有的竞争文化。正是这种竞争文化，使工业社会陷入无尽的冲突之中。当然，工业社会通过建立起法律制度并实施法治而实现了对冲突的规范、限制，把冲突限制在了可以接受的范围之内。或者说，工业社会通过制度化的分而治之而使冲突分散地存在于微观的组织或地域中，使其不至于演化成剧烈的社会震荡。但是，就这种冲突对资源的消耗来看，如果加总起来，那也是一个巨大的数字，对社会生活以及社会发展的破坏力仍然是巨大的。正是这个原因，20世纪后期以来，随着人类生存环境的恶化，随着国际社会的冲突所包含的各种隐忧被人们意识到了，使得许多学者开始对竞争文化进行反思。

一 体现了竞争文化的政治

博弈行为也许有着悠久的历史，但博弈观或者说模式化的博弈思维则产生于竞争的社会，是竞争的社会对人的形塑而使人们在一切活动中都以竞争者的姿态出现。在竞争的社会中，不但在人与人之间、组织与组织之间，而且在人自身的行为选择过程中，都包含博弈的问题。这种普遍化的博弈行为根源于竞争文化，是因为竞争文化在近代社会得到完整的、周延的表现，渗透到了社会生活的每一个方面的每一个角落，才使得我们随处可见博弈行为。"在竞争文化中，几乎每项制度，或曰文化博弈，都遵循一套竞争规则。这些规则不仅确保有赢家、有输家，还确保最强大的选手最有可能赢得比赛。当不太强大的选手同意加入这些博弈中，也就等同于他们愿意遵守这些规则，而这只会加速他们的失败。对抗的社会变革策略，比如抗议，与这些竞争规则是一致的。它们不仅强化这些旧博弈的正当性，而且它们本身就是其中的一部分。同样，它们也确保最强大的选手最有可能获胜。"[1] 由于近代以来的社会所持有的是竞争文化，使得人们即便是在宗教、公益等活动中也能够轻而易举地挑起教派纷争和名誉争夺。

单就政治来看，基于竞争文化的制度设计必然会要求政治生活中包含多党竞争、竞选等。如果一个社会尚未形成竞争文化，即使在西方霸权国家的胁迫下去移植西方的制度模式，也会表现出狐疑不定的状况，不愿意采纳多党制。或者说，在竞争文化尚未形成之时，即便引入西方国家的竞争政治，也会陷入动荡和动乱之中。虽然现代化的布道要比基督教更加成功，西方国家已经成功地将竞争文化传播到世界上的大部分地区，但是，在那些竞争文化与非竞争文化的中间地带，仍然存在冲突。这种冲突本身也反映了竞争，尽管它让那些拥有着竞争文化的西方国家看着不怎么顺眼。西方国家所要求的是，不允许任何地方在竞争上表现出某种三心二意，因为，那会使这些地方的政治民主与经济自由都无法达到西方国家所期望的那种典型形态。然而，这些地方却

---

[1] [美]迈克尔·克尔伯格：《超越竞争文化——在相互依存的时代从针锋相对到互利共赢》，成群等译，上海社会科学院出版社2015年版，第187页。

往往在捍卫传统文化精神的名义下拒绝接受西方国家要求它们完全接受竞争文化的做法，因而在这些地区与西方国家之间，就会产生竞争和冲突。而且，这种竞争会被宣布为制度、体制、文化、道路上的竞争，他们希望在竞争中证明自己在文化上的优越性。这似乎说明，整个世界已经无可避免地陷入竞争文化的笼罩之下，无论是推行竞争的还是反对竞争的，除了接受竞争以及竞争政治，都似乎无路可行。

竞争政治成为可能，依赖于政治活动主体的多元化，具体地说，表现为"多党制"。克尔伯格认为："党派民主制的演变同资本主义经济学的发展交织在一起。两者都源于这一臆说：人性在本质上是自私的，富有竞争性，所以，竞争是社会组织的一种正常和必要的模式。当然，在经济学中，物质产品和资本的分配，或曰经济权利的分配是由竞争决定的。另一方面，在政治学中，公权力和决策权的分配，或曰政治权力的分配取决于竞争。但是，在这两种情况下，根本的文化规范是相同的。"① 那是因为它们都源于竞争文化。或者说，竞争文化使经济过程与政治过程获得了同一性，都通过竞争行为去开展活动。如果说经济是基础的话，那么，在还原论的追溯中，就可以将竞争文化的生成归结为经济发展的产物。随着竞争文化的生成，也就赋予人们以竞争文化的观念，使人们可以从这种文化观念出发作出政治安排，

---

① [美]迈克尔·克尔伯格：《超越竞争文化——相互依存的时代从针锋相对到互利共赢》，成群等译，上海社会科学院出版社2015年版，第44页。

并形塑出竞争政治。党派的发明无非是在竞争政治的逻辑中作出的，从属于竞争政治的需要。

不过，党派间为什么要通过竞争的方式去开展政治活动？其答案就是利益。克尔伯格说："一切党派政治体系的核心都是政治利益观。这个术语广义上指的是个人或团体的需要、价值观和要求。如此构想的利益被假定为个人或团体在决策过程中选择权的基础。利益据说（有意无意地）指导着对自身或本团体何为最佳选择的评估。在多元化社会中，不同个人和团体的利益似乎常常相异或冲突。"[①] 如果在社会过程中去解决利益上的"相异或冲突"，无论是借助道德的力量，还是借助法律的规范，都是不可能的。而且，如果诉诸法律手段的话，立马就会遇到法律如何生成的问题。所以，必须把"相异或冲突"的利益搬到政治过程中加以解决。这样一来，产生于经济过程中的利益上的"相异或冲突"就转化成了政治问题。实现了这种转化，也就意味着，不但经济形式，而且经济性质，也都被扬弃了，从而使利益上的"相异或冲突"获得了政治属性。这就是民主政治的基本内容，也是民主政治得以产生的原因。

在政治过程中去解决利益上的"相异或冲突"问题，首先需要将全部"相异或冲突"都揭示出来。这就要求各方都拥有充分的表达权。只有当人们拥有了表达权并能够表达，才能将他

[①] ［美］迈克尔·克尔伯格：《超越竞争文化——在相互依存的时代从针锋相对到互利共赢》，成群等译，上海社会科学院出版社2015年版，第44—45页。

们的利益要求展示出来，并使他们之间的利益要求上的"相异或冲突"清楚明白地呈现在每个人面前。但是，假若每个人都在政治过程中去进行表达的话，那么，所形成的必然是表达噪音。结果，不仅不利于展示利益上的"相异或冲突"，反而会掩盖"相异或冲突"。因而，需要通过代表去把握利益诉求的中心和主要方面，并代为表达。为了使表达更有力量，将代表组织起来并形成党派，显然是最佳选择。这就是党派得以生成的逻辑。也正是这一逻辑，决定了党派必须代表从个人到团体逐级过滤和集中起来的特殊利益，通过表达去展示不同党派所代表的利益上的"相异或冲突"，进而进入讨价还价并作出决策的过程。

  这样一个过程在整体上必然是竞争性的，只有通过竞争，才使每一个环节成为可能。否则，就会与民主的原则和要求相背离。反过来，也正是因为整个过程中的每一个环节都是竞争性的，赋予民主政治以竞争的特征，把民主政治形塑为竞争政治。在竞争政治的运行中，竞争行为渗透到了每一个方面的每一个角落，除了在议会中开展正式的、公开的辩论之外，在延伸到议会之外的时候，所出现的各种各样的幕后交易也都是通过竞争的方式进行的，"游说团体和政治委员会的相互竞争，为实现自己的利益向党派施压和塑造公众舆论"[1]。在竞争政治的理想模式中，"游说团体和政治活动委员会已经在很大程度上取代了在许多西

---

[1] ［美］迈克尔·克尔伯格：《超越竞争文化——在相互依存的时代从针锋相对到互利共赢》，成群等译，上海社会科学院出版社2015年版，第47页。

方自由民主政治制度中作为首要代理人的民意代表。于是正式立法机关之外的组织化利益集团之间的竞争,影响力至少已经和那些立法机关内部的竞争相当"①。

竞争政治必然会使"决策成为对立的利益集团代表间的一种党派辩论,即口水战。在这些辩论中,政治对手们要尽花招、争论不休,试图打败对手,并在公共舞台上获得制高点。这种对抗性的辩论模式体制化程度,最明显地表现于'忠实反对派'的议会观中,这种观念或明或暗地被许多西方国家的议会或国会奉为圭臬"②。问题是,作为议会中的反对派,根本不需要去考虑公众福祉,只需要考虑自己的"反对派"角色,即忠实于自己的"反对派"角色而反对一切。即便党派假意为了公众福祉发言,也完全是出于积累政治资本的考虑,目标仍然是下次选举中的胜利。"党派们起初阐述自己的立场,目的是确保该党派自己的立场获胜。结果,一个党派的身份便与其拥有的立场密切相关,其立场的失败导致该党派'政治资本'的丧失。这样,决策过程便与选举过程形影不离,因为党派辩论在下一轮选举的期盼中,成为不断竞争的舞台,目的是为了扩展'持久的竞选战役',争取政治资本。"③ 可见,竞争政治使政治本身成了全部政治活动的理由,以至于政治应有的目的被忽视甚至忘记。当政治

---

① [美]迈克尔·克尔伯格:《超越竞争文化——在相互依存的时代从针锋相对到互利共赢》,成群等译,上海社会科学院出版社2015年版,第47页。
② 同上书,第46页。
③ 同上。

成为政治家的事情，与公众的利益诉求之间的相关度也就下降到极低的点位。在这里，公众实际上只是政治家们开展竞争时的筹码。

在痛陈竞争行为带来的诸多消极后果后，克尔伯格概括道："竞争理想在持续进行的物质获取和控制的竞争中使工人与工人相斗，资本家与资本家相争，以及劳资之间相互对立。它还促使国与国之间的相争相斗，以及人与自然的对立"，更为堪忧的是，"竞争已经不再是一种手段，相反，它成为企业家，也成为政府和整个社会的主要目标"①。在竞争成为社会目标后，人也就为了竞争而生，为了竞争而活，竞争成为生活的最主要和最基本的内容，其他方面都显得不再重要。试想，这样的社会是多么可怕。可是，我们恰恰生活在这样的社会中，因而，整个世界也就难以避免地陷入竞争之中。比如，"在由美国对大众媒体内容的全球主宰中可以明显地看到这一影响它将暴力、冲突、结党集社和好讼的文化表达不仅出口到其他西方国家，而且实际上还出口到世界的每个角落"②。这是竞争文化的传播，借助于话语霸权，竞争文化事实上征服了世界。因而，也赐予人类一个"全球风险社会"。

近代以来，竞争文化主导人的思维和行为，使人变得好斗，而且也将这好斗的一面投射到国家行为和社会治理之中。如果计

---

① ［美］迈克尔·克尔伯格：《超越竞争文化——在相互依存的时代从针锋相对到互利共赢》，成群等译，上海社会科学院出版社2015年版，第42页。
② 同上书，第38—39页。

算一下各国军费开支的总和,那将是一个何等惊人的数字。而且,用于军事方面的人力资源同样是一个宏大的数字。他们显然是从生产和服务行业中抽离出来的,不仅不用于生产和服务,反而每日都要消耗掉大量资源。比如,美国的航母战舰每日游弋于大洋之中,对于生产力而言,有何助益?从苏联的解体来看,正是陷入与美国军备竞赛的陷阱之中,致使人们生活水平的下降达到无法忍受的程度。同样,就美国而言,当我们看到老旧的火车慢腾腾地爬行时,当我们看到城市地铁硕大的老鼠大模大样地在等待乘车的人群前游荡时,脑中闪过的是:这个国家在军备上那样的慷慨,在关系到每个人生活的基础设施建设和改造方面却如此的吝啬。

正是变态的竞争,"一方面,它导致了世界上各个国家内部和国与国之间都能看到的日益扩大的贫富严重差距;另一方面,它加速了这个所有人赖以生存的生态系统大规模恶化"①。在某种意义上,我们倾向于认为,地球已经难以承受人类的竞争。当竞争的恶果转化成对地球的破坏并损毁了这一人类共同的家园时,竞争中的胜利者难道体尝的就不是"胜利"的苦果吗?诚如克尔伯格所指出的,"竞争政治、竞争民族主义和竞争军国主义的对抗结构同样难辞其咎。鉴于这种认识,有必要寻找一种替代规范,以取代主宰当今政治领域的对抗主义规范"②。

---

① [美]迈克尔·克尔伯格:《超越竞争文化——在相互依存的时代从针锋相对到互利共赢》,成群等译,上海社会科学院出版社2015年版,第55页。

② 同上书,第109页。

风险社会的现实已使此项要求变得非常迫切，因而，我们的关注点也不仅仅是规范转变的问题了，而是政治及其观念的根本性转型。如果我们不去致力于政治及其观念的根本性转型，满足于在规范的调整方面做文章，也就不可能遏制竞争文化及其行为后果恶化的趋势。把重心放在规范调整上，至多只能去谋求强化那些抑制竞争的规范。那样的话，也就会将注意力放在这些抑制竞争的规范方面。其结果是显而易见的：必然会导致规范的繁复，从而使得规范执行起来变得困难，而且会引发规范力下降的问题。相反，如果我们探索竞争政治及其观念的根本性转型之路，一旦取得突破，就会获得全新性质的规范，既有的一切问题也就能够得到根本性的解决。

二 竞争政治引发国际冲突

竞争文化是当今世界一切动荡不宁的总根源。显然，战争是一种野蛮的竞争方式。广义上讲，战争可以表现为决斗、家族暴力、血亲复仇、抢夺以及不同共同体间的大规模暴力冲突。在农业社会的历史阶段中，战争频繁发生，而且发动战争的随意性很大。到了工业社会，人们对战争所带来的破坏性影响有了深刻的认识，加之人类在整体上的理性水平的提升，一般来说，会在作出权衡和计算之后才求助于战争的手段。往往是在政治冲突达到不可调和的地步，才会通过战争解决问题。在工业社会的历史阶段中，人们更为崇尚的是一种文明的和温和的竞争，并将竞争与战争加以明确区分。然而，在人们对竞争表现出无比崇尚的时代，往往只关注竞争的积极作用，却忽视了竞争的消极方面，特别是对于人的竞争行为所造成的那些对自然界的破坏，往往不去关注。

对此，克尔伯格直截了当地指出："即使在没有真正战争的时期，武器的制造和储备，以及数量庞大的常备军训练和维护都会造成巨大的生态损害。且不说军队占用了大量本可以用于社会和生态生产的物资和人力资源，它还在环境记录上留下了最恶劣的一页，其程度之甚，任何现代工业都无可比拟，哪怕是在和平时期。"① "在战争年代，环境付出的代价则更高昂。从越南的枯叶战到波斯湾战争的油田燃烧，生态破坏逐渐成为一种正当的军事策略。此外，许多新的军事技术，包括地雷、生化武器、核武器，甚至现在连常规武器也选择用核废料制造，所有这些都增加了战争风险。在历史上，人类可以说第一次具备了一种军事能力，即让地球变得不适合多数生物生存，包括人类自己。尽管这种灾祸还未曾上演，但是，由于无数的军事试验、演习和对抗，地球局部地区的环境在很大程度上已经不再适合居住。"②

也许人们会指出，西方发达国家所实行的是典型的竞争政治，与它们相比，欠发达国家在竞争政治方面要逊色得多，但那些拥有典型的竞争政治的国家在环境保护方面要做得更好。直观

---

① [美]迈克尔·克尔伯格：《超越竞争文化——在相互依存的时代从针锋相对到互利共赢》，成群等译，上海社会科学院出版社2015年版，第108页。

② 同上书，第108—109页。

地看，的确如此。但是，如果将这一现象与"富人的后花园"相比的话，就会形成趋近于正确的认识。假如一个人是在竞争中胜出并成为富人，也许他是通过做了一桩曾经引发过环境灾难的生意（项目），并因此而致富，但他家的后花园却远离环境灾难，被保护得那样好，根本不可能让人联想到花园的主人与那场环境灾难有什么关系。在资本主义世界化进程中，由于资本可以在全球范围内去获得利润，也就同时把环境问题推广到全球。所以，对于环境问题，是不应孤立地在一个国家的范围内去看的，更不应在不同国家间进行比较。在当今世界体系中，处于中心地位的国家能够成功地将环境问题转嫁到处于世界边缘地位的国家去，而且这种成功已经持续了若干个世纪。

克尔伯格在历数竞争政治的危害时，总是直接地把美国作为其描述的对象。的确，在我们的世界中存在一个美国，它总是被人们指责为战争的策划者和发源地。事实上，在"二战"之后所发生的世界上几乎所有的地区性战争中，我们都可以看到美国的武器甚至士兵。由于美国在所有方面都把竞争文化诠释到了极致，所以，它也直接或间接地成为世界上一切军事冲突和暴力对抗的总策源地。也许美国在主观上并不希望世界动荡，因为一个动荡的世界也会直接地使它的利益遭受一些损失。但是，由于它深深地信仰竞争文化，而且在国内的社会、经济、政治上的一切事务上都采用竞争行为模式，一旦竞争激荡出的力量达到它自身无法容纳的程度，就会向外部释放，从而使世界陷入竞争的旋涡，出现动荡。竞争文化也驱使美国必然会在世界上找寻竞争对手，不管另一个（些）国家愿不愿意，它都迫使那个（些）国家必须与它一道去玩一场竞争的游戏，并在竞争中以击败对手为乐。

为了确保竞争制胜，美国也会寻找和培育盟友。或者说，既然美国认为竞争是一种非常有意义的游戏，它就无比渴望世界上的所有国家都参与其中，那样会显得更好玩。因而，它既需要对手，也需要盟友。实际上，它的所谓盟友只是它竞争中的打手，为了使这些打手变得更有力量，美国就必须武装它们，训练它们，需要激发出它们狼一样的进攻性。之所以那些充当打手的国家甘愿顺从和依附于美国，是因为面对强大的美国，顺从会获得更大的安全感，而依附则能够获得更大的收益。即便不是为了那些收益，它们也不愿意做美国的对手。但是，由于美国只允许它们在对手和打手之间作出选择，以至于它们也就不得不充当美国的打手了。同样，美国不允许世界上的所有国家都做它的打手。因为那样的话，竞争游戏就玩不下去了。所以，美国必须将某个（些）国家塑造成它的对手，迫使那个（些）国家与它竞争。

在美国把竞争文化推广到全世界的条件下，从逻辑上说，应当是把世界上的所有国家都转化为它的竞争对手。但是，从现实来看，美国拥有大批盟友。美国之所以有盟友，是因为它的强大。如果它不能够保持自己在竞争中的强大优势，那么，可以想见，那些充当它的打手的所谓盟友立马就会向它露出狼一样的牙齿。如果一些本应充当它的打手的国家变得不再安分，有着向它展露狼牙的冲动，美国就需要证明自己是强大的，希望那些盟友安分地扮演打手的角色。竞争文化是一个死局，美国受到其竞争文化信仰的支配而必须将竞争游戏进行到底，因而它就需要打手和对手。特别是为了维护打手对它的忠诚，就必须显示甚至维持它的强大。在持续的竞争游戏中不可能有永远不输的赢家，永远强大的梦想只有在破坏竞争规则中才能实现。所以，美国在对竞争文化的信仰中所开展的竞争又要求它为了竞争制胜的需要而必须破坏竞争规则。也许偶尔为之不会对竞争文化造成破坏性的冲击，但美国为了维持它的强大，又不能不经常性地破坏竞争规则，以至于最终必将对竞争文化造成破坏性的冲击。

美国有可能在摧毁了竞争文化后成为再无竞争对手也无法塑造出竞争对手的国家。那样的话，它实际上就会变成农业社会中的那种帝国。假若它成了那样的帝国，也就必然会陷入兴起和衰落的轮回之中，在没有对手的情况下自己走向衰落。关键的问题是，美国一旦显现出衰落的迹象，那些本来作为它的打手和依附于它的所谓盟友，就有可能立即向它展示由它训练和培育出来的那种狼一样的牙齿，并将它撕裂。这就是竞争文化的逻辑向人们展示出来的一种美国的宿命。而且这个预言必然会应验，至于哪一天到来，完全是一个时间问题，结果将不会改变。

美国也可以有另一条可供选择的道路，那就是抛弃竞争文化，把信仰竞争文化的热情转投到对合作文化的建构上。但是，对于美国这样一个缺乏危机意识的国家来说，是绝不可能去尝试这种浴火重生的痛苦的，除非我们的意见被美国人听取、接受并践行。然而，那是不可能的。可以认为，美国的傲慢必然会决定它的宿命将不可改变。不过我们也相信，美国做不到的并不意味着其他国家做不到。但是，一个重要条件应当是，这样的国家必须是不受竞争文化熏染甚深的国家。虽然它在美国主导的这个竞争的世界中不能独善其身，但它可以不去忠实地扮演美国对手的角色。在美国迫使它必须开展竞争的世界体系中，它始终采取一种守势，并将更多的精力用于合作文化的建构。通过持续的、一以贯之的合作行为选择去赢得合作的回应，不断地积聚起合作的力量，一步一步地建立起合作文化，并将世界上的一切积极力量都吸收到合作体系中，实现合作与竞争的此消彼长。那样的话，最终胜出的就是合作而不是竞争。

其实，这里所使用的"胜出"这个提法是不准确的，实际将是这样一种情况：为人类历史开拓出的合作文化得到了普及，并在世界绝大部分地区得到了广泛信仰。当然，在今天这样一个竞争的世界中，这样做需要无比巨大的理性定力。就开创人类历史新纪元这项伟大的事业而言，这种理性定力是值得付出或值得拥有的。而且，在今天这样一个竞争的世界中，为了人类的合作前景，在一定程度上用竞争去终结竞争，也是不得已而为之的。为了合作社会的到来，为了建构合作文化的目标，发生在竞争与合作之间的竞争有着完全不同的意义。在合作与竞争间的竞争制胜，并不是对竞争文化的迎合，而是为了扫除走向合作社会道路上的一些阻力。其中，所反映的是现实的理想主义，即通过现实的行动去达成伟大的理想。

就合作文化的建构而言，我们并不主张通过竞争的手段。因为，那是与合作文化的精神相悖的。在全球化、后工业化的社会变革过程中，合作文化建构将是这场总体性的社会变革运动欲加建构的一部分。这场社会变革的具体表现应当是：人们为了解决全球化、后工业化进程中的各种各样的现实问题而开展合作行动，并在这种合作行动中自然而然地建构起合作文化。因而，并不表现为必须通过竞争去终结竞争文化的状况。所谓合作与竞争之间的竞争，应当准确地理解为竞争与合作的此消彼长。

克尔伯格指出了一个人们熟视无睹的现象："由于国家之间的竞争和敌对，国家内部的竞争政治系统生态功能失调的情况更是雪上加霜。"[1] 国家间在 GDP 上的排名激发出竞相向前位跃迁的冲动，致使环境问题变得越来越严重。在诸如全球变暖、臭氧层空洞等问题上，实际上是需要通过全球性的合作来加以解决的。"然而，由于受制于这些不合时宜的国家主权模式，现存的国际秩序（或曰无秩序）从根本上来说无法应对当前紧迫的生态问题。在这个现存的国际体系中，由于国家之间野蛮竞争，欲将长期的生态资本转化为短期的经济收益，因此，可持续性不得

---

[1] [美]迈克尔·克尔伯格：《超越竞争文化——在相互依存的时代从针锋相对到互利共赢》，成群等译，上海社会科学院出版社 2015 年版，第 108 页。

不让位于当前国家自我利益的追逐。这种竞争性国家主权系统无法负责任地解决环境问题。在缺乏一个有效的国家监管机制的背景下，随着越来越强势的跨国企业的全球化运作，且几乎不用承担任何环境（还有社会）责任，因而经济全球化只会加重这些破坏生态的趋势。"[1] 由此也可以看出，如果全球化运动行进在竞争文化及其行为模式所指引的道路上，如果把全球化误读为"资本主义世界化"，并按照"资本主义世界化"的模式去推动全球化，就会把人类引向一个不容乐观的方向。不仅在生态、环境等方面，甚至在所有的方面，都将把人类引入万劫不复的深渊。全球化、后工业化必将意味着对竞争文化及其行为模式的扬弃，即便竞争行为在未来相当长的历史阶段中仍然是必要的，那也必须从属于合作，是包含在合作行为模式中的竞争行为，是受到合作文化规范和调节的竞争行为。

三 终结竞争文化之路

克尔伯格在考察了诸多当代思想家的作品及其观点后总结道："按照拉兹洛、博尔丁和其他同类理论家的观点，对抗关系在当今的人类社会已经不合时宜。军国主义、民族主义、宗派主义、种族主义、竞争物质主义以及其他社会失调的表现，都是人类社会无法适应不断变化的历史条件的体现，即无法在这个越来

---

[1] ［美］迈克尔·克尔伯格：《超越竞争文化——在相互依存的时代从针锋相对到互利共赢》，成群等译，上海社会科学院出版社2015年版，第108页。

越相互依赖的时代,按照人类集体利益发展所需的'正和博弈'或'综合'关系来调整社会系统。"① 就克尔伯格所考察的这些观点看,对竞争文化的怀疑以及对竞争后果的忧虑,可以说在方向上是正确的,反映了对20世纪后期以来的诸多现实问题的深度思考。但是,也必须指出,这些观点所代表的思考依然受到竞争文化的钳制。比如,从集体利益出发,显然是不能找到终结竞争文化的出路的。因为,集体间仍然会产生竞争的问题,亦如从个人出发一样。在某种意义上,集体无非是个人的放大,是以放大了的个人的形式出现的。在竞争文化的支配下,集体依然会作出破坏力巨大的竞争行为选择。从集体出发与我们所推荐的"人的共生共在"这一出发点有着根本性的不同。所以,从集体出发所作出的规划,也只限于使他们去设想对竞争加以改良,即提出所谓"正和博弈",不会提出扬弃竞争文化的要求。

当然,通过强化竞争规范以及强化对某些社会技术的使用,也许能够达到"正和博弈"的效果。但是,那将是非常脆弱的。只要竞争文化得不到终结,就必然会遭遇回潮的问题。事实上,"正和博弈"也往往是出现在特定环境条件下的,只能反映在具体的事项上,作为一种行为模式是不可能建立起来的。因为,人们一旦处于竞争过程中,就必然会更多地关注博弈的问题,是否"正和",往往会被抛诸脑后。还有一点,关于集体利益关注的

---

① [美]迈克尔·克尔伯格:《超越竞争文化——在相互依存的时代从针锋相对到互利共赢》,成群等译,上海社会科学院出版社2015年版,第99页。

说教和"正和博弈"的制度安排肯定包含某种向集权主义方向移动的隐忧。如果人们为了避免走向集权主义而时时采取防范措施，不但会使制度运行成本大幅提升，而且必然会陷入竞争的窠臼之中，甚至要比近代传统的竞争政治消耗更大的运行成本，使得社会无法承受。

20世纪中期，协商民主的理念被提出来，它既是近代民主传统的延伸，又包含突破竞争文化的路向暗示。这仅仅是就其理论特征来看才能发现其在路向上有着不同于近代以来传统民主的逻辑，而在实践上并未得到证实。因为，在原有的竞争性民主的框架仍然有效的情况下，协商民主的理念并未转向实际应用的层面。虽然有一些倡导协商民主的理论家努力去搜寻成功协商的案例，但总的来说，并未出现具有充分证明力的例证。在讲究效率的现代社会中，协商、对话、讨论、争论等会耗费大量的时间和精力，而且在高度复杂性和高度不确定性条件下，任何一项关涉社会治理的决策也都不可能等待长时间的协商，更不可能有时间去达成共识。虽然从逻辑路向上看协商民主可以成为竞争政治的一种矫正手段，但那仅仅属于理论上的一种思路。如果落实到实践中，立马就会发现，协商成本是极其高昂的，一个社会能否承受这种协商成本，显然是一个需要考虑的问题。

此外，在竞争政治已经造就出的那种政治上的中心—边缘结构中，作为协商前提的平等由谁来提供，或者如何获得，显然也是一个问题。如果作为协商前提的平等无法获得的话，协商民主的构想又在何种意义上不是空想呢？更为重要的一个问题是，当协商民主的理念向实践转化时，是否需要考虑我们时代的特征？如果回答是肯定的，就会发现，我们的社会已经呈现出高度复杂性和高度不确定性，在此条件下，耗时费力的协商能否发生？同样是一个无法作出乐观估计的问题。再一个方面，在人的自利性假设之下，人们只关注与自己利益攸关的事，只会带着个人利益实现的要求去参与到协商的过程中。至于那些与自己利益无涉的事，是不愿意参与协商的。那样的话，公共利益如何得到维护？所以，协商民主并未给我们展示出可以终结竞争政治的希望。事实上，在竞争文化中，它只能是一种空想。

哈贝马斯也许没有从根本上告别经济决定论的思路，所以，才会天真地以为，随着社会富裕程度的提高，人们就会放弃个人主义的观念，进而使社会的竞争文化得到消解。他甚至认为，西方国家已经具备了这些条件，说"这些社会已经达到一定的社会富裕程度，预防某些基本的生活风险和满足'基本需求'不再成为问题。因此，个人主义的优先系统就不是那么太突出"①。这显然是一种无根由的乐观态度。从实际情况来看，进入21世纪后，人与人、国与国之间的竞争不仅没有缓解，反而变得更加激烈。富裕的西方社会不仅没有告别个人主义的优先系统，反而在个人主义的路线中制造出金融危机，并将环境灾难转嫁给发展

---

① ［德］哈贝马斯：《合法化危机》，曹卫东译，上海人民出版社2000年版，第107页。

中国家。所以，并不是一个社会变得富裕了就会自动告别个人主义的优先系统。如果说人类能够走出个人主义的窠臼，那也是在人们充分地意识到了人的共生共在意义的时候。或者说，只有当人们用人的共生共在的观念替代了个人主义，才有可能在是否开展竞争、如何开展竞争，以及在什么样的情况下开展竞争等问题上，作出理性的选择。那样的话，人们才会告别竞争文化，即不受竞争文化的支配。

对于竞争文化，生态学的出现无疑构成一种挑战，或者说生态学在诸多层次上对竞争文化作出了质疑甚至否定。因为，生态学的生态系统观念给人们展示的是系统要素间的相互依存。"与对抗关系不同的是，生态世界观强调互惠与共生另外两个关键的生态学概念的极端重要性。尽管自然界存在某种程度的竞争、侵略和掠夺，但是生态学认为互惠和共生同样重要，甚至是一种更基本的生态动力学。"[1] 不过，虽然生态学提供了一种新观念，表达了对竞争文化的否定，但有一点还是生态学所未看到的，那就是与自然界的生态系统相比，人类社会在竞争文化及其行为的作用下，已经达到高度复杂性和高度不确定性的状态。正是社会的这种高度复杂性和高度不确定性，对人的共生共在有着更为强烈的渴求。

在自然界的生态系统中，生存竞争在没有人的干预的条件下

---

[1] ［美］迈克尔·克尔伯格：《超越竞争文化——在相互依存的时代从针锋相对到互利共赢》，成群等译，上海社会科学院出版社2015年版，第102页。

能够维持生态平衡。一方面，物种间的竞争能够得到自然因素的调节。人类社会在进入高度复杂性和高度不确定性的状态时，使得以往调节竞争的规范、规则等都面临失灵的问题，以至于竞争陷入轮番升级之中，不断恶化，从而危及人类的生存。这说明，生态学对生态动力的肯定也已经不适应于高度复杂性和高度不确定性条件下的人类生存状态。克尔伯格还提出了人类不同于生态系统之处："自然界呈现的侵略和掠夺，多是表现在物种间而非物种内。尽管在物种内，比如一些动物之间，存在着某些极具挑衅性的争夺交配权的行为，但是它们通常只是虚张声势，很少真枪实弹地伤害对方。相反，在所有的'社会物种'中，人类所体现出来的侵略行为，无论其范围抑或程度，皆无可比拟。许多进化论理论家因此总结道，在人类这种物种内，侵略行为是通过文化习得，而非由生理决定。在这个越来越相互依存的时代，从侵略文化转向互惠文化已经刻不容缓。"① 所谓侵略文化，其实是竞争文化的极端表现，从根本上说，人类间的相互伤害是由竞争文化所形塑出来的一种思维和行为定式。

总之，人类社会不同于生态系统。人类是生态系统的破坏者，是因为人类中的竞争而把一切消极后果最终投向了生态系统，破坏了生态系统的平衡。在人类社会中，如果说在工业社会历史阶段中的低度复杂性和低度不确定性条件下，竞争在周期性

---

① [美]迈克尔·克尔伯格：《超越竞争文化——在相互依存的时代从针锋相对到互利共赢》，成群等译，上海社会科学院出版社2015年版，第103页。

地导致社会失衡和失序之后尚能得以恢复,即因某些技术的进步而恢复平衡和获得秩序,那么,在高度复杂性和高度不确定性条件下,单单依靠技术进步已经无法恢复社会平衡,甚至会导致秩序的全面瓦解,从而危及人类整体的存在。所以,正是人类社会的存续要求,把我们引向建立合作文化的构想中,无可选择地要求我们通过合作文化的建构去为人的共生共在提供保障。无论竞争文化在工业社会中提供了怎样的社会动力,也不管竞争行为在何种意义上促进了生产力的发展和社会整体的进步,在人类社会呈现出高度复杂性和高度不确定性的情况下,都需要加以终结和废止,并代之以合作文化和合作行动。

竞争政治无非是竞争社会中的政治。在竞争的社会中,"抗议、游行示威、党派政治组织、诉讼、罢工和非暴力反抗行为已经在许多社会宣传运动中成为行业工具。在比较极端的情况下,暴力和恐怖主义也被运用于追求社会变革的过程中"[1]。正是这些,轮番升级地推动了竞争和对抗,使社会风险加剧。事实上,所有这些都是竞争文化的产物,并在竞争文化的作用下表现出路径依赖。如果说从这些因素中解读出社会变革的动力,也会看到它在激烈的社会震荡中出现了某种人们以为是社会变革的运动,但它在实际上极有可能是一场虚假的社会变革运动。因为,它并不终结竞争和对抗,而是改变了竞

---

[1] [美]迈克尔·克尔伯格:《超越竞争文化——在相互依存的时代从针锋相对到互利共赢》,成群等译,上海社会科学院出版社2015年版,第69—70页。

争和对抗的方式。或者说，把既有的在竞争、对抗过程中处于优势地位的一方推翻，让处于劣势的一方夺取优势，然后开展更激烈的竞争和更残酷的对抗。

所以，在既有的竞争和对抗模式中去寻找社会变革动力是不可行的，不可能真正促进社会变革。真正的社会变革应当是竞争文化、竞争行为模式的彻底终结，并代之以合作文化和合作行为模式。在合作文化和合作行为模式建立起来的情况下，无疑也会存在竞争行为，但它将是作为合作的补充因素而存在的，所发挥的是促进合作的作用。因而，那种有限的竞争行为是从属于合作的需要的。在合作的社会中，人无论是以个体的形式出现还是以集体的形式出现，都是行动者，都会在合作行动中展示自己的创造力，诠释自己的独立性。这就意味着，在从竞争文化向合作文化的转型过程中，所做的第一项工作应当是让人们普遍确立起人的共生共在的观念。而且，这也是合作文化建构的关节点。

在我们的社会中，甚至在未来很长时期内，人们都是在竞争文化中成长起来的。我们在今天所看到的人是在社会化过程中造就出来的，他们接受了被认为是理性的理论和观念，深信自己是自私的，从来也不会怀疑自己的自利追求的正当性。他们也往往把合法性与正当性混同起来，认为凡是合法的都是正当的。正如克尔伯格所指出的："许多人都是在竞争文化中成长起来，对自我利益的野蛮追逐已经变成了规范化，甚至理想化，因此不难想象，他们发现自己很难以非对抗的方式与持不同利益的他人相处。将非对抗的纠纷解决方式放置于对抗的心理结构环境中，这种做法只会导致这些非对抗方式的功能更加失调。"① 要求这些人告别竞争文化并转而接受人的共生共在的理念，显然是非常困难的。但是，在社会的高度复杂性和高度不确定性条件下，这又是一条无可选择的道路。

在我们的时代，谈论合作已经成为一种时尚，而且也不乏认真探索以非对抗的方式解决问题的积极成果。但是，"即使这些方式具有可行性，可是它们的结果却经常受到现存法律和管制框架的制约，而这种框架本身就是由同一个政党系统决定的。将非对抗的纠纷解决途径放置于对抗性的统治结构中，这种做法大大降低了非对抗方式的效能"②。我们的直观感受是，无论是在国内的经济和社会活动中，还是在国际社会的交往过程中，谈论合作，不但显得虚伪，而且总是包含几分滑稽的成分。当美国政治家同那些处于世界边缘国家的领导人大谈合作的时候，连动物园中的猩猩都会笑掉大牙。当然，这并不是说谈论合作有什么不妥，而是因为人们总是在竞争文化的情境下怀着自利的目的去谈论合作，甚至是在武力威慑之下去谈论合作。我们渴望人类的广泛合作，但那是在合作文化背景下的合作。

总之，从竞争社会向合作社会的转型，必须把终结竞争文化

---

① ［美］迈克尔·克尔伯格：《超越竞争文化——在相互依存的时代从针锋相对到互利共赢》，成群等译，上海社会科学院出版社2015年版，第127页。

② 同上。

和建立合作文化作为其基本内容。也许正是在此意义上，克尔伯格指出："为了评估非对抗方式在处理所有人类事务中的实际效用，有必要找到一种综合或全面的文化形态，并且这种文化形态中所包含的意识结构和社会组织结构必须能够增强而非破坏公共领域的互惠式思考、讨论和行为方式，最后在这种文化形态中评估这些非对抗模式的应用情况。"[①] 我们将这种文化称为合作文化，它的深层心理结构是围绕着人的共生共在建立起来的；人们基于合作文化去开展合作行动，又是把人的共生共在作为行动的目的。虽然人们在解决具体问题时也会有分歧，可一旦人们告别了竞争文化，为了人的共生共在去开展行动，所有分歧也都不再会演化为人的冲突和对抗，反而会在人们探寻更加合适的问题解决方案方面发挥积极作用。

◇◇ 第三节　从竞争文化到合作文化

改革开放 40 多年来，可以认为，中国在经济、社会发展中所取得的巨大成就是得益于竞争机制的引入。在经济领域中，市场经济在本质上就是一个拥有法治特征的竞争机制；在广泛的社会生活领域中，也是因为竞争机制的引入而增强了社会活力。如

---

① ［美］迈克尔·克尔伯格：《超越竞争文化——在相互依存的时代从针锋相对到互利共赢》，成群等译，上海社会科学院出版社 2015 年版，第 127 页。

果说当前中国社会存在着诸多不尽如人意之处，人们的诊断往往是，中国已经拥有了作为社会机制的竞争，也有了与竞争的需求相关的法律制度，但是，尚未建立起竞争文化。就中国改革开放后走上的工业化、城市化道路而言，所要建构的是工业社会，那么上述诊断应当视为正确的。解决了这个问题，也许中国就进入了发达工业社会。不过，中国社会的发展遇到了另一方面的变数，那就是，在中国改革开放的同一个时间点上，人类社会呈现出了全球化、后工业化的迹象。这就意味着中国社会不能够仅仅走工业化的道路，而是需要及时对后工业化的社会发展压力作出应答。

如果说竞争文化使得工业社会获得了无限发展动力，那么，对于后工业社会而言，它可能就是一种对于人的生存构成极大威胁的因素。中国经历了40多年的改革开放，在工业化的道路上取得了长足进步，现在却面临着诸多挑战。近些年，从国际情况看，一些来自发达国家的守旧势力正在对全球化、后工业化采取抗拒的态度，这就意味着中国必须作出战略性的选择：确立单一的工业化发展战略，还是敢于领先，去响应全球化、后工业化的要求。如果选择了后一条道路，那就意味着需要对工业社会进行全面反思，也同时需要对中国改革开放40多年的成就进行总结。其中，对竞争的问题进行反思是不可缺失的。我们没有理由认为曾经把我们送入名牌大学的中学课本是我们必须终生背诵的，我们需要根据社会发展的新要求去积极地学习和思考。就中国而言，的确在这样一个不到半个世纪的时间段中尚未建立起竞争文化。可是，如果我们的目标不是仅仅定位在建立起发达的工业社会，而是希望适应全球化、后工业化要求去探索走向后工业社会的发展之路，那么，这可能又是一件可以使我们轻装上阵的好事。

在我们对以法治为特征和基本内容的社会治理无限崇尚的情况下，也许我们需要更清醒地认识到，从人类文明的角度看，生成于竞争文化中的司法体系确实是标志着历史进步的一项成果。正如那些为现代司法体系辩护的人所言，它"一方面将其作为对精英司法机构武断判决的一项理性替代物，另一方面将其作为调解争端的暴力手段的替代物"①。克尔伯格对这种辩护表达了深深的理解，并指出："基于这种常识性的主张，我们构建了自己的（英美）司法体系，视其为理性的非暴力竞争，虽然多数人看到，这些竞争倾向于偏爱更有权势的社会集团。此外，这种权衡被广泛承认为一种'必要之恶'，它基于的前提是：理性辩护比武断的、非理性的或暴力替代选择更为合适。"②

克尔伯格也指出了这个竞争性司法体系的另一面："它隐藏了这样的可能性：理性的非对抗可能比上述任何选择更令人满意。"③ 然而，正是这种"可能性"，从未得到人们的思考，以至

---

① ［美］迈克尔·克尔伯格：《超越竞争文化——在相互依存的时代从针锋相对到互利共赢》，成群等译，上海社会科学院出版社2015年版，第51页。
② 同上。
③ 同上。

于拥有了竞争文化的人们往往会认为这种"可能性"是不可思议的。所以,如果希望建立起一种"理性非对抗"的司法体系,显然需要首先实现文化变更。当我们提出用合作文化替代竞争文化时,实际上就是要求开启一个把建立"理性非对抗"的司法体系的可能性转化为现实性的历史行程。司法体系只是社会治理的一个构成部分,却反映了社会以及社会治理的总体情况:这个社会是一个竞争社会,社会治理是服务于竞争和出于控制竞争的要求而建立起来的。总之,包含着和反映了竞争文化。如果我们把社会治理理解成法治的话,竞争文化与法律文化的共生关系也就变得非常明显了。

一 竞争文化中的司法

竞争行为虽然存在于人类社会的各个历史阶段和各个地域,但在近代以来的西方社会中,实现了规范化。因而,也形成了相应的竞争文化,而且成为西方社会的主导性社会文化。在另一些地区,竞争行为与非竞争行为散布交叉的情况依然比较明显。就这些地区来看,尽管在法律上是承认竞争并努力规范竞争的,而在文化上,排斥竞争的倾向却一直存在。在这些国家和地区,也许是因为竞争文化尚未生成,因而,在诸多社会生活的领域中,一方面,竞争行为无法得到有效的规范;另一方面,竞争行为又受到抑制和排斥,无法得到普遍承认,以至于一些竞争行为不得不寻求伪装和努力寻求合法性证明。比如,在中国的知识分子人群中，就存在着这样一种现象，当他们进行理性思考时，会对私人领域中的不充分竞争表达愤慨，对公共生活——特别是政治生活——中的非竞争政治发出指责，而在自己的日常生活中，往往声言信奉中国传统文化的"不争"，甚至觉得"争"是可耻的。他们往往会对他人的"争"表达轻蔑；对自己的"争"，则会感到良心上有所不安，并不断地在心理上和表达上作出辩解。

可见，在诸多非西方地区存在着竞争行为，却没有发展出竞争文化。其实，竞争文化是与法律文化同构的，或者说法律文化是竞争文化的构成部分。在没有发展出竞争文化的地区，也同样不存在法律文化。没有法律文化，法律只是一些强制推行的规则，并不能成为得到自觉遵守的规范，更不用说对法律的信奉了。事实上，在缺乏法律文化的社会中，人们在是否遵守法律的问题上，往往会作出权衡。当遵守法律带来的利益大于不遵守法律的后果时，方能选择遵守法律的行为。相反，法律就是一种没有意义的设置。不过，在全球化、后工业化进程中，我们也可以想象这样一种情况，当人的共生共在的主题被确立起来后，竞争社会赖以成立的基础性原则消失了，博弈的观念以及思维也失去了得以发生的前提，围绕利益而展开的博弈将不再具有合理性。那个时候，一种新的文化也将兴起，并将取代竞争文化。

当我们去观察竞争文化反映在司法诉讼制度安排中的状况时，就会发现，它表现为律师的引入、陪审团成员的中立和独立判断原则等方面，所遵从的是竞争文化的逻辑。事实上，依据竞争文化的逻辑,"假如司法诉讼是由竞争对手自己主导并被建构为公开的竞争活动,就会最大限度地推动公正与效率。按照这种逻辑,在一个公开的竞争中,便没有人愿意为真理而献身,而只是为合法竞争效力了。从而可以这样假设:合法竞争者如同在一个自由市场中经营的企业家那样,能比任何没有利害关系的(或潜在的)第三方做得更加有效"①。竞争被赋予无限期许,以至于人们形成了这样的迷信:在一切没有体现竞争原则的诉讼过程中,似乎法律的公正就不可能实现。经过了诉讼程序中的那些体现了竞争原则的激烈辩论,罪犯只要获得了舌灿如莲的律师给予他的无罪辩护,就可以逍遥法外,似乎他所犯下的那些罪行根本就与他没有什么关系。如果他从中得到了某种教训的话,那就是在下一次犯罪的时候,尽可能去为律师留下更多的可辩护空间,以使得律师在案件辩护上变得非常容易,从而在代理费用方面能够打个折扣。对于律师而言,真相并不重要,所追求的是代理费用以及声望的提高。如果有了真相,就更能激起他打败真相的辩护热情,并从中获得社会对他娴熟的辩护技巧的普遍承认。有了这种承认,他就有了与其他律师开展竞争的优势,接踵而来的大量代理合同也就在预料之中了。而且,在竞争的社会中,总是不会缺少需要辩护的罪犯。

这样一来,在体现了竞争文化的司法诉讼中,"逐渐发展出

---

① [美]迈克尔·克尔伯格:《超越竞争文化——在相互依存的时代从针锋相对到互利共赢》,成群等译,上海社会科学院出版社2015年版,第49页。

详尽的程序规则和证据规则，目的是在法律纠纷中产生'各方的激烈交锋'。由于这些规则的日益复杂，并且这些对抗的结果取决于越来越高超的辩护技巧，法律争讼中的当事人也越来越依赖技巧娴熟的律师。由于律师数量和声望的提高，他们的辩护热情也随之增强。委托热情的律师取代了对真理的承诺，因为律师仅仅致力于为支付诉讼费用的当事人争取利益，代表他而去'赢得'司法辩论"[1]。经过一轮诉讼，"输"了的一方，会被宽容地给予上诉的机会，再开展一轮或多轮诉讼。如果还是"输"了，无论心中存有多大的委屈，也必须接受那一结果。因为，他此时已经把家产全部消耗在了聘请律师和诉讼过程中了，即便再行兴讼，也有心无力了。当然，你可以因为诉讼结果的不公愤而选择犯罪的做法去报复社会，但那只能说明你丧失了理智。因为，当你犯罪的时候，由于财产已经消耗殆尽，也就无法聘请辩护技巧娴熟的律师为你辩护了。也许由于这一原因，竞争文化有着最终走向宽容的趋势，比如废除死刑。这是因为，许多犯罪行为恰恰是由于司法不公正激起的，如果将死刑赐予罪犯的话，在逻辑上是讲不通的。

面对体现了竞争文化的司法诉讼中普遍存在着隐匿罪行、做伪证等问题，克尔伯格不无激愤地批判道："弗雷德曼在其《法律对抗制的伦理》一文中恬不知耻地断言：'律师的职业责任就

---

[1] [美] 迈克尔·克尔伯格：《超越竞争文化——在相互依存的时代从针锋相对到互利共赢》，成群等译，上海社会科学院出版社2015年版，第49—50页。

是在通往真理的道路上设计障碍。'事实上，在美国这样的国家，现任律师可以在法庭上公然作虚假和消极无用的（但在策略上却是有效的）陈述而完全不受惩罚，因为他们享有免受诽谤中伤罪指控的绝对豁免权，这些罪名同样适用于目击证人。可是，律师与证人不同，并不被要求诚实宣誓，不会因为作伪证而被起诉。律师们日益滥用这一特权，诽谤无辜的受害者和第三方，目的就是促使陪审团支持自己的当事人。"① 可以认为，并不是律师这个群体天生都是无赖，或者说天生具有罔蔽真相的冲动，而是其职业使然。就律师这一职业而言，由于是生成于竞争的社会，必须用他们的职业行为去体现竞争文化。竞争文化把人形塑为只知追求自我利益的个体。律师为了自我利益最大化而与罪犯结成同盟，替罪犯的罪行开脱，他们极力隐匿事实、歪曲证据、教唆证人等，都是由这个体现了竞争文化的司法诉讼程序训练出来的。律师只不过是为了自我利益的实现而迎合了这种诉讼的要求。作为人，律师和我们一样，在日常生活中也许是有道德的人，只不过在开展职业活动的时候，必须将良心、道德意识等暂时摒弃。

在中国，中华人民共和国刚成立时就开始努力建构一种社会纠纷解决机制——人民调解员制度。这项制度的设计是基于中国传统社会的经验作出的，但在执行上，一直表现为一种非正式制

---

① ［美］迈克尔·克尔伯格：《超越竞争文化——在相互依存的时代从针锋相对到互利共赢》，成群等译，上海社会科学院出版社2015年版，第50页。

度。所以，改革开放后，在学习和借鉴西方经验的过程中，人们的关注点更多地放在正式制度的改革、重建和强化方面，以至于人民调解员制度几近消失。在西方国家，当20世纪后期出现的协商民主理论付诸实践的时候，却逻辑地导向了对调解制度的构想和呼吁，学者们甚至对调解制度抱着很高的期望。我们同意对调解制度寄予社会纠纷调解方面的高期望值，但不相信它能促使当前社会状况的根本性改善。在某种意义上，中国的人民调解员制度是一种向正式法律制度过渡过程中的设置，是在法律文化尚未生成时的一种过渡性方案。如果说西方在协商民主理论的引导下建立起了调解制度的话，肯定是要在法制框架中去进行调解的。那样的话，就会与法制相冲突。可以认为，如果有着成熟法律文化的西方国家在设立调解制度方面取得进展的话，那就必然意味着法律文化出现了松动。如果西方国家不打算放弃法治，那么，对这一问题是不可能不加以制止的。或者，实行一段时间后，发现了这些冲突而加以废止。

如果我们赋予调解制度一种历史性功能，又是可以通过这项制度的积极推广去推动社会变革的。这就要求我们应当这样去认识调解制度：其一，在风险社会中，社会纠纷的司法解决途径因为行动迟缓、回应性不足，使得社会总是付出许多无形成本，而调解制度的运行则显得非常灵活，能够及时回应纠纷解决的要求，对于缓解社会矛盾、弥补法治的不周延性而言，显然是有积极意义的；其二，调解制度是发生在从竞争社会向合作社会转型的过程中的,是一项具有历史性的、过渡性的社会自治设置,必然包含着否定竞争文化的内涵,并在制度的运行中积极促进合作。有了这两个方面的内容,调解制度的意义就会得到历史性的提升,就能够在人类从竞争社会向合作社会的转型中发挥积极作用。

根据克尔伯格的看法:"解决问题型或基于利益的调解方式试图创建一些非对抗的纠纷解决结构,而改造式调解方式试图改造纠纷各方头脑中关于纠纷的概念基础,从而培养一种非对抗文化。"① 这种"改造式调解方式"虽然是基于协商民主理论的构想,但是,如果能够根据全球化、后工业化的现实要求而进行自觉设计和建构的话,是可以在某种意义上承担起否定竞争文化和建构合作文化的功能的。"不管目的是为了解决实际问题还是为了改造竞争文化,此二者之间并不相互排斥。调解既可以满足各种纠纷中的共同利益,也可以同时在纠纷各方之间培养一些新的关系和能力。参与到调解式问题解决的过程之中,这本身就是一次教育经历,它可以改造纠纷各方关于冲突的理解。此外,鉴于纠纷解决的技巧和概念越来越多地进入幼儿园到大学的教育课程中,文化改造这个目标在许多课堂中得到了广泛的宣扬,与此同时,基于利益的问题解决——这类目标不再是法庭的一味追求。"②

克尔伯格显然赋予调解以较高的期许,虽然历史并不会因为

---

① [美]迈克尔·克尔伯格:《超越竞争文化——在相互依存的时代从针锋相对到互利共赢》,成群等译,上海社会科学院出版社2015年版,第125页。

② 同上。

调解包含着某些教育功能而获得根本性变革的动力,但是,这一评价是积极的。如果我们根据这种期许去经营调解和塑造调解制度,是可以使这种行为及其制度在社会转型中发挥出更大作用的。我们希望看到,"替代性纠纷解决方式在逐渐渗透进社会实践的同时,也在逐渐拓展当今的社会想象。尽管这些社会实践在很多方面仍处于文化边缘的位置,但是它们再一次为我们提供了瞥见主流对抗主义规范的替代途径的机会,并为之奠定了理论基础"①。但是,我们却不能对否定竞争文化的运动抱持如此乐观的设想。近代以来的竞争文化已经如此稳固地控制了人的思维和行为,对这种文化的否定将是非常艰难的工作。虽然调解以及调解制度能够给予我们越来越多的社会纠纷解决经验,甚至会引发我们更多的合作联想,但若认为依此途径就可以实现合作文化对竞争文化的替代,未免过于乐观了。

应当承认,"从竞争文化的角度看,人类本性自然且不可避免是对抗的。考虑到这种人性假设已经如此普遍,所以这种非对抗的社会实践模式,往轻了说显得不切实际,往重了说很容易遭人操纵和滥用。正因为如此,在面对这些互惠的社会实践模式时,竞争文化培育出了一种广泛传播的犬儒主义,这种犬儒主义反过来又遏制了这些互惠的社会实践模式的成功应用"②。只是在一些非常特殊的条件下,才能看到人们乐于选择合作互惠的行

---

① [美]迈克尔·克尔伯格:《超越竞争文化——在相互依存的时代从针锋相对到互利共赢》,成群等译,上海社会科学院出版社 2015 年版,第 126 页。
② 同上书,第 126—127 页。

为去表现人们的相互依赖。在社会的常态运行中，人们却斤斤计较于自我的利益，不仅乐于竞争，而且不愿意放过任何一个可以去表现进攻性冲动的时机。所以，竞争、对抗成了社会常态，而合作互惠行为的发生往往表现得非常偶然，以至于谈论合作关系和构想社会合作体系的理论主张总会被人们嘲笑为乌托邦。

在调解制度扩大化的意义上，如果去设想，对于竞争文化及其竞争行为模式中的社会纠纷，不是全部交由法庭去解决，而是谋求社会调解，即由大量的不领薪俸的人去扮演调解员的角色，显然是能够大大地降低社会治理成本的，但这只是一种表面现象，甚至可以说是一种假象。其实，这只能说社会治理的"他治"成本下降了，而"自治"成本却上升了。在整体上，社会治理成本丝毫也未减少。如果说因调解行为的增长而建立起了调解员制度的话，我们将发现，这一制度的运行也需要得到经济方面的支持。如果政府不对这项制度的运行提供财政上的保障，就必须允许调解员在开展调解活动时向当事人收费。结果，政府必须出台收费方面的指导性意见，并需要对执行情况进行监督。当然，调解员的收费应当低于司法程序中的花费，从而使调解员拥有相对于律师和法官的竞争力，使得当事人更愿意通过调解去解决纠纷。而且，这种解决纠纷的结果不像法庭的判决那样冷冰冰、硬邦邦的，对于当事人关系的修复显然是有益的，进而能够增进社会和谐。但是，如果调解员收费并实现职业化，调解员自身就会相互之间进入竞争的状态，也许这种竞争没有直接地制造纠纷，但引发出某种间接性的冲突是不可避免的。因为，只要行为的性质是竞争性的，就必然会引发冲突。只不过冲突在什么地方和以何种方式出现，会因为行为的表现方式不同而不同。

总之，在竞争文化及其行为模式中，调解纠纷不失为一个良好的选择，但它并不是一个从根本上终结社会纠纷的途径。即便它不陷入竞争的窠臼，不派生纠纷，也无法对竞争文化及其行为模式作出矫正。

二 竞争的社会及其规范

在一切社会活动中，被归入科研活动之列的学术活动是最典型的独立创造活动，研究人员的自由是令人无比羡慕的。人能否在科研活动中有着优异表现，取决于自己的天赋和勤奋。所以，长期以来，从事科学研究活动的人与律师有着截然不同的形象。然而，在竞争文化之下，学术活动中的人及其活动也同样会陷入一种尴尬的境地。在学术活动中，"知识上的怀疑论和建设性批判被应用于个人超然和诚心追求真理的氛围之中，它无疑是知识探求的重要工具。在理论上，对抗性范式通常以此方式被理解为理念，而非人与人之间的竞争。理念和自我间的界限常常是很不明显的，学术论争却常常形成个人化的对抗。诚然，这种个人对抗的腔调已经成为学术会议和学术期刊上司空见惯之事"[①]。

[①] [美]迈克尔·克尔伯格：《超越竞争文化——在相互依存的时代从针锋相对到互利共赢》，成群等译，上海社会科学院出版社2015年版，第65页。

如同经济活动、司法活动一样，学术活动中也存在着激烈的竞争。不同的是，当学术活动中的竞争以论争的形式出现时，却赢得很好的名声。在学术竞争中，人们似乎忘记了论争中的胜利者将获得的那些个人利益。由于学术论争中的胜利者能够比经济活动中的竞争胜利者获得更多的超额利益，以至于在这个领域中，学者们为了论争制胜而往往更加不择手段，抄袭、剽窃行为也总是无法禁绝，甚至于人们不得不赋予某种抄袭、剽窃以合法性，或者说鼓励某种抄袭、剽窃。对于学位论文而言，文献叙述部分是不可缺少的，因而，学位论文的作者被迫必须去抄袭、剽窃，而且这是学术规范的要求。公开出版的刊物上，大多论文以或明或晦或隐或显的方式首先做一些文献综述，并当作是正文的一部分，以标明自己按照学术规范的要求而做了抄袭、剽窃的工作，并引以为自豪。总之，倡导公开的抄袭、剽窃，不赞成隐蔽的抄袭、剽窃，这在经济活动中是没有的。因为，经济活动无论在何种意义上，都不允许公开地抢占他人所拥有的资源、财富等。

　　在学术活动中，以论争形式出现的竞争比经济活动中的竞争更加变态，而人们却从来没感受到这有什么不妥，反而极力加以倡导。因而，我们满眼所见的是，"除了这些较为极端的对抗模式外，整个学术环境和与其相关知识的政治经济学的竞争性质影响着所有学科的学术活动。在西方的自由民主制中，对稀有资源的物质竞争塑造和约束着一切学术活动。它们首先表现在决定着公用事业支出优先趋向的党派立法系统,这种趋向又反过来影响研究与教育活动。其次,它们还表现在资本主义自由市场中,因为强大的企业在运用游说集团的压力来影响上述公用事业支出的优先趋向时,公众的筹资危机又迫使学者们直接转向向私人公司求助津贴和研究支持。最后,它们也最明显地表现在学院和大学的校园里,个体学者以及整个系都在为筹资、奖励和晋升而相互竞争"①。

虽然我们不能说竞争文化和竞争社会发源于学术论争(有些学者在对竞争史的考察中认为,古希腊的论辩术对于近代竞争社会的生成有着重要影响),但是,学术论争以及围绕学术活动而开展的资源、话语权等方面的竞争,对于强化竞争文化和竞争社会来说,无疑发挥着巨大的推动作用。如果说学术活动是与相应的教育联系在一起的,那么,这种竞争在把人塑造成适应竞争社会和拥有竞争文化的竞争者方面,发挥了无可替代的作用。这也就是克尔伯格所指出的:"学术机构内部的钩心斗角常常以对抗性谈判和作秀为特点,因为关于理论、学科或思想领先性的战斗与创造教学和研究环境有关经费的'地盘战'结合在一起。在这种气氛中,野心政治常常流行并占据上风,而对知识和认识的共同追求反倒不能成为首要目标了。此外,这种气氛又被存在于学术界以外的那种更强大的竞争文化所引进的价值观和态度推动

---

① [美]迈克尔·克尔伯格:《超越竞争文化——在相互依存的时代从针锋相对到互利共赢》,成群等译,上海社会科学院出版社2015年版,第68页。

和加强。"①

克尔伯格并不是一个完全否定竞争文化和竞争行为的偏执狂，他对竞争的积极效应是持有清醒认识的。但是，在人们已经习惯于竞争和把竞争当作自然而然的社会形态的情况下，他不得不重墨描述竞争的消极方面。在谈到科学研究和学术活动中的竞争时，克尔伯格认为："即使思想上的学术竞争已经将人类的知识和认识推进到前所未有的高度，但伴随着它们的许多代价常常在这些成就的阴影下被忽视。诚然，知识争论与有形的暴力不同，但一种知识冲突和竞争的气氛会排斥或阻碍缺乏信心和进取心之人参与学术探究。由于妨碍对互补真理的考虑，它可能限制和孤立观点的多样性，甚至是愿意而且能够按照竞争规则进行游戏之人可以获得的那种。通过个性化敌意的规范化，特别是在更带批判性的学术论文中，这些学科中可能急需一种高度情绪化的、心理的和相关的代价。最后，在作为一切学科之特征的竞争性政治经济学范畴内，它可以营造一种气氛，获胜而非共同追求知识和认识在其中可能成为首要目标。当然，这种对抗范式的辩护者捍卫理性的论争，原因是同不理性的甚或暴力替代选择比较而言的，它更适宜。所以，上述认定的代价被看作必要的权衡。但这种常识性的主张体现了一种错误选择，因为它隐藏了这种可能性：同样是理性的但却

---

① ［美］迈克尔·克尔伯格：《超越竞争文化——在相互依存的时代从针锋相对到互利共赢》，成群等译，上海社会科学院出版社2015年版，第68页。

是非对抗性的替代选择，也是可能的。"①

显而易见的事实又是，在工业时代这样一个竞争文化主导的社会中，"同样是理性的但却是非对抗性的替代选择"恰恰是不可思议的。竞争文化已经如此渗入人的骨髓，使人的神智被竞争的迷药蒙蔽。在人们形成了竞争这样一种思维定式的情况下，对没有竞争的社会不敢设想。即便有人指出没有竞争的社会是可能的，人们也会产生怀疑，甚至会跳出来加以指责，并表现得极其激愤。不过，竞争文化并不是人类社会中唯一的文化类型，除了竞争文化之外，人类也能够创造和建构起合作文化。如果人类终结了竞争文化，即用合作文化置换了竞争文化，不仅非对抗的学术研究和科学探索活动是完全可能的，而且在一切社会活动中，都会选择合作行动而不是对抗行为。在竞争文化主导的社会中，"合作而不是对抗"的追求显然是一种空想。但是，当合作文化确立起来后，合作就是无可回避的事实。这个时候，每一个人都会进入合作系统并去作出合作的行为选择。而且，那将是一种自然而然的事情。

竞争文化仅仅属于工业社会这个历史阶段，是与资本主义联系在一起的。在人类走出工业社会的行程中，必将实现对竞争文化的扬弃。对此，鲍曼在全球化、后工业化进程中所看到的就是："在这里，它实际上可以自由地制定规则。当前的'旧制

---

① ［美］迈克尔·克尔伯格：《超越竞争文化——在相互依存的时代从针锋相对到互利共赢》，成群等译，上海社会科学院出版社2015年版，第69页。

度'（即大量的具有主权的民族国家）似乎越来越没有能力减慢商业力量从民主控制中逃离出来的速度，更无法阻止商业力量从民主控制中逃离出来。"① 这还是一种极其表面的现象。就商业从民主制度中逃离而言，仅仅是走向了世界的其他地方，是在向那些不被认为是民主的地区求亲。就其实质而言，仍然是利润在驱动着这种行为，很难说能够对民主构成根本性的挑战。或者说，只要商业还受到利润驱动，资本主义的逻辑就依然是有效的，依然会对民主制度形成支持。商业从民主控制中逃离这一事实肯定意味着，商业在忠实于自由主义原则的时候却又表达了对民主信念的某种轻视，从而构成了资本主义发展过程中的一种自我否定的力量。

商业逃离民主控制的过程仍然是发生在世界的中心—边缘结构之中的，虽然人们将其误读为全球化，而其真实性质仍然属于资本主义世界化的范畴，但是，它毕竟引起了人们的全球化联想，也确实助推了全球化运动。就商业所引发的流动性来看，也确实构成了全球化运动的一个组成部分。就此而言，又可以认为这一过程可以成为终结工业社会的政治以及社会治理运动的初始力量。在全球化、后工业化运动全面展开后，这一力量将变得不再重要，但其历史功绩却是不可抹杀的。

当孟德斯鸠用其著作去阐释"法的精神"时，其实只看到

---

① ［英］齐格蒙特·鲍曼：《被围困的社会》，郇建立译，江苏人民出版社2006年版，第61页。

了现代社会的一个方面，这个社会的另一方面就是竞争。事实上，正是因为这是一个竞争的社会，才呼唤出了法律文化。也就是说，竞争需要得到规范。事实上，现代社会正是由竞争及其规范两个方面构成的。因为有竞争而需要对竞争进行规范，从而走上了法律文化建构的过程。规范有多种形式，法律作为一种人为制定的规则，仅仅是规范中的一种。但是，恰恰是因为竞争需要得到法律的规范这一点，使我们的社会被建构成了法治社会，拥有了法律文化。这是因为，在众多规范中，只有针对竞争的法律规范才是最具有可操作性的。一旦我们去思考规范能够得到遵守的保障问题，就会看到，不同类型的规范在能否得到遵守的问题上是不同的。总的来说，道德规范以及其他具有文化特征的规范，往往会表现出自觉得到遵守的状况，而法律规范得到遵守的状况显得复杂一些。法律背后存在着有形的权力，意味着可以被警察、法庭和行政机关运用于违法者身上，是作为一种震慑力量而存在的。正是这些方面，往往让人们产生一种被迫遵守法律规范的联想。当然，在一些法制健全的国家中，由于形成了较为完整的法律文化，也会表现出对法律规范的自觉遵守。但是，这种情况所证明的只是文化的力量。

  关于法律规范的问题，在不同历史阶段的比较中也会看到不同的表现。显然，在农业社会的历史阶段中，许多地区都发展出运用法律规则治理社会的方式，但完整的法律规范体系在农业社会这一历史阶段的任何地区都未曾建立起来。对有着权力后盾的法律规则的遵守，并不是农业社会中规范性行为的主流，更多的规范性行为属于对习俗、道德、文化规范的遵守。在工业社会，情况不同了。由于人的流动以及陌生人社会的出现，习俗瓦解了，文化多元化也使得道德、文化等的规范力量呈现出弱化的趋势。特别是道德规范，往往被看作不甚可靠的东西。工业社会中的规范性行为主要属于遵守法律的行为，表现出即便不予承认也是客观事实的那种被迫遵守规则的情况。因为，不遵守规则就意味着要接受来自权力的惩罚、制裁。不过，这种状况肯定会被人类历史的进步所超越。随着人类走进后工业社会，规则、规范以及对规则、规范的遵守，都会表现出一种全新的状况。在后工业社会的历史阶段中，基于畏惧惩罚和制裁而被迫遵守规则的规范性行为在比例上将会变得很低。这个社会中的人们，会更多地表现出自觉自愿遵守规则和接受规范的状况。

　　道德是一种积极性规范，而法律则是一种消极性规范。比如，我们可以设想，如果成人和孩童都需要遵守规范，那么，面对法律规范，我们就会看到这样一种基本要求："法无禁止即可行。"根据此一原则，我们假设，一个六岁孩童学会了抽烟，而且在课间休息的时候引诱其他孩子与他一起到非禁烟场所享用几口。假如老师发现自己班里的孩子都染上了烟瘾，产生了干预的动机，就必须寻求法律依据。因为，根据法的精神，"法无禁止即可行"是人的基本权利，老师对学生抽烟加以干预是否应视为侵犯人权的行为？当然，老师可以绕开这项法律难题，寻求监护人的支持。其实，这只是将球踢给了监护人，让监护人去决定是否应作出"侵犯人权"的选择。对于这类问题，一般是通过学校的规章来加以解决的。在广义上，学校规章也是法，是适用于这个学校的法。但是，在逻辑上，由于学校规章对作为法的精神的基本内容的人权限制，又是对法的普遍性的挑战。事实上，这种仅适用于一个学校的规章所包含的普遍意志已经很少了，而是具有某些非法律规范的属性，也证明了作为非法律规范的其他规范应当得到遵守是一项现实主义的原则。既然在法治社会中都要求人们遵守作为非法律规范的其他规范，那么，当人们走出法治社会而进入另一种（比如，德治）社会中，遵守规范的强制性减弱的状况也就是非常容易理解的事情了。

比较法律规范与道德规范，可以明显地感受到，"法律允许的并不总是道德上可能的……就内容而言，道德立法比法律上的立法更严厉地限制了可能行动的领域，但是同时，唯有道德立法为法律的要求赋予真正的义务特征"①。法律关于义务的规范在比重上是极少量的，这说明法律只在很小的部分中包含着与道德一致的内容。由于法律具有强制性的特征，而这一小部分又恰恰是与法律的总体特征不一致的，以致人们往往会忽略法律的这一部分。在法治文化已经确立起来的社会中，人们已经习惯于接受法律规范的强制性，在没有强制的条件下，

---

① ［德］阿尔布莱希特·韦尔默：《后形而上学现代性》，应奇等编译，上海译文出版社 2007 年版，第 14 页。

反而会觉着手足无措。因而,道德规范不仅不会得到人们的遵守,反而会让人在对道德规范的挑战和嘲弄中获得某种自虐的快感。事实上,在人的自利追求中,对于一切在人的心理上造成障碍的道德规范,也必然会表达蔑视。否则,自利追求在自己的良心那里就出现了正当性甚至合法性危机。

卡蓝默认为:"我们生活在一个技术和经济高速发展的世界,出现了全新的情况,道德和风气与之相适应,但思想和意识形态发展相对缓慢,公共制度和公共管理依然保留几个世纪以来法律和制度上的结构。"① 说"道德与风气与之相适应",也许有些言过其实,但是,能够得到生活体验的支持。这说明,与公共领域、私人领域相比,日常生活领域更加表现出与时俱进的品质。即便如此,道德建构以及风气刷新的任务也依然繁重。这是因为,我们处在人类历史的一次重大转型时刻,特别是我们这个时代显现出了迅速变动的特征,使得我们不可能平心静气地等待道德和风气的缓慢改变,而是需要通过自觉和主动的探索去建构起与高度复杂性和高度不确定性条件下的社会生活要求相适应的道德,并基于这种道德去获得新的社会风气。

正如韦尔默想到的那样:"我们所需要的是制度条件,在这种条件下,每个人都有机会发展他或她的政治、道德和审美判断;因为这是一种政治的、道德的或审美的文化能够存在的唯一

---

① [法]皮埃尔·卡蓝默、安德烈·塔尔芒:《心系国家改革——公共管理建构模式》,胡洪庆译,上海人民出版社2004年版,第21页。

条件，而且因此是当世界处于大混乱的时刻健全的判断依然能够萌芽的唯一土壤。"① 面对已成为一种常态的高度复杂性和高度不确定性，我们的道德制度构想虽然没有专门针对"世界处于大混乱的时刻"，却是以对法律制度谋求确定性的做法进行反思为基础的。就"制度"是一个非常宽泛的概念而言，在人类社会的任何阶段都会存在着相应的制度，社会生活中的每一个领域亦如此。在后工业社会中，在社会的高度复杂性和高度不确定性条件下，也必将有相应的制度。只不过，这种制度不是法律制度，而是道德制度。有了这种道德制度，每一个人也就都能够平等地进入政治和社会治理过程中来，为了包括自我在内的人的共生共在而开展行动。这种行动是自主的，规则更多地包含在行动者基于价值理性和经验理性的判断中，而不是外在于行动者的强制性力量。

在道德制度中，规则不仅具有巨大的弹性，而且在实用性和有效性上也是具体的，没有也不可能有普遍适用的规则。这是因为，在高度复杂性和高度不确定性条件下，每一项行动都是发生在具体的情境中的。因而，需要依赖行动者的道德判断。或者说，一切规则都为行动者的道德判断预留了广阔的空间，一切规则都因行动者的道德判断而变得有效力。当行动者在具体的情境中作出了具体的道德判断时，也就意味着赋予规则以具体的内容

---

① ［德］阿尔布莱希特·韦尔默：《后形而上学现代性》，应奇等编译，上海译文出版社2007年版，第155页。

和效力了。工业社会在一切方面都从属于普遍的结构性原则,而后工业社会在制度和组织层面上是也许结构性的,而在人的关系和行为层面上则属于构成性的。结构性的存在是客观的和外在于人的,而构成性的存在则直接根源于人的内在要求和愿望。结构性的存在需要通过法律和权力来加以整合,而构成性的存在更多地依靠文化、伦理精神和道德规范来加以整合。

　　法默尔指出:"心灵的变革乃是最基础的变革;还有社会关系的革新和公共生活的改革。没有更强有力的道德声音,公共权威就负担过重,市场就无法运转。没有道德的承诺,人们的行动就不会兼顾各方。"① 在全球化、后工业化背景下,道德的缺失引发的还不只是权威的负担过重,而是整个社会治理的失灵。由于近代以来的全部社会治理安排都忽视了道德,甚至对道德形成了致命的冲击,致使我们的社会变成了"不道德的社会"(尼布尔语)。在法治的逻辑中,没有道德也能够把社会治理的一切事情都做好。但是,从现实来看,社会治理必然面对诸多规则不能企及的事项,诸多日常的琐碎事务并不是单凭规则就可以规范和按照规则的要求就能够解决的。因而,在道德缺失的情况下,就需要权力和权威的介入。在社会的低度复杂性和低度不确定性条件下,权力和权威能够有效地对依靠规则的治理形成辅助性的补充作用。在高度复杂性和高度不确定性条件下,这种补充作用就

---

① [美]戴维·约翰·法默尔:《公共行政的语言——官僚制、现代性和后现代性》,吴琼译,中国人民大学出版社2005年版,第321页。

变得不灵了，而且使得权力和权威负载过重。

三 合作文化的兴起

竞争是建立在平等和自由的前提下的，但竞争文化与法律文化又是同构的，一切竞争行为都需要得到法律等规则的规范。法律等规则相对于竞争行为主体而言，是外在于他们的，对他们所作出的是外在性的规定。只要自由的追求被寄托于外在性的规定，就必然会在论证中遭遇悖论，因为自由本身就意味着一切外在强制的解除。在针对自由而制定外在性判别标准并为自由的实现制定出规则时，就必然意味着需要一种同样是外在性的力量来促进自由和保障自由，这无疑又召回了强制的魅影。由此看来，一切自由都应是内在于人的，是根源于人的内在道德知觉的自由，也可以称作道德自由。

行动主义并不在一般的、抽象的意义上谈论自由，而是把视线集中在了人的合作行动中的自由上。由于高度复杂性和高度不确定性条件下的合作行动是人的社会生活的基础和基本内容，因而，也可以认为这种合作行动中的自由涵括了人的社会生活的各个方面。特别是它的道德自由性质，也决定了在人生活和活动的每一个领域中都应有不受外在性力量规定、驱使和强制的自由。在这种理想状态中，人对自由有着绝对的决定权，人的道德赋予自由以充分的社会价值。因而，人并不需要别人去告诉他什么是自由、如何获得自由以及如何维护自己的自由。

如果不是完全在个人的视角中去看人的自由，而是放在人的社会交往以及共同行动之中去观察人的自由，就会遇到个人自由与交往共识和共同行动共识之间的关系问题。在工业社会这个拥有竞争文化的社会中，人们往往把民主视为达成共识的最佳途径。人们总是认为，有了民主，也就可以形成共识并根据人们的共识去开展社会治理。不仅社会治理具有合法性，而且也能够最大可能地使最大多数人的利益得到实现。抽象地谈论共识是没有意义的。因为，并不是所有共识都有积极的社会价值。比如，一个团伙达成了抢银行的共识，而且没有一个成员表现出犹豫，更没有人表示异议，难道我们就认为这种共识是值得尊重和值得付诸实施的？也许人们会强调共识的形成过程是否体现了民主，因为，根据某种学术观点，集权体制下的共识是"伪共识"，只有在民主过程中形成的共识才是"真共识"。如果这一观点能够成立的话，我们可以设想，一个团伙是临时性的纠集，并不是以结构化的组织形式出现的，而是几个人相遇并一拍即合而决定去抢银行。形成这个抢银行的共识不仅是民主的，而且是民主的最理想形态。根据上述观点，这个抢银行的共识也就是"真共识"。无论在何种意义上，我们都无法认定它是有益于社会的共识。

　　如果将此问题再行推进，学者们自然会引入共识的普遍性和广泛性的向度。那样的话，确实可以终结对抢银行这项共识的讨论。因为，抢银行的行为无法普遍化，不可能为一个社会中的成员广泛拥有。事实上，在工业社会的差异化、多元化背景中，完全共识是无法获得的，甚至是不可追求的，民主至多是获得多数共识的途径。这样一来，就会陷入一种共识悖论之中，那就是多数共识是否有权排斥少数意见？从民主运行的实际情况来看，多数（甚至是微弱多数）共识总是排斥少数意见，将少数意见视为"无"，从而实现了对少数的压制。社会是复杂的，社会事务是多样的。在此项社会事务上，多数共识压制和排斥了少数意见；在彼项社会事务上，也是如此。但是，一个人不可能在所有的社会事务上都站在多数派阵营中，总会有成为少数的经历。所以，每个人都必然会受到压制和排斥。这就是共识追求必然会带来的后果，无论是通过集权还是民主的途径，共识追求都无法避免让一部分人受到排斥。

在我们的社会中，存在着隐蔽的却又是普遍的共识。竞争文化就是这样一种共识，它让人把通过竞争去获取他应得到的任何一种东西视为正常的。每个人都持有这样一种看法和观点，所以，这是一种全体社会成员的共识。但是，同样的悖论出现了，既然人们需要通过竞争去获得他的一切，那么，他在竞争中除了拥有对竞争的共识之外，还能拥有其他共识吗？事实上，竞争将社会撕裂开来而让人成为原子化的存在。每一个原子化的个人都有自己的要求和主张，并基于自己独特的要求和主张而开展竞争活动。无论他在社会活动中怎样去积极追求共识，都不可能获得"真共识"，至多只能在某项具体活动中获得表面的、暂时的共识。在工业社会，法律被认为代表了普遍性共识。姑且不论法律在多大程度上是强迫人们接受的共识,而且在落实到具体问题的处理方面,一旦经过执法者的再解释,它还能被认为是共识吗?

法律无论在执法过程中出现了怎样的走样变形,但其基准总会得到维护。法律的那些基准的方面其实也就是它的抽象的方面。这样一来,如果它还被认为是共识的话,也就仅仅是一种抽象共识。事实上,在工业社会中,真正具有社会价值的,就是那些抽象共识。如果说在具体行动中也会生成共识,也只是抽象共识的殊相。工业社会所拥有的是低度复杂性和低度不确定性的特征。在这一条件下,获得和拥有抽象共识是可能的,也是必要的。然而,人类进入高度复杂性和高度不确定性的状态中,也就不可能再获得抽象共识了,而且没有必要去追求抽象共识。所以,对于高度复杂性和高度不确定性条件下的合作行动而言,并不计较于是否拥有共识,而是关注任务的迫切性,基于任务的需要而开展合作行动。

个人主义是竞争文化的奥秘所在。个人主义必然会表现为个人中心主义,基于个人中心主义而形成的行为模式,又必然会表现出两个行动方向。一方面,以个人为中心和从个人出发去与他人开展竞争;另一方面,为了竞争制胜的要求又必然要求去与他人共同行动。一旦涉及共同行动的问题,就可以看到,要求共同行动不以对个人自由的限制为前提也同样是个人中心主义的主张。所以,一切共同行动的开展都要求各方在自由的前提下平等地签署一份协议,以保证共同行动在开展的过程中不受偶发的、非理性因素的破坏。特别是在产生分歧和争议的情况下，这样做能够有一个解决争端的基础性依据。这是契约精神的体现，也是法治的要求。问题是，面对需要迅速作出反应的突发事件，怎样去先谋求共识并签订协议然后再采取共同行动呢？也许人们会说，那些需要迅速作出反应的事件是特例，可以不去考虑。在高度复杂性和高度不确定性条件下，每一次突发事件的爆发都是倏忽而来，根本不向人们事先通知，也不给予人们预警时间。关键问题是，危机事件频繁发生，而且其发生的密度也越来越高。因此，人们的共同行动正在越来越多地集中到这种应急反应的行动中来。

显然，传统的节奏缓慢的、容人协商的和让人理性思考的共同行动依然广泛地存在于社会生产、生活等各领域中，依然可以在对契约精神的贯彻中进行。在新的历史条件下，不仅要求共同行动的事项在数量上迅速增长，而且所有需要采取共同行动的事项都具有时间上的迫切性。这实际上意味着我们的社会中出现了一个可以不尊重契约精神的领域；或者说，因为客观情势不允许人们根据契约精神的要求去准备开展共同行动所需要的那些法律要件；甚至在根本不去考虑相关法律问题的情况下就开展了行动，以致形成了一个不再尊重法律文化的领域。而且，这个领域处在整个社会的前沿地带，有着无限扩展的可能性。这就迫使我们必须去为这种共同行动方式寻求发生的基础以及保障因素。这就是我们将视线转向道德的原因，至于"合作行动"一词，无非是出于对这种新型的共同行动方式定义的需要而提出的。

面对这一情况,卡蓝默所表达的愿望是:"全世界各国人民可以管理他们的相互依存关系,制定、展开和落实新的规则,为我们必须共同居住的地球村提供一个灵魂、一种意义,一些规则,一种公平和一种前途。"[1] 乍听起来,卡蓝默给予我们的是一个梦想。但是,在社会高度复杂性和高度不确定性的压力之下,这却是必须努力追求的朝向人的共生共在的状态,即把人类看作不可分割的命运共同体。全球化、后工业化又给予人们这样的希望,只要人类怀着这个梦想,并将这一梦想付诸行动,就能够将其转化为现实。事实上,人类已经无可选择,唯有在此追求中去实现人的共生共在,才是正确的方向。

我们一再提及一个基本判断,从 20 世纪 80 年代开始,人类就走进了全球化、后工业化进程,这是人类社会的一次伟大的历史性转型运动,意味着人类从工业社会向后工业社会的转变。任何一场社会变革运动都存在着新与旧的冲突,那么,在工业社会所拥有的竞争文化与后工业社会将要拥有的合作文化之间,是不是有着一个冲突并逐渐替代的过程?或者说,合作文化对竞争文化的替代也将陷入一个长期的博弈过程中?如果是这样,那就意味着合作文化的建立在一开始就陷入了博弈的窠臼,而这一点恰是违背合作文化的基本精神的。也许正是因为合作文化建构包含

---

[1] [法]皮埃尔·卡蓝默:《破碎的民主——试论治理的革命》,高凌瀚译,生活·读书·新知三联书店 2005 年版,第 1 页。

着这种悖论，致使人们将其视作畏途。即使人们意识到了人的共生共在和相互依存的迫切性，也不敢贸然提出合作文化以及合作行为模式建构的大胆设想。在直接的意义上，单纯就文化更替来看，肯定会看到合作文化对竞争文化的替代过程中存在着两种文化的博弈。然而，如果把合作文化的建构与人类社会的全球化、后工业化联系在一起，将它们看作社会整体变革的系统工程，就会看到，合作文化的建构完全是为了回应现实的要求，是为了在社会的高度复杂性和高度不确定性条件下去形塑出一种适应性的行为模式，而不是表现为合作文化与竞争文化的直接冲突。

合作文化所实现的那种对竞争文化的超越满足了社会变革的要求，这意味着合作文化对竞争文化的替代不是文化单项上的否定。也许竞争文化的捍卫者希望来一场与合作文化建构者的捉对厮杀，但后者却不会接受约请，而是在人的共生共在的主题下开拓面向未来的文化建构之路。对此，我们可以打个比方。在中国崛起的发展过程中，美国采取了各种各样的遏制方式，希望把中国变成它的直接博弈方。但是，中国并未按照美国的意志去与它展开博弈，而是把主要精力放在自身经济社会的发展中。当然，面对美国设下的各种障碍，需要去克服，却从来也没有因为克服那些障碍而去扮演博弈者的角色。对此，一些美国学者惊叹所谓"中国智慧"，却没有理解这种所谓"智慧"只是一种坚定地为了全人类的根本利益而谋求发展的简单愿望。相反，在中国国内，一些自作聪明的学者却大谈所谓"大国博弈"，其实这只是一种浅薄的见识，或者说是以感性冲动的方式卖弄"博弈"概念。在合作文化建构中，必然会遇到各种各样根源于竞争文化的障碍，而且，克服这些障碍也是无法回避的工作。但是，合作文化的建构完全是出于人的共生共在的要求，是为了回应高度复杂性和高度不确定性社会如何开展集体行动的问题，而不是一场简单地、直接地否定竞争文化的运动。

对于文化，实际上是不能够简单地、直接地加以否定的，中国"文化大革命"失败的教训已经说明了这一点。在全球化、后工业化进程中，随着社会的总体变革取得积极进展，合作文化一旦被建构了起来，就会表现出对竞争文化的超越。在此过程中，实际上是不存在合作文化与竞争文化的博弈问题的。如果人们在此过程中解读出了文化博弈，那只能说形成这种认识的人在观念上和思维方式上出了问题。在竞争政治的框架中，通过规范调整，增强抑制竞争和对抗的规范，是能够在缓和竞争以及增强人的相互依存方面发挥作用的。但是，这类规范如果能够得到增强并发挥作用的话，其一，会导致集权，从而使对人的压迫和控制陷入循环升级的状态中；其二，可能会在一个不长的时期内使整个社会陷入发展无力的状态之中。与此不同，如果我们用一种合作政治取代竞争政治，特别是实现了合作文化对竞争文化的替代，所有这些问题都将烟消云散。

当人们在为了人的共生共在的追求中开展合作行动时，不仅不会生成任何压迫和控制人的力量，而且社会发展也会进入一个全新的轨道。总之，全球化、后工业化是人类社会的一场伟大的历史转型运动，它意味着人类将要走进一个全新的历史时期。人类在工业社会的历史阶段中所建构起来的和发展起来的一切，都必然会在进入后工业社会的时候经受审查。如果说在物质的层面和技术的层面上我们可以从工业社会那里接受诸多遗产，那么，在文化的层面上，我们将要面临着一场重构的任务。其中，从竞争文化向合作文化的转变，将是我们必须承担起来的一项革命性的任务。

第四章 流动性与社会治理

就20世纪80年代以来的改革看，人们基本上是立足于社会结构以及社会构成的角度去寻求改革方案，努力去改变结构、调整关系和界定各种社会构成要素的功能。现在看来，也许是因为忽视了社会的流动性、复杂性、不确定性等这些改革应当重视的维度，才致使我们在风险社会中越陷越深。在全球化、后工业化进程中，摆在我们面前的基本事实是社会流动性的迅速增强、社会运行和社会变化的加速化、高度复杂性和高度不确定性等。这意味着我们的社会治理变革必须从这些基本事实出发。在流动性中，我们看到一切社会构成要素都是既独立流动又相互作用而处于互动和联动之中的，所形成的是社会的网络结构。

基于流动性的社会治理变革是要建构起在网络结构中开展合作行动的社会治理模式。这是我们在全球化、后工业化进程中必须承担起来的基本任务。对流动性的关注，必然会要求我们摒弃国家与社会、政府与市场二分的静态视角。我们的改革需要在全球化、后工业化这个背景下去寻求前进道路，需要根据这个时代流动性迅速增长的现实去制订行动计划。全球化、后工业化意味着人类历史一个新的阶段的开启，这是一场伟大的社会变革运动，也意味着社会治理模式的根本性变革。如果说工业社会中的社会治理是制度导向的，那么，在人类即将走进的新的历史阶段中，将会造就出一种行动导向的社会治理模式。

政治是社会治理体系的构成部分，而且是核心的和主导的部分。工业社会的政治是民主政治，经典性的民主也可以说是制度民主。在20世纪后期，因为社会的复杂化和不确定化，制度民主显现出了不适应性。因而，出现了协商民主理论、公众参与运动等试图弥补制度民主缺陷的新主张和新设计。由于社会治理结构并未发生变化，致使这些新的设计都无法真正得到实施。全球化、后工业化进程中呈现出来的社会高度复杂性和高度不确定性意味着，我们将遭遇更多偶发性的事项。制度的刚性决定了对这些问题的解决不仅无力，而且会形成阻碍。因此，社会治理应当实现从制度导向向行动导向的转变。同时，这种转变也意味着社会治理从规则依赖向寻求道德支持的转型。

◇◇ 第一节　流动性增强下的社会治理变革

在全球化、后工业化进程中，我们空前地感受到了当下的社会治理现实与历史进步的要求之间所存在着的反差甚至冲突。

"由于国家方面和民主政治方面对消除流通障碍的控制，一方面是要花费大量时间的，另一方面，也会导致在边界上的交易成本和摩擦带来的损失，因而这些控制对全球网络中的超级快速的流通过程起到的是制动的作用，这些流通过程完全没有摆脱权力关系和统治关系，尽管这些控制表现为流动的、去人格化的权力形式。"[1] 由民族国家和民主政治、法治等所构成的这个社会治理体系是以控制流动性的方式去达成社会治理目标的。民族国家及其政治和治理的诸多设置都是为了限制流动性，或者是把流动性导向权力意志所期望的方向。在很大程度上，是否实现了对流动性的有效控制，往往成了检验和衡量社会治理水平的重要标准。全球化、后工业化呼唤出了更大更强的流动性，并显而易见地包含着一种需要通过社会治理变革去为流动性开路的要求。

在这样一个改革的时代，如果说政治以及整个社会治理变革能够走在正确的方向上，那么，其主要任务就应是去拆除一切流通的障碍，即促进流动性。这是全球化、后工业化所提出的客观要求。根据罗萨的判断，"全球化的政治项目有机会瓦解所有在空间上和时间上的约束，也就是将地方的社会关系迁入流动的空间和永恒的时间中"[2]。这里所说的所谓"永恒的时间"，应当理解成是一种与空间相分离的时间。也就是说，它不再是与空间联系在一起而存在的，而是因为脱离了空间或显现出了与空间关系

---

[1] [德]哈尔特穆特·罗萨：《加速：现代社会中时间结构的改变》，董璐译，北京大学出版社2015年版，第261页。

[2] 同上。

的相对性，并因此而具有了所谓的"永恒性"。这是对流动性的一种夸张的表述。

在我们生活的这个时代中，流动性对社会生活和活动的影响之大，可能是一种需要我们充分发挥想象力才能作出描述的社会现象。可是，我们既已拥有的社会治理模式却是根源于近代早期控制流动性的需要而建立起来的。在控制流动性的做法正在丧失合理性和可能性的情况下，在适应流动性和促进流动性已经成为社会治理的不二选择的必然性面前，我们应当基于流动性去寻求包括社会治理模式变革在内的一切社会行动的方案。即使我们持有最为保守的态度，也应当从流动性的角度去重新审视我们既已拥有的社会治理模式，并根据流动性的要求去一步步地对我们既已拥有的社会治理体系及其方式、方法进行调整。

一 流动性的迅速增强

在我们的日常经验中，可以明确地感受到社会运行和社会变化的加速化。社会运行和社会变化的加速化又带来了社会流动性的迅速增强，进而使我们的社会呈现出高度复杂性和高度不确定性特征。社会运行和社会变化的加速化、社会流动性的迅速增强、社会的高度复杂性和高度不确定性这三个方面构成了我们所在的这个社会的基本特征。这三个方面是我们时代的三个面相，它们是可以用来观察和理解我们时代的三个基本维度。作为我们时代标识的这三个基本特征，是可以追溯到工业化、城市化的源头的。开始于工业化、城市化的这样一场现代性发生的运动把人类社会领进了一个具有上述三个特征的时代,所以在现代化的历史行程持续展开的过程中,我们拥有了今天这样一个风险社会。但是,就社会运行和社会变化的加速化、社会的流动性、社会的复杂性和不确定性都达到了一个新的起点而言,需要我们的社会治理通过变革来加以适应。

罗萨把现代化的历史进程划分为三个不甚清晰的阶段,而且也是把这三个阶段视为三种社会运行和社会变化模式的。罗萨指出:"从早期现代的在代际发生变化的速度,经过在'经典的现代'的代际更替同步的阶段,最后到晚期现代所出现的代内发生变化的速度趋势,变化的速度在不断提高。"① 也就是说,根据罗萨的划分方法,整个现代化的进程可以划分为早期现代、经典现代和晚期现代三个阶段。这三个阶段在社会运行和社会变化的加速化维度上构成了三种社会运行和社会变化模式。在早期现代,"社交社会记忆所持续的时间与期望地平线相互分离的现象,以及因此而产生的'现在萎缩'的体验会出现在三代或四代之内发生了显著变革的过程中"②。在被通常称作"经典现代"的19世纪以及20世纪的大半时期中,"社会变革,即结构上和文化上的确定性的变化,在面对更快的速度时,会成为简单的代际更换,因而可以猜想,从中所产生的重大的后果并不只是影响

---

① [德]哈尔特穆特·罗萨:《加速:现代社会中时间结构的改变》,董璐译,北京大学出版社2015年版,第129页。
② 同上书,第128—129页。

到代际关系,而是……对生活世界的确定事物的腐蚀会形成新的性质,而这不可能不触及文化的再生产以及主体的自我关系的形式"①。大致是在20世纪80年代,进入了晚期现代阶段,"由于更高的、几乎不能明确确定的临界值,使得变化最终不再能被看做固定结构的改变,而是作为从根本上而且可能是混乱的不确定性"②。

虽然我们经常把20世纪80年代看作人类走进全球化、后工业化进程的标志性起点,但根据罗萨以及诸多西方学者的认识,这也被称作晚期现代。这意味着许多西方学者并未把这个时期看作是继工业社会后的一个新的阶段,而是在现代化的名义下将这个阶段归入了工业社会的历史阶段中,认为这是工业社会历史的一个延伸开来的阶段。或者说,是现代化进程的一个新的阶段。但是,他们毕竟看到了我们今天所处的这个时代是一个流动性迅速增强的时代。由于流动性的迅速增强,我们的社会呈现出来的是,"连接紧密、具有历史的、地理的稳固性的社会集合体在液化的作用下消散,而变成永远在运动和变动中的'人种心理的、科技的、金融的、媒体的和观念的风景',这些作为'文化的河流'而从相互之中分流开来、相互移动分开,因此它们似乎不再能在原来的地图上反映出来,而是职能在相互连贯的屏幕的动态的可视化中得以表现……同时,这样的'河流'往往以复数

---

① [德]哈尔特穆特·罗萨:《加速:现代社会中时间结构的改变》,董璐译,北京大学出版社2015年版,第129页。
② 同上。

出现：根据这个趋势，领土、人种、金融流和观念流，同样也包括文化、宗教和政治的实践活动的形式，它们之间都是相互独立的，因而每条河流都可以在不同的方向流动，也就是说，由于几乎是可以任意（再）组合的，因而进行有目的的控制也显得不再可能，认识到这个事实对于理解当代社会是非常关键的"①。

我们只有认识到流动性带来的社会高度复杂性和高度不确定性，只有理解了这种条件下的控制的不可能性，才会去自觉地思考和谋划社会治理变革。比如，民族国家地理上的边界在流动性中液化而仅仅剩下政治功能这块硬核，对于人、财、物、资本的流动已经无法起到以往表现出的那种阻隔作用。在这种情况下，如果地缘政治的研究不基于这种状况去调整思路以及关注重心的话，所发表的就可能是非常错误的看法。在某种意义上，如果从事地缘政治研究的专家不致力于取缔地缘政治学这门学科，就说明他是没有在自己的专业研究中采取科学的态度，而是在捍卫成见中不断地制造、输出偏见。

既然社会的流动性也是以社会的复杂性和不确定性的形式出现的，那么，全球化、后工业化时代的流动性已经属于高流动性的范畴，因而也表现为社会的高度复杂性和高度不确定性，在消极的意义上，是从风险社会的形式出现的。在社会的低度复杂性和低度不确定性条件下，正如艾丽斯·M.杨所说的："各种基

---

① ［德］哈尔特穆特·罗萨：《加速：现代社会中时间结构的改变》，董璐译，北京大学出版社2015年版，第128页。

本的社会结构存在于人们所占有的确定的社会位置中。各种社会位置决定了人们的机遇与生活机会。这些生活机会是由下述方式所建构的，即社会位置是彼此相关的，其目的在于创制出各种能够相互强化的系统性的约束或者机会……"① 然而，在社会的高度复杂性和高度不确定性条件下，人的社会位置变得不确定了，人的关系也不再是基于确定的社会位置而建立起来的联系。因此，由社会结构所构成的对人的约束也将不再存在。我们相信，高度复杂性和高度不确定性条件下的社会依然存在着某种结构，或者说它不可能是无结构的。但是，这种条件下的社会结构肯定不同于工业社会中的那种相对稳定的社会结构，而是一种处在变动中的结构。

在高度复杂性和高度不确定性条件下，由于流动性对既有社会结构形成的冲击，出现了社会非结构化的境况，使得那些原先受到社会结构束缚的要素得到了解放，从而进入一个真正自由的社会。这将是一个近代以来一直追求的自由的社会的到来。在这样一个自由的社会中，人们完全可以不受任何外在羁绊而自由地选择参与到哪一个合作行动体系中。我们曾经指出全球化、后工业化将是社会网络结构的生成过程，实际上就是指这一社会的结构亦如我们今天所看到和能够想象到的技术网络一样，是开放性的、流动性的和随机变化的，每一个网络节点都与任何其他节点

---

① ［美］艾丽斯·M. 杨：《包容与民主》，彭斌等译，江苏人民出版社2013年版，第118页。

发生联系和处于互动、联动过程中。相对于工业社会既有的结构，这种网络结构也可以视为"非结构化"。在社会的网络结构中，人们所要考虑的主要问题将是，如何通过自己的行动增益于人的共生共在，参加到什么样的合作行动体系中才能使自我的价值得到最大程度的实现。

　　社会以及所有事物都因拥有结构而变得稳定，处于变动不居状态的事物会因为结构化而使流变呈现减弱的趋势。一旦一种结构形成，即使是变动着的，也会表现出有规律可循的状况。就此而言，把握了事物的结构，也就意味着可以认识和运用事物变化的规律而实现控制，或者通过对结构进行调整而促使事物朝着可期的方向发展。这就是工业社会科学研究的基本内容和目的。近代以来的几乎所有科学探索，也都是在这一思路中展开的。在高度复杂性和高度不确定性条件下，强流动性使得结构化几无可能。这也就意味着通过把握事物的结构而进行控制和促进其合目的性地发展变得不再可能。因而，我们所构想的，是要用合作行动去替代既有的行动模式。也就是说，在高度复杂性和高度不确定性条件下，我们所需要的是一种合作行动。这种行动不是建立在对事物结构的认识和把握的基础上的，也不可能带有明确的目的性，即不具有具体行动的目的性。

　　在强流动性持续增强的条件下，在高度复杂性和高度不确定性的条件下，能够发挥人的能动性的路径主要是顺势而为。这是适应流动性和利用流动性的过程，所表现出来的是随着流动性的波动而动的行为流,不负载着历史的负担而全力指向未来,是向未来展开的行动的绵延。立足于"现在"的时点来看,那就是"过去已然逝去和'被决定',但现在却总是为人类行动者的自由创新保持开放"①。虽然我们说这将是在事物的变化中顺势而为,却必然是用创新去铺设通向未来的道路。当然,人在一定程度上是历史和环境的产物,但这不意味着人的行动也必然受到历史的规约。既有的标志着和涵括了历史的设置,是可以由行动者来作出选择的,而不是必须加以接受的命令。对于高度复杂性和高度不确定性条件下的合作行动而言,对环境的考量更为重要,因为行动者需要在告别历史的同时融入环境,从环境中汲取承担任务的全部力量,在环境中获得自由创新的资源和条件,就如鱼在水中去捕获迅速移动的食物一样。事实上,不受历史决定,也就能够在环境中获得自由。而且,高度复杂性和高度不确定性本身就意味着没有什么会受到历史以及来源于历史的因素的决定。

二 流动性引发社会变革

即便我们将当前流动性的增长判定为量变的范畴,也需要去积极地谋求社会治理变革的出路,而不是等待流动性的增长达到质变的临界点时为整个社会带来不可承受的震荡。社会的流动性已经达到了这样一个程度,那就是越过了能够对其进行控制的临

---

① [英]安东尼·吉登斯:《社会理论的核心问题》,郭忠华等译,上海译文出版社2015年版,第78页。

界点。在流动性增强加速化的条件下，我们已经很难判断我们所拥有的这个根源于18世纪的社会治理模式还能维持多久，做好对这个社会治理模式加以抛弃而不是改造的准备，已经成了一项迫切性很高的任务了。在流动性已经成为一个非常真切的现实的情况下，在人们也深切地感受到流动性的条件下，由18世纪启蒙运动确立起来的政治观念及其制度模式仍然得到人们坚定的捍卫。在某种意义上，人们不愿意将视角转换到社会的流动性上来，而是站在根源于18世纪启蒙运动的那个传统视角中去认识我们社会不断加强的流动性，一直将流动性视为一种邪恶，并努力去加以控制，或者说出于对既定、既成的制度及其政治模式的深厚情感而憎恶流动性，并试图对各个领域和各个方面所出现的那些针对流动性而作出的回应性安排加以谴责和诅咒。这些都属于不愿意进行社会治理变革的保守心态和消极做法，都会导致人类更深地滑入风险社会。

如果我们拥有历史进步的信念，那么，对于社会发展中所呈现出来的新的社会特征就应持热情拥抱的态度。如果不是这样，而是采取压制、排斥的态度，拒绝对社会安排作出改革以适应社会发展中所推展出来的新要求，就会陷入新旧之间的紧张状态之中。就当下的现实来看，这个问题不仅是存在着的，而且表现得非常突出。不仅在国际上存在着反全球化、反流动性的力量，而且在各个国家内部，处于支配性地位的力量也对18世纪启蒙时期所启动的思想建构、社会建构和制度建构业已取得的成果去加以诗意般的描绘，试图将其理想化为不可超越的典范。这些做法有可能造成一种历史性的反动。从全球化、后工业化所包含的社会变革要求来看，如果说在今天已经形成了一种反动力量，那么这种力量事实上是非常强大的。既存的那些对工业社会中所形成的社会治理模式寄托无所不能的臆想，已经对我们的社会治理变革形成了严重的误导。特别是对于一些后发现代化国家和地区而言，把发达国家历史上曾经创造出辉煌业绩的社会治理模式看作一种终极模式，进而要求无条件地加以引进，已经在这些国家和地区走向未来的进程中设置了障碍。

在20世纪后期，在社会治理的各个领域中，都出现了寻求变革的积极探索。但是，由于对社会的认识方面形成了不同的观点，致使所提出的社会治理变革构想也不同。在行政的领域中出现的新公共管理运动，在政治的领域中出现的协商民主理论，以及这两个领域所共享的公众参与主张，可以说是三种具有代表性的社会治理变革构想。它们都是从社会结构以及社会构成的角度去思考问题的，是在国家与社会、政府与市场分立的静态视角中去苦苦思索行动方案的，而不是从流动性的角度去看问题。在社会结构以及社会构成的角度看问题，所看到的是国家与社会的关系和社会群体的多元化、多样化。在行政的领域中，人们总是基于国家与社会的关系而去思考改革方案；在政治的领域中，人们是把关注重点放在如何处理多元群体的关系、界定多元群体的社会功能等方面。在行政的领域中，并没有产生出新的思想和创新性的行动方案。显而易见的事实是，不断申述的"轻国家""弱政府"而"重社会"的主张，无非是在传统的思想库中所作出的选择而已；在政治的领域中，由于社会群体多元化、多样化是一个新生成的政治格局，从而催生了诸如协商民主理论等。即便如此，协商民主理论也无法被视为一项根本性的创新，而只能说是对传统民主理论所作出的一种微调。

  艾丽斯·M.杨在阐释她的包容性协商民主理论时对既有的民主政治模式提出了批评，认为民主政治在群体多元化条件下的不适用性在于，它是"通过在各种群体之间设置出刚性的内部—外部界限，那种界定社会群体的本质主义的路径使那些关于各种社会关系的具有丰富经验的流动性被固化了。如果差异政治针对那种社会群体提出了诸如此类的具有清晰界限的内部同质性的要求，那么其批评者有权宣称像这样的政治撕裂了人民并使其碎片化，同时也激起了冲突与地方主义"[①]。既有的民主政治是建立在社会结构稳固性假设的前提下的，总是认为存在着稳定的阶级、人群、利益团体等，而且认为是可以将它们明确地区分开来的，可以让它们中的他们选出自己的代表，参与到民主政治的过程中来。如果从流动性的角度看问题的话，就会看到，一方面，差异化和多元化、多样化的群体的形成是流动性增强的结果；另一方面，这些群体本身也具有流动性特征，是需要把这些群体放

---

① ［美］艾丽斯·M.杨：《包容与民主》，彭斌等译，江苏人民出版社2013年版，第110页。

在流动性的视界中去观察的。人们在认识这些群体的时候，恰恰忽视了流动性，总是一厢情愿地假定这些群体是静止的实体性存在物，有着明晰的内部和外部边界，是被某种稳定的结构所固化的存在形式。认识到了这一点，问题就变得非常清晰了，那就是，我们今天所面对的是忽视流动性或者无视流动性的民主政治思想及其理论，它们在流动性迅速增强的条件下是根本不可能担负起重建社会治理的使命的，即使提出一些修补性的方案，也无益于社会治理的变革。

与流动性联系在一起的是群体的交叉性以及成员的重叠性。在传统的阶级差异中，除了少数人因为受教育或被洗脑的原因而脱离了自己所在的阶级，也许还会有某些人因为天灾人祸或某种机遇而离开自己所属的阶级，而绝大多数人属于某个阶级会是一个在某种意义上凝固了的现实，而且也不可能既在此阶级又属于另一个阶级。在20世纪后期多元化、多样化群体共在的情况下，群体的构成、主张、诉求等诸多方面都呈现出交叉重叠的状况。如果说《共产党宣言》号召全世界无产者联合起来，那么，20世纪后期群体间交叉重叠等复杂情况决定了他们之间的关系是随机性变化的。在某些事项上，他们会联合起来和迅速集结起来采取共同行动，在另一些事项上又会发生分歧、冲突。特别是在群体间出现分歧和发生冲突的时候，那些他们共有的成员、参与者在态度和行为上就会表现出不确定性。

所有这类社会问题也有某些共同的方面，就是对既有的政治制度、体制和社会治理模式不满。这些不满并不能转化成促使它们联合起来的力量，而是以分散式的情绪化的方式去进行发泄。更为经常出现的情况是，在涉及某些具体的政策制定问题时，当这些群体被召集到一起而成为参与者去共事时，它们之间本来所拥有的那些共同点立马被忽略或忘却了，它们的分歧迅速地呈现出来，陷入激烈的争吵之中。不仅是在群体之间，而且在群体之中，一旦准备就某个具体事项而开展行动，就会表现出分歧和冲突。这就是艾丽斯·M. 杨所说的："那些生活在某种特定社会群体中的人在政治意识形态上通常存在着广泛的分歧。尽管受到性别或种族方面的陈规陋俗的压迫的某种群体的成员可能会在消除歧视和非人化的意象方面存在着共同利益，但是，像这样一种利害关系太抽象化了而不能够构建出一种战略目标。在一种更加具体的层次上，诸如此类的群体成员通常会展现出各种不同的甚至是彼此矛盾的利益。"[1]

即便就个人而言，也可以看到流动性所造成的个人定位困难。我们知道，在工业社会中，人是存在于社会之中的，每个人都在社会结构中处于特定的位置上，都有着相应的社会定位。然而，在流动性增强的条件下，人不再是由社会来为他作出定位，而是由自己去为自己进行定位。甚至可以认为，社会是包含在人的行动之中的，是人用行动去作用于社会而使自己有了某个位

---

[1] ［美］艾丽斯·M. 杨：《包容与民主》，彭斌等译，江苏人民出版社 2013 年版，第 110—111 页。

置。在流动性的维度上,是没有定位之说的,人的流动本身就意味着不会停留在某个位置上。艾丽斯·M.杨对人的"社会定位"做了明确而细致的分析,准确地揭示了"社会定位"的内涵,那就是:"社会定位是依据与各种其他结构性位置的关系而产生的,同时也是依据那些导致了诸种无意识的结果的社会过程而产生的。社会定位仅仅提供了一种背景与视角,各种特殊的社会事件与问题都能够依据这样的背景与视角而得到解释。社会定位本身并没有做出那种解释。所以,我们确实能够发现,那些具有某种相似的社会视角的不同的人会对某个问题做出各种不同的解释。视角是一种看待各种社会事件的方法或者途径,它制约着而不是决定着人们的所见所闻。"① 在社会与人的关系的问题上,艾丽斯·M.杨通过援用社会定位的视角而作出了比较客观、中肯的描述,为理解人的主体性留下了空间。但是,在高度复杂性和高度不确定性条件下,人以及社会的流动性使人失去了社会定位。不仅人不再有社会定位,反而就人是行动者而言,是把社会纳入到了人的行动过程之中的。这意味着社会治理所面对的是与以往完全不同的人,无论这种人是治理者还是被治理者,都会对社会治理产生重要影响。

在对权力和权威及其运行状况的观察中,也同样可以看到流动性所带来的影响。在工业社会中,随着农业社会的等级身份制

---

① [美]艾丽斯·M.杨:《包容与民主》,彭斌等译,江苏人民出版社2013年版,第174页。

的瓦解，社会意义上的权力已经消失，所有的权力都是存在于组织之中和由组织所拥有的。一般来说，在私人领域中，只存在着运行于组织内部的权力。组织对其外部可能会拥有一定的影响力，却不可能行使权力。只有在公共领域中，作为组织的社会治理体系既有运行于其内部的权力，也有可以对社会行使的权力。在整个工业社会中，权力是社会治理体系赖以开展社会治理活动的基本依据，也是最为重要的组织资源。流动性的增强以及因为流动性而造成的组织的开放性，对权力构成了致命的挑战。就公共行政体系而言，如法默尔所说："向他人的开放，从某一方面说，意味着公共行政的实践应作为一种反权威的活动来构建和实施。"[1] 由此可见，只有一个封闭体系才为权力以及权威的生成提供稳定的基础，让权力和权威不受流动性以及陌生因素的挑战。对于开放系统而言，流动性导致了系统的非结构化，使固有的结构受到冲击。无论是发生在系统边界上的流出或流入的因素，还是存在于系统内部的各构成要素的流动，都会冲击系统的结构，动摇权力和权威赖以生成和存在的基础。

在权力的生成问题上，霍耐特认为存在着三种观点："传统的政治科学按照法律上的契约模式，把权力的占有理解为权利的转让。马克思主义的传统理论则按照国家主义的模式，把权力的占有理解为对国家机器的占有……福柯把社会权力的诞生溯源

---

[1] ［美］戴维·约翰·法默尔：《公共行政的语言》，吴琼译，中国人民大学出版社2005年版，第313页。

到……在其中主体基于不同的利益而在工厂里、在学校的教室里、在住宅的房间里相互对立着。在这里,在日常生活的策略性琐事中,潜在权力必定被持续不断地生产出来。"[1] 权力的生成是一个再自然不过的过程,那就是生成于人的稳定的等级势差中。在人们之间,因为存在着不平等而有了势差,这种势差只要能够稳定地维持下去,就会于其中生成权力。在社会的流动性不断增强的条件下,人们之间即使存在着不平等,也不会固定在一个相对不变的位置上,而且由于不平等所构成的势差也不可能得以维持,以至于权力得以生成的条件不存在了。流动性无论是在社会的意义上还是在组织的意义上,都使结构变得不再稳固。特别是等级结构,是无法再被固定下来的,因而也就不再能够形成稳定的势差。没有了人与人之间的势差,也就使权力得以生成和存在的前提性条件消失了。这对于社会治理构成的挑战似乎是很难想象的,更是无法接受的。然而,它却是流动性中所包含的逻辑现实。

工业社会的阶层固化所引发的阶级斗争将随着社会流动性的增强而不断衰微。这正是包含在全球化、后工业化运动中的一个隐喻。我们也发现,在全球化、后工业化进程中,人与人的斗争和社会冲突都呈现出激化的境况,人们也于其中联想到了阶级斗争。这完全是个误解,它与近代早期的经典阶级斗争没有任何共

---

[1] [德] 阿克塞尔·霍耐特:《分裂的社会世界》,王晓升译,社会科学文献出版社 2011 年版,第 68 页。

同之处。全球化、后工业化进程中的流动性意味着稳定的阶级很难形成。这是因为，在全球化、后工业化进程中，首先是横向的区域间的流动性增强，随后则是纵向的突破社会层级的流动性增强，从而使整个社会的构成要素都处于流动状态。这所带来的一个必然结果就是，资本和财产并不固定地与某些人联系在一起，而是在人们之间不断地转移。至于谁能获得资本、财产等，则是与自己的知识、智慧、能力以及所捕捉到的机会相关联的。

这样一种流动性所表现出来的就是占有资本、财产的不确定性。在人的心理层面，就会产生两种影响：要么在自己掌握了资本、财产的那个时期及时行乐；要么减少了追逐资本、财产并将其积累起来的热情。前者无非是资本、财产继续转移的一种方式，而且使人堕落。一旦人们认识到这一点，就不会作出那种选择。后者则会把人导向运用自己掌握的资本、财产去促进公益事业的方向，并于此之中去体验做人的满足感。在个人主义以及私有意识弥漫的今天，我们所作出的后一种判断只能说是一种猜测，也许这种猜测是为人所不屑的，人们会以为我们患上了理想主义的妄想症。但是，我们以极其低调的方式宣布，全球化、后工业化却是有可能走向那个方向的。如果社会治理拥有了这样的形塑社会的目标，也许是能够实现的。

在此，我们是通过举例子的方式来说明流动性在当今社会中的表现及其影响的，但这些被列举出来的社会现象是能够说明社会治理变革的必要性的。因为，这些社会现象或者说社会方面构成了既有社会治理的依据，也是社会治理展示其功能的场所。既然这些方面都因流动性而发生了根本性的变化，那么，社会治理如果不作出相应的变革，就必然会置自身于与流动性所带来的社会变化不相适应的位置上，甚至会产生冲突，进而导致无法想象的社会动荡。所以，社会的流动性应当成为我们思考社会治理变革的一个重要维度。这场社会治理变革也必然要把流动性作为重点考虑的因素，需要在充分考虑流动性的要求的情况下去建立起适应流动社会要求的社会治理模式。

三　社会网络与合作行动

流动性与网络似乎是两个不相关的概念，然而它们都是发生在我们时代中的，而且是我们时代的标志，是作为我们时代诸多社会新特征之中的两个方面呈现出来的。

流动性意味着一种不稳定的空间状态，甚至会有着无序的特征。但是，就其实质而言，流动性是一个用来表征时间的概念，意味着时间的复杂化。流动性在速度上的节奏快慢状况，所标识出来的就是不同的时间状态。所以，在流动性迅速增强之中，我们看到了时间属性的改变，特别是在社会时间与自然时间相分离后，使得空间与时间也相分离了。原先与空间联系在一起的自然时间是无法与空间隔离起来去加以把握的，所以爱因斯坦也是将时间作为空间的一维看待的。随着社会时间的出现，人们通过对社会时间的开发和利用，改变了空间的存在形态及其属性。今天，社会运行和社会变化加速化中的空间变化，都可以归结为人们通过社会时间的开发和利用去改变空间属性的结果。这一点在全球化、后工业化时代已经显性化为一个非常重要的社会现象。

我们今天所看到的是，社会时间的建构已经改变了空间的属性，原先依据空间距离的远近建立起来的人际关系正在被不再受空间限制的关系所取代。"在数字化的'全球化'时代中，社会亲近性与物理邻近性之间越来越脱节了。那些与我们有着亲密的社会关系的人，不必然在物理距离方面也离我们很近，反之亦然。同样，社会相关性也与空间邻近性脱节开来。因此，对于许多甚至是大多的社会进程来说，空间位置或环境已经不再重要或不再是决定性的了。"[①] 存在于网络中的虚拟组织、虚拟社团等，甚至相互不知道对方所在的物理位置，而这却不妨碍他们共同行动。在他们的共同行动中，时间发挥着主要作用，以致人们忘记了空间，或者说根本不关心空间与他们有什么关系。

从历史的维度来看，人类在进化中逐渐地获得了时间意识，并使时间意识不断地增强。就时间意识与空间意识这两个方面来看，应当说人类是先有了空间意识，然后才有了时间意识。所以，人们也是把时间与空间分别开来的。在牛顿物理学中，空间与时间并未被统一起来，以至于爱因斯坦需要花很大功夫去让人们接受时间与空间是一体性存在的这一观点。随着社会时间的产

[①] [德]哈尔特穆特·罗萨：《新异化的诞生：社会加速批判理论大纲》，郑作彧译，上海人民出版社2018年版，第118页。

生，不仅出现了社会时间与自然时间的分离，而且自然时间也与被社会时间改造了的空间相分离了。这就是社会学视野中的时间、空间状况。对人而言，在全球化、后工业化进程中，则表现出了时间意识的日益增强和空间意识的日渐稀薄。在社会流动性增强的情况下，特别是人的高度流动性——不断地从一地迁移到另一地的流动——使人逐渐地失去了解空间的热情，更不用说有着熟悉空间的愿望了。

在农业社会，对于漂泊在外地的人来说，一句"老乡"可能包含着浓浓的情谊，因为他已经了解和感受到了陌生的环境。在工业社会中，在"同事""同学""战友"等面前，即使人们还有着农业社会的乡土观念，老乡情感也已显得淡漠了许多。这说明"同事""同学""战友"等具有质性的关系形态已经削弱了他的空间感知的敏感度。在某种意义上，吉登斯的"脱域化"概念既是指空间的扩大和开放，也意味着空间观念的削弱。在流动性迅速增强的条件下，空间再一次发生了变化，使得人们已经不再能够在线性的意义上去把握空间，而是需要在空间的网络结构中去观察人作出了什么样的行为选择和参与到什么样的行动之中。在流动性增强的条件下，随着一切存在都像流沙一样变动着，社会的网络结构也就会成为我们认识和行动的依据，也同样会成为开展社会治理的依据。

我们是把社会网络结构看作社会结构与流动性相统一的形态，社会网络结构是反映了时间与空间的相对性的一种社会表现形式。从理论上说，虽然社会的流动性应当成为一个重要的观察问题视角，但并不排斥社会结构的观察视角，我们所反对的是那种把社会结构的视角作为一个静止的立足点的做法。所以，社会结构的视角应当与流动性的视角结合起来，甚至将它们合并为一个视角。如果将它们合并了起来，我们所看到的就是一个处在不停息的运动之中的社会网络结构。就社会现实来看，社会网络结构正在悄悄地生成之中。在今天，社会网络结构的生成过程依然属于"自然过程"的范畴，并未得到社会治理体系的确认，更不用说社会治理在对网络结构的生成方面采取了什么积极的推动措施。相反，我们满眼所见的都是社会治理对来自传统的线性社会结构的维护。随着流动性的增强，我们已经面临着社会结构重建的问题。如果社会治理不在促进社会网络结构的形成和发展中有所作为，那只能说是对工业社会所建立起来的科学信仰的一种讽刺。因为，人们没有在此问题上采取科学的态度，没有根据社会发展的客观要求去采取积极行动，更何况流动性增长的加速化已经是人人都能强烈感受到的客观事实了。

在今天，尽管社会网络结构还处于悄悄的成长过程中，而且受到了既有社会治理的压制和排斥，但我们毕竟已经拥有了一个技术网络。就我们业已拥有的这个网络来看，在实质上仍然是由许许多多局域网连接而成的，还不是一个真正不被分割的网络。不过，它意味着人类的一只脚已经踏入了网络时代。在网络时代，我们原先拥有的世界被隔离成了两个世界：一个世界似乎受到了自然时间的规定，尽管其中已经包含了社会时间的利用；另一个世界似乎不受自然时间的规定，尽管需要用自然时间进行各种各样的标记。这就是，"流动的空间和永恒的时间为全球化世界的所有的社会群体构建了基本的空间—时间—制度：对于大多数人来说，在网络流控制的空间之外的（固定的）地点（地方的空间）和（线性的）钟表时间仍然一如既往地占据统治地位，但是网络流占主导的空间决定着文化方面和结构方面的基本的发展逻辑"[①]。因为受时间规定的不同而被隔离开来的两个世界又是联系在一起的，人是穿行于这两个世界之间的。因而，在两种时间之间建立起了联系，使时间的结构呈现出了非线性的和复杂性的特征。当我们看到这样一幅"更强烈地以时间上的社会重组为导向"的图景时，所有已经呈现在我们面前的"时间秩序的消解和各种类型的同时性占主导地位，与它们所隐含的流动性、去地平线化和'光怪陆离的碎片化'的意义"[②]，都意味着时间网络结构生成的可能性已经出现。这将是人类历史的一个重大社会事件，是一个让人想起来便无限神往的时刻。一旦时间也拥有了网络结构，我们的社会，无论是在空间的意义还是时间的意义上，都将具有网络结构。

网络具有复杂性和不确定性，网络中的任何一个节点都可能

---

① ［德］哈尔特穆特·罗萨：《加速：现代社会中时间结构的改变》，董璐译，北京大学出版社2015年版，第258页。

② 同上书，第259页。

处在变动之中。因而，也不可能存在着不同节点间的稳定关系。网络中的节点本身就具有虚拟性，无法按照我们既有的在认识实体性存在时所获得的思维方式去把握它。网络中的节点既是虚拟的又是流动的，从而赋予网络虚拟性和流动性。或者说，网络中的每一个节点都与整个网络共有着虚拟性和流动性。另外，网络虽然在运行中会显现出不同的层面、不同的专业性领域、不同的价值偏好社区等，却不可以进行分解，这些层面、领域、社区等并不是静止的，它们之间无数的牵连和互动，都对整个网络产生影响，使整个网络呈现出一种流动态。就此而言，网络又是具有总体性的，是一个不可以被分割成不同部分而进行静态观察和认识的整体。如果说一切实体性存在的整体都是可以分解、分割，就网络的不可分解、不可分割而言，我们更倾向于用"总体"一词来定义它，认为网络具有总体性。如果我们的社会获得了网络结构，就意味着以往所有"分而治之"的社会治理技巧都无法使用了。

在工业化、城市化的过程中，因为"脱域化"，使地域边界消解了，从而连接成了统一的社会。特别是民族国家生成后，大片的区域构成了一个整体——国家，区域性的社会被民族国家统一了起来。当然，为了表达对传统的尊重，在西方国家，往往是通过给予一定的地方自治权而使原先的区域性社会得到了一定程度上的保留，这种保留也是有利于选举划区的。在民族国家边界之内，社会还是以一个整体的形式出现的。不过，那其实只是一种物理空间意义上的整体。就社会而言，严格说来，却开始了分裂的进程。而且，伴随着社会分裂的又是人的分裂。在全球化、后工业化进程中，这种分裂会不会持续地展开？表面看来，其一，就全球化是民族国家边界的突破，是再一次发生的"脱域化"过程，其可见的结果将是，使民族国家连接起来而构成"全球社会"；其二，高度复杂性和高度不确定性条件下行动体出现了小规模化的迹象，它们的行动以及它们之间的关系似乎不再受到国家权威机构的统一协调。第一个方面似乎是从农业社会向工业社会转变过程的那次"脱域化"进程的延续，然而，第二个方面似乎又有可能被人们解读成是向农业社会的回归，即行动体规模的小型化。全球化、后工业化表象层面上的这两个方面都不是决定性的，对于回答社会是否会走向分裂这样一个问题，具有决定意义的是社会网络结构的生成。

当整个社会为合作网络编织在一起的时候，也就处在了联动之中，也就不存在静态意义上的是否分裂的问题了。当我们说社会是分裂的时候，包含着社会应当是一个整体的判断。无论是作为整体的社会还是作为分裂的社会，都是被设想为一种静态的存在。在工业社会的低度复杂性和低度不确定性条件下，这种假设是没有问题的，而且有利于揭示社会中所存在的各种各样的问题。在后工业化社会的高度复杂性和高度不确定性条件下，流动性将成为基本的社会特征之一，从而意味着不再能够把社会当作一种静态的存在，也就不可能再在静态的意义上去谈论社会整体或这个整体的分裂了。特别是整个社会的一切构成要素时时处处都处在联动之中，即处在合作行动的网络之中，致使社会不再是一个分裂的社会，不会有任何一种力量能够使这样的社会分裂。

从系统的角度看，或者说就社会是一个系统而言，我们所看到的是这样一种情况：当系统有着自我稳定化的追求时，肯定会有着建立结构的要求，即通过结构来支持系统，使系统具有稳定性。这个过程也就是结构化的过程，是在行动者的互动中实现的，系统的再生产无非是这个过程的循环往复。所以，结构化是一个持续展开的过程，也就是吉登斯所说的跨越时空的。根据吉登斯的描述："行动者在互动系统的再生产中利用了结构化手段，并借助同样的手段再构成系统的结构化特征。"[1] 但是，当系统并不追求自身的稳定性时，也就不再具有结构化的需求了。在高度复杂性和高度不确定性条件下，系统所追求的是开放性、流动性和非平衡态，会在发现了任何有可能导致系统僵化的结构时而将其打破。对于结构化，恰恰是一个需要加以防范的问题。

只要系统是开放的，就应当防止任何结构化的客观演进趋势和主观努力。开放系统因为处在互动和联动之中而不再可能产生结构化的问题。如果说高度复杂性和高度不确定性条件下存在着系统，那么它肯定是属于非结构化的体系。高度复杂性和高度不

---

[1] ［英］安东尼·吉登斯：《社会的构成：结构化理论纲要》，李康等译，中国人民大学出版社2016年版，第26页。

确定性条件下的系统并无属于自己的结构，也没有发生在系统中并能够传递下去的结构化过程。就系统处于合作场域中而言，它与这个场域共有着同样的网络结构。这样一来，我们所看到的一幅图景就是，人们的合作行动是在社会的网络结构中展开的，对人们的合作行动提供支持的则是合作治理。这就是社会治理变革的必然走向。当前的社会治理变革是在流动性的驱动下前行的，需要在适应流动性的要求的意义上去作出安排。一旦思考如何去作出安排的问题，稳固结构系统的一切以及为了维护稳固结构的所有规范性存在就都失去了意义，因而需要再去寻求和再度发现流动性条件下的规范。正是这一思路，把我们引向了对道德的关注。

◇◇ 第二节 从制度到行动的转变

在20世纪80年代开始的全球性改革运动中，包含着一种越来越注重行动而尽可能回避在制度方面开展争论的现象。特别是社会治理的实践者，在谋划几乎所有改革方案时，都直接地把要加以改革的对象指向既有的制度。可以认为，一种"轻制度""重行动"的策略在世界各国都得到了推行，似乎表现为改革中的一种重要趋向。这一发生在改革进程中的实践特征并未被人们明确地认识到，没有从理论上去加以思考和总结，更多的人还是耽于制度主义的思维之中。

　　发展中国家改革中的情况有所不同，学者们往往更多地去思考建立替代性制度的问题，而且更倾向于把发达国家正在要求加以革除的制度搬过来。从发达国家的改革状况看，虽然也能看到一些强化制度建设的策略，但往往都会在很短的时间内就发现这种做法的不妥当。那样做会显现出一种重新受到早已绝迹了的老问题的困扰，即把许多在较早时期的制度建设中已经消除了的问题重新呼唤出来。也就是说，新建立和实施的制度往往并不比原先的制度更优越，甚至是回到了被革除的制度建立之前的某种状态之中去了。这种把改革的关注点放在制度上的做法往往是以改革进程中的"瞎折腾"现象出现的，即"改过来了又改过去"。这就是制度主义思维在改革中的消极影响，即把人们带入了制度建设的某种恶性循环之中了。

　　这说明20世纪80年代以来的这场全球性的改革实践似乎陷入了制度主义窠臼。由于人们所持的是一种可以被称为"制度主义"的思路，在改革实践中总是把制度作为所要改革的对象，要求革除旧制、建立新制。然而，由于缺乏对基本的社会背景的判断，仅仅把视线放在了所面对的一些表象层面的问题而要求改革制度，结果就出现了这样一种情况：在每一项具体改革方案的实施中，以为作出了制度创新，实际上却是回到了所要革除的制度得以建立起来之前的状态中去了。社会基本条件的变化是一个非常重要的因素，它是我们时代的社会治理赖以展开的基本背景，也是我们时代社会治理所面对的那些问题产生的原因。这就决定了一切改革方案的设计，都必须优先考虑我们时代的特征。

工业社会中所建立起来的所有制度都是人们在社会低度复杂性和低度不确定性条件下取得的成果，而且实践也已经证明，这些制度是能够适应社会低度复杂性和低度不确定性条件下的社会生活和活动的。现在，我们已经处在社会的高度复杂性和高度不确定性状态中，原先通过制度建设去解决问题以及确立社会生活和活动框架的做法本身已经成了问题。自20世纪80年代起，社会的复杂性和不确定性程度的迅速提升，已经使制度导向的治理方式在公私部门都陷入了困境。在社会复杂性和不确定性增长的条件下，行动导向的思路似乎更为合适。所以，当我们思考高度复杂性和高度不确定性条件下的人类社会生活模式时，提出了行动主义主张。我们的目的就是要把人们的关切点从制度引到行动上来。这并不意味着对制度功能的否定，制度作为行动框架的功能依然存在，制度的规范功能和秩序功能也不会减弱。我们的行动主义主张主要是一种对社会治理以及生活中的行动导向的倡导，希望人们在社会的高度复杂性和高度不确定性条件下获得并持有行动优先的原则，而不是更多地囿于制度而让行动显得缩手缩脚。

一　社会治理的制度性思维

我们同意吉登斯对制度的界定："制度可以被看作是实践在

时—空当中的深度沉积。也就是说，它们是一些在'横向'意义上具有持久性和包容性的实践，在共同体或者社会成员中具有广泛的散播。"① 虽然我们经常说"制度设计""制度安排"等，但制度的实践品质任何时候都不应受到忽视。也许"制度设计""制度安排"等理念和追求反映了工业社会理性的雄心壮志，但如果脱离了实践，对社会所造成的破坏则是巨大的。比如，计划经济制度（我们常常称其为"体制"）对中国社会各个方面造成的消极影响就是我们记忆中的伤痛。从历史上看，对于在农业社会的历史阶段中产生的各种制度，用吉登斯的"实践在时—空当中的深度沉积"来描述，是再贴切不过的了。虽然我们把工业社会中所拥有的一切制度都归于18世纪启蒙思想的贡献，但是，启蒙思想的贡献应当被理解为完成了使人从各种各样的压迫和束缚中解放出来、确立了契约精神等宏观性的建构。关于工业社会中的人们如何开展社会生活以及如何进行社会治理等问题，应当看作是在社会生产和生活的历史性行进中逐渐实现的"深度沉积"，而不应认为是主观性的制度设计的结果。

在20世纪中，由于科学的发展使得人们变得更加自信了，一度使"制度设计""制度安排"等词语变得流行起来，甚至出现了所谓"顶层设计"等提法，人们以为在制度创新方面可以无所不能。特别是在20世纪80年代开始的改革过程中，人们过

---

① ［英］安东尼·吉登斯：《社会理论的核心问题》，郭忠华等译，上海译文出版社2015年版，第88页。

高地估计了自己在制度设计和制度安排方面的能力，总是一拍脑袋就设计出一种制度，而且在改革的名义下获得了合法性。在这种背景下，似乎只要在改革的名义下行事，不管作出多么荒唐的事，也不允许人们去表达怀疑。就是这个原因，经历了数十年的改革之后，全球都陷入了风险社会之中。诸如恐怖主义、民粹主义、全球化与反全球化间的冲突、环境危机的跨境转移、贫富分化、难民潮等，都在撕裂人类社会。虽然不能说这些都是改革带来的，却又无疑是在这场始于20世纪80年代的全球性改革过程中发生的。至少，说明这场全球性的改革运动未能解决人类社会的一些根本性的问题。其中一个重要原因就是，这场全球性的改革运动是在制度性思维中绕圈子，没有看到人类社会已经走进了高度复杂性和高度不确定性状态，没有根据这一点去重新思考人的社会生活和社会治理模式的问题。在这场改革运动中，是包含着从制度向行动的导向性转变内涵的。但是，这个方面在短时期内并未实现"深度沉积"，以致人们在制度设计和制度安排方面表现出了一种心浮气躁的状况。

在制度性思维中，人们追求的是同一性，或者说人们对同一性的追求转化成了制度性思维。与之不同，在行动导向的思维中，人们是直面差异的，人们对差异的承认会反映在对行动本身而不是制度的偏爱上。显然，差异是天成的，自然界本身就包含着无限的差异。在人开始寻求差异背后的同一性之前，自然状态中的差异性对于社会治理没有什么意义。也许人们会说，在农业社会的等级制条件下，当人们意识到等级之间的差异时，也同时看到了处在同一等级中的人的同一性。事实并不是这样的，同一性的寻求虽然在古希腊哲学的"水""气""原子"等概念之中就存在了，而真正对现实生活产生影响的，则是现代社会的同一性追求。作为概念的"同一性"本身只能视作现代性的范畴。在农业社会中，人们是没有同一性意识的，同一等级中的人所看到的只是他们之间的相似性，而不是作为抽象结果的理性同一性。只是在现代化的过程中，哲学思考才开始了对同一性的寻求，才发现了同一性，并在同一性的基础上去确定普遍性，进而转化为制度设计和社会治理方式的建构。

工业社会是人类寻求同一性和利用同一性的历史阶段。而且，也只有在这个历史阶段中，同一性才成为有着实际价值的思想造物。当我们把对同一性的寻求与工业社会这个特定的历史时期联系在一起时，其实是说，在全球化、后工业化运动中，人们如果去寻求同一性和维护同一性的话，可以相信，其所有寻求同一性的努力都将受到自己的行动的否定。在社会的高度复杂性和高度不确定性条件下，一方面，人们在思维活动中由于某种惯性而必然会按照近代以来已成传统的路径去寻求同一性；另一方面，在行动中又必须承认差异和包容差异。在某种意义上，无视差异或排斥差异的行动总会落得失败的下场。对此，我们可以领悟到这样一个道理，在一切天成的差异中，都是包含着同一性的。之所以农业社会的人们发现了相似性而不是同一性，那是因为科学理性尚未发育成熟。在人类步入工业社会的门槛后，科学理性迅速成长和壮大起来，从而扬弃了相似性而去寻求同一性。现在，在我们的世界中，已经很少见到天成的差异了，我们满眼所见的都是由人再造的差异。在这些差异中，也许只有极小的部分包含着同一性，而绝大多数差异是拒绝以抽象的方式去从中寻求同一性的。人造的差异可能并不包含同一性，可能是需要重新回归到从相似性的角度去发现和认识差异间的洽接点的情境中去的。

总体来看，全球化、后工业化将我们引进了一个差异化的时代，社会治理必须在承认差异和包容差异的前提下开展行动。即便是基本的社会制度，也必须从基于同一性、体现普遍性的要求转变到承认差异和包容差异这方面来。差异是我们正在遭遇和即将面对的最大现实，只有承认差异和包容差异，才能在为了人的共生共在的行动中确定其正确的方向。当然，我们今天面对着许多在工业社会的历史阶段中造就出来的"恶差异""消极性差异"。比如，人的财富占有、贫富差别等，这些差异是需要加以消除的。易言之，一切与人的共生共在相冲突和相背离的差异都是必须加以消除的。但是，消除这些"恶差异""消极差异"的路径不应从寻求同一性开始。这些差异恰恰是在对同一性的利用和物化过程中产生的，再度寄托于同一性寻求而去消除这些差异，只能陷入黑格尔所说的那种"恶无限"。从思维方式上看，消除"恶差异"和"消极性差异"的着眼点也许应该放在对相似性的认识和把握上。具体要求就是，在比较中去发现相似性，以相似性为目标，并用实际行动去抑制甚至消除那些反相似性的差异。需要指出的是，这仅仅是针对"恶差异""消极性差异"而言的。

同一性追求反映在社会治理实践上就是压制和努力消除差异。诚如艾丽斯·M.杨所说的："虽然某个群体的所有个体成员承认他们之间的群体关系，但是，在他们对于那些相同特性的共享程度上，以及在解释和处理他们与那些相同特性的关系的方式上，他们通常存在着差异。那种本质主义观点的民族主义试图在国族内部压制这些差异，并且铸造出一种具有边界的、统一的国族成员身份。"[①] 如果我们告别了同一性追求，转而用相似性去理解和规范人的关系，就会在实践上采取承认差异和包容差异的态度。

差异的强弱会对相似性造成影响，会使相似性表现为强弱不等的状况。但是，就对承认差异和包容差异的实践而言，并不构成冲击。因为，在这种实践中，相似性是一种借以开展行动的依据，而不是行动所追求的目标。也就是说，人们将根据差异的强弱而去选择或设计不同的行动策略，而不是去对差异本身作出排斥。在高度复杂性和高度不确定性条件下，差异的强弱并无定数，而是处在变化之中的，即便是依据差异的强弱而开展行动，

---

① [美]艾丽斯·M.杨:《包容与民主》，彭斌等译，江苏人民出版社2013年版，第312页。

也必须随时准备对行动策略进行调整。另外，差异本身也是非常复杂的。在人们之间多维度的关系中，某个维度上的差异很强，而另一个维度上的差异可能很弱。所以，在行动策略的安排上，主要以承担任务的需要而定。这就要求合作行动者首先需要拥有对差异的包容精神，并带着这种精神去认识差异，在开展行动的过程中根据承担任务的需要而去决定与谁合作和怎样合作，以达到完成任务的效用最大化的结果。

从寻求同一性到承认和包容差异，这是社会治理根本性的观念转变。我们指出这一点的时候，基本依据就是全球化、后工业化是一场历史性的社会转型运动。而且，在此过程中，我们的社会呈现出了高度复杂性和高度不确定性。

其一，工业社会与全球化、后工业化所指向的后工业社会属于人类历史的两个不同的阶段。如果后工业社会中的社会治理模式与工业社会中的社会治理模式不同，那么，根据我们的判断，这种不同反映在，工业社会的社会治理上是制度导向的，而后工业社会中的社会治理则是行动导向的。制度导向必然反映在制度建设优先于行动的实践原则上，而制度建设的思维前提又是谋求同一性，在何种程度上认识和把握了同一性，也就能够在同一种意义上建构起相应的制度。对于行动导向的后工业社会中的社会治理而言，制度的优先性将转化为行动的优先性，行动所面对的是差异化的事项，而制度建构中的同一性思维导向对行动所形成的往往是约束和限制。

其二，既然我们的社会在全球化、后工业化进程中呈现出了高度复杂性和高度不确定性，也就意味着社会治理的基本条件发生了变化。在工业社会的低度复杂性和低度不确定性条件下开展社会治理时，制度为社会治理提供的是一种可靠的保障。然而，在高度复杂性和高度不确定性条件下，制度将成为一种僵化的、顽固的保守力量，以至于人们不得不寄托于行动的灵活性去应对高度复杂性和高度不确定性条件下的各类事项。总之，在追求同一性的思路中产生的制度遭遇了高度复杂性和高度不确定性条件下的差异，以至于必须寻求承认差异和包容差异的社会治理模式。其中，行动优先的实践原则，就是这种新型社会治理模式的灵魂。

其三，就全球化、后工业化运动是一场历史性的社会转型运动而言，就此进程中出现的社会高度复杂性和高度不确定性来看，人类于此过程之中所遇到的是一个新的机遇还是灾难，也需要通过人的行动去作出回答。地球上曾经发生过多次大规模的种群灭绝事件，那基本上都是由自然的灾变引发的，而社会的高度复杂性和高度不确定性却是由人制造的，尽管人们是在无意之中制造出了这种境况。社会的高度复杂性和高度不确定性不是相对于人而言的"友好界面"，它完全有可能导致人类的灭绝，或者是人类相邻生物相继灭绝后的人类灭绝，或者是同时灭绝。但是，也存在着另一种可能性，那就是人类的社会进化将因此而实现一次飞跃，从而使人类在新的社会条件下获得种的繁衍的机遇。

目前可以断定，工业社会的社会治理模式、人的交往和行为模式、文化观念等如果得到延续，那么人类的灭绝就是不可避免的。单就竞争文化带来的种族冲突和阶级对抗而言，也有可能把人类导向灭绝的境地。近一个时期频繁发生的种族间的恐怖事件，就包含着人类在种族冲突中灭绝的隐喻，更不用说人类所制造出来的生态灾难等。只有在工业社会的所有这些得以扬弃的情况下，人类才有可能绕过灭绝的陷阱。这就是我们在全球化、后工业化时代竭力思考和努力追求的。当我们的视线集中到了社会治理方面来，首先应当承认这样一个基本判断：全球化、后工业化意味着人类的社会治理模式应当发生根本性的转变。这种根本性转变的标志就是关注重心或思维导向的变化。如果说在工业社会低度复杂性和低度不确定性条件下的社会治理一直把关注重心放在了制度方面，在制度性思维的引导下去开展行动，那么，在我们业已走进社会高度复杂性和高度不确定性的状态的时候，我们的关注重心应当实现从制度向行动的转移，需要直接地围绕着行动去建构一种全新的思维方式。

二　民主的政治生活方式

在现代性的意义上，社会治理的基轴表现为民主和法治，社会治理的话语也是建立在这两条轴线上的。通过社会治理的话语建构而使这两条轴线上展开的社会治理体系以及运行过程既显得合理又能够得到实践的证明。"真实民主的唯一条件是要求人们在交往中对偏好的考虑的非强制性,这相应地要求排除因权力运用形成的支配,以及控制、灌输、宣传、欺骗、纯私利的表达、胁迫和进行意识形态同化的企图。"① 然而,在近代以来这样一个民主的社会中,通过控制的排除时时处处都被运用到无以复加的地步。特别是在民主的话语霸权之下,一切被认为是或被指责为"非民主"的做法,都受到了无情的排斥。同样,就法治而言,意味着社会生活的一切都必须有规则可循和依规则而行,为了维护规则的权威和使得规则能够时时处处发挥作用,就必须让社会生活中的每一个方面和每一处角落都处在控制之下,而规则本身则是控制的工具和途径。

　　历史地看,或者说与农业社会进行比较,民主与法治无论是在社会治理中还是在其他社会生活中,都有着迷人的魅力。就民主与法治仍然包含着排除、控制、胁迫、欺骗等而言,又不能被视为一种理想形态。最为重要的是,人们没有对民主与法治中所包含的这些问题以及为什么会产生这样的问题作出认真的探究,没有从根本上去寻找解决这些问题的出路。现在情况不同了,在对合作治理的追求中,在对合作前提的确认中,民主与法治中所包含的这些问题都将消失。只有到了这个时候,我们才会迎来真正合乎人的本性以及人的社会生活需要的社会治理。这种社会治理真正地反映了民主与法治的本意,而不是仅仅停留在形式上的

---

① [澳] 约翰·S. 德雷克泽:《协商民主及其超越:自由与批判的视角》,丁开杰等译,中央编译出版社 2006 年版,第 1—2 页。

民主和法治。真正的民主和法治是包含在合作行动之中的，可以被作为合作的同义语来看。在今天，这也许只是一个理想，但全球化、后工业化却向我们展示了这个前景。全球化、后工业化运动包含着一个明确的历史性的必然趋势，那就是我们不能够再停留在工业社会的形式民主的政治方式中去处理社会生活中的各种各样的事项，而是需要去建构起一种实质性的民主。这种实质性的民主是包含在合作行动之中的，或者说是以合作行动的形式出现的。如果希望作出与民主、法治相对应的表述，那么，我们倾向于使用合作与德治的概念。真正的民主也就是实质民主可以表述为合作，而完形形态的法治则可以表述为德治。德治既是对法治的否定，也是对法治的实现，或者说德治扬弃了法治的形式而包含了法治的全部非控制、非强制的内容。

在现代民主体制中，社会治理体系的层级结构一旦落实到了社会管理上，就会以中心—边缘结构的形式出现。社会治理体系处在中心，社会治理的对象则处于边缘。在社会治理根据民主的理念而以行动去诠释制度和贯彻制度要求的时候，是以公众参与这种形式出现的。作为一场"运动式"的民主政治实践，公众参与是在20世纪后期得到了大力推荐和倡导的，而且它本身在很大程度上就是一场运动。在历史的维度上去看这场运动，似乎有着从制度向行动转变的隐喻。20世纪后期以来我们的社会所表现出来的复杂化和不确定化开始使民主制度显现出僵化的状况，以至于人们自然而然地想到了通过行动去加以补救的方案。

在此过程中，协商民主、公众参与运动等，都反映出了这种精神，只不过尚无学者从这个角度去加以解读。不过，协商民主理论一直未能在民主政治实践中作出成功的表现，而公众参与运动虽然在形式上搞得红红火火，就其实际作用来看，也是非常可疑的。

在社会治理依然拥有中心—边缘结构的情况下，试图把公众参与原则引入社会治理过程中来，是不可能真正弥补制度因为社会变化而出现的缺陷的。社会治理的中心—边缘结构决定了公众参与极易受到其中心力量的操纵，从而流于形式。所以，民主的行动原则，或者说这些行动原则背后所包含的民主理想，是不可能在既有的社会治理结构中得到实现的，而是需要在社会治理体系得到根本性变革后，才能转化为现实。当社会治理的变革展现出合作治理模式生成的迹象时，这种由一个垄断性的社会治理体系实施对社会的统一治理的状况也就不存在了。因而，也就使得参与等行动变得不再有意义。在合作治理中，多样化或多元化的社会治理者是在平等的基础上以合作的方式开展社会治理的，并不存在着"以谁为主"和"谁去参与"的问题。当我们说合作行动意味着实质民主的时候，其实是包含着对既有的形式民主样式的扬弃的判断的。

从历史的维度上去看，协商民主理论同样包含着一种从制度到行动转向的隐喻。无论持有什么样的协商民主观，其中一个显而易见的逻辑就是用以取代19世纪建立起来的代表制。协商民主的目的是要让每一个生活在民主社会中的人都能够直接参与到商谈和对话过程中来。无论个人是自由的还是被强制的，都被要求参与协商，而且认为这是人不可推卸的责任。根据协商民主的主张，认为一个协商体系中参与协商的人在分布范围上愈是广泛，就愈能取得理想的协商效果。协商民主也是建立在承认差异的前提下的，认为人的差异越大，协商的结果越是公正，越能反映社会正义。应当承认，在20世纪中后期的特定时代背景下，特别是在民主政治开始呈现了疲弱的迹象时，提出协商民主的构想，并期冀通过协商民主去实现对民主的根本性挽救，是一项积极的建议。一些显而易见的问题却没有得到协商民主理论的考虑：为什么启蒙思想家——特别是卢梭——的民主理想会被近代以来的民主实践所阉割，为什么在人们普遍接受了民主的意识形态的情况下却使民主实践走向了衰落。如果协商民主理论考虑了这些问题，也许就不会在代表制这个问题上异想天开了。

  在民主实践历经数百年后，当人们不得不对它进行重新审视的时候，是不应着眼于它的运行方式的。因为，程序的刷新无助于挽救民主的生命。相反，我们需要的是对民主这个概念本身提出疑问，需要探求一种可以代替民主的交往方式和治理方式，而不是沉湎于对它的改造。这就是我们构想合作治理的原因。在社会呈现出了高度复杂性和高度不确定性的时代，以民主的名义或以民主的形式出现的社会治理已经无法满足人的社会生活的要求，更不可能在人的社会行动中表现出效率。特别是在应对危机事件等社会行动中，民主反而会延宕人的行动，以至于错失采取行动的最佳时机。比如，面对必须立即采取行动的事项时，如果我们坐下来进行理性的和充分的协商，希望在协商的基础上去开展行动，从理论上看，这无疑是最合乎民主精神的，是制度的刚性要求，也是能够形成最为科学的行动方案的。当协商结束的时候，需要采取行动的对象也许已经消失了，不需要再去采取什么行动了。在不需要采取行动的情况下，再好的行动方案又有什么意义呢？

现实地看这个问题，在应对危机事件时，不仅传统的制度民主的要求，而且协商民主的要求，也无法得到奉行。制度民主的运作程序是需要得到时间支持的，我们按照协商民主的要求去协商对策，也许在关于协商的准备工作还没做完的时候，危机已经演化成大面积的危险，甚至产生了破坏性的影响。这就不能不让我们发出这样的提问：在社会的高度复杂性和高度不确定性条件下，是民主的制度得到维护和遵从重要还是行动重要？对此，人们显然不需要任何犹豫就可以把问题的答案向我们托出。但是，学者们可能会提出抗辩说，在具体的事项上，行动应当立即提起，而就整个社会的运行而言，民主制度是不可怀疑的。这看上去是一种显得非常理性和非常科学的观点。但是，如果说制度不仅无法规范人的行动，反而时时处处都束缚人的行动，我们也就无法认同这种抗辩的理性和科学性了。

所谓危机事件，也就是非预期的而且也无法预测的事件，它的发生处于人的认知之外，我们在谋求人的行为规范时，并不知道这些事件是什么样子和具有什么性质，也无法认识到人们面对这些事件时会采取什么样的行动。那样的话，我们如何去通过制度等设置去规范人的行为和引导人的行动呢？同样，在面对危机事件的时候，意味着人们必须立即采取行动，如果我们为了共识追求而进行协商，也许就会错过行动的时机。所以，包括协商民主在内的所有民主方案在应对危机事件的行动中都是不适宜的。扩大而言，在社会的高度复杂性和高度不确定性条件下，我们只能提出行动至上的原则，而不是囿于近代以来的民主信念。

就民主的发生来看，正是在18世纪启蒙思想的权利设定中产生了民主制度，有了民主这种政治生活模式。从民主政治的发展来看，20世纪后期出现的协商民主表现出了与制度民主的不同。协商民主看到了人与人之间的差异，而且这种差异决定了人是不能被代表的。人因为不能被代表而不再被制度民主框架所包容，也就不再能够成为民主生活的主体，而是需要在协商中同他人达成共识。在这之中，包含着逃离制度民主的倾向，如果能够付诸实践的话，是可以带来实质民主生成的希望的。然而，协商民主从一种愿景向现实转化的道路恰恰是永远也无法被开拓出来的。一个非常现实的原因就是，社会生活毕竟不同于家庭生活，也不同于三五人小组的共同行动。对于一个巨型的共同体而言，即便如互联网的发明给予人们极其方便的讨论和协商空间，而在一些重大的、对于共同体具有全局性意义的问题上去达成共识，也是不可能的。

根据民主的行动逻辑,在达不成共识的条件下就开展行动,必然导致反民主的结果。这样一来,按照民主的要求,在无法达成共识的情况下就不应贸然去开展行动。如果协商民主并不指向行动,这些问题当然可以不予考虑。一种不准备指向行动的理论构想又有什么意义呢?所以,在行动的基点上去考虑问题才会赋予理论思考以价值。我们也应当看到,协商民主理论毕竟是在对制度民主的反思中提出的,是在制度民主呈现出疲态的情况下提出的新设计。就此而言,它可以视作民主理论发展的新成果,这项成果对于合作治理理论的建构是有积极意义的。不过,合作治理理论由于把基本的关注点放在了合作行动的行动者身上,而不是沉溺于对民主的改进策略的思考上,也就实现了对包括协商民主在内的所有民主理论的超越。在合作行动中,不管是否斤斤计较于达成共识,总会把商谈放在首位。在这一点上,协商民主理论的许多主张是可以为合作治理理论所采纳的。合作行动是关于实践的致思,并不服膺于以往任何一种理论,所以,对于协商民主以及之前的所有理论,都是持否定的态度的。

三 行动导向的社会治理

社会治理的一切目标和目的的实现,都需要落实在行动上。在制度导向的思维中,也是需要通过行动去实现社会治理的目标和目的的。我们不可以想象只有制度没有行动的社会治理过程。

尽管如此,我们还是提出了行动导向的问题。因为,这两种导向所拥有的观念和带来的社会治理形态都是完全不同的。在制度导向下,社会治理所追求的是稳定性,所要营造的是秩序。在制度导向的思维中,即便把经济社会发展作为社会治理的目的,也必须建立在社会稳定和有秩序的前提下。在行动导向下,则要求承认客观现实中的流动性、复杂性和不确定性,并在对所有这些作出承认的前提下去开展行动。这是由基本的历史背景所决定的。

在低度复杂性和低度不确定性条件下,社会治理通过对"化简原则"和"以不变应万变原则"的应用,有效地征服了复杂性和不确定性。其中,确立制度框架,以制度的方式去处理常规性的问题,依照制度去开展行动,是最为简便的方式,既经济又合理。所以,"制度化"成了近代以来社会治理的基本追求,也是理性的体现。只要制度具有合理性,就能够使社会治理活动具有理性的特征。总之,所有复杂的和不确定的问题,在被纳入制度框架中之后,都被简化了,都能够按照一定的程序去加以解决。在高度复杂性和高度不确定性条件下,"化简原则"和"以不变应万变的原则"都不可能在社会治理中继续得到有效的应用。这就像我们经常看到的,面对一些小土丘,房地产开发商高效地将其平整并盖出漂亮的建筑物。我们可以相信,没有任何一位开发商会有"愚公"的勇气,更不会希望搬去那"两座山"而建出让他得到高额利润的房子。在全球化、后工业化进程中所遭遇的高度复杂性和高度不确定性是无法控制、无法抵消和无法消除的。正如房地产开发商到了西藏不会试图把喜马拉雅山削平一样，我们只能适应高度复杂性和高度不确定性，只能在我们开展行动时将其设定为一个无法改变的前提而加以接受。

也许人们以为高度复杂性和高度不确定性条件下的行动体系会倾向于集权。在人们的经验中，在面对复杂而棘手的问题时，往往需要通过集权来整合行动体的力量，认为集权可以把行动体的力量集中到某个具体的点上，只要能够突破那个点，就会使问题迎刃而解。另外，集权也能够使行动体展现出灵活性，能够拥有更强的随机反应能力。我们认为这些经验是真实的，却不认同这种经验的普遍性。在我们看来，应对复杂而棘手的问题时之所以表现出行动体集权的状况，恰恰是因为在环境的低度复杂性和低度不确定性条件下因为行动建制上的缺陷而产生了一种集权要求。在低度复杂性和低度不确定性条件下，问题解决机制可以包含在人们从容应对的行动之中，随着对经验的复制和作出理论化的提升，形成民主体制。如果辅之以科学的话，还能够取得更为良好的效果。这就是低度复杂性和低度不确定性条件下的常规性问题解决模式。一旦出现了非常规性的问题，也就需要到常规性模式的反面去寻求问题解决方式，因而走向了集权式的解决问题的行动方式。所以，我们将这种情况看作"行动建制的缺陷"。是因为制度民主仅仅提供了常规性问题的行动策略，缺乏处理非常规性问题的建制，以至于出现非常规性的偶发事件时，提出了集权的要求。在高度复杂性和高度不确定性条件下，无论是民主的或者集权的方式，都不再能够成为有效的问题解决途径，也不会出现什么集权的行动体。所以，关于是否出现集权体制的担忧，完全是没有必要的。

如果我们把视线从微观的行动体转移到宏观意义上的社会治理体系，则会发现另一种历史经验：在农业社会的那种简单的和确定的条件下，几乎所有成功的社会治理都拥有着被现代人看作集权式的社会治理体系；在工业社会的低度复杂性和低度不确定性条件下，人们无不表现出或表达出对民主体制的推崇和向往。这种从简单和确定到复杂和不确定的历史演进中所包含的逻辑也说明，行动体系会不会在高度复杂性和高度不确定性的条件下走向集权，是一个需要在历史演进过程中去看的问题。既然在农业社会简单和确定的社会背景中普遍产生了集权的社会治理体系，而在具有低度复杂性和低度不确定性特征的工业社会中却建构起了以制度民主为轴心的社会治理体系，也就意味着社会的复杂性和不确定性构成了消解集权的力量。人们在复杂性和不确定性条件下开展集体行动的时候，是不愿意采用集权的方式的，而是选择了民主的方式。同样，当人们需要在社会的高度复杂性和高度不确定性条件下开展集体行动时，既不会重拾集权也不会沿用民主的方式。就人类政治文明已经取得的成就而言，在高度复杂性和高度不确定性条件下重拾集权是不被允许的，也是不可能的。在高度复杂性和高度不确定性条件下，行动体系无论巨微，都将是合作的。在形式上和性质上，都必须用合作这个概念来加以标示。这种合作既是对形式民主的扬弃，也是对任何形式的集权的根本否定。

从宏观意义上的社会治理来看，行动的自觉性尚未被呼唤出来。在工业社会的法治建设不断得到强化的过程中形成了制度刚性，这种情况在20世纪后期从制度导向向行动导向的转变中仍然存在，而且是与这个转变过程并行的。20世纪后期也呈现出了制度刚性增强的状况。这既是对社会复杂化和不确定化的一种回应，也是源于近代早期的一种现代性努力，并不能视为保守主义者占了上风。"结构上的刚性是现代性中对偶然性的特殊的处理所带来的结果，它通过特殊化和同时进行的功能上的分化，而产生了强有力的复杂性的提升和因此而来的偶然性的增加，并且随之而来的是系统的处理过滤器变得更加锐化，从而通过更加锐利的处理过滤器来确定并且'解决'政治、经济、科学和法律等方面的问题。"[①] 正是这些显得日益过激的安排和行动，迅速地把社会推入了高度复杂性和高度不确定性状态，从而对制度等结构上的刚性作出了否定。可以认为，"选择越是剧烈地增多和变化，就需要越多地变动'机构的和结构的前提条件，在这些前提条件之上，那些偶然性……从政治的甚至是想象中的安排的地平线中跑了出来'"。[②] 原本消除和控制偶然性的设置在日益增

---

① ［德］哈尔特穆特·罗萨：《加速：现代社会中时间结构的改变》，董璐译，北京大学出版社2015年版，第332页。

② 同上。

多的偶然性面前变得非常无奈，通过提升结构上的刚性去回应偶然性，不仅不能取得希望达成的结果，反而陷入了更大的被动。因而，不得不在制度之外去谋求行动的补充。

如果说制度导向的社会治理必然会走向对科学及其技术的依赖，那么行动导向的社会治理将会表现出对道德的倚重。谈到道德的问题，我们也许就会想到如何开发中国传统社会的道德资源的问题。关于这个问题，我们看到，阿佩尔在对20世纪东西方两种社会治理形态进行比较时指出，在西方，形成了公共和私人生活的互补性系统，"根据这种互补性系统，在公共的生活领域，即在政治、法律和科学领域之内的实践是专门由价值中立的科学技术合理性所调节的，为此，目标和价值的预先规定也就可以溯源于民主的多数决议意义上的一致性"[1]。阿佩尔认为，东方（这实际上是一个"冷战"意义上的东西方）与西方不同，有着直接用道德对人们的行动进行引导的特征。阿佩尔说，"当我们将它与东方的国家意识形态诉求相比较的时候，这种国家意识形态想在公共和私人的生活领域不经过民主的多数决议这个中间连接而仅仅根据对历史必然进程的科学认识就从道德上对人们的行为加以引导。"[2] 东方国家之所以能够做到这一点，根据阿佩尔的看法，是因为建立起了一种列宁主义的干部体制，这种体制是"由干部精英必然代表广大民众真正利益的观念以及党纪

---

[1] ［德］卡尔-奥托·阿佩尔：《对话与责任：向后传统道德过渡的问题》，钟汉川、安靖译，浙江大学出版社2018年版，第32页。
[2] 同上。

所组成的"①。

通过比较，阿佩尔所形成的认识是："西方的互补性系统需要为其价值中立的合理性概念付出的代价是非常令人担忧的，而且这个系统的基础最终是矛盾的。"② 如果要指出两种体制孰优孰劣，显然又会陷入"冷战"思维之中。但是，阿佩尔指出的这一点却是合乎实情的，那就是，西方的"互补性系统"所付出的代价就是，"为人的集体行动之后果负起道德责任的机制……在互补性的假说下是不可能的。因为在这个假说之下不仅像在康德那里一样存在着合法性与道德性之间的区分——亦即，能够进行制度化的规范奠基或实施（为一方）与伦理—哲学的对话（为另一方）之间的区分。毋宁说，这使得伦理—哲学的对话能够产生主体间有效结果的可能性被否定了；而且在（康德）'明辨的公众'意义上对制度化的规范奠基程序、颁布程序以及实施方法的证明或判断，其要求看起来若不是对民主自由的威胁，就是无用的"③。

表面看来，阿佩尔的论判似乎有过激之嫌，而实情则正如他所揭示的那样，因为伦理道德的缺失而导致了系统性的矛盾，使民主自由的追求陷入自反。或者说，在遵从价值中立的原则时，极易走向一种极端的状态："根据这种互补性系统，

---

① ［德］卡尔-奥托·阿佩尔：《对话与责任：向后传统道德过渡的问题》，钟汉川、安靖译，浙江大学出版社2018年版，第14页。
② 同上书，第32页。
③ 同上。

离开了能够制度化的程序就没有任何合理性证明的问题。按照这种互补性系统，这个程序已经是民主的基础，而不是某种仅是近似的尝试，这种尝试本身只是在将共识—交往的对话合理性持续不断地加以现实化的调节性观念之下所形成的。"① 程序使得整个对话过程有了民主的形式，但程序本身已经潜在地包含了某种观念。就这种观念在程序的展开中发挥着某种可能是绝对性的调节作用而言，是一种事实上的专断，所造成的后果是在民主的形式下偷运反民主的极权。阿佩尔将此看作西方为了价值中立原则和合理性概念所付出的代价。果若如此，这个代价可谓高昂。如果在高度复杂性和高度不确定性条件下继续坚持在这个"互补性系统"中去开展社会治理，社会所付出的代价将是令人不寒而栗的。

在全球化、后工业化时代，我们并不认为在东西方之间进行比较有什么意义，更不应在这种比较中去形成所谓否定民主或集权的结论，也不应苛责它们存在着道德缺失的问题。制度导向的社会治理以及生活方式是工业社会的事实，但它是一个正在失去合理性的事实。在我们的社会呈现出高度复杂性和高度不确定性的时候，制度导向的社会治理会让人面对所有偶发性的事项时显得失力和无力，不仅不能解决问题，反而会把大面积、大规模的人群置于风险和危机之中。正是这个原因，致

---

① ［德］卡尔-奥托·阿佩尔：《对话与责任：向后传统道德过渡的问题》，钟汉川、安靖译，浙江大学出版社2018年版，第32页。

令我们构想了从制度导向向行动导向转变的社会治理重构方案。既然制度导向表现出了对刚性规则的倚重,那么,一旦社会治理转移到了行动导向方面来,也就自然而然地表现出了依据道德去开展行动的状况。

第五章　超越个人与集体

在文艺复兴运动中，思想家们发现了人，努力把人从神的阴影中呼唤出来和从等级统治中解放出来。到了18世纪启蒙运动时期，在关于人的存在形态的思考中形成了"个体""个人"等概念。在启蒙思想展开的过程中，也形成了整体、集体等概念，并用以与作为社会建构出发点的个体、个人相对立。从实践来看，整个工业社会的建构过程是从个体出发的，虽然一度也出现了从整体出发建构社会的尝试，但在展开的时候，其实质也依然是对个体主义建构路径的复制，或者说是经过改装了的个人主义。结果，整体主义作为一种意识形态得以高调传播，作为一种理论也能够得到合理性论证，无论是在意识形态还是理论上，都必须舍去作为整体的背后以及集体的逻辑前端的个人。由于理论与实践的不一致，集体主义的社会建构方案流于失败。就从个体出发的社会及其社会治理建构缔造了辉煌的工业文明而言，应当说是成功的，但其中也存在着和带来了各种各样的问题。随着人类进入全球化、后工业化进程，随着社会呈现出高度复杂性和高度不确定性，个人主义的社会建构所带来的那些问题则表现为工业社会的致命缺陷。

在全球化、后工业化的历史转型过程中，我们需要在对个体和整体的扬弃中去重新确立社会及其社会治理建构的起点以及建构逻辑，即从行动者出发建构起合作的社会。在此过程中，一场话语革命也许应当先行。显然，在工业化、城市化的进程中，个人主义话语催生了具有自我意识的理性的个人，并在个人的基础上建构起了工业社会，形成了自我中心主义的行为取向和竞争文化。但是，它在20世纪后期将人类引入了风险社会和危机事件频发的境地。全球化、后工业化将是对个人主义话语的根本扬弃，所要确立起的是人的共生共在理念。面对社会的高度复杂性和高度不确定性，无论是个人还是组织，都将以"他在性"取代自我中心主义取向，人的集体行动形式也将是合作行动，而合作制组织就是最为重要和最为基本的行动者。全球化、后工业化向我们展示出的是合作行动的必要性，一种新型的合作文化必将取代竞争文化而对人的共生共在提供支持。在合作行动中，"他在性"取向将把行动者形塑成道德化的存在物，合作而不是竞争的文化将为人的共生共在提供切实保障，使人的共生共在获得现实性。

◇ 第一节　个体与集体问题

工业社会的建构，是从原子化的个人出发的，原子化个人的人权就是社会建构的基础。工业社会的几乎所有社会设置,都是建立在这一基础之上的,而且这个社会的全部社会治理都是把维护这个基础当作首要任务看待的。在工业社会中,也有一些理论认为这个基础是可疑的。比如,马克思主义就在社会结构的宏观图景中指认出"经济基础",用以替代原子化的个人作为社会建构基础的地位。但是,总体来看,并未动摇工业社会的建构逻辑。也正因为如此,工业社会的总体发展进程所体现出来的都是一种以个体为原点的基础主义建构。在全球化、后工业化进程中,这种社会建构的基础主义逻辑将不再有价值。因为,全球化、后工业化意味着人类走进了高度复杂性和高度不确定性的社会形态之中,突出了人的共生共在主题。

工业社会所要实现的是个人的解放,即把人从前现代的各种压迫和束缚中解放出来。所以,需要突出人的个体形态,以便解放行动具有可操作性。在全球化、后工业化进程中,特别是在社会的高度复杂性和高度不确定性条件下,人类所遇到的是一个如何保证人的共生共在的问题。这样一来,近代早期所发现的个体,以及整个工业社会基于个体而实现的社会建构和社会治理建构,都需要在人的共生共在的主题确立起来的时候得到重新审视。

从个体的人出发进行社会建构,在理论上也被表述为个体主义或个人主义。当我们对个体主义表达质疑时,人们也许立马就想到了整体主义,以为可以用整体主义去置换个体主义。问题决不会这么简单，不是用整体主义去代替个体主义就可以找到社会及其社会治理重构的基础和前提。整体主义是相对个体主义而言的，整体主义与个体主义无非是一枚硬币的两面。作为一种由理论确立起来的观念，整体主义与个体主义都仅仅属于工业社会意识形态的构成部分，是不可分开的，而且它们所遵循的也是同一种思维逻辑，只不过出发点不同而已。一个从个体出发，另一个是从整体出发，但在社会建构逻辑上，所遵从的是同一个思路。或者说，把个体主义理论的论证逻辑颠倒过来，也就形成了整体主义的理论体系。

就全球化、后工业化开启的是人类历史的一个全新的历史阶段而言，产生于工业社会建构过程中的整体主义与个体主义都不再能够承担起社会建构的任务了。在全球化、后工业化所开启的新的历史阶段中，必须拥有全新的社会及其社会治理建构逻辑。我们需要通过对个体的考察去厘清社会及其社会治理重构的思路。或者说，在社会及其社会治理建构的起点上，实现对个体和整体的双重扬弃。

一 基于个体的社会治理

在工业社会中，个人与集体或个体与整体是人的两种存在方式，也是两种基本的社会构成要素，还可以看作社会的两种构成方式。斯科特等人认为，"集体是社会组织的一个特例——社会秩序中一个可辨别的'组块'。判断社会集体是否存在的准则是：

(1) 可界定的社会结构，即有边界的社会关系网络；(2) 适用于该网络连接所有参与者的规范秩序和文化认识框架"。① 在斯科特等人所说的这两点中，只有第二点可以被作为识别集体的标准，但也只能说是可以对集体实现部分的识别。就第一点而言，对于个体也是适用的，个体本身在社会关系网络中也是有边界的，作为个体的自我与他人之间，就有着明确的边界。即便就第二点来看，除了"参与者"一项能够认定是针对集体而言的，至于"规范秩序和文化认识框架"，也是个体必须拥有的。这是因为，个体如果独自生活和在时间的序列中移动，也会有一个规范秩序的问题，文化认识也是个体作为社会性存在物的必要条件。我们承认，"所有集体，包括非正式群族、社区、组织以及整个社会，都拥有使它们与其他系统相区别的边界"②。不过，需要补充的是，个体之间也同样拥有明确的边界。在某种意义上，如果人们不是带有过于浓重的农业社会文化观念，个体间的边界要比集体间的以及个体与集体间的边界更加清晰，护卫得也更加严密。所以，边界问题并不仅仅是在对集体的考察中所看到的一种现象，而是存在于工业社会的每一处。或者说，因为工业社会自诞生那一天起就是从厘定边界开始的，而且首先是为个体的人划定边界。人的自我意识就是在划界中生成的，而且自我意识也主要发挥着在自我与他人之间划定边界的功能。

---

① ［美］W. 理查德·斯科特、杰拉尔德·F. 戴维斯：《组织理论——理性、自然与开放系统的视角》，高俊山译，中国人民大学出版社2015年版，第172页。

② 同上。

工业社会的建构是以个体的人为基础的，这个基础也是出发点。在近代历史进程中，是出发点；而在社会结构的空间映象上，则是基础。工业社会的所有社会设置，无论是以什么样的形式出现的，都会带有个体所具有的原生性品质。其中，最为典型的表现就是这个社会中处处存在着边界，社会治理的几乎所有活动都以划定边界为工作重心。在关于组织的研究中，勘定边界对于理解组织与环境的关系具有更为直接的意义。而且，组织也只有在边界明晰的情况下才能够清楚地知晓管理和控制的范围，并决定以什么样的方式去开展管理和实施控制。如果我们在宏观的和模糊的意义上去谈论社会，除了诸如"产权""隐私权"等一切与权利相关的概念代表着边界和促使人们去划定边界之外，也许更多的时候，边界的问题往往不会率先进入我们视野。但是，当我们把组织作为考察对象的时候，边界的问题立即就映入了我们的眼帘。

　　组织是一个集体行动体系，一切组织都首先是以集体的形式出现的。组织成员则是个体，组织这种集体是直接地由个体构成的。组织无非是把个体安排到预先设立的岗位、职位上，并让他们接受组织规则的规范和按照组织的程序办事。可见，组织代表了一种最为简单也最为典型的集体与个体关系图式。在组织中，个体之间、个体与集体之间的边界也是最为清晰的。如果一个岗位上的人把手伸向了另一个岗位，那就不仅破坏了组织规则，还有可能被认定为违法行为，至少是一种越权的做法。

工业社会是一个组织化的社会，组织是这个社会的细胞，是由组织构成了这个社会。这是工业社会不同于农业社会的一个重要方面。农业社会是由家构成的，家可以比喻为农业社会的细胞。在家之中，人与人之间是没有边界的。也就是说，农业社会中的人并不是以个体的形式出现的，而是消融于共同体之中的。个体是在工业化、城市化进程中形塑出来的，是现代性的造物。人的个体化和社会的原子化是工业社会的一项积极成就。当我们承认历史进步是建立在社会发展的累积性成果的基础上的时候，也许人们会以为工业社会所形塑出来的个体会为后工业社会所继承。其实，是不能这样认识的。我们在全球化、后工业化进程中所要继承的是工业社会所取得的某些可以直接得到应用的成果，而不是社会及其社会治理建构的基础和原则。

在工业社会中，"人的个体化"和"社会的原子化"在被重新组合起来后，所建构起来的是固态的社会，甚至社会本身都可以作为实体而被放在思维的观照之中。在全球化、后工业化进程中，社会以及全部社会存在都开始液态化了，在时间与空间的可变性中变成了不定型的存在，处在不停息的流动之中。从这个角度看历史，我们倾向于说，农业社会是个混沌的社会；工业社会是个固态的社会；后工业社会将是一个液态的社会。在液态的社会中，个体、原子都不再在某个固定的位置上，而是处在流动之中。所以，在高度复杂性和高度不确定性条件下，作为认识和行动主体的个体正在失去意义，或者说不再具有意义。真正有着现实意义的，将是作为个体否定形态的行动者。

　　个体与集体的概念背后包含着一种实体性思维，人们在思维中首先把握的是某种实体。根据实体性思维，在对人的存在形态的把握上，是用"个体"与"集体"的概念去描述人的存在的两种形式。近代以来的所有思想都是围绕着实体展开的。这个实体可能是个体性的人、物质性的存在、系统、组织等，只是在展开的过程中才能够看到关系、秩序、机制、动力、规律、制度等。在实体性思维中，所看到的具有能动性的社会构成要素无非是个体与集体两种形态。总体来看，工业社会的人们总会在一切存在中去探寻终极个体的形式。比如，物理学直到今天仍然对终极性的物质形态进行研究，无论是基本粒子、夸克还是弦，都无非要找到那个能够成为个体的存在物。在物理学的视界中，既存的都是"集体""整体"，而"个体"却仍然没有得到把握。在社会中，工业化、城市化运动启动的时候就确立起了作为本原的"原子"，它就是个人。在与集体、整体比较的意义上，个人也被称为"个体"。工业社会的全部建构，都是从这个个体出发的，全部社会治理的工作都无非是如何组织、安排和控制个体。

　　工业社会的经济、社会发展得益于竞争的驱动，这一点是毋庸置疑的。比如，"公司"这种组织就是在竞争的压力下产生的。但是，直到19世纪初期，"公司"这种组织形式在经济活动中依然无足轻重，那个时期只有少量的银行和一些贸易组织可以称得上"现代公司"。之所以公司这种经济组织在19世纪后期和 20 世纪初期迅速涌现，完全是由竞争驱动的，是因为个体的人被置于竞争的海洋中深感势力单薄而求助于作为个体的人的放大形式——组织，即结合在一起而构成"企业"这一经济组织去开展竞争。这也说明，现代组织天然地就是个人力量的放大形态，通过把个体的人组织起来，放大了个人力量，提升了竞争能力，也使个人利益追求得到更大程度的实现。如果说公司这种现代经济组织的出现是出于竞争制胜的需要，是服务于个人利益追求更大程度实现的目的，那么，在历史上也存在着组织，即把人们组织起来去放大个人——其实是"自然的个人"而不是"社会性的个体"——的力量。这些组织在目的上与公司不同，往往是出于抵御异族入侵、抗御自然威胁、维护社会秩序等目的。虽然它们都是以组织的形式出现的，但若考虑到人们之间是否拥有边界的问题，也就能够将它们区分开了。

农业社会的组织可以认为是萨特所讲的那种"融合集团"，人们在组织中是亲密无间的，是同呼吸共命运的，甚至会相互之间以性命相托，或者说把他人的性命看得比自己的更重。在工业社会的组织中，当个体被纳入到分工—协作体系之中后，就会被分配到不同的岗位上。个体在组织之中也有着竞争关系，他们在竞争与协作的互动中向组织输送着源源不断的动能，使得组织富有活力。农业社会中所存在的那种不同于企业的组织是人类群体活动、集体行为的本然状态，而公司这类经济组织则是人的竞争关系的派生物，是竞争文化的现实呈现。如果从目的的角度去进行分析的话，还可以看到，组织与其成员的关系是一种互为工具的关系，组织是将其成员作为实现组织目标和达成某种目的的工具来加以利用的。同样，组织成员之所以加入到组织这个集体中来，也是为了实现自我的目的，作为个体的自我是把组织这个集体作为工具而加以利用的。

在农业社会的家元共同体中，是不存在拥有了自我意识的个人的。尽管在农业社会的历史阶段中个人的赠与行为是普遍存在的，但这种赠与一般是处于较高地位的人对处于较低地位的人的赠与，主要表现为物质或财富上的赠与。然而，在福利国家的框架下，个人的赠与行为被政府所执行的"赠与"取代了，出现了政府代表整个社会对某个阶层的人的制度化赠与。这种赠与是社会文明化的标志之一，反映了一个社会对每一个人的生存权的关照，是公平正义原则最低限度的实现，是可以纳入到罗尔斯的所谓"基本善"的范畴中去的。但是，由于赠与行为不是发生在个人之间，而是政府等权威机构的行为，是由国家制度提供保障的，所以，就会生成"福利依赖"的问题。这种福利依赖也剥夺了一整个社会阶层的人发挥其应有社会价值的权利，堵塞了他们实现其社会生活的道路，进而只关注自我的生存问题。这就是政策的视线投向了个体所带来的衍生效应，即在对个体的关照中造成了对个体更大的和更长期的伤害。

政府的福利计划是有价值的，而且对于那些由于各种原因而陷入贫困以至于生存权受到挑战的人们来说，是必要的。为什么它又会造成"福利依赖"的问题呢？毫无疑问，存在着文化上的原因。也就是说，近代以来的个体主义文化予以人们一种观念，把从社会上获得"免费午餐"视为自然而然的事。关于福利国家或政府福利计划的理论，也更多地强调对弱势群体单向度的关照，而不是在普遍合作的社会理念下让每一个社会成员去认识自己的社会生命和体悟自己的社会价值。在个体主义的思维框架中去思考社会问题，首先就会想到一项政策、一项政府计划对谁有利？扩大而言，就是对哪个社会群体有利？而不是增强人们的社会合作意识，更不用说鼓励人们的合作行动了。在全球化、后工业化所指向的那个未来的社会中，出于人的共生共在的目的，肯定需要得到福利计划的支持。合作的社会肯定是包含着今天人们所说的福利方面的内容的，但这个社会必须避免任何福利依赖。其实，每一个人都能够对社会作出自己力所能及的"公共支付"，只是在福利依赖的情况下人们不愿意去做而已。合作社会所要提供的就是让每一个人都能发挥自己作用的条件。

在这里，我们通过对工业社会中的"组织"和"福利国家"两个典型社会现象的分析，大致可以明了这个社会及其社会治理的建构逻辑，那就是从个体的人出发并把社会治理的全部精力投向个体的人。对这种个体主义的社会建构，尼采表达了他的批判性意见。在价值重估的追求中，尼采对近代以来的所有存在进行了反思，并表达了质疑。在谈到文艺复兴时，尼采激烈地批评道："文艺复兴表明了什么？表明了'个体'的王国只能是短命的。浪费过大；没有积累的可能，衰竭现象接踵而来。这是这样的时代，一切都被挥霍掉了，连人们用以积累财富的力也被挥霍掉了……甚至这一运动的敌人也被迫浪费了荒唐的力；但他们不久也就精疲力竭、憔悴不堪了。"①

在尼采过世后的整个20世纪，没有人把他的这一批评性意见当作一回事。即便是在环境、生态问题日益严重的情况下，人们也没有从源头上去审视近代以来的生产和生活模式，反而陶醉于工业社会的发展史，无比满意地享用着代表了工业文明的各种成果。在社会的高度复杂性和高度不确定性条件下，我们不能不惊叹尼采"'个体'的王国只能是短命的"一语中所包含的睿智思想。在某种意义上，可以认为这是对人类命运的一种预言。我们不能说近代以来的个体主义社会建构是人类历史上的一次选择失误。不过，在今天，当我们不得不面对个体主义社会建构带来的各种各样的恶果时，如果不去寻求变更社会发展轨道的话，那无疑是错误的。我们已经到了这样一个时刻，所有在个体主义立场上去表达对政治的、经济的和社会的制度坚守的主张，都是极其错误的和极端不负责任的。

二 重新定义"个体"

鲍曼说："既然人类的自我管理，就是使每一个个体成员成

---

① [德]尼采：《权力意志——重估一切价值的尝试》，张念东等译，商务印书馆1996年版，第591页。

为他/她自己命运的主人。既然行动主权存在于国家手中，拥有立法和行政权力的国家就有责任实现这一壮举。"① 但是，在工业社会的社会治理实践中，国家及其政府使人们失望了，它从来也没有承担起这样的责任。国家及其政府不仅没有有效地消除社会中的那些使人们无法掌控自我命运的问题，而且国家及其政府本身的行为也总是经常性地表现出对人的自主命运的侵犯。其实，一旦形成了个体与集体的观念，并在这种观念的引导下去进行社会建构和开展社会治理活动，就必然会遭遇无法解决的矛盾。因为，基于个体的人的社会建构必然为社会治理指明一项任务，那就是，只能把谋求个体与集体间的平衡作为目标，而不是为了集体而压制个体或为了个体而解散集体。所以，整个社会治理体系才会招致个体与集体主张的两面夹攻。

个体与集体的矛盾有着诸多变形的表现方式，遍布整个工业社会的每一个领域、方面和角落。工业社会中的几乎所有引人关注和引发争议的问题，基本上都可以在思维还原的意义上归结为个体与集体的矛盾。如何走出这种矛盾状态，如何摆脱这种矛盾的纠缠，也引起了一些思想家的关注。阿伦特对此问题作出了自己的思考，也试图通过提出一个"人的复数"的概念去解决这一矛盾。也就是说，阿伦特希望通过提出"人的复数"的概念去解释社会为何如此的原因。

---

① ［英］齐格蒙特·鲍曼：《被围困的社会》，郇建立译，江苏人民出版社 2006 年版，第 38—39 页。

根据阿伦特的看法，不仅个人构成了作为人的复数形式的社会，而且个人也是以复数的形式存在着的，作为个人的自我之中就包含着所有人的"人性"。在一个人独处时，也存在着自我与自己的对话。阿伦特说："在独处时的对话中，我严格地与自己同在，但我并不是完全隔绝于由尘世中的他人所构成的复数性以及最一般意义上的我们所谓的人类整体。人类整体或者说复数性，已然在每个人都是合二为一这一事实中被指明了。"① 人虽然是个体，但人有自我的一面，又有来自于社会却融入了自我之中的一面。"然而，在孤独中与我共处的自我本身从来无法拥有我在他人眼里那种清晰、独特的形象或特征；而且，自我总是处于变化之中，具有不确定性。当我独处时，自我正是以这种可变的、不确定的形式，向我呈现所有人，即所有人的人性。我期待他人去做的事情——这种期待优先于所有经验，而且比所有经验更持久——很大程度上取决于与我共处的那个自我不断变化的潜能。"② 这就是"人的复数"的奥秘所在。

由于自我是复数形式的个体，即便在孤独自处的时候，社会的多样性、复杂性投射到了自我这里时也会激荡自我，即把自我放置到了变化的、不确定的旋涡之中，让自我拥有了选择和争取行动的潜能。一旦作出选择，也就决定了自我的性质，自我为善还是作恶，是自我选择的结果。"一个凶手不仅与受罚与行凶的

---

① [美]汉娜·阿伦特：《政治的应许》，张琳译，上海人民出版社2016年版，第37页。
② 同上。

自我终生共处，而且他还会在自我行凶的景象中看到其他所有人。他将生活在一个潜在的凶手世界中。具有政治意义的不是他自己孤立的行凶行为或是行凶意图，而是他的上述这些 doxa（意见）。——世界向他敞开的方式以及世界成为他生活其中的政治现实的一个基本部分的方式。在这个意义上，即使我们无所行动，只要我们依然与自己生活在一起，我们所有人就是在不断地改变着人类世界，无论是朝着更好还是更坏的方向。"① 如果自我能在自我之中与世界共处为善，世界也就有了变好的可能。这是因为，无论自我的力量多么微弱，都能对世界的变好注入一份动力。反之亦然。

在阿伦特的这个"人的复数"之中，包含了解释社会变化的维度，这一点是"原子化个人"所不具有的。原子化个人只有在外向的行动中去与他人进行竞争的时候，才能在竞争中产生一种动能，为社会的运行和发展提供动力。阿伦特的"人的复数"则直接在自我这里就能够生成一种促进社会变化的动力。不过，阿伦特的这个"人的复数"又带来了另一种困难，那就是自我在作出选择和付诸行动时，所作出的思考以及与自己的对话（也许是以自言自语的形式出现的），如何让自我作出是这样而不是那样的选择？或者说自我的思考以及与自己的对话能否决定必然作出某种选择？如果回答说能够决定，那就是自由无碍的

---

① ［美］汉娜·阿伦特：《政治的应许》，张琳译，上海人民出版社2016年版，第37页。

选择；如果作出否定的回答，那就意味着自我的选择是受到外在条件约束的。对于这个（些）外在条件，便需要再度进行分析和梳理。最为关键的是，一旦去考虑外在条件，也就使得自我中的那个"人的复数"失去了价值。

阿伦特的"人的复数"还是立足于个体的人的。所谓"复数"，无非是单数的个人加总起来，至多是把个人间的关系、处世态度等注入其中。根据阿伦特的论述，"我并不仅仅作为一个个体与他人一起生活，我还与自己一起生活。相互分裂、无法维持一体，必然带来对矛盾的忧惧。正是如此，矛盾律成了思维的基本规则。也正是因此，人的复数性不可能被完全消除，而哲学家从复数性领域逃脱也始终是一个幻象，即使我完全与自己生活在一起，只要我活着，我就生活在复数性的状态之中"①。阿伦特显然是希望在传统的关于个体与集体的争论中找到一条中间路线，因而对个体进行重新解读，要求把人们的视线引向个体的复数性。但是，从思维上看，即便所谈论的是复数性，仍然需要回答"那是一种什么样的属性"或"谁的属性"这样一个问题。一旦这样追问，那无非是又回到了个体这里。只不过它不再是纯粹的个体，而是个体获得了复数的特征，是一种不再具有个体性的个体。而且，"复数"以及"复数性"都仍然是从属于静态观察和理解的，并不能从中找到一个描绘动态的变化着的世界图景

---

① ［美］汉娜·阿伦特：《政治的应许》，张琳译，上海人民出版社2016年版，第36页。

的逻辑。

也许阿伦特过多地沉浸于对个体主义和整体主义的反思之中，想用"人的复数"代替原子化的个人，以求对个体主义、自我中心主义作出否定，并让人们在对"人的复数"的理解中解脱自私自利的魔咒。同时，用"人的复数"代替整体，以求从根本上清除法西斯主义、斯大林主义等集权模式得以产生的逻辑前提。这显然是一种良好的愿望，只是她没有去思考这样一个问题，那就是，对于社会建构以及社会建构中出现的各种变异了的模式，是否都需要回归到前提或起点上去进行形而上学思考？显然，个体主义与整体主义都是社会建构的形而上学问题。工业社会的逻辑就是，在形而上学思考中去发现那个原初的起始之点，而个体与整体就是两种社会建构模式各自得以展开的起始之点。现在，阿伦特提出了"人的复数"，这可以看作是第三个社会及其社会治理建构起点。如果建构逻辑不变，在何种程度上能够建构起一个不同于既有两种形态的社会及其社会治理方式呢？

就近代以来的理论来看，其实一直有人不断地去提出关于社会建构新的起始之点的建议，阿伦特也不过是增添了一个新的建议而已。所有这些意见都是建立在社会建构逻辑只有一种这样一个前提下的。个体主义与整体主义的社会建构方案之间的区别是起点不同，而建构逻辑则是相同的。在这两种方案之外，仅仅寻求新的社会建构起点，而不去对建构逻辑作出质疑，决不意味着一种更好的社会模式就能够建立起来。这个问题在全球化、后工业化进程中就变得更加清楚了。当社会呈现出高度复杂性和高度不确定性的时候，如果去思考社会建构的问题，既不可能也无必要去寻找某个静止的实体性的起始之点。我们在社会的高度复杂性和高度不确定性之中所能看到的，只是始终处在运动中的行动者。每一个行动者都是合作行动网络中的节点，对于合作行动网络而言，如果作出形而上学的发问，是节点构成了或发展出了网络还是网络构成了或确立起了节点？显然是无法找到答案的问题。

在寻求"人的复数"的思想史证据时，阿伦特回到了笛卡尔那里，只不过她是把笛卡尔的"我思故我在"改写成了"我必须忍受我自己"。这是阿伦特在考虑人如何在既有制度框架下生活和活动的问题时所阐发的一种主张：因为作为人的我们是复数的存在物，这决定了我们所面对的不仅是外在于我们的压力、束缚等，而且我们必须面对自我的各种压力和束缚，所以，"我必须忍受我自己"。在对"我必须忍受我自己"的进一步解释中，阿伦特指出："在纯思维性活动中，这种我—与—自己的情形最为清楚，因为思维总是一种合二为一的对话。哲学家试图逃离人类复数性的状态，遁入绝对的独处，却比任何人都更为彻底地被投掷到内在于每个人的这种复数性之中。因为，正是与他人为伴，才将我从思维的对话中唤出，使我再度成为一个个体——一个单独的、独特的人，以一种统一的声音言说，并以此为他人所辨识。"① 的确

---

① [美]汉娜·阿伦特：《政治的应许》，张琳译，上海人民出版社2016年版，第36页。

如此，对于思想者来说，不可能只看到感性的个体，而是会在思考的时候把自我（个体）与他人都作为参数放入思想之中。这样一来，在思想中出现的，就是自我与他人所构成的复数。

如果这样去认识"人的复数"的话，这个复数的理论价值也许就不那么明显了。因为，在还原论的逻辑中，这个复数还是需要还原为原子化的个人的。从逻辑上看，当阿伦特使用"复数"一词的时候，是应当意识到复数本身就是原子化个人汇集或叠加在一起的状态。应当说，近代以来可以归类为个体主义的所有理论也都从来没有否认过人的复数形态，他们显然都看到了现实社会中无处不在的复数，只不过，他们并不满足于以复数形式出现的表象，而是要完成形而上学追问。深蕴于形而上学之中的一项追求就是还原论，即透过芜杂的表象而达致某个纯粹的点。所以，在人的存在形式的问题上，形而上学必然要在社会中发现或解读出一种类似于人的自然存在形式的个体。这样看来，阿伦特的复数并不是一项思想上的新发现，而是每一位思想家都看到了的，甚至也可能是思想家们觉得不值得去讨论的现象。尽管如此，阿伦特显然在对现实的反思方面是成功的，那就是表达了对理论上的个体主义与整体主义泛滥的不满，表达了对实践中的从个人出发而造成的自私自利、道德沦丧以及从整体主义出发而产生的法西斯主义怪胎的厌恶。

"人的复数"实现了对个体的超越；或者说，"人的复数"意味着个体中包容了集体的成分，从而实现了对纯粹个体的扬弃。至少，在"人的复数"这个概念中，包含着阿伦特希望把个体与整体焊接起来的努力。但是，"人的复数"是如何生成的？如果去回答这个问题，就会走到"人的社会化"的道路上去，即认为是在人的社会化中造就了"人的复数"。在人的社会化这个问题上，长期以来，人们都是把涂尔干的社会化理论用于理解儿童的成长的，而且把社会化过程局限在儿童阶段。吉登斯是反对这种做法的，在他看来，"社会化实际上应当被看作是跨越个体生命的整个周期。如果把这一断言仅仅理解为生命过程的持续性或者时间性，那它走得还不够远，因为它把'社会'看作是一个静态的或者已经完成的秩序，而不是把它看作是一个将生命过程与社会再生产的内在时间性联系在一起的相互性时间过程"①。当然，对于社会而言，个人就如一粒微尘，人们只能想象庞大的社会是既定的，发生变化的是个人，社会在自身不变的情况下对个人进行格式化。如果把社会化局限在人的儿童阶段，那么，随着人的成长，性格、观念等的定型，社会化过程也就结束了，或者说融入了社会，有了与社会的统一性。如果对这种统一性的空间形态进行把握，也许就是阿伦特所说的"人的复数"形态了。

在工业社会的低度复杂性和低度不确定性条件下，就个人对这个社会的感知而言，会认为其是不变动的，除非从思想者或学

---

① ［英］安东尼·吉登斯：《社会理论的核心问题》，郭忠华等译，上海译文出版社2015年版，第141页。

者那里了解到社会处于变动之中。即便了解了这一点，也不会想到是自己推动了社会的变动，仍然会认为自己所应做的是合于社会的努力。所以，吉登斯所说的"将生命过程与社会再生产的内在时间性联系在一起的相互性时间过程"，仅仅是学者才能获得的宏观意义上的一般性认识。在高度复杂性和高度不确定性条件下，吉登斯所阐述的这种一般性认识将会转化为人们普遍拥有的观点。那个时候，每个人都相信自己的行动能够在与社会的互动中增益于人的共生共在，即在合作行动中改变自我也改变社会，自我能够去解决每一个不利于人的共生共在的问题。这个时候，个人也就不会把自己感知为个体，也不会认为与自己行动的合作行动体系是集体或整体，而是把自己以及与自己合作行动的人们理解成不断变动着的、时时作出自我否定的行动者。这样的话，阿伦特在无法摆脱个体纠缠条件下所构思出来的那个"人的复数"也就会因为是在静态观察中所看到的东西而丧失合理性。

三 个体与集体归于行动者

在思想史上，人是逐渐地凝缩成为个体的。在工业社会中，虽然关于人的属性有各种理解，而且自马克思之后，有更多的人倾向于强调人的社会属性，但是，在存在论的意义上，人作为个体的存在形式并未改变，甚至没有发生认识上的改变。即便阿伦特的"人的复数"，也仍然是以个体的形式出现的。作为个体，就必然具有独立的属性，在人与人之间就有了边界，此人不同于他人。人与人之间是通过社会而联系起来的，又会因为个体存在的现实性而相互排斥。无论如何规定、营造或迫使个体对外开放，而封闭性的一面又都是人之成为个体的必要条件。在全球化、后工业化进程中，随着人的概念为行动者的概念所置换，必将打开一个完全不同的视野。行动者首先是以"场"的形式出现的，是在个体的自我否定中转化为"场"的。而且，个体的自我否定维度就是一个开放的过程。因为开放而构成了场，也因为是场而具有了开放性。对于行动者的概念，一旦告别传统的机械论理解而被定义为"场"，也就在行动者的概念中看到了合作的内涵。而且，与合作关联在一起的信任、道德等，都将蕴于其中。也就是说，在工业社会中，人或者以个体的形式出现或者以集体的形式出现，而行动者是以场的形式出现的，个体与集体都消融于场之中。

关于人，在整个人类的进化中似乎已经成为有着确定内涵的存在，无论人是以个体的形式出现，还是以集体的形式出现，都会被认为是一种有着明确内涵的存在物。即便个体主义与整体主义在对人的认识上存在着分歧，那也只是关于人的存在形式上的分歧，对于人本身的认识，它们之间的共识要远大于分歧。如果说哲学以及社会科学也会因为社会的变迁而对人重新进行定义的话，那也无非是为人的概念增添一些外缘性的属性，并不对作为一种确定性存在的人构成否定。对于行动者而言，我们就无法在确定性的意义上进行观察，反而要把行动者所具有的流动性和不确定性作为必须接受的事实来看待。行动者不仅自身构成了变动的场，而且，行动者又是始终变动着的场中的变动着的点，随时因响应场的要求而发生变化。所以，以场的形式存在的行动者本身就具有不确定性。对于这样一个以场的形式出现的行动者来说，其不确定性决定了个体与集体都消融于场之中。在不确定性的意义上，既不可能出现个体，也不可能出现集体。或者说，人在不断的自我否定之中既不会以个体的形式出现也不会以集体的形式出现。正是这种不确定性的行动者，用行动告诉了我们什么是合作治理，让人们不再去考虑是应当选择自我的自治还是接受受到外在力量规约的他治。

在高度复杂性与高度不确定条件下，关于世界的两极对立是无从把握的。无论是在个体还是群体、阶级等意义上，我们都无法在静态的实体意义上去观察它们一对一的矛盾。高度复杂性和高度不确定性条件下的一切事务都处在不停歇的运动过程中，事物间即便说存在着矛盾，也是以高度不确定性的形式出现的。更何况一切事物都存在于网络之中，事物间是多向度的甚至无限多向度的网络关系，从而使认识和把握事物一对一的矛盾变得没有意义了。形而上学的矛盾观只适应于和满足于人们在回溯历史的源头时去进行解释的需要。比如，"道生一"中的"一"是一种混沌的状态，"一生二"后就出现了矛盾。在历史演化到后工业社会的阶段，在人类处于高度复杂性和高度不确定性的条件下，这种形而上学的矛盾观既不适用于解释世界，也无法为实践提供有价值的意见。也许米德朦胧地认识到了这种情况，才会作出这样的判断："自我是一个过程而非一个实体，在这个过程中姿态的会话内化于一个有机体。这个过程并非独立存在，而只是整个社会组织的一个阶段。社会组织已经进入该有机体并成为个体的心灵。"① 在行动主义的视野中，米德的这一表述可以转述为，自我是体现在行动之中的，有了什么样的行动，也就是自我是什么样子的证明。人是行动者，是通过行动去证明自己作为人的存在的现实性的。

当我们谈论行动者时，应像吉登斯那样抱持一种基本信念："所有人都是具有认知能力的行动者。也就是说，所有的社会行动者对他们在日常生活中的所作所为的条件和后果都拥有大量的知识。就其性质而言，这种知识并不完全是陈述主张，但对于社会行动者的活动来说也并非无可无不可。行动者认知能力嵌入实践意识，面貌极其复杂……在日常情况中，行动者也能够在话语层面上描述他们的行为及其理由，不过这些能力通常是适应日常行为流的特点。只有当个体被他人问及他们为什么会如此行事时，行为的理性化才促使行动者在话语层面上给出理由。"② 无论行动的环境是怎样的，行动者的这种能力都是其主动性、能动

---

① ［美］乔治·H. 米德：《心灵、自我与社会》，赵月瑟译，上海译文出版社2005年版，第39页。
② ［英］安东尼·吉登斯：《社会的构成：结构化理论纲要》，李康等译，中国人民大学出版社2016年版，第265页。

性的基础性支持力量。即便是作出适应性的行为选择，也会在选择中比较各种可能性，并从中作出在他看来是较优或最优的选择。

当然，单个的行动者可能会遭遇行为选择上的失误，而对于作为单个行为者的集合形态的社会来说，人的基本认知能力却可以保证正确选择的比例要远大于失误。特别是对于合作行动来说，行动网络能够极大地纠正一切选择失误，使任何一项选择失误尚未产生后果的时候就会为正确的选择所替代。不过，站在个体的人的角度看合作，即便是根据个人的放大了的形式去看合作，都会把合作理解成互惠互利的行动。这是当前人们对合作的通行理解，显然是在个体主义语境中形成的一种思维惯性。对合作的这种理解，极大地限制了人们的想象力，以致无法在行动模式的意义上去作出积极构想。面对社会的高度复杂性和高度不确定性，当人的共生共在的主题凸显出来后，这种从个体主义视角出发而对合作的理解，就显现出了局限性。

对于人的共生共在而言，合作并不是仅仅发生在互惠互利的个体以及群体之间的，而是全体社会成员都必然投身于其中的行动模式，任何个人、群体都不会关注和计较每一项具体的合作行动过程中可计算的利益得失。个体主义的认识和理解世界的方式已经成为模式化的思维方式，一旦人们进入了理论思考之中，就总是不自觉地受到这种思维方式的引领，也许每一个思考中的人都以为自己是清醒的、理性的和进行科学分析的，但所有这些对自我思维状况的判断，都是在服下了个体主义迷药后作出的。所以，在我们所看到的对合作问题的几乎所有理论探讨中，作为出发点的个人一直隐含在理论展开的每一个逻辑环节之中。在社会的高度复杂性和高度不确定性条件下去探讨合作的问题，特别是在社会的线性互动结构被网络互动和联动结构所置换后去思考合作的问题，就会发现，将个人以及任何一种作为个人的放大了的形式作为观察视角和思维起点，都将变得不可靠了。客观地说，个人永远都会存在，没有个人，也就不可能有社会、人类。但是，即使在一般意义上，我们也必须看到，在个人构成了社会的同时，社会也构成了个人。

在社会的低度复杂性和低度不确定性条件下，社会构成的个人也许可以理解成是阿伦特所说的"人的复数"，但在社会的高度复杂性和高度不确定性条件下，由社会构成的个人是随着社会的变动而发生变化的个人，是时时处处都处在否定自我的过程中的个人。这种个人没有静态的固定形式，因而不再是个体。从人类历史演进中看，越是到晚近的时期，社会构成个人的方面越是显性化。今天，在我们感知到了社会的高度复杂性和高度不确定性的时候，当我们发现了人的共生共在的社会主题的时候，也更加清晰地看到个人的现实性、合理性等都恰恰是构成个人的社会方面。离开了构成个人的那些社会方面，即便是作为生物性个体，也不再能够成为个人真实存在的方面。如果说在农业社会中个人离群索居、独自面对自然是能够维持生命延续的，那么在今天，个人是无法做到这一点的。当我们说个人构成了社会时，是一个抽象的形而上学判断，意思是说，即使某个或某些个人的生命因灾难或大限所致而失去了，社会仍然无损。但是，当我们说社会构成了个人的时候，则是一个现实性的事实判断。也就是说，当个人失去了构成了他的社会，他作为生物性个体也很难说是具有合理性的生命，更不用说他的社会生命了。

这样一来，我们的思想、理论思考等，如果从个人出发，就遭遇了前提不确定的问题。至少，在社会及其社会治理建构的问题上，可以有两种思路：第一，从作为生物体的个人出发或从经过社会改造过的个体出发；第二，从构成了个人本质的社会出发。这两个理论出发点显然是不一样的。前一种属于个体主义的思维方式。对于它，虽然近代以来也存在着持续的论争，但所争论的无非是从作为生物体的个人还是从经过社会改造了的个体出发的问题，在这种争论中形成了我们今天面对的个体主义传统。至于反个体主义的主张——往往以整体主义的名目出现——在很大程度上是因为误读了个体主义的产物。因为，这些主张中所谈论的整体、集体等，无非是个体的放大了的形式，当集体以群体的形式而与其他群体发生关系时，依然是个人，是以集体、整体形式出现的个人。所以，所谓整体主义，在实质上仍然属于个体主义，至多也只能说是个体主义的变种，发生在个体主义与整体主义之间的争论也仅仅是一种"家庭矛盾"。正如夫妻拌嘴，即便闹到离婚，也不应是你死我活的矛盾，只不过是家庭矛盾的过激表现而已。从这一比喻中,是可以看到长期以来由所谓整体主义挑起的与个体主义之间的争论和对抗是没有什么实质性意义的。那是自认为拥有整体主义主张的人误读了个体主义的结果,是一场误会。或者说,是整体主义在自己也没有认清自己实质上也是个体主义的情况下而无故挑起的事端,属于工业社会中的一场毫无意义的却又旷日持久的"战争"。

总之,整个工业社会的人们在观察和思考社会现象时,都是从个体主义的视角出发的。在全球化、后工业化这一人类走出工业社会的进程中,我们必须寻找一个替代性的视角。也只有一个不同于个体主义的视角,才能让我们发现通向人的共生共在的道路。具体地说,一旦我们告别了个体主义视角,视线立即就会转向我们的社会,就会看到这个社会正在呈现出的高度复杂性和高度不确定性。这样一来,我们就会立马想到人们在高度复杂性和高度不确定性条件下的生存问题。进而,我们就会发现,合作的价值得到了无限放大。更为重要的是,合作不再是人们之间互惠互利的行动,而是通向人的共生共在之路。在合作行动之中,个体、集体、整体都将像万流汇入海洋一样,归于行动者。

◇◇ 第二节 个人主义话语及其社会建构

在工业社会中,个人更多的是由个人主义话语形塑出来的,而且整个工业社会也是基于个人主义话语建构起来的。个人主义话语在社会建构中给我们展示的是两条路线。

其一，使个人成了世界的原点，即每一个人都把自己作为世界的中心。同时，把他人以及与自己相关的外在世界作为环境。工业社会又是一个组织化的社会，是因为每个人在自我利益实现的过程中都感受到了个人力量的微弱，需要与他人联合起来去放大个人力量，从而使利益得到更大程度的实现。组织是人们得以联合的最佳方式，但当人们联合起来并形成组织的时候，个人主义的话语并没有发生变化，而是把组织建立在个人主义话语基础之上，是以组织自我中心主义取向出现的。

其二，促成了普遍性的竞争，每一个人都为了自我的利益实现而去与他人竞争。当个人组织起来的时候，无非是出于汇集和凝聚竞争力量的需要，即在更大的范围内以更为强大的力量去开展竞争，并在竞争中追求自我——在终极的意义上是个人——利益的最大化。现在，人类社会的发展进入了全球化、后工业化阶段，社会呈现出了高度复杂性和高度不确定性，正是自我中心主义以及对自我利益的追逐，使基于个人主义话语建构起来的这个社会陷入了危机事件频发的状态。

如果说全球化、后工业化是对工业社会的否定和超越，那么，在此过程中首先需要扬弃的就是工业社会赖以建构的个人主义话语。应当承认，个人主义话语在形塑个人方面发挥了历史性的作用。也正是这一点，赋予了工业社会巨大的发展活力，创造了工业文明的辉煌成就。但是，在社会的高度复杂性和高度不确定性条件下，必须实现对个人主义话语的否定，并代之以人的共生共在观念。今天看来，为了人的共生共在的行动也许是人类走出风险社会的唯一可行道路。正是为了人的共生共在的理念，对全球化、后工业化背景下的社会治理提出了这样一种要求，那就是，必须把合作文化的建构作为最根本的任务承担起来。

一 个人主义话语及其功能

文化建构可以看作是话语建构的结果，当霍布斯说"人与人像狼一样""一切人反对一切人的战争"时，所实现的是话语建构。在霍布斯的判断得以不断扩散而时时得到人们温习时，则转化为一种共识性的观念，从而开始了竞争文化建构的行程。反过来，竞争文化又影响和增强了作为其思想源头的话语建构，并在相互建构的过程中达到统驭全体社会成员的境界，形成了话语和文化上的双重霸权。"话语建构是对某一特定现象……进行谈论、思考和行为的方式，这种方式是通过社会建构的。此外，话语建构又受到文化规范或惯例支配。也就是说，文化规范决定某种特定的话语建构在某种特定文化中是否有意义。例如，当个人主义、自私和侵略这些观念同有关做人意义的理念放在一起表述时——比如在'这就是人性'这句话里——所导致的话语建构就是西方自由主义文化规范所熟悉和可以理解的，而某些其他文化却从关联和集体的角度来理解人性。"①

同样,当某种文化开始衰落时,也首先是因为既有的话语体系或者说话语霸权受到了异质性话语的挑战。家元文化的衰落就充分地证明了这一点。从欧洲中世纪后期看,以宗教形式出现的家元文化在文艺复兴时期受到了"人"的冲击。不过,用人否定神和代替人还只能说是对家元文化最外层的撞击。但是,当人被明确地界定为个人的时候,则意味着把人从家中剥离开来,从而对家元文化的最核心部分造成毁灭性的冲击。进而,当个人的活动场所不再是家而是社会时,也就成了与他人竞争的行动者,即竞争行为的主体。

从中世纪后期到近代早期的这一历史演进过程就是新话语挑战旧文化的过程。在新话语的话语权确立起来后,也就开始了新的文化建构,即建构竞争文化。随后的 200 多年历史主要就是竞争文化的不断丰富、不断拓展和向每一个角落渗透的过程,话语一直在这一过程中扮演着重要角色。同样,20 世纪后期以来,随着诸多全球性问题引起人们越来越多的关注,特别是全球性风险以及危机事件频发,促使人们对个体的人能否成为行动者的问题作出了追问,对利益角逐在人的相互依存度迅速增强的背景下还有多大的合理性的问题,也表达了怀疑。在这种情况下,"合作"一词得到了越来越广泛的应用。所有这些,都说明一种新

---

① [美]迈克尔·克尔伯格:《超越竞争文化——在相互依存的时代从针锋相对到互利共赢》,成群等译,上海社会科学院出版社 2015 年版,第 12—13 页。

话语正在萌生，其结果就必然是建构起一种不同于竞争文化的新文化。在形式上，这可以说是历史的一幕重现了。正如中世纪后期开始个人主义话语对家元文化的冲击一样，在全球化、后工业化进程中，也上演了合作话语对竞争文化的冲击。

人创造了历史，但人也是由历史形塑而成的，特别是思想和理论，一旦转化为人们普遍拥有的观念，也就实现了对人的形塑。20世纪的行为科学对人的行为动因的解释所具有的实践意义是远大于其理论意义，因为，我们很难说关于人的行为动因的解释是科学的，但在形塑人的行为模式方面，具有显著成效。如果在这一点上说对人的行为动因的解释是科学的，那也只是说这种解释因为具有强大的形塑人的行为模式的功能而验证了解释本身，因而是科学的。不过，如果对解释进行怀疑，在理论上也是完全可能的，只是这种怀疑在验证方面会遇到一些困难。所以，一旦涉及观察和思考人的行为的问题时，行为科学范畴中的各种理论总能得到人们更多的青睐，而相反的主张至多只是作为参照中的观点而为人所了解，往往是了解之后一笑置之。本来，行为科学是属于实验科学的范畴，通行的做法是提出假设，然后验证假设。如果假设中所列出的各项条件都具有形塑人的行为之功能，那么，也就必然能验证假设。

其实，整个近代的社会科学也都具有这一特征。比如，现代社会是基于启蒙思想而作出的安排，整个现代社会是根据启蒙思想的设计方案建构起来的。如果用已经建构起来的社会去证明启蒙思想，就会发现，是完全可以证明启蒙思想是那般伟大而不可超越。科学研究能否满足于用验证来证明假设或用结果来证明前提？这可能是科学发展同时也是社会发展的一个更为根本的问题。对于行为科学，也需要放在特定的历史背景下来认识。浅显易见的一点是，当人的行为更多地受到感性因素的支配而具有自然色彩的时候，无须作出解释，或者说归入冲动之列即可。只有当人的行为是理性的和为了自我利益实现需要的，才需要作出解释，也才能作出解释。行为科学就是在这一条件下显现出了它的巨大成功。如果基本的社会条件发生了变化，行为科学的境遇也就会大大不同。不难理解的是，当人的基于个人利益实现要求的所谓"经济人"理性行为形塑了社会，导致了利益实现的环境复杂化，而且这种复杂化的程度很高，使人的绝大多数利益追求难于达到合目的性的结果，那么，行为科学的解释模型也就不再具有科学性了。

关于"囚徒困境"的人类行为概括也集中地反映了个人主义的精神，因为它是建立在假设人们相互分隔而成为原子化的个体这样一个前提下的。如果说莱布尼茨的单子是有窗口的，那么个人主义化的原子则是自在自为的，与外部没有交流和互动，因而，可以成为"囚徒"。的确，在工业社会的历史背景下，人们之间会存在着信息不对称的问题。可是，像"囚徒困境"所假设的那种情况在多大程度上普遍存在于人们的社会生活之中，显然是非常值得怀疑的。不过，我们所要追问的是，"囚徒困境"

假设以及与之联系在一起的博弈理论为什么会得到那么多人的追捧？其答案显然是，因为人们已经接受了个人主义的理念以及思维方式。沿着个人主义的思路走下去，哪怕前面是悬崖峭壁，也浑然不觉地跟随着跳了下去。这正如在农业社会中那样，一旦接受了"忠君事主"的观念，哪怕遭遇昏君赐死也要"谢恩"。沿着个人主义的足迹前行，无论走到了什么样的极端境地，都会对其合理性深信不疑，甚至理论越极端，叫好声也就越洪亮。

在现实中，所谓"囚徒困境"的假设并不具有得到普遍验证的可能性，尽管在"理想条件"下已经得到了验证。当然，风险社会也许构成了"囚徒困境"，致使危机事件来临时，利己主义者会显得无此兴奋。我们知道，福柯借用了边沁的说法，把我们的社会描述为全景敞视监狱，但他并没有把分隔在每一个号子里的人放置在博弈关系中。如果在我们的社会中每一个人都处在"囚徒"之间的博弈中，那么，是谁在主持奖励和惩罚？又是为了什么而自愿去做"囚徒"并与他人展开博弈？难道人们从来也没有意识到他们的共生共在吗？总之，"囚徒困境"只是特殊条件下才能得以成立的一种极端情况，用来描述和理解我们的社会显然是荒谬的。

与"囚徒困境"不同的另一个解释框架也一直影响着整个近代以来的理论叙事。然而，即便是索罗斯也看到："社会整体与个体的二分法和其他二分法一样，都是我们抽象思维的习惯造成的。"① 虽然基于现代观念，能够在农业社会的思想文献中找到关于"个体"与"整体"思考的章句，但可以断言，在整个农业社会的历史时期中，并不存在明确的对个体和整体加以区分的哲学观念。即使现代人能够对古代文献作出这方面的解读，那也是非常勉强的。个体与整体是一个只有在个人主义已经取得了话语支配权的条件下才有可能确立起来的理论解释框架。就工业社会的历史阶段中也产生了整体主义思想而言，那其实只能理解成是一种对个人主义的反叛，并不属于思想和理论创新的范畴。所以，在告别工业社会的行程中，特别是当人类走进后工业社会时，人们的视线也就会被引向人的共生共在问题，关于人的个体与整体之间的区分，就会成为我们为了人的共生共在而开展行动的意识形态障碍。

我们这里所列举的三个理论解释框架都会在终极性的追问中显现为个人主义，而且已经成为一种定论。近代个人主义或曰利己主义的理论逻辑是如此成功地征服了人，特别是对于那些自以为有知识、有文化的人，你若告诉他说，你不仅是自私的，你也有道德的一面，可以成为一个高尚的人，他绝然不会相信。因为，他在内省中发现，他就是一个自私的人，他的心灵深处被卑污的观念完全占据了。所以，他深信世界上的每一个人都像他一样。由于他掌握了一定的话语权，他能够对政策制定以及社会治

---

① [美]乔治·索罗斯：《这个时代的无知与傲慢》，欧阳卉译，中信出版社2012年版，第217页。

理方式的选择产生一定的影响,甚至会直接参与到社会设置的建设中,因而,也通过社会建构把人们都形塑成他所理解的和希望塑造的——自私的——人。总之,是在个人主义的话语中发现和论证了人的自私,并通过理论及其文化塑造了我们的社会,让整个人类都经历了一个自私的人当道的时代。

人类社会也许在极早的历史阶段中就存在着自私自利的行为,但在个人主义的话语和竞争文化生成之前,自私自利行为是受到社会排斥的。在工业社会,只要是在法律规定所容许的范畴之中,自私的人的自利行为就是受到鼓励的。竞争文化为自私自利的行为提供了强有力的支持,只有在那些竞争文化尚未确立起来的国家和地区,才会存在着某些对自私自利行为正当性问题的争议。在个人主义的视角中,人们所关注的往往是个人行为的目的性,附带地把人的行为区分为有目的的行为和无目的的行为。对于有目的的行为,一切解释都最终指向人的利益追求。因而,也就会基于利益实现的可能性来衡量人的行为合目的性的状况。在这里,社会目标只是被作为一种客观结果来看待的。虽然在政府职能和国家干预的意义上也可以作出是否合目的性的判断,但在个人主义的视角中,则不存在此类问题。在个人主义的视角中,所看到的就是萨特所言的情景:"他人是地狱。"当人类社会走到了这样的地步,即把所有的人都置于"地狱"之中时,就无法再将他人视为或理解为地狱了,相应地,也需要对个人主义的原则作出否定。风险社会在某种意义上已经将人类置于地狱之中了，然而，人们仍然囿于近代的哲学原则去规划行动和定义人与人之间的关系，从而把人的生存环境和生存前景变得更加具有不确定性。

事实情况是，今天人类所遭遇的社会高度复杂性和高度不确定性对个人主义视角提出了挑战。在全球风险社会的状态中，在危机事件频发的条件下，随着人的共生共在的主题被突出出来，一切行为都需要经受合目的性审查。这种合目的性不是个人利益实现的合目的性，而是能否有利于人的共生共在的合目的性。也就是说，社会目标正在从一种类似于自然的客观结果转化为具有自觉性的目的。我们并不否认个人的利益追求，但个人利益追求是否从属于人的共生共在的优先性，却是必须提起的。我们认为，个人的行为选择只有首先满足人的共生共在的要求，至少是不与人的共生共在冲突的时候，才能被视作具有合理性的正当行为。

二 以个人为出发点的社会建构

人的社会性的积极方面较为集中地反映在人的自尊、信仰等方面。人的这些方面表面上是包含在人的环境感知上的，甚至会在这些方面看到人的环境感知往往是较为敏感的。但在实际上，这种环境感知中包含着自我中心主义取向，而不是基于共同体需要的感知。在工业社会的个人主义话语之中，个人与共同体的关系是从个人出发和以个人为中心的，它作为一种思维定式而作用于人的环境感知。但是,我们也看到,在自我中心主义的语境中,只有那些拥有实力和权势的人才能证明自我是中心,而更多的人则是被动的。以组织为例,"实力强的组织迫使与其密切相关的组织关系网络适应其结构与关系"①。在社会的高度复杂性和高度不确定性条件下,人的环境感知不仅要从共同体的存在与发展出发,而且要超越先验性的共同体意识,要围绕和承载人的共生共在主题。这样一来,人的自尊、信仰等也必须从属于人的共生共在。所以,人的环境感知也就转化成了人关于人的共生共在的感知。

黑格尔在对市民社会的考察中所得出的结论是:市民社会由于挣脱了原先的共同体而成为丧失了伦理生活的状态。因为,市民社会中的每一个人都是自利的个人。正是自利追求,使得市民社会不再与伦理有什么联系。这样一来,国家就必须担负起伦理重建的任务。在黑格尔看来,市民社会中存在着的都是特殊物,而国家则是普遍物的实体形式。国家所代表的普遍性体现出了伦理,并在对市民社会的作用过程中将伦理加于市民社会,使得特殊物之中被嵌入普遍性。对此,马克思给予了坚决的批判。因为,马克思更清楚地看到,国家根本就不是黑格尔所想象的伦理实体,而是代表了财产和等价交换的制度,是服务于资本及其再生产的控制机制,国家发挥作用的结果是使得剥削制度化。也就

---

① [美]迈耶、罗恩:《制度化的组织:作为神话与仪式的正式结构》,载[美]鲍威尔、迪马吉奥主编《组织分析的新制度主义》,姚伟译,上海人民出版社2008年版,第53页。

是说，国家通过压迫的方式作用于市民社会，使市民社会获得一种剥削常规化的秩序，从而使得剥削能够持续地展开。根据马克思的这一批判性意见，国家不仅与伦理没有必然联系，反而在对资本以及剥削体制的维护中涤荡了市民社会中任何可能存在的伦理因素。

从国家在19—20世纪的表现来看，马克思的看法是正确的。虽然这一时期的国家运行一直声言尊重自由、平等的信条，并以维护公平、正义的形象出现，实际上，所有这些方面都仅限于资本、剥削、财产和交换方面，而不是对作为市民社会成员的人的平等和自由的尊重，也从来没有提供针对人的存在与发展的公平与正义。当然，在20世纪，随着国家与政府的二重化，国家退居后台，由政府去直接与市民社会打交道。这是一种不同于黑格尔和马克思时代的国家与市民社会的关系状态。但是，国家的根本性质并未改变，不仅与伦理扯不上关系，反而更加冲淡了伦理色彩。这是整个现代化过程中国家的基本情况，直到全球化、后工业化时代我们的社会呈现出高度复杂性和高度不确定性的时候，这种状况才出现变动。20世纪80年代以来，情况发生了逆转。不是说国家及其政府开始获得伦理属性，而是因为市民社会经历过一段衰落之后重新崛起，以"新市民社会"的面目重新登上了历史舞台。在新市民社会兴起的过程中，是以完全不同于近代早期市民社会的形象出现的。

新市民社会不是以个体的人的形式出现，也无法还原为个体的人，更不是斤斤计较于自利的人，而是表现为不可分解、不可还原的组织。虽然人们基于某种旧的观念而将它们称作为"非政府组织"，或者从个人主义的视角出发而从中解读出了所谓"志愿性"，实际上，它们是一些具有明显伦理特征的行动者，为着社会的健全和人的共生共在而开展行动。我们将其称为"新市民社会"，是指它们已经构成了一种全新的历史现象。尽管几乎所有理论表述都努力将它们纳入旧的解释框架之中，而且在实践上也确实被强行纳入了旧的社会治理框架中，但其所拥有的伦理属性却不可能被销蚀。也正是这一点，决定了新市民社会的成长必将重新改写国家与社会关系的历史。可以说，国家——如果给予一个前瞻性的表述，应当准确地称作"社会治理体系"——必然会适应新市民社会的要求而改变自身。因而，目前的各种各样的做法都必将被抛弃。那样的话，社会治理体系根据新市民社会的伦理属性而进行重建就是可以预料的事了。正是基于对社会发展的这一必然趋势的把握，关于"德治"和"德制"的构想才具有合理性。但是，目前看来，与新市民社会关联在一起的和能够反映新市民社会的实质及其要求的话语却没有建立起来。

国家作为一个规范的领域是不可怀疑的，政府的基本功能也就在于把规则付诸实施，以使整个社会生活得以规范，从而变得有序。社会一直处在不停歇的发展过程中，其发展动力又主要是来自于社会自身。在对社会的动力与规范同时并存这一社会现象的理解方面，昂格尔试图从功能的角度提出自己的理论解释框架。昂格尔把道德区分为"欲望的道德"和"理性的道德"，认为"欲望的道德将善界定为对欲望的满足，对那些我们的喜好与反感引导我们所趋向之目标的达致。满意乃是这样的一种想象状态，在这种状态下所有的欲望都得到了满足"。与之不同，"根据理性的道德，理性建构起了正确行为的标准"。社会生活显然是在欲望的道德与理性的道德共同作用下展开的，欲望的道德激励人们去追求幸福，告诉"人们之所以选择这些欲望作为首先要满足的东西，是由于对它们具有更大的直观感受或者由于对它们的满足乃是满足其他欲望的一个条件"。理性的道德所关切的则是追求幸福的手段的合理性，通过提供标准去规范追求幸福的行为，如果理性的道德"要成为道德标准的来源的话，它就必须禁止特定的行为系列，这是由于这些行为是错的，而不仅仅是因为它们是不明智的或者相互之间是不一致的"①。

我们的社会生活如果能够成为道德生活，而且这种道德生活不是僵化的或死气沉沉的，就应看到这两种道德是共同发挥作用的。虽然欲望的道德是由个人主义或功利主义加以确认的，但在理论上，对其作出证明和加以承认，应当说是有益的。这是因为，对人们追求幸福的正当性的承认，不仅让个人摆脱了禁欲主义的阴影，而且在事实上已经赋予社会以源源不断的动力。也许

---

① ［美］昂格尔：《知识与政治》，支振锋译，中国政法大学出版社2009年版，第73页。

正是由于这一点，近代以来的社会一直保持着旺盛的活力，没有像农业社会那样经常性地陷入一种死气沉沉的状态。欲望的道德与理性的道德之间是存在冲突的，或者说因为它们属于两种不同类型的道德而有可能处于不平衡的状态。由于它们之间存在着冲突，以至于维系它们的平衡是一件较为困难的事情。

总体来看，农业社会给予理性的道德——一种只能在实践理性意义上去加以理解的存在物，而实践理性这个概念是由康德提出来的，属于工业社会的理论解释工具——以充分的重视，甚至不承认欲望的道德具有正当性。尽管在农业社会的历史阶段中科学理性尚未生成，但在社会生活中，一种未经理论建构的实践理性还是发挥着巨大的整合和规范功能。在工业社会，由于个人主义、功利主义的贡献，欲望的道德得到了承认，但理性的道德则处在非常尴尬的境地。就理性的道德也能够提供某些行为标准而言，在法的标准面前显得非常模糊和含混。在对满足欲望的行为进行规范的方面，理性的道德也不像法那样具有可操作性。因而，受到了冲击和排斥，至少是被人们轻视了。

也许正是这个原因，致使人们在工业社会所看到的是星罗棋布的道德荒漠。欲望的道德与理性的道德能否被整合为一，显然是由人的生存环境决定的。在全球化、后工业化进程中，在社会高度复杂性和高度不确定性条件下，人们追求幸福的压力会进一步增大，甚至让单个人的这种追求变得不再可能，也不可能去使他人成为我追求幸福的工具。这样一来，欲望的道德会变得抽象，可能会以各种激励人的行为的口号的形式出现。更多的时候，可能无法转化为真实的行动。同样，理性的道德也更多地求助于人的感知以及对人的共生共在的理解，而不是以普适性的标准而存在。总之，在社会高度复杂性和高度不确定性的条件下，欲望的道德与理性的道德都会发生变化，不仅在形式上，而且在内容和性质上，都会相互趋近，甚至会在发挥作用的具体场景中出现融合。这个时候，在理论上构想这两种道德的整合问题，就有了现实基础，也有可能找到整合这两种道德的具体方案。这可能是在告别个人主义话语及其竞争文化时必须加以演奏的序曲。

昂格尔是在个人主义话语的基础上讨论欲望的道德与理性的道德问题的。但是，从工业社会的总体情况看，个人主义的话语是竞争文化的基础，而且不断地强化着竞争文化。在对竞争文化的强化中，新闻媒体发挥了推波助澜的作用，"大量传媒的新闻和娱乐内容由冲突、竞争和暴力构成……新频道和新媒体的泛滥，导致对受众的竞争更加激烈，愈加壮观的竞争和辩论被用来招揽那些日益浮躁和支离破碎的受众注意力"[①]。个人主义的话语把人塑造成一个个分散的、孤立的原子化的个人，唯有竞争才能重新将人联系起来。由于传媒对竞争行为的大肆渲染，不仅让人不再感到孤独，而且把竞争精神贯注到了人的体内，激发出人们随时准备投入竞争之中的斗志，让整个社会无处不渲染人的欲

---

① [美]迈克尔·克尔伯格：《超越竞争文化——在相互依存的时代从针锋相对到互利共赢》，成群等译，上海社会科学院出版社2015年版，第55—56页。

望，从来也不打算为欲望穿上道德的外衣。其实，就传媒充斥着广告、作为党派和利益集团的喉舌而言，它直接地就是竞争和斗争的工具，是服务于各种欲望的。从肉欲到权欲，从赤裸裸的欲望到被包装成理性的欲望，都在媒体所激发出的竞争和斗争之中去加以实现。传媒无处不反映和表达着竞争文化，无时不在煽动竞争和斗争。即便在政治上宣称中立，也会把竞争、斗争、暴力作为它吸睛的看点而推荐给受众。

我们看到，竞争越是激烈、斗争越是残酷、暴力越是血腥，传媒也就表现得越亢奋。即便世界风平浪静，传媒也会不断推展出热点。经过传媒的包装，"劳资之间和各自内部的冲突、党派政客或权威人士的对立、检察官和辩护律师之间上演的法庭戏码以及其他可资利用的社会冲突，统统都被加工和包装成了媒体内容，加强和扩大着有关人性和社会的臆说"[1]。在媒体自身也成为竞争和斗争工具的情况下，各个党派、利益集团对媒体的争夺大戏从不停歇地上演着。在很大程度上，媒体正是在这种争夺中去权衡谁能成为它的金主。不仅如此，这些媒体往往更加积极地推动争斗。"即使各种社会团体能够相对平等地影响媒体话语，其结果也常常导致竞争社会团体之间相互激怒，以及受众中的犬儒主义思想和挫折感，他们会把社会生活视为一股偏执且明显难治的冲突潮流。"[2] 这就是个人主义话语所建构起来的社会，让

---

[1] [美]迈克尔·克尔伯格：《超越竞争文化——在相互依存的时代从针锋相对到互利共赢》，成群等译，上海社会科学院出版社2015年版，第57页。

[2] 同上。

人们为了自我的利益而开展行动,却忽视了人是存在于共同体之中的,没有想到人类的命运是息息相关的。因而,正是个人主义话语对人的共生共在构成了破坏,而这种破坏却被认为是具有合理性的。这就是个人主义话语以及在这种话语引领下所实现的社会建构展现给我们的一幅图景。在这幅图景不断展开的时候,我们所看到的是一个葬送所有人的坟墓。

三 自我中心主义的行为表现

个人主义话语必然会在实践中以自我中心主义取向表现出来,而且自我中心主义取向必然会在社会中扩大到各种各样的群体存在形式。由于近代以来的个人都是以集体的形式去开展社会活动的,因而,个人主义以团体的形式出现的时候,就会将自己放置在世界的中心,即把自身之外的存在看作环境。我们看到,所有的团体都会以自我为中心,把其他团体按照亲疏远近的次序排列起来,去决定对其他团体的排斥强度。即使在一个序列严密的建制性团体——组织中,也会因部门分立而表现出本位主义倾向。

对于这种现象,人们往往从利益的角度去作出解释,其实,这还不仅仅是一个利益的问题。即便可以指认出利益因素发挥着基础性的作用,也不应低估自我中心主义作为一种话语和文化观念所发挥的影响作用。在某种意义上可以认为,利益的问题也许是取决于人们看待利益的态度的,即取决于人们拥有什么样的文化观念。如果人们拥有的不是自我中心主义取向，也许就不会把个人利益看得那样神圣。依据我们的判断，利益的问题在一个很长的历史时期中都很难从人们的关注重心中移除，但在人的共生共在问题变得越来越迫切的情况下，用"他在性"来对自我中心主义取向作出否定和置换，进而确立起一种新的文化类型，则是完全可能的，而且也是必要的。那样的话，人们对待利益的态度以及处理利益的方式，也都将发生根本性的变化。

自我中心主义取向会促使组织之中不同派系的产生。同时，一旦一个组织中存在着派系的问题，那么，这个组织肯定是受到了自我中心主义取向的驱使和支配了，从而出现了"团团伙伙"。我们已经指出，近代以来的社会本就是一个自我中心主义取向占支配地位的社会。这种取向既是生成于个人主义的社会建构运动之中的，也在巩固人的自我中心主义取向的行为模式中发挥着决定性的作用。反映在组织中，以自我为中心的行为取向必然会使人们把个人的利益追求置于组织的整体利益之上，必然会要求把自己的观点和要求强加于组织。在他无法完全实现其要求的条件下，他就会寻找和发现那些能够支持自己的力量，并把这些力量整合和凝聚起来，形成一个小集团。

一切存在于组织中的小集团都是与组织的整体利益相对立甚至是冲突的，无论它在表现上会有什么样的不同。当组织中形成小集团的时候，就会出现一种组织化的力量冲击着组织整体目标。而且，这种力量是有传染性的，会在这个小集团的外围再生成其他小集团，从而以组织派系的形式表现出来，使组织整体受到肢解。在民主的社会建构原则之下，组织派系也许有利于促进组织的决策民主，但对于作为整体的组织而言，则会在行动中因为众多小集团的出现而显现出力量衰减的状况，使得组织在复杂环境中的行动能力下降。同样，非正式组织的产生也是根源于这一原因的。由于正式组织的建制对一部分人作出了排斥，使他们边缘化，丧失了归属感，以至于他们在寻找自我的过程中结成了非正式组织。

现代政府是以官僚制组织的形式展现在我们面前的，它让我们感知到的和看到的是对过程控制的突出强调。之所以如此，就是因为组织建构是从个人主义原点出发的，是这个出发点决定了组织必须把过程控制放在重要位置上。在放权于一线人员的时候，就必然会遭遇权力滥用以及腐败等问题。显而易见，当每个人都从自身利益出发去开展活动时，只要获得了权力和相应的机会，就会首先用以实现个人的利益，只要有可能，就会让自我的利益实现超出合理性的范围。所以，也就只能通过对行政以及公共服务过程的严密控制去防止行政人员滥用权力。

在全球化、后工业化的时代，我们提出了一种合作制组织建构的设想。合作制组织与官僚制组织的根本不同就反映在组织建构的原点不同上。或者说，合作制组织的建构并不包含着形而上意义的原点隐喻，而是直接地从属于任务承担的需要。关于前述整体主义还是个人主义的争论，在合作制组织这里都是多余的，合作制组织的全部关注都将放置在合作行动本身。对于合作制组织来说，是否有益于合作，这本身就是标准，无论在何种意义上，都不会导向任何形而上的隐喻。所以，合作制组织也就不会去营建任何指向人的和针对人的过程控制。当然，合作制组织也是重视合作行动过程的。但是，这种对行动过程的重视不仅不会导向控制，反而属于对合作行动过程开放性的关切，即随时发现并消除任何对开放性形成阻碍的因素。

即便是在工业社会的背景下，亦如福山所看到的，"组织的情况非常复杂，组织中个人关注他们狭隘的自我利益，对他们所作的一切，经济学方法论上的个人主义提供了一些真知灼见。但是，组织与市场不同，规范和社会联系影响着组织的个人，单纯追求对象的'科学性'，会使我们忽略公共行政在不同社会实践中的真正复杂性"①。近年来，人们在关于组织的研究中要求引入复杂性的观念，希望求助于这种复杂性的观念去实现对组织的新认识和新理解。显而易见，社会复杂性和不确定性的状况必然会要求参与社会活动的组织不同于以往。就官僚制组织而言，作为工业社会中成熟的组织形式在低度复杂性和低度不确定性条件下总是显得如鱼得水，而在高度复杂性和高度不确定性条件下则显得举步维艰。所以，我们所提出的合作制组织构想正是出于在社会的高度复杂性和高度不确定性条件下参与和开展社会活动的

---

① ［美］弗朗西斯·福山：《国家建构——21世纪的国家治理与世界秩序》，黄胜强等译，中国社会科学出版社2007年版，第87页。

要求。也就是说，合作制组织是适应于在社会的高度复杂性和高度不确定性条件下开展社会活动的组织形式。

在高度复杂性和高度不确定性条件下，我们对组织的理解必须寻求新的视角。一个首先需要考虑的观点就是，不再把组织看作基于结构和制度去开展行动的行为体，而是直接地从行动的角度去看待组织，将其看作一种出于行动的需要而去建构的组织。就组织目标而言，不再是通过凝聚个人力量和放大个人力量而使得个人利益得到很大程度的实现，而是从属于人的共生共在这一根本目标的。如上所述，个人主义一旦诉诸行动就会表现为自我中心主义，而自我中心主义则必然会促使人面对环境时作出防卫和竞争两种基本的行为选择。如果要对防卫和竞争作出评价，人的防卫与竞争是不应混淆的，而且从人的防卫中也无法推导出竞争的合理性，不能认为竞争必然是防卫的升级。防卫可以是积极的，但那仅仅表现在时间上，是一种未雨绸缪。竞争则不同，它包含着进攻性取向。然而，非常可悲的是，今天的人们为了掩饰不道德的竞争，为了替自己的不道德行为寻求道义上的自慰，往往会将竞争说成自卫，或者声称竞争是出于自卫的需要。特别是在政治家那里，这是一种惯用的技巧。看一下国际社会中的核军备竞赛，几乎所有开发核武器的国家都声称，那是出于防卫的需要，或者宣称是为了和平的目的。

与动物本能性的自卫相比，"人们以高超的聪明才智开发了繁复先进的防卫技术，不仅将其用于战争，而且将其用于宗教、医疗和执法。他们不仅要抵御大自然潜在的敌害，而且要抵御人类社会里的敌对力量，还要对付内心的破坏性力量。宗教关心的是抵御自然和个人内心的危险；法制机关的功能是对付反社会的罪恶；军队的用途是抵抗其他社会的进攻；医疗用来保护群体的福祉，使个人免于疾病之虞"[1]。就此而言，防卫可以说是为了保护自己以及自己所在的群体和种类而对外部的危害作出回应性安排或措施设计的行为，显然是面对敌对或入侵因素而作出的回应。出于防卫的目的，或者说从防卫出发，可能导向竞争的方向，但防卫自身却不是竞争，更不从属于竞争文化。

防卫与竞争代表了两种不同的对抗性形态，在任何时期，人类出于存在和发展的需要而作出防卫安排都是必要的，但竞争对于任何历史阶段中的人却不都是必要的。这是因为，防卫的相对物、相对形态是相当广泛的，而竞争总是发生在人与人之间。当人处在个人主义话语和自我中心主义取向中的时候，才会在人与人之间出现竞争，才能证明竞争的合理性。相反，当人必须共生共在和处于相互依存状态时，竞争就不再具有合理性。尽管在竞争激化和极端化的条件下，会激发出人的更加强烈的防卫要求，但竞争与防卫的性质是完全不同的。总之，虽然防卫有可能导致竞争，而竞争又会激发出防卫的要求，但并不意味着防卫——竞争——防卫必然会构成一个循环圈，更不会陷入一种死循环。在

---

[1] [美] 爱德华·霍尔：《无声的语言》，何道宽译，北京大学出版社 2010 年版，第 44 页。

人的视线转移到人的共生共在问题上来以后，人与人之间的竞争就会得以消解，而服务于人的共生共在的防卫要求却依然存在。在某种意义上，出于人的共生共在要求，人们应当通过合作的方式开展积极防卫，努力去消除一切对人的共生共在构成威胁的因素。这其实是风险社会中的基本原则。

也许我们很难准确地判定近代以来基于个人主义话语的自我中心主义利益追求把人类社会推入了高度复杂性和高度不确定性状态之中，更无法通过实证的量化分析去证明这一点。但是，在这种高度复杂性和高度不确定性状态中，个人行为动机对于行为的发生而言，显然不会再发挥决定性的作用。因为，在这种状态中，对于个人的行为，需要更多地从属于人的共生共在的要求。即便在具体的环境中去看个人的行为，也需要对共同体、群体的存在给予更多的关注，而不是从个人的动机出发对人的行为作出合理解释。同样，在高度复杂性和高度不确定性条件下，关于人的行为动机的哲学探讨将失去意义：首先，在高度复杂性和高度不确定性条件下，我们需要将关注点放在集体行动而不是个人的行为上；其次，个人行为动机也将变得非常复杂，无法从中抽象出同一性（诸如利益）因素；最后，个人的行为动机对集体行动的影响可能是极其微弱的，并不具有进行科学分析和把握的重要价值。总之，对行为的理解开始让位于对行动的把握，而行动也是非模式化的，将会因情势和条件的不同而不同。而且，行动受到非常复杂的环境等综合性因素的影响，主要表现为随机变化和随时调整的行动。

在合作制组织的构想中，我们也承认个人主义关于个人与群体或组织间关系的原理在形式上是部分适应于合作制组织的。虽然合作制组织不是直接作为个人利益实现途径和工具而存在的，而是从属于人的共生共在这样一个大前提的，但就人的共生共在也可以从利益的角度来加以理解而言，也可以视作人的共同利益的实现途径。当然，个人在组织间作出选择的动因可能要更为复杂一些，文化、行为倾向上的偏好、人际关系的融洽度等，都会影响个人与组织间的关系。虽然在工业社会的背景下去认识群体或组织时总会看到，"由于它们成员的利益是变化着的，群体自身也是不稳定的组合，经常不断地以不同的方式而被摧毁或者重生"[①]。

随着历史的变更，也就是说，在全球化、后工业化进程中，特别是在高度复杂性和高度不确定性条件下，一方面，人的共生共在这项根本利益被突出到显著的地位，而且这一根本利益具有恒定的特征；另一方面，不是个人利益追求的不稳定，而是组织本身就处于一种非平衡态和不稳定状态，而且组织充分的开放性和流动性也保证了组织总能成为其成员的"家"，能够充分地获得组织成员的忠诚。严格来说，不是因为组织促进了其成员的利益实现而获得了组织成员的忠诚，而是合作行动的有机性使其成

[①] [美]昂格尔：《知识与政治》，支振峰译，中国政法大学出版社2009年版，第118页。

员充分体验到了自我实现的感受而获得了其成员的忠诚。所以，合作制组织将首先成为人获得社会感受的"家"，并通过人在合作制组织之中以及通过合作制组织而开展的行动之中去应对高度复杂性和高度不确定性条件下一切对人的生存构成挑战的因素。就社会治理体系而言，在此条件下所担负的职能就是，为合作行动提供一切必要的服务。

第六章 道德化的进路

我们上述讨论的人的关系问题是需要落实到人的行动上来的。也就是说，在我们思考全球化、后工业化进程中的社会建构以及社会治理重构的问题时，需要再度思考"人与人的关系"和"人的行动"这两个具有根本性的问题。然而，这两个问题的破题则指向了道德与理性的关系问题。工业社会所实现的是理性的片面发展，因为科学理性、技术理性、工具理性的发展而把实践理性排斥到了边缘，以至于出现了道德在社会建构和社会治理建构中缺位的问题。就工业社会是与资本主义联系在一起的而言，或者说由于工业社会的资本主义属性，决定了这个社会中几乎处处都存在着反伦理的问题。不仅在日常生活中随处可见反伦理的行为，而且在学术研究中，甚至发明了诸如"社会资本"这样的反伦理概念。然而，20世纪后期以来，许多学者开始关注到了社会生活中道德作用潜滋暗长的状况。特别是在政治生活中，一些政治哲学家对道德需求、道德功能及其实际表现状况等，进行了系统的思考。

关于道德与理性的关系，是需要在历史过程中去认识的。在全球化、后工业化进程中,我们看到的是人们将不再仅仅把道德作为一种社会规范,而是会自觉地建构道德生活形态。因而,理性与道德融合的境界也就到来了。这意味着,以往关于理性与道德关系的所有讨论都将失去意义。上述可见,我们对于人类在工业社会的历史阶段中成功地建构起了以法治为主导形式的社会治理模式是给予高度评价的,同时也指出法治作为一种社会治理方式存在着诸多不尽如人意之处。从全球化、后工业化进程中的社会治理变动迹象看,法治实践正在发生某种悄悄的变化,那就是法律判断的依据开始从"法条"向"法律原则"转移。这说明"法律人"的思维将会从法律逻辑导向转变为事实导向。这一点是非常重要的历史演进迹象,它有可能意味着社会治理"非模式化"的历史走向,并最终突破法治理念而转向对德治模式的探求。

工业社会是理性化的社会,但在社会建构中,理性的科学之维得到了片面发展,致使社会治理走上了科学化、技术化之路,排斥了道德。全球化、后工业化运动正在开启人类历史的一个新的阶段,以至于我们面临着社会及其社会治理重建的任务。在此过程中,我们提出的是社会治理伦理建构的设想,并认为它是合乎历史发展趋势的,是人类的一项必然选择。

◇◇ 第一节　重新认识道德与理性

20 世纪 80 年代起,人类历史正在通过一场全球化、后工业化运动而进入又一次社会转型的过程中。这是一次从工业社会向后工业社会转变的历史性运动。同样，在我们面向未来去思考一个新的社会的建构时，"人与人的关系"和"人的行动"仍然是我们必须去加以思考的两个方面。那样的话，我们会不会重新陷入18世纪启蒙时期的论争中去呢？因为，只要考虑人们之间的关系，就必然要对道德的问题进行思考；在思考行动的时候，也必然要对理性的问题作出回答。然而，这决不意味着我们要沿着启蒙思想家们所走过的道路再走一次。从农业社会向工业社会的转变是翻天覆地的伟大变革，但在启蒙思想家那里，这样一项社会重建的工作并不需要充分考虑社会条件。在全球化、后工业化进程中去思考社会重建的问题时，却必须把高度复杂性和高度不确定性的社会条件考虑进来。必须根据这一条件去思考社会重建的方案。

  对于启蒙思想家而言，重要的问题在于他们提出了什么样的社会建构方案。也就是说，既有的社会是一个需要加以推翻的现实，而不是社会建构的约束条件。这就像当前中国的城市建设一样，只要解决了拆迁问题，就可以把新设计的方案付诸实施。然而，全球化、后工业化进程中的社会重建任务完全不同。因为，我们今天所面对的是工业社会经历了数百年发展后的现实。这个现实就是，工业社会在发展中把人类推进了社会的高度复杂性和高度不确定性状态中。可以这样比喻，我们所面对的不是一个静止于那里的破旧建筑，无法去做"拆迁"工作。而且，在社会的高度复杂性和高度不确定性条件下，我们也无法按照工业社会所拥有的理性模式去开展行动。所以，在全球化、后工业化把社会重建的任务交付我们的时候，要求我们必须去思考"人与人的关系"和"人的行动"这两个方面，要求我们也像18世纪的启蒙思想家们那样聚焦于道德与理性的问题。但是，又要求我们必须得出完全不同于18世纪启蒙思想家所给出的结论。

一　道德与理性间的关系

亚里士多德将伦理学界定为一门关于实践的科学，认为伦理学的功能和使命是指导人们在社会生活中应如何行动，目的是要使人们懂得什么样的行动是合乎德性的。在亚里士多德的伦理学中，所谓人们的实践活动，主要指的就是道德活动。也许是在亚里士多德对伦理学的这种界定的前提下，康德提出了"实践理性"的概念，从而为人的道德活动提供了作出理性解释的依据。有了这种解释，在社会生活的实践中，人们就会对行动发生的后果进行理性的、科学的评估，而不是在行动发生之前就对行为作出理性的规划。这就为道德因素介入行动过程留下了灵活性的空间。而且，在行动发生后对结果的评价中，道德的考量也会自然而然地被引入，即不是作为一种刻意追求的设计参量而被引入进来的。

在工业社会的发展中，我们拥有了社会科学，使得我们可以在行动之前的理性规划中把道德的因素引入进来。根据米尔斯对社会科学的界定:"社会科学的承诺在于重新阐述并澄清个性的危机与构建历史的危机,以及在自由的个人生活和构建历史的过程中理性所发挥的作用。"① 因为社会科学可以对已经成为过去的经验和教训进行梳理,从中发现下一步行动应当继承、维持和避免的东西,也就可以对即将开启的行动进行规划。在这种规划中,有着各种可能性,其中,把道德因素引入进来,就是完全可能的。正是因为包含着这种可能性,米尔斯倡言:"社会科学的道德与政治承诺是自由与理性仍将是人们珍视的价值,人们将坚持严肃并充满想象力地运用它们来阐明问题。"② 但是,这种要求社会治理通过理性的规划而引入道德的设想如何能得到实现,则是一个问题。事实上,我们从来也未见社会科学在这方面取得成功。

理性是多样的,具有不同的形式,其功能也是不同的。在对人的行为的观察与思考中,一些伦理学家提出了这样的问题:如果人理性地做卑鄙的事,那么我们应当如何对待理性?其实,这个问题取决于对理性的理解。因为,不同类型的理性反映在人的行为上完全是在不同的位面上展开的。如果人所持的是经济人理性、科学理性等,通过精心筹划的方式去做卑鄙之事就是可能的。这并不构成对理性的完全否定,仅仅说明它是熟练地运用了

---

① [美]赖特·米尔斯:《社会学的想象力》,陈强等译,生活·读书·新知三联书店2016年版,第192页。
② 同上。

"经济人理性""科学理性"等。与之不同，如果理性所指的是包含着价值判断的实践理性，任何不道德的行为都是不应发生的。在现实生活中，我们经常听到对某些人作出"有才无德"的评价，其真实含义就是指那些人做事精明，总能在法律等社会规范容许的条件下成功地作出令人惊诧的事情，展示出很高的才智。但是，这些人在处理关涉与他人的关系等日常生活的事项时，往往会作出不道德的卑鄙龌龊之事。事实上，这是一种实践理性缺失的状况。

如果不是单就个人的行为去思考，而是对集体行动进行观察，就会发现，即使是在唯利是图的动机下，只要考虑战略利益的问题，也会理性地提出文化上的、道德上的有效支持的要求。一般来说，从社会影响及其回馈来看，如果集体行动是由具有公共性的组织作出，那么，是否具有道德属性，能否经得起道德评价等，就会成为人们非常关注并经常性地加以检视的问题。比如，对于旨在服务于公共利益和谋求公众福祉的政府来说，如果放弃道德追求，会发生什么样的结果呢？实际上是显而易见的。而且，也经常成为人们对政府提出批评的聚焦点。

就近代以来的思想史而言，根据尼采的评价，"康德以他的'实践理性'和道德狂热贯穿了整个18世纪；他完全处在历史之外；对他那个时代不屑一顾，譬如革命；未受到希腊哲学的触动；他是义务概念的幻想家；感觉论者，带有教条主义恶习的神秘嗜好——"① 这是一个非常全面而又贴切的批评意见，完整地描述了康德生活和思想相统一的形象。但是，也许正是康德的这一"丑陋的一面"，才保证了他不受世事纷扰而独立思考，创建了恢宏庞大广博的思想体系。尼采之所以对康德作出激烈批评，是由他对"普遍主义"所持的怀疑和否定立场引起的。

在哲学发展史上，从尼采开始，就一直存在着对普遍主义表达怀疑的声音，海德格尔甚至对一切普遍性规范都表达怀疑。后来，"福柯早在其第一部重要著作《疯癫史》（1961 年）之中就将'现代理性的未来朝向'理解为是对所有这些东西，即所有在普遍认同的理性规范方面必须被视为'外在'的东西之'否定、放逐以及还原'。与此相对应，福柯在其最后一部著作，即多卷本的《性史》之中，已在个人以美好的生活方式作自身发展的意义上主张了一门'自身关怀'的伦理学，并把具有普遍有效性诉求的规范性原则伦理学作为古希腊文化意义上伦理学最邪恶的敌人来加以尖锐的批判。类似于先前的尼采，他在晚期罗马的斯多葛主义，尤其是在基督教那里，看到了普遍主义伦理学（'所有理性的人都作为相同方法来接受的普遍法则'）意义上个人'自身关怀'的古典道德灾难性转变的事实。在福柯看来，康德只是通过其伦理学在这个传统中开启了更宽广的道路而已：因此人与自身的关系不再是关心个人自身发展的关系，而是以

---

① ［德］尼采：《权力意志——重估一切价值的尝试》，张念东等译，商务印书馆 1996 年版，第 223 页。

'主体性'为内容。这在福柯的康德解释意义上意味着，个人性在理性主体的同一性意义上屈从于法则的普遍性"①。

对普遍主义的批判构成了后现代主义的基本叙事主题，"利奥塔断言了现代'宏大元叙事'的消解，也就是历史哲学——整体上的靠科学进步和政治进步之'叙述—框架'的'宏大元叙事'的消解，而且随即通过科学、道德和法律中所要求的、对全部普遍有效性诉求的消解来假定这种消解"②。在普遍主义受到怀疑和否定的时候，我们遇到了一个问题，那就是，用什么来代替普遍主义？在回答这个问题的时候，显然就回复到了被康德所轻视的经验上来了。在福柯那里，也就表现为反反复复地对"表象"进行讨论。在康德那里，有一条从具体性到普遍性的道路，那就是从经验出发到"纯粹理性"的确立。但是，在从纯粹理性转向"实践理性"的过程中，又有一条从普遍性到具体性的道路。这两条道路在康德那里其实是他的全部思想行程的两个阶段，却在后世的哲学发展中，或者说从"新康德主义"出现后，就被阉割了。康德思想行程的前一个阶段得到了充分的演绎，形成了现代哲学的普遍主义传统，而后一个阶段则因为阉割而去势。直到后现代主义兴起的时候，在终结"宏大叙事"的要求下，才对普遍主义作出深刻的批评。

就康德的思想来看，在《纯粹理性批判》中，有一条从

---

① ［德］卡尔-奥托·阿佩尔：《对话与责任：向后传统道德过渡的问题》，钟汉川、安靖译，浙江大学出版社2018年版，第101页。
② 同上。

"感性"到"知性"再到"理性"的演进道路。这条道路的目标是指向理性的，表现出对理性的追求。然而，在对理性的追求中贬斥了经验，即认为理性是在对经验的超越中获得的。然而，在《实践理性批判》中，康德又有着悄悄地向经验回归的思想倾向。当然，康德在这里所要回归到的不是认知路线中的经验，而是回归到实践活动过程中的经验，即回归到道德经验上来。道德经验是不是理性的？康德并未作出回答。但是，如果把实践理性看作是纯粹理性发展的结果，那么，从实践理性向道德经验的回归，就意味着道德经验是理性的。因为，道德经验是包含在实践理性之中的，是实践理性的"殊相"（黑格尔语）。所以，也应当是理性的，可以称为经验理性。

虽然康德未形成"经验理性"的概念，但他希望回到的这个道德经验的理论原点，是实践理性的贯彻和表现形态，是包含着实践理性的，是以经验理性的形式呈现在道德实践过程之中的。所以，道德实践必然是经验性的，同时，道德实践中的经验又是理性的。这样一来，我们在实践理性的行进中就发现了经验理性，而且认为经验理性的概念是能够成立的。从理性建构的角度看，经验理性概念的确立意味着对道德实践的认识有了一个理论性的灵魂。由此出发，也就能够找到一条通向社会重建的道路。也就是说，基于经验理性的行动和由经验理性引导的行动，是能够让人们开启重建社会的事业的，而且它也是一条开辟历史的新路径。由此可见，循着康德的思路，在引入了黑格尔的历史观的情况下，就可以发现实践理性在历史行进中回到了经验理性这个起点。

在思想史中，我们其实看到了这样一条思想演进的路径：在从经验向理性的行进中产生了纯粹理性。这个纯粹理性在康德之后的哲学和科学的进一步阐释中，是以科学理性、技术理性、工具理性等具体形式出现的。在康德那里，从经验到理性的行进并未在达到纯粹理性那里结束其行程，而是再度提升为实践理性。在实践理性付诸实践的过程中，开始了向经验回归的行程，并以经验理性的形式出现了。在实践理性向经验理性转化的过程中，价值导向是一个不变的轴心。价值之所以能够发挥导向的作用，也是因为价值是理性的。所以，又让我们看到了价值理性的存在。这样一个反映在理论中的逻辑行程虽然对于认识理性与道德的关系是有积极意义的，但是，我们不能满足于这种论证性讨论，而是需要去考虑如何在社会安排中实现道德与理性的统一。那样的话，我们就需要把逻辑转化为历史，即从工业社会向后工业社会的转型中去把握在道德与理性的统一中开展社会建构的可能性。

从康德的思想行程看，或者说当我们按照康德的思路去再行思考的时候，就会看到，正是从实践理性中可以演化出价值理性和经验理性。就此而言，哈贝马斯从实践理性中解读出了价值理性虽然应当看作一项了不起的理论贡献，却又是不全面的，只有补充了经验理性，才使实践理性的内涵完整地呈现出来，也才能使实践中的一切行动都能够贯彻实践理性。总之，就如纯粹理性可以有科学理性、技术理性、工具理性等具体的表现形式一样，实践理性则可以有价值理性和经验理性等具体的表现形式。当然，这是在康德的思想路线中继续前进而获得的关于道德与理性关系的解决方案。在这样做的时候，边沁的思想路线则没有进入我们的视野。所以，我们没有去考虑"经济人理性"的归属问题。其实，于此之中，是包含着社会重建的一种认识的，那就是应当如何对待基于边沁的思想路线而建构起来的工业社会。明确的回答应当是否定的。一旦我们作出了否定的准备，那么，在包含了道德和为道德提供支撑的实践理性中，就能够发展出一整套对社会进行道德建构的方案。

二 理性社会中的"反伦理"

边沁的思想是合乎资本主义精神的，也是伦理学普遍主义的典范作品。所以，在整个工业社会的实践中以及社会发展中，边沁所代表的理论体系大获全胜，取得了这个历史阶段中社会发展的辉煌业绩。可以认为，在整个工业社会中，对社会、对人的几乎所有观察和思考，都或明显或隐蔽地反映了边沁所代表的思想和理论，特别是在对道德诸问题的解释中，这一点显得更加明显。

神经心理学通过实验证明，"不论是我们感觉到自己的疼痛还是目睹他人的疼痛，我们大脑的同一区域都会变得活跃，这意味着替代性地分享他人的感受不是一种抽象的概念，而是我们自己的低声共鸣。如果我吃独食，我就不仅会看到而且会体验到我同伴的痛苦，而如果我与同伴分享食物，我就会分享他的喜悦和感谢。因此，我做决定不再只是由我的饥饿来引导，而是由我的同伴的痛苦和快乐带给我的真实的痛苦和快乐体验来引导"[①]。这是一种用心理学的方式去证明道德原初基础的做法，也是普遍主义思维的实验证明。

的确，人在心理上会处在互动之中，而且在神经等生物生理的意义上也会共振，那也许是在长期的种群进化中形成的"类社会"现象。在有了人类的时候，也许这些因素就已经触发了社会的道德生成及其成长机制。但是，在人类越来越远离自然的过程中，这种生物性的神经共振对于道德的影响也肯定是变得越来越弱，更不用说对人的合作行动能够产生什么影响。特别是当我们思考社会道德化的问题时，作为前提和基础的道德不可能是在人的这种神经共振中产生出来的道德，即便是来源于怜悯心、同情心的道德，也不可能在促进社会道德化的过程中成为真正有价值的因素。能够在社会道德化中发挥作用的，还是那些根源于现实社会生活的道德。这种道德产生于理性认识和共享观念之中。在某种意义上，是来源于人的不得不如此的共识的。

如果不是就个体的人去观察和思考道德生成以及发挥作用的

---

① ［美］麦克斯·布罗克曼编：《下一步是什么》，王文浩译，湖南科学技术出版社2018年版，第17页。

问题，而是在社会的宏观视野中去看道德持存和运行的状况，就会看到，工业社会中的资本主义精神是以反伦理的形式表现出来的。威廉斯发现，在我们的社会中存在着许多反伦理的现象，而且这些现象更多地根源于人的反伦理动机。有的时候，在某种反伦理动机付诸行动后，造成伤害他人或危害社会的恶果后，事主也会努力去进行合理性证明，并用来说服自己没有犯罪或没有错。甚至会在自己的一番论证之后，找到某个"道德"理由，进而把自己打扮成道德卫士。

威廉斯说："反伦理的动机是具有重要意义的人类现象，它们以多种形式出现，这些形式由它们在正面的伦理动机中的相应项界定。这类动机中，我们最熟悉的是恶意，它经常和行为者的快感连在一起，人们通常也认为那是他的自然形态。但也存在一种纯粹的、无私的恶意，一个人抱有这样的恶毒，甚至不必亲自在场来享受他所愿望的伤害。这种恶毒有别于反公正——这说的是那种因任性的不公平而生的快乐。这种反公正牢牢寄生于它的伦理对应项，这是说，反公正要获得自己的方向，首先需要仔细地确定何为公正。恶意却不尽如此，它用不着先等仁爱有了一番作为才知道自己该怎样施展，情况倒更像是，恶意和仁爱从同样的感受性出发，分别行向两个相反的方向……还有另一些反伦理的动机，它们并不寄生在伦理考虑的结论上，而是更多寄生在声誉上或珍视自身伦理形象的感情上。可以想见，这尤其会涉及德行。一种行为是懦性的，一个行为者很少会出于这种考虑而去做这种行为，但这种考虑有可能以反伦理的方式服务于自取其辱的受虐倾向。"①

在现实生活中，反伦理动机导致的各种各样的伤害现象不胜枚举，而且在行为上具有联动的特征。在互联网时代，一些网络社区中出现的这类现象可能会无限放大。比如，一个生活潦倒而且连出卖色相都求不到买家的单身女人，为了赢得点击量，即试图通过微博上的点击量而谋取一些可怜的稿费，便想到了某个名人，以求借着名人效应而提高自己的点击量。于是，发了一个帖子，说自己在多年前上学的时候受到了某个名教授的性骚扰。也许她从未与那个教授有过接触，而且那个教授也根本不认识她。对于这样一项指控，不管是出于自我的不公平感，对社会的愤懑、报复，还是期望中的蝇头小利，都有着强烈的反伦理动机。然而，她赢得了点击量，蜂拥而至的网民如"吠声之犬"，对着受指控者吠哮起来，无所不用其极地辱骂，似乎义正词严的谴责，都一股脑向那位受指控者倾倒下来。这无数"吠声之犬"似乎是为了维护正义，却从未考虑过那个发出指控的人是一个什么样的人？作出指控的动机是什么？所要达到的目的是什么？最为重要的是，那项指控是否真实？在这个过程中，还有可能有着幻想症的人，也现身附和指控，说自己也受到过同样的性骚扰。这样一来，一个真正的无辜者却受到了极大的骚扰和伤害。诸如

---

① ［英］B. 威廉斯：《伦理学与哲学的限度》，陈嘉映译，商务印书馆2017年版，第20—21页。

此类的事件可能数不胜数，而且几乎每一个反伦理动机都能引来数量非常可观的帮凶。因为它可以把那些有着反伦理动机的人的潜在心理倾向激发出来，从而转化为行动。一旦事件调查清楚、水落石出之时，所有的帮凶都像自己什么事也没做过那样心安理得。即便是发动者，也只是享受了伤害他人的快感，或者为了得到一些小利而兴奋，却丝毫不会受到自我良心的谴责。即便触犯了法律，谅那位名人自持身份以及讼事之艰，也不会与她计较。万一有所计较，以一个卖身无着的人，又有何所惧？在此过程中，唯一收到实效的就是，把反伦理动机转化为了发泄性的行动。

从历史上看，虽然反伦理动机存在于每一个社会中，却尤以工业社会为甚。在这个社会中，可以说绝大多数的人心中都潜在地隐藏着某种反伦理动机。这是因为，工业社会中的个人主义和自我中心主义极易滋长和激发人的反伦理动机。在全球化、后工业化进程中，虽然人的交往平台被搬到了互联网上，但人的人性取向尚未得到相应的改变，而是把工业社会中的反伦理动机及其行为带到了网络平台上。因而，其社会危害性也被无限地放大。

反伦理的倾向不仅存在于日常生活中，也存在于学术活动中，甚至许多明显的反伦理概念，也能够赢得广泛的附和。这说明，学者所受到的理性训练被转化成了反伦理动机，而且学者们可以不像普通人一样以直观的形式——诸如造谣、中伤、谩骂等粗俗的形式——去表现，而是发展出某些看似科学的概念，即以理性的表达方式去表现学者内心之中卑鄙龌龊的一面。在这方面，"社会资本"的概念最为典型地反映了学者的这种反伦理动机。

也许是资本对社会的征服而把人的思想和观念都引导到利益追逐上来了，以至于在人的眼中，所有与人相关的存在物都变成了可以用以谋利的资本。资本是由投资行为塑造出来的，而在市场经济的背景下，任何一项投资都是有风险的，区别只不过是风险的大小而已。对于风险较大的投资，人们是怀着赌博的心态去做的。对此，现在我们拥有一个较为好听的说法，叫"风险投资"。其实，所谓风险投资，与轮盘赌并没有什么区别。当然，我们是就行为本身而言的，如果论及社会意义的话，也许是不同的。因为，一次轮盘赌所涉及的人可能是少量的，而一次风险投资，如果失败了，会有许多人陪葬；如果成功，将会有一大批人沦为投资者的剥削对象。当然，对此是可以说得好听一些的，即将其说成是有了"就业"。

资本是用来投资的，或者说资金、金钱以及其他物质形态和智力形态的存在物，只有在投资的时候才会以资本的形态出现。无论投资失败或成功，就其目的形态来看，或者说就投资中所包含着的目的来看，都是为了谋求利润。所有投资都是为了生利，而且得利越多越好。所以，投资与做慈善是完全不同的。资本家可以成为慈善家，但他在做慈善事业的时候，不是在投资；而在投资的时候，绝不是在做慈善。虽然一个人可以既扮演资本家的角色也扮演慈善家的角色，但这两种角色是不同的。而且，在性质上也可能恰恰是相反的。一笔资金用于慈善事业，叫善款；如果没有用于慈善事业，而是用来投资了，那么这笔资金在性质上就是资本。资本是有着特定含义的，还是那句话：是用来投资的。大致是在20世纪50年代，出现了"社会资本"的提法，即把人的道德、信任关系等看作一种社会资本。

虽然资本主义的观念在19世纪就深入人心了，并把大致从16世纪就开始建构的工业社会形塑成了资本主义社会。也就是说，在19世纪，工业社会与资本主义社会重合了。这个社会还有许多领域没有被资本所征服，虽然韦伯说新教中包含着"资本主义精神"，但人的信仰并未成为资本，人们并未把对上帝的信奉作为一种投资，并未希望通过投资而从上帝那里赚取更多。当然，对于农业文化较为发达的中国社会，到寺庙布施而求发财的人是很多的，他们在功德箱里投了一张钞票，希望得到百倍、千倍、万倍的收益。这是一种投资行为，但往往没有得到正名。所以，也不受法律保护。虽然有些到佛像前投资失败的人没有去谴责如来佛祖，而是把怨气抛向了和尚，说和尚敛财骗了他们。其实，投资就是有风险的，他在功德箱里投了钱，那实际上是把寺庙当作了"交易所"，把如来佛祖当作了庄家，去与如来佛祖这位庄家做生意。在这里，和尚只是一些微不足道的"交易员"，谴责和尚实在是一种非理性的发泄行为。然而，有了"社会资本"这个概念,这种投资行为也就得到了正名,下一步,在法治思路的行进中,就可以要求"信仰投资""道德投资""信任投资"等都得到法律的保护,就会要求国家以立法的形式规范和尚的行为,保障那些在功德箱里投了钱的人得到百倍、千倍、万倍的投资收益。至少,法院肯定会接到针对寺庙的诉讼案件。而且,一旦开了个头,就会像潮水般地涌来。所以,"社会资本"这个概念的发明能够解释许多现象,也意味着资本主义的逐利动机已经彻底地征服了工业社会的所有领域,从而可以把法治社会的建设引向一个新的方向。

在资本主义社会兴起不久的时候,尼采就已经看到了这种现象。正如尼采所感叹的:"真令人痛心疾首啊!现在,有人已经拿道德范畴搞赌博了。"① 尼采之所以会说"真令人痛心疾首",是因为在他那个时代,"社会资本"的概念还未发明出来,人们对道德多少还有几分敬畏。随着"社会资本"概念被发明出来并得到广泛接受,道德也被归入资本之列,以致人们可以在"经济人理性"的驱使下把道德当作筹码来支配。或者,道德的投入无非是一种风险投资。这就是资本主义逻辑被强加于道德的命运。而且,在今天的伦理学研究中,我们也常常看到有人谈论所谓"道德风险"。这说明,许多伦理学家也是抱着赌徒心态去从事自己的所谓伦理学研究的。正是由于这个原因,致使"——我们所见的道德:

---

① [德]尼采:《权力意志——重估一切价值的尝试》,张念东等译,商务印书馆1996年版,第479页。

（a）毒害了整个世界观；（b）切断了认识和科学之路；（c）瓦解和埋葬了一切现实的本能……"① 这就是道德的衰落。在某种意义上，也导致了以资本主义为名的工业社会的没落，至少是人的生活世界的没落，以至于社会不仅不是健康生活的空间，反而是人的生活的异化形态。

人们从利己的动机和行为中也联想到相反的情况，那就是"利他"。这在边沁的功利主义论述中已经做了非常充分的阐释。如果利他的行为包含着回报的预期，那么，一般来说，是会被纳入互惠互利的框架中的。尽管不是一次性合作的互惠共赢，却是等待近期支付的信用投资。这在形式上表现为利他的行为，而在实质上则是从属于利己预期的，属于一种积极利己主义。在社会的低度复杂性和低度不确定性条件下，积极利己主义的这种预期在理想状态中可以被证明是必将得到实现的。尽管现实会作出否定的回答，但工业社会中的人们是普遍拥有关于理想状态的信念的，即使人们被现实打倒过无数次，一旦站起来，又会把理想状态招回头脑之中。然而，在社会的高度复杂性和高度不确定性条件下，任何理想状态都无法在理论中建构起来。结果，积极的利己主义就会遭受致命的冲击。因为，通过利他而去得到利己的预期不再有实现的可能，即便存在着通过利他而达成利己目的

---

① ［德］尼采：《权力意志——重估一切价值的尝试》，张念东等译，商务印书馆1996年版，第480页。

的可能性，也是微乎其微的。

不仅是利己主义的这种道德观或道德行为取向在高度复杂性和高度不确定性条件下丧失了合理性，而且，一切从个人的角度出发而对利他、利己行为的思考，都因为与基本的社会背景的非契合性而失去意义。所以，伦理学以及道德哲学的任何理论，都需要在"倡导利他"和"坚持利己"的问题上脱身而出，甚至需要与产生这一问题的形而上学前提——个人——挥手告别。对于社会高度复杂性和高度不确定性条件下的人的共生共在的主题而言，迫使我们必须重点思考的既不是利己也不是利他的问题，而是一个需要在人类命运共同体的角度去加以认识和加以理解的问题。无论是从利己还是利他出发，都不可能把我们引向人的共生共在之路。相反，我们恰恰需要把人的共生共在作为一种优位价值，只有当我们从人的共生共在出发，才能真正解决利己还是利他的问题。

把利他作为实现利己目的的工具是由工业社会的工具主义思维习惯派生出来的。不过我们必须指出，在工具主义的思维中去审视道德的有效性，本身就是一种畸形心态在行为上的表现，而近代以来的人们恰恰都是抱持着这种心态去看待道德和评价道德的。阿佩尔在对欧洲近代思想史作出梳理后给了这样的评价："对于道德的有效性要求以及极端情况下的理论理性的真理要求，自然主义还原论不是以批判的、合理性的方式对其进行重构，而是试图以谱系学的方法将其说明——亦即揭露——为以异质于理性之物为来源的东西。"① 如果我们把道德理解为一种生活形态而不是工具的话,也就不会纠结于道德的有效性问题了,也就不会因为利他的行为能够收获利己的结果而去认为利他是道德的了,更不会为了利他行为必然得到利己的回报而去制定什么道德信条甚至去作出实践安排。那样的话,我们却能够对道德及其实现作出切实的思考,并能够找到一条建构起"道德的社会"的途径,从而在我们的社会结构、制度以及各种社会设置中贯穿伦理精神。进而,在人的交往关系以及全部社会关系中,也就都能看到伦理关系在其中的分量。

三 反思政治时的道德体悟

政治哲学家们一直向往有道德的政治生活。根据纳斯鲍姆的考察,早在近代早期,格劳秀斯的思想中就包含了对社会正义的道德论证。纳斯鲍姆将那种论证概括为三个方面:"一是人类作为伦理性存在所具有的尊严,无论人身处何处,这种尊严都是完全平等的;二是人类的社会性,这意味着,具有人类尊严的生活的一部分,是一种与他人组织起来以尊重那种平等尊严的共同生活;三是人类所需要的多重事实,这意味着,这种共同生活必须为我们每一个人做些什么,要满足我们的一些需求,以使人类尊严不会因为饥饿、暴力袭击或政治领域中的不平等对待而遭到破

---

① [德]卡尔-奥托·阿佩尔:《对话与责任:向后传统道德过渡的问题》,钟汉川、安靖译,浙江大学出版社2018年版,第269页。

坏。将社会性的这个事实与其他两个事实结合起来的话，我们就能得出这样一种观念：我们自身利益的核心部分是，我们每一个人——只要我们同意说我们希望与他人一起过得体面而且受尊重——都要去创造一个并生活在一个道德上比较体面的世界，在这个世界里，所有人都拥有所需要的一切以过一种与人类尊严相匹配的生活。"① 这的确是一幅非常完美的图景，是激动人心的，而且也是非常有价值的社会理想。但是，工业社会却没有找到实现这种理想的路径，反而因为计较于个体或集体的利益得失而与这种理想背道而驰。

工业社会无法实现的理想也许恰恰能够在对工业社会的扬弃和超越中实现。当人类走上了通往后工业社会的征程时，虽然对个体的关注逐渐弱化了，但关于人的主题的探讨依然会占据思想表述的绝大部分篇幅。特别是在人的问题转化为人的共生共在问题时，让每一个人都享有道德尊严也就是题中应有之义了。而且，此时的"每一个人"是不加选择的，即不排除任何一个人，因而是"所有人"。

人们往往对人的行为是否具有道德属性非常敏感。虽然人的许多行为并不能被提高到道德的层面上去加以审查，而且在表现上往往是很模糊的，但人们能够凭借直觉而感受到那些行为与有道德的行为之间的要求相去甚远。所以，根据我们日常生活的经

---

① [美] 玛莎·C. 纳斯鲍姆：《正义的前沿》，朱慧玲等译，中国人民大学出版社2016年版，第192页。

验，完全可以想象，"在政治沟通的现实情境中，人们有时候之所以会拒绝各项主张与论点，其原因不在于那些主张与论点所具有的各种理性方面所具有的是非曲直，而在于人们不喜欢它们的表达方式。人们会拒绝接受那些不能用'恰当的'口音或者语法结构表达自己观点的人，或者是拒绝接受那些显示出未开化的和滑稽有趣的特征而不像给编辑写信那样合乎规范的人。"① 由于社会的结构性不平等，人们不可能受到同样的教育，而且社会化过程的差异也决定了人们不可能有同样的素质和表达能力。所以，上述情况是协商对话中无法避免的问题。而且，这也构成了协商民主的一个难点。可以说，是借助法律、规则等都无法解决的，唯有寄托于道德。

也许正是由于人们的上述行为表现出了对于协商过程中的沟通会造成消极影响，艾丽斯·M.杨试图为协商民主提出一种规范性要求："一种具有包容性的沟通型民主预设每个人都具有如下义务：倾听各种在公共场合中被提出来的主张。无论如何，除非那些主张能够证明是完全不尊重他人的，或者是没有条理的，否则它们就可以被表达出来。"② 这明显是一种道德建言，它也许在口头上能够得到所有参与者的响应。然而，一旦涉入公共辩论的过程，特别是在每一个参与者都有着自己的利益主张的情况下，也就无法保证所有人都一致践行这项所谓的"义务"。这就

---

① [美]艾丽斯·M.杨：《包容与民主》，彭斌等译，江苏人民出版社2013年版，第87页。

② 同上。

是工业社会中的人们过于突出利益导向和因为道德麻木而带来的民主政治生活的困难。

艾丽斯·M. 杨认为，那些被她归类到"聚合型民主模式"中的民主类型轻视了规范和评估客观性等问题。"尽管人们在日常政治生活中有时候主张，由于某些特定的政策是正确的，它们就应当得到实施，但是，聚合型民主模式并没有提供任何方法来评估那些决策内容的道德正当性。如果在偏好聚合的过程中不存在任何关于规范性理由的观念，那么，也就根本不存在任何对于偏好聚合结果的内容进行规范性评估的依据。"① 也就是说，对于聚合型民主而言，一切行动都只从属于策略性的要求。对此，艾丽斯·M. 杨的评价是："对于承认某种民主过程的结果的正当性而言，聚合型民主模式仅仅提供了一种脆弱的激励因素与依据。"② 所以，这种所谓的民主，"只是一种聚合各种主观的、非理性的偏好的机制"③。即使通过这种民主途径达成了某种看似公正的结果，也只是属于有着相同或相近偏好的人的。在偏好所划定的界限之外，那种公正可能恰恰是一种不公正。

人们也许是因为偏好和特定的利益要求而聚合在一起去开展民主政治活动的，他们所关注的仅仅是自我偏好以及自我利益的实现状况，以至于行为完全是策略性的，并不考虑群体之外的公

---

① ［美］艾丽斯·M. 杨:《包容与民主》，彭斌等译，江苏人民出版社2013年版，第25页。
② 同上。
③ 同上。

正。所以，是不存在道德考量的，也无法对其进行道德评价。正是因为这种聚合型民主形式与道德无涉，艾丽斯·M. 杨对其持有的是批判性的和否定性的意见。艾丽斯·M. 杨认为，与聚合型民主不同，就协商民主"作为一种理性的政治形式，包容体现了一种关于道德尊重的规范"①。根据包容的原则，应当尊重他人发出的声音，不对他人的利益作出排除。"如果人们被期待着依据各种声音与利益被排除在外的情况下所制定的决议来调整他们的行为或者遵守规则，那么，他们（也许还有其他生物）就被当做他人的手段了。"② 这样的话，就是违背包容原则的，就是不道德的。所以，在协商的过程中，根据包容原则的要求，或者说，"当包容与政治平等的规范结合起来的时候，它允许最大限度地表达各种利益、意见和观点——这些利益、意见和观点是公众试图解决的问题或者是与议题相关的"③。这样一来，协商民主的保障就指向了参与到协商过程中的人，要求参与者遵循包容这样一项道德规定。

在《包容与民主》一书中，艾丽丝·M. 杨突出强调了包容之于民主过程的重要性，这实际上就是要求在民主中引入道德之维。她认为："包容不应当仅仅意味着政治体的所有成员作为公民拥有正式的和抽象的平等。包容意味着非常明确地承认各种社

---

① ［美］艾丽斯·M. 杨：《包容与民主》，彭斌等译，江苏人民出版社2013年版，第28页。
② 同上。
③ 同上。

会关系的差异与分歧，同时激励那些处于不同境况中的群体在社会上通过各种满足合理性与公共性的条件的方式来表达它们的需要、利益与观点。在民主讨论过程中，包容所具有的这种厚重的内涵强调了重视各种不同的沟通模式的重要性。"① 不仅对于民主过程，而且对于广泛的社会生活，包容都具有非常重要的意义。显然，就人而言，包容是一种心态，更是一种道德品质。在社会建构中，将包容提升为一种客观精神，纳入各种社会设置的安排中，降低社会的排斥性，应当说是一个可以追求的理想目标。在全球化、后工业化进程中，随着社会差异的扩大化和强化，无论是在人的交往还是在广泛的社会生活中，倡导包容精神，都可以使得人际关系和谐的一面得到增强。但是，如何让人变得更具有包容的道德品质？如何让社会具有更大的包容性？除了在宗教的途径中作出努力之外，显然还需要科学研究去作出突破性的探索。

在对工业社会的主导性的意识形态（指整个人文社会科学中所包含的基本观念）的反思中，可以看到，人之所以以自我为中心，人之所以是利己的，主要是因为人有着欲望以及欲望的要求。然而，根据威廉斯的看法，"有不少理由说明我的欲望并不总是以我的快乐为目的的，其中一个显而易见的理由是：我的有些欲望所欲的事态之中根本不包括我——在满足这样一种欲望的所

---

① [美] 艾丽斯·M. 杨：《包容与民主》，彭斌等译，江苏人民出版社2013年版，第150页。

有款目中，我都不被提到。存在着超越自我的欲望。它们并不都是利他的或者仁慈的——它们可以是恶意的或者小心眼的。也许有人在其遗嘱中设立某些条款来羞辱某几个亲属，或促成某个荒唐的目的，这个人通常并不认为他将在场享受这个结局；但他要的的确是这个结局，而不仅仅是他现在想到的那个结局的快感。基于所有这些理由，自我关涉和他者关涉之间的分界线并不对应于欲望和义务之间的分界线"①。

就威廉斯这里所描述的事例和所主张的观点来看，无论是否意欲得到快乐，欲望主体都是以自我为中心的个体，而不是在观念中保留了与他人的共生共在。以自我为中心的人，无论是直接地将欲望指向快乐，还是在臆想中预支那个可能发生在未来某个不确定时点上的快乐；无论是经过理性谋划，还是表现为一种恶作剧，都是从自我出发的。也正是因为欲望主体都是以自我为中心的个体，才会让人们在欲望与快乐之间建立起联系。如果人的自我为"他在性"所置换，或者说人被置于人的共生共在的场境中，人的欲望之中就会更多地包含伦理智识和道德关切。那样的话，欲望主体是否将自己的欲望指向快乐，就不再是一个值得关注和探讨的问题了。

在关于道德与理性关系的问题上展开我们的讨论，其实是就它们的社会地位以及功能去对它们进行比较性认识的。

---

① ［英］B. 威廉斯：《伦理学与哲学的限度》，陈嘉映译，商务印书馆2017年版，第64页。

就道德的功能而言，当我们仅仅将它看作社会规范的时候，就会发现，人们是不可能产生渴求道德这种欲望的。实际上，人们对任何一种用来规范自己行为的因素都不会有着欲求的冲动，即根本就不会产生那种欲望。所以，在把道德看作一种规范的意义上，如果说人们有着道德欲望，那肯定是不合实际的。当然，如果说人们也会认为或主张道德之于社会生活的重要性，要求用道德规范人的行为，进而使规范具有"普遍立法"的属性，自己也努力做遵循道德的模范，那么，这些都是理性思考的结果，而不是出于人的内在冲动和感性追求而提出的意见和主张。所以，一旦把道德放置在群体交往和活动之中，在功能要求中就出现了理性，并在理性的要求中实现了对道德的肯定性要求。这样一来，关于道德与理性关系的思考就会滑落到理性呼唤道德和造就道德的立场上去。而且，也是可以提出很有信服力的论证的。但是，这种理性肯定是科学理性、工具理性等。也就是说，不可能是经验理性、价值理性。

如果我们认为道德是人的社会生活形态，而不仅仅是一种规范，那么，情况就会完全不同，就会在思维的行进中看到不同的景象，就会在道德中读出经验理性和价值理性。因为，作为一种生活形态，人们是会产生对之向往和追求的冲动的，会产生出一种强烈的追求道德生活的欲望。这种欲望是包含着经验理性的，是理性化的生活中必要因素。而且，正是这种包含了经验理性的欲望，赋予道德生活以活力。全球化、后工业化进程已经推展出来的社会高度复杂性和高度不确定性正在使得人的共生共在成为人们必须直面的现实，而出于人的共生共在要求的社会建构，必须将道德作为必要的支柱。这是一种具有历史必然性的客观要求。在这一社会建构中，不能仅仅把道德作为人的一类规范来看待，而是要建构起一种完全属于人的道德生活形态。既然道德成了人的生活形态，那么，围绕着道德与理性的思考也就失去了意义。因为，道德与理性分离和冲突的历史已经终结了，道德本身就是理性的，是经验理性在社会生活中的表现形式，也是经验理性得以实现的途径。

如果说存在着历史性的合作进化，而不是稳定的合作者之间在合作上的循环升级，那么，这种进化其实就是从偶发的合作行动向广泛存在的合作行动的进化。我们可以设想，在历史上，由于某些客观情势的压迫，或者由于人们强烈地感知到了互惠互利以及相互依存的需求，发起并开展了合作。但是，我们必须指出，这种合作在历史上和社会中都只能说属于偶发的现象，因而可以作为人的一种道德实践的境界看待。在很大程度上，我们是把这种合作归入互助的范畴中的，反映了人的群体生活的道德境界。如果这种合作经常化，一般来说，都会实现向理性化的协作转变，即走过一段结构化和制度化的历程而转化为协作。广义上的合作有着三种境界，即互助、协作、合作。在工业社会的历史阶段中，协作是普遍存在于组织生活中的行为模式。实践也已经证明，协作是低度复杂性和低度不确定性条件下具有可操作性的最优行动模式。随着人类走向高度复杂性和高度不确定性的社会，协作的可操作性表现出递减的趋势，协作失灵的事例呈现出不断增长的趋势。这本身却应当被理解成合作进化的要求在增强，即需要进化到超越了协作的合作行动阶段。

合作行动是我们目前能够想象到的合作进化的最高阶段，能够适应高度复杂性和高度不确定性条件下人类社会生活的要求。在讨论协作与合作的问题时，我们的目的并不是要简单地描述从协作向合作的进化过程，而是要指出：从偶发性的合作要求到普遍性的协作模式的产生这样一个进化过程是理性战胜道德和排斥道德的过程。因为，协作模式必须突出和强化理性安排，必须用科学排斥道德，才能达成所有的"设计"目标。这也就是为什么协作总是存在于组织生活中，却无法渗透到非组织化的日常生活领域。然而，在从协作模式向合作行动的进化中，一方面，理性显得畏缩了；另一方面，理性开始改变自己的形象和形态，目的就是要适应合作行动的道德化要求。理性原来在协作模式中的那种对道德的排斥完全转变成了对道德的亲和性趋近举动。

在理性的演进图式中，我们即将看到的一幅图景是，工具理性得到了扬弃，科学理性则实现了向经验理性的转化，成为经验理性的必要构成部分。同时，技术理性也在经验理性的运行中发挥着必要的作用。就经验理性而言，存在于道德生活之中，为道德生活确立人的共生共在的基本目的，并始终坚守和捍卫着这一目的。就道德的适应范围而言，也将覆盖到整个社会，而不是像在工业社会中那样仅仅屈身于日常生活领域。

◇◇第二节 社会治理的道德化

对一些群居动物道德行为所进行的观察和实验往往是以对人的理解为参照的,研究者往往是努力从动物的行为中解读出人的情感和意识,努力去发现动物是如何像人一样作出道德行为选择的。的确,在社会理论中,对个人主义稍加改装而转化为个体主义后,是适合于形成"大一统"的世界图式的,不仅能够从对动物行为的观察中验证人的情感和意识,而且可以在心理学实验以及脑科学研究中去加以证实。无论这些做法是否科学,但在帮助人们确立道德信念方面,都应当说是有益的。不过,这仅仅是证明了人在漫长的进化过程中变成了道德主体,却无法得出社会必然基于伦理去加以建构的结论。反而会出于对个人的道德行为提供保障以及防范恶行等要求而提出否定社会伦理建构的想法,即用具有可操作性的规则去防范恶行等。在这一逻辑进路中,社会建构应当走在制定完备的规则系统并形成制度体系的道路上。这个制度体系也就是法制,它的最初目的也许是要为个人的道德行为提供保障。

在哪些行为才能被定义为道德行为的问题上,毫无疑问,尊重他人的行为是首要的道德行为。然而,尊重他人又必须落实在对他人财产和利益的尊重上。这样一来，就出现了财产权的意识。随着财产权的抽象和普遍化，就追溯到了人的自由和平等，即把自由和平等作为人的更为根本的"财产"。在完成了这一抽象的时候，人们发现，人的自由和平等也成了人的包括物质形态的财产在内的所有获得性因素的保证。这就是人权观念产生的逻辑。在形成了人权观念后，再以此为基础去进行社会建构，就走上了法律制度建构的路径。结果，原先被作为人应当去加以实现的目的——"人的道德行为"——则被忘却了。虽然社会建构忘却了"人的道德行为"，但作为观察视角和思考问题起点的个人仍然得到了保留。所以，就工业社会的现实而言，所反映的正是个人主义的社会建构逻辑。社会治理体系及其模式，无非是在这个逻辑的延伸中建构起来的。

当我们提出社会以及社会治理的伦理建构问题时，在理论上首先需要触动的就是个人主义。事实上，关于社会伦理建构的设想是直接地从现实性的社会关系出发的，而不是从经过了形而上学还原的个人、个体、原子出发。具体地说，我们所提出的社会以及社会的伦理建构设想，是源于一项从社会的高度复杂性和高度不确定性中读出的客观的和现实的要求。所以，关于社会及其社会治理伦理建构的设想所要描绘的将是一幅合作行动的图景，所要确立的和所应达成的目的则是人的共生共在。可以说，我们并不关注整个人类发展史的统一图式是怎样的，更不会谋求延长了的人类发展史——扩大到动物以及整个生物进化过程——的统一图式，而是仅仅关注全球化、后工业化指向的未来社会及其治理模式的建构问题。事实上，在社会的高度复杂性和高度不确定性条件下，人们将不再有理论兴趣，而是会将形而上学的思考视为一种迂腐的表现。也就是说，人们将变得更加现实，仅仅关注在这一条件下如何生存下去的问题。这就决定了过去那种在人类社会统一图式中去寻求社会建构方案的做法是不合时宜的。与之相反，所需要的应当是以务实的态度去构想高度复杂性和高度不确定性条件下的社会以及社会治理的伦理建构问题。

一　社会治理变动的新迹象

近一个时期，在全球化浪潮汹涌的背景下，西方国家的许多学者对民族国家的合理性表达了质疑。关于民族国家是否会像马克思主义者所预言的那样必将走向终结，也许还要用一个较长的历史时期去加以验证。也就是说，我们当前所面对的现实仍然是，必须在民族国家的框架下去生活和开展社会治理活动。而且，在民族国家依然存在的情况下，其本身就是一个行动者。我们能否通过改革而使它转型为道德化的行动者呢？如果可能的话，也许在社会治理上就能够把人的共生共在作为基本国策，而不是被各种各样的意见牵着鼻子走。同样，在国际事务方面，也就能够基于人的共生共在理念而开展合作，并走向全球治理。然而，就民族国家的本性来看，如果希望将它改造为道德化的行动者，那无异于缘木求鱼。

在这样一个民族国家依然处于强势的背景下，也许开辟一条迂回的道路是可行的。从全球化、后工业化运动的实际表现来看，20世纪后期以来，行动者的多样化和多元化已经成为一个似乎代表了历史趋势的社会发展现象。可以认为，这些新生的行动者将会在一个很长的历史时期内与民族国家并存。民族国家为了维护已有的秩序和治理方式，也必然会通过控制和支配的方式去将这些新生的行动者形塑成可以与它并存的社会秩序稳定因素。那样的话，历史进步的脚步也许会被延缓，但也必将是向前推进的。尽管在此过程中会出现各种各样的震荡，但那是人类为已经取得如此成功的工业社会建构而付出的代价。对于走在全球化、后工业化道路上的人类而言，工业文明并不全然是包袱，同时也给予我们主动谋求社会变革的力量和追求。

正是在全球化、后工业化运动开始起步的20世纪80年代，一场自觉的改革运动也在全球兴起。虽然这场改革因为囿于工业社会的资本主义意识形态而未取得系统性的成果，而且在一些改革前处于所谓后发展状态的国家中，精英层——特别是知识精英——还在要求而且也在实践中努力地去把工业社会的制度文明成果搬过来，并以为这是改革和前行的目标。就全球的情况看，始于20世纪80年代的改革运动是缺乏理论支持的。也许只是在近一个时期，当中国人开始提出"一带一路"倡议，并围绕着这个倡议进行思考时，才有了一种可能，那就是建构起对始于20世纪80年代的改革运动作出引导和指明发展方向的理论。就目前来看，这还只能说是一种预期。因此，我们需要拥有能够反映全球化、后工业化运动要求的理论探讨，需要通过理论的功能去形塑出改革的自觉性，从而使民族国家及其社会治理的各个方面的改革都因为得到了理论的支持而有着明确的目标，而不是像今天这样把工业社会建构起来的社会治理模式当作不变不易的"普世性"样板。

民族国家框架下的社会治理主要是以法治的形式出现的。这是因为，法条规则是较为容易制定、确立和执行的，具有很强的可操作性。与之相比，道德虽然也是一种规范，但在可操作性上是较弱的。在民族国家初建之时，人们基于法则这个概念展开思考，如果没有想到道德，那么，映入其头脑中的也肯定是自然法则——规律和社会法则——法律。自然法则还不限于我们使用"规律"一词所指示的那些自然因素，而是包含着所有对人的行为作出规定和限定的因素。同样，社会法则也不限于由权威部门制定的以文本方式呈现的法律，就广义上的法律而言，可以认为，有着更为广泛的内容和更为多样的形式。比如，语言应用中所要遵循的语法，也是实实在在地发挥作用的"法"；钟表所必须参照的标准时间，也具有法的性质。其实，社会法则远不止这些，道德本身也是一类社会法则。不过，相对于人的行为而言，或者说就对人的行为规定和限定而言，规律和法都是人的行为的外在规定，让人所感知到的是功用意义上的"他治"；道德则是人的内在规定，所引起的是人的"自治"。

在规定性的意义上，道德是法则中的一种独立的类型。但是，所谓"自治"，并不能理解成完全与他人无涉的"自我完善"，道德也必然要将外显的功能植入人的社会生活和社会交往之中。一旦思考至此，我们立即就发现了道德的限度，那就是，道德只有在拥有共同道德和相似道德的人们之间才能发挥作用，才能成为导向自治的社会法则。这就是威廉斯所说的："道德法则是道德行动者名义共和国的法则。的确，那只是名义上的共和国，但其中的行为者是实实在在的，因为法则是每一个行为者理性地施加于自我的，因此它是实在的法则。"① 这样一来，我们也就能够理解，为什么人类社会治理中的"德治"理想已经存在了几千年，却一直未能转化为现实？那是因为，人们在对道德法则的认同上并不一致，甚至存在着分歧。也许一个社会、一个时代的人们会共有一些基本的道德法则，但在道德法则发挥作用的过程中，在实现自治的时候，则取决于个人的追求和体验，很难实现经验共享。因而，也就无法造就出作为社会治理模式的德治。

在民族国家的框架下，法的精神被突出到至高无上的地位。因而，社会治理也被要求以法治的形式出现。在法治模式中，关于道德的作用等，并不会在理论上受到否定。即使在实践中出现道德与法条冲突的情况，也往往取决于涉事者的判断，甚至会引

---

① ［英］B. 威廉斯：《伦理学与哲学的限度》，陈嘉映译，商务印书馆2017年版，第228页。

发人们的争论。同样，当我们说全球化、后工业化意味着一个伦理精神置换法的精神时代的到来，也不否认这个即将到来的时代会排斥法条的功能。在社会生活中，那些相对稳定的生活领域或事项仍然会表现出适应于法条规范的境况。我们所说的法的精神和伦理精神作为社会及其社会治理的标志和特征，是就整个社会的基本情况而言的。虽然这是社会基本特征方面的不同，但对道德、法律的存在形态和发挥作用的方式，也会要求作出相应的改变。正如以权力意志为基本特征的农业社会中存在着法律，甚至在一些地区发展出了宏博的法律体系，在全球化、后工业化所指向的未来社会中，我们依然会拥有完备的法律体系。

　　与工业社会进行比较，就会看到，在不同的历史阶段中，无论是法律规范的重心、得以执行的方式，还是与权力之间的关系，都会有着很大的不同。比如，民法学可以在古罗马甚至更早的历史阶段中寻找其源头，但在整个农业社会中，民法规范的重心是放在人们的分配关系上的，有着对权力的诸多认同，认为许多权力的行使是具有天然正当性的。在工业社会中，民法规范的重心转移到了人们的平等交往、财产占有和交换关系上，权力则消失了，代之以权利。可以认为，到了后工业社会，在一切需要法律发挥作用的地方，都会看到人们更加注重法律的原则而不是法条。这一点也构成了与工业社会的不同。因为，工业社会中的人们更加注重法条而不是法律原则。应当承认，法条在操作上比较简便，但法条主要适用于常规性事项上的判断，至于复杂的、容易引发争议的事项，就需要在法律原则的层面上去寻求作出正确判断的依据。

从法律的社会功能实现方式来看，20世纪后期出现的一个明显迹象就是，无论是关于法治的理论探讨还是实践，都明显地出现了一种法律原则化的趋势，甚至在此过程中出现了一些具有高度弹性的被命名为"促进法"的法律文本。特别是进入21世纪后，法律原则化已经展现出了某种意识形态功能。即便一些法官，在面对一些复杂性案件时，也会在法条面前表现出犹豫，甚至会认为法条将误导他的正确判断。这种现象在全球化、后工业化进程中会表现为一种日益增强的趋势，可以相信，会有越来越多的人接受法律原则高于法条的信念。事实上，在社会的高度复杂性和高度不确定性条件下，随着社会建构将伦理精神突出到重要地位上，法律必然会改变自身，而法律的原则化，就是一条重要路径。

法律的原则化意味着，在实践中将会表现出这样一种情况：进行法律判断时把道德合理性的考量纳入进来。在某种意义上，法律的原则化也可以看作法律实践的道德化。因为，根据法律原则去作出判断，就会要求对事（案）件的具体情况进行充分的了解，而不是把法律的逻辑放在首位，更不会简单地根据形式上的相似性去作出适用法条与否的判断。当然，基于法律原则而作出的行动，本身就显示出了法律逻辑比法律条文更高的优势。即便如此，在逻辑与具体的现实之间，还是应当让逻辑处于从属的地位上。根据法律原则去作出判断，对法律人的要求是事实导向的。如果法律人把根据法律原则去作出判断理解成根据法律逻辑进行推理和作出判断，或者满足于此的话，就有可能出现对事实持有不同程度的冷漠态度的问题。

美国学者德沃金揭示了20世纪中后期出现的这一法律原则化趋势，认为这是对法条主义的一种冲击。作为一个法哲学研究者，德沃金显然是希望在这种法律发展趋势中寻求挽救法治的出路。但是，我们从中解读出来的是社会治理模式从法治向德治转型的隐喻。因为，在人类社会呈现出高度复杂性和高度不确定性的背景下，任何法条都不可能在制定的时候就考虑到高度复杂性和高度不确定性条件下的全部适用问题，也许在制定出来的时候就已经过时了。事实上，之所以20世纪后期的法律实践中出现了德沃金所看到的那种法律原则胜过法条的趋势，完全是因为现实对法律判断活动提出了这种要求。也就是说，面对社会高度复杂性和高度不确定性条件下的事项而去进行法律判断时，依据法条往往会作出与经验事实不相符合的判断，甚至会显得非常荒唐而让人无法信服和接受，以至于不得不基于法律原则去进行判断。

就工业社会而言，一切无法模式化的行为方式都不可能得到社会承认，也不可能获得存在下去的生命力。这就是德治的理想总是想而不得的原因。当法律人需要基于法律原则去进行判断时，也必然遇到这个问题，那就是行为的非模式化。短时期内，由于法律机构以及法律人在工业社会中积累起来的权威而不至于引发对法律判断的这种非模式化形成否定，但是，随着时间的延展，也许人们就会认识到这是一个问题。那个时候，就必须作出抉择，要么回复到法条至上的时代；要么突破法治的观念，即承认非模式化的行为的合理性和合法性。这样一来，在社会治理的所有非模式化行为选项中，德治的优越性立马就显现出来了。

道德法则在治理功能上需要取决于道德拥有者的追求和体验不发生变化，以使得人们能够实现道德经验共享。从历史上看，所有的经验共享都是建立在系统封闭性的基础上的。比如，只有当一个共同体的边界明确、不具有流动性，才能实现道德经验共享。如果系统是开放性的，而且处在不断的变化之中，那么，也就无法实现道德经验共享。从历史上看，是广泛地存在着地域性的道德经验共享的，农业社会就是这种地域性道德经验共享的典型。人类学家在这方面做了非常充分的描述，揭示了不同地区的人们在道德上的差异。在近代早期的脱域化过程中，亦即民族国家的生成过程中，打破了农业社会中的那种地域性的封闭共同体，不仅用陌生人置换了熟人，而且用治理结构把国民分割开来，使人们既处在流动中，又必须接受分而治之的现实。虽然人们在日常交往中遵循着某些传承于农业社会的道德原则，却无法实现道德经验共享。即便宣传材料上每日都推出大量的道德楷模，却很难让人从中体验到身临其境的道德经验。因而，人们被纳入法律的同一性框架之中，却无法实现道德经验共享，也不再关注道德经验共享的问题。所以，工业社会所确立起来的是法治而不是德治。然而，全球化、后工业化将改变这一点，即给予人们实现道德经验共享的机遇。

目前来看，有三个方面已经是我们触手可及的新的社会现象。

首先，全球化、后工业化在打破民族国家、地域、族群的边界的时候，有可能把全人类整合到拥有相同或相似道德的共同体之中。虽然全球化、后工业化将把人类带入文化多元化的时代中，但也突出了人的共生共在主题，使得人们必须在差异的世界中谋求相互承认。在某种意义上，可以设想，在承认的前提下，是能够生成一种新型的道德体系的。这一道德体系将为全人类共同拥有。

其次，每一个人在道德自治中所拥有的个性化追求和独特的道德体验都会开放性地面对他人，人们乐意于分享这些道德经验。那些在农业社会和工业社会的历史阶段中对人的道德经验分享形成阻碍的因素都将不再存在，因而也决定了人们能够顺畅无碍地分享道德经验。即便人们的道德经验存在着差异，也会在对差异的承认中获得附加的道德体验。同理，倘若人们在某些方面产生了道德分歧，在人的共生共在的目的中也是能够非常容易地找到消弭分歧的途径的。

最后，上述谈论的两种情况都是合作社会中的景象，这个社会也是一个高度复杂性和高度不确定性的社会。在这一社会条件下，人唯有合作行动才能达致共生共在。所有可以被认为是道德的意志、思考、欲望等，都是指向合作行动的，即从属于合作行动的要求。虽然道德自治属于每一个独立的个人，但普遍的道德自治则汇聚成合作行动，或者说包含在合作行动之中，或者说以合作行动的形式出现。这样一来，道德自治本身就构成了社会性的模式。这就是德治的真实含义。

二 依然存在排斥道德的力量

工业社会是一个崇尚理性的社会，民族国家框架下的社会治理也是崇尚理性的，表现为从模式到行动都具有科学性，是科学理性、技术理性的载体和实现途径。显然，理性化的社会生活要求遵从清楚明白的规则。一旦形成对规则的路径依赖，就必然会不断地在既有规则的基础上增加新规则。在某种意义上，新规则不断生产出来，既是理性化的社会生活的要求，也是对人的道德行为能力的怀疑。但是，这种规则的生产和再生产所实现的是对规则的强化，并形成一种信仰规则的文化。进而，也就进一步对道德文化形成冲击。或者说，对于人的生活和行动的规范而言，形成了规则替代道德的效应。

我们一再指出，规则在他治的意义上表现出了远比基于道德的自治更为优越的可操作性，而且规则无论是在演进的逻辑上还是在实践中都会不断地去展示和强化其可操作性。结果，道德则因为人们所认为的那种不具可操作性的劣势而受到了轻视，以至于规则替代了道德甚至排斥了道德。在社会治理中，这一点表现得尤为明显。只要去开展依靠规则的治理，道德就会迅速退场；当一个社会追求法治的时候，整个社会的道德水平就会急速滑落。总之，如果理性思考能够轻易地形成这样一个结论：社会治理既不可能也没有必要得到道德的支持。如果得出了这个结论，那实际上就是对人的日常经验的羞辱，就有可能招致各种各样的唾骂。但是，倘若研究社会治理的学者和参与社会治理的行动者将此结论秘而不宣，而是用实际行动去执行那个结论，或者采取迂回的方式，即高歌理性而形塑一种崇尚工具理性、技术理性的文化氛围，就不会激起反对的声音。从工业社会的发展史来看，所走过的基本上就是我们所说的后一条道路。

理性在工业社会中的主要表现就是科学，事实上，工业社会所致力于实现的就是社会生活的科学化。而且，在社会治理领域中，科学化取得了非常显著的成效。在理性以科学的形式出现后，逐渐地在人的观念中形塑出了一种用科学排斥道德的思想意识。从社会治理领域来看，不仅在社会管理等方面，而且在政治活动中，都表现出了对道德的排斥。其实，桑德尔所说的一种假设就是工业社会的现实。桑德尔说："政治若将道德与宗教排除得干干净净，很快就会造成它的自我祛魅效应，一旦政治话语失去了道德反响，对更高境界的公共生活的渴望也就会采取令人讨厌的表现方式。"① 也就是说，在社会治理科学化的过程中，桑德尔所说的这种情况恰恰是我们不得不接受的现实，即便是在纯政治的领域，也时时要求在科学的模式中采取行动，甚至关于政治的研究也堂而皇之地以"政治科学"的名义出现了。

桑德尔所看到的是，由于政治失去了道德关注，致使"政治议程缺乏表达公共问题的道德维度，其关注点便日益集中到了官员们的私人过失之上，小报、脱口秀乃至于主流媒体所抖落的各式丑闻、轰动事件以及各种爆料，还在一步步地占领我们的政治话语"②。在20世纪晚期，这种庸俗政治流播到了发展中国家，而且以更为极端和激烈的方式进行表演。进入21世纪后，随着各类网络平台的建立，这种政治已经演化成随意地对某个人进行攻击的角斗场。网民们也许是因为接种了假冒伪劣狂犬疫苗，陷入一种疯狂的境地，而他们却自以为那是自由的狂欢。科学并不是仅有某种单一的形式，更不会仅仅从属于某一原理。或者说，科学并不都是从某个终极性的原理中发展起来的，特别是20世纪的科学发展，已经证明科学原理是可以有多种的，即便希望建立"统一场"，也必须承认科学原理的多样性。

既然科学可以有多种形式，而且"科学"这个概念所指称的某种虚拟体系也是复杂的，那么，主张科学价值中立的人显然是忽视了一个问题，那就是："价值中立"也许对于从某个价值

---

① ［美］迈克尔·桑德尔：《公共哲学》，朱东华等译，中国人民大学出版社2013年版，第21页。
② 同上。

立场上建构起来的科学是必要的，而它的这种中立在面对从其他价值立场上发展起来的科学时，就不再可能做到价值中立了。其实，由于人类社会的发展有着多个源头，在世界构成一个统一体系之前，各个地区的人们都有着自己独特的价值，这些价值都有可能成为科学发展的重要资源。之所以现代科学的成长和发展过程没有证明这一点，是因为欧洲夺得了发展先机，并将建立在其价值上的科学作为唯一性的科学推广到了全世界。然而，从20世纪后期以来的情况看，即便是从属于这一科学理论范式的技术进步，也表现出了某种突破这一范式的迹象，甚至可以从其背后解读出一种强烈的突破既有科学理论范式的要求。比如，人工智能的数据处理算法，按照既有的理论及其思路走下去，就不可能走得太远，而是需要在思维方式上实现根本性的改变，才有可能突破某个瓶颈。

在历史上，技术往往表现出先于科学发展起来的状况。显然，人类在很早的历史时期中就制造和使用机械了，然而在近代才发现机械原理并制作成科学理论。就此来看，虽然20世纪后期以来的技术进步还未能以科学理论的形式去加以表现，但是却似乎包含着某种新的科学范式诞生的要求。如果出现了这种情况，也许中国的、印度的古老价值因素会成为新的科学理论建构的重要资源。至少，我们不应排除这样一种可能性，那就是，这些地区远古时代产生出来的思维方式可以成为新的科学理论建构的重要资源。也就是说，在历史的纵向空间中，我们也许会看到一种情况：不同的价值立场可以推进不同的科学发展，同时也让人获得和拥有不同的科学观念。

科学发展在 21 世纪初期所呈现的情况是，在现实的横向空间中，不同的科学和科学观念的并存正在成为人们必须接受和承认的事实。而且，这些不同都是可以归结到价值立场上去的。这样一来，要求科学持有价值中立的立场就会成为无稽之谈。进而，将此认识推及社会科学的领域，"价值中立"更加站不住脚了。不过，在谈到"价值中立"这个问题时，我们就不得不去想象韦伯为什么要将这一点宣示给我们。韦伯之所以会提出"价值中立"的问题，是因为他接受了近代以来狭义的理性概念并按照这个狭义的理性概念所限制的褊狭思路去开展思考问题的活动。显然，价值中立是可以为科学的事实腾出地儿的，可以使科学显得是从事实出发的，从而具有以事实为基础的权威性。而且，这种科学的权威也就是理性的权威，不受任何非理性的倾向的骚扰和挑战。

我们知道，在近代早期，理性的概念主要是服务于反神学的需要，与神权相关联的一切都被视为非理性的，而立于非理性对立面的就是理性。不过，这也意味着，理性概念在初创之时就因为受到与它相对立的非理性概念的限制而变得褊狭了。尽管如此，理性概念在近代早期是与所承担的任务适称的。随着反神学任务的结束，非理性概念的内涵进入了不断扩展的进程中，而理性的概念却凝固了起来。在这种情况下，捍卫理性和为了理性的思考，也就难免陷入褊狭的状态中了。与那些激进的理性主义者相比，韦伯提出"价值中立"这样一种非常明显的价值立场，已经算是温和得多了。但是，韦伯因此而走上了反道德之路。虽然韦伯在《政治与学术》《新教伦理与资本主义精神》等中试图改变自己的非道德主义形象，但官僚制理论与道德的不兼容性却木已成舟。

我们能够理解官僚制的工具定位，我们也可以作出这样一种猜测：在韦伯的思想体系中，官僚制也许只是他的一幅作品，如果不是身体状况的恶化，他或许会创作出更多的作品。如果我们这一推测能够成立，那么，阿尔维森和维尔莫特对韦伯思想的近似心理分析就应视为非常中肯的评价："对于韦伯而言，每个人的价值追求都具有社会应当予以承认的正当性。科学都认为理性之于社会发展更为重要，科学的目标在于追求社会的理性发展，至于社会的终极价值选择，科学并不给予关注。道德哲学也许有助于对不同的终极价值的正确和错误进行甄别与辩论。但是，理性和科学并不能直接决定价值选择……在相互竞争的价值观之间进行选择，涉及信仰的剧变，这个剧变在本质上都是与理性无关的。"[①] 也许是因为韦伯读书太多而观察现实太少，致使他完全是基于理性的概念去进行官僚制理论建构。特别是在人类进入20世纪的时候，他仍然在近代早期的语境中去展开自己的思维。而且，他脑中回荡着的也是那种他希望加以挞伐的非理性，而且

[①] ［瑞典］马茨·阿尔维森、［英］休·维尔莫特：《理解管理：一种批判性的导论》，戴黍译，中央编译出版社2012年版，第68页。

主要属于信仰方面的问题，甚至没有关注到叔本华和尼采的主张。这是典型的从书本出发而不是从现实出发进行创作带来的问题，也是一种只读经典著作而给我们留下的遗憾。如果韦伯当时能够关注到尚未成为经典的尼采、叔本华，也许就不会产生这一后果。

  总的来说，其一，在韦伯那里，理性的概念还停留在近代早期的话语之中，是个狭义的理性概念。相应地，用这个概念界定的科学也是存在片面性的。其二，如我们所推测的那样，价值中立以及基于这一原则而建构起来的官僚制理论，只是韦伯思想中的一部分，而且韦伯是（也许是严格地）在工具性的意义上去探讨官僚制的，并未排除价值选择问题在科学研究以及社会建构上的意义。如果韦伯健康状况允许他在官僚制理论建构之后去针对人的目的问题进行研究的话，也许他能够把科学理性、工具理性安置在一个更为适当的位置上，也许会在形式合理性的对面去寻找实质合理性。可惜的是，韦伯之后的人们把官僚制理论当作韦伯思想的全部而去加以信奉或作出批评。结果，事实与价值被割裂开来，被分成两个不同的领域，并产生了事实判断（科学）与价值判断（伦理）间持续的争辩。如果说这种争议的产生不应由韦伯负责，事实的领域渗透着价值和价值的领域本身就是由事实构成，那么，社会及其社会治理体系的建构就不应像20世纪那样走上片面的科学化、技术化道路，而是可以有其他方案可用的。

虽然我们对韦伯的"价值中立""非人格化"等命题表达质疑，但是，我们同样在全球化、后工业化进程中也深深地体会到，科学研究需要忠实于所研究的现实，深入地洞察事实背后的那些决定了其演变趋势的因素。如果不是这样，而是把人在生活中的乐观主义或悲观主义带入研究工作中来，就会使其研究工作失去科学的色彩。正如米尔斯所说："我们所力图理解的世界并不总是让我们所有人政治上充满希望，道德上自我满足，也就是说，社会科学家们有时候发现自己很难扮演无忧无虑的白痴……首先，你要尽量实事求是地对待它，对它作完整的陈述——如果它前景黯淡，那实在很糟糕，如果它引发希望，那很好。而同时，对'建设性的方案'和'充满希望的记述'的呼吁，却往往表明：即便这些事实已确定无疑是让人沮丧的，有些人仍不能接受实际的事实，这与真理和谬误无关，与对社会科学中一定的研究工作的判断无关。"①

我们在很多情况下是需要独立作出判断的，而不应当用他人的判断代替自己的判断。尊重客观事实，不受自我的情绪干扰，也不受他人既成结论干扰，才能赋予科学研究应有的意义。在全球化、后工业化的历史性社会转型时期，在科学研究中坚持作出自己独立的判断尤显重要。因为，社会变革中所呈现出来的诸多事实超出了原有的科学理解框架，而那些受到科

---

① ［美］赖特·米尔斯：《社会学的想象力》，陈强等译，生活·读书·新知三联书店2016年版，第87—88页。

学传统熏染较深的学者，要么对新的事实视而不见，要么企图控制既有的解释框架。在这种情况下，如果我们缺乏自己的独立判断能力，就会"随大溜"而走在错误的道路上。当然，我们的独立判断需要从那些最为基本的事实出发，然后层层展开，而不应像韦伯那样仅仅从启蒙时期的经典著作中去寻求启发。观察全球化、后工业化进程中的社会变动，我们发现，社会的高度复杂性和高度不确定性就是最为基本的事实。从这个基本事实中，我们是可以构想出一种与工业社会不同的社会建构和社会治理建构方案的。

三 伦理建构的必然性

人类社会的发展最终是一个伦理学问题。长期以来，我们过多地把伦理的认识放在了从属于人的行为规范和调整人的关系的需要上了。其实，人最终需要谋求的，应当是一种道德生活。然而，这种道德生活的获得，则取决于对社会进行伦理建构所取得的进展。

在历史上，出于社会治理的需要，经历过权力当道和规则至上的阶段。放在特定的历史阶段中去看，权力的正当性与规则的合理性都是应当得到肯定的。但是，在经历过这些历史阶段后，随着人类的认识和反思变得越来越成熟，也就会越来越强烈地感受到，道德生活才是人类在社会发展中应当追求的目标。比如，诺兰就指出："与政治决策相关的道德选择，是以这样的原理为基础的,即作为安排人力、物力的政治秩序,必须反映出对公正的某种理解。"① 其实,不仅与政治相关的决策需要时时考虑公正的问题,而且一切与社会治理相关的决策也都需要考虑公正。在整个社会治理过程中,在那些关涉具体的人、具体的事的事务上,所作出的一切决策都应首先突出公正的要求。因为,在政治的层面上,公正往往会表现出抽象性,而在具体的治理过程中,这种抽象性就会显得远远不够,而是需要落实在具体的治理行为意义的决策之中。如果不通过社会治理的具体过程去提供公正的话,人们就会对整个社会治理体系提出合法性质疑,就会在社会中弥漫一种戾气,社会就会陷入动荡不安的状态之中。

有学者认为:"政治哲学……实质上是一种伦理的学科,它把国家看作一个道德社会,并探究国家试图借以达到其最终道德目标的一些方法。政治哲学为人类的一切建制制定下一个道德理想,国家是最大的建制之一,因而也为国家定下一个道德理想。"② 在某种意义上,关于社会治理的一切思考也是这样,它要求政府及其行政过程能够包含伦理精神,体现出公正、平等等价值,而且更要求从事社会治理活动的人能够在自己的行为中包含着道德觉识。当我们提出社会以及社会治理的伦理建构问题时,实际上是要求把伦理学的实践品质进一步地推展出来,让伦理学突破传统

---

① [美]诺兰:《伦理学与现实生活》,姚新中译,华夏出版社1988年版,第296页。
② [英]欧内斯特·巴克:《英国政治思想》,黄维新等译,商务印书馆1987年版,第5页。

的关于人的道德品质和道德行为以及人际关系的关注，进入对宏观的社会关注的视域之中，思考和谋划如何基于伦理精神去重建社会的方案。就此而言，伦理学已经可以被看作政治学了。

阿伦特说："自19世纪以来，每当碰到具体的现代问题时，传统都保持着令人费解的缄默；而政治生活已然现代，并且完成了工业化和普遍平等的那些地方，总是不断地拒绝传统的标准。"① 对此，许多学者都不理解，那是因为，他们一直处在普遍主义理论带给他们的那种痴迷状态之中，因而分不清古希腊与现代的不同，而是总想在现代中读到古希腊。我们看到，西方历史上曾经有过多次断裂，但从传统走来，还是呈现出了一条跨越断裂的历史连续性主线。尽管如此，毕竟经历了工业化、城市化进程，实现了社会重构，传统的痕迹在现代化的进程中逐渐销蚀是必然的。事实上，现代社会经历了领域分化的过程。如果说传统以及传统的标准得以保留并仍然发挥作用的话，那也主要体现在日常生活上。希望在政治的运行中去发现传统，显然是非常困难的。当然，在每一个社会中，人们都会表达对传统的留恋。的确，如果我们看到工业社会领域分化的现实，并在日常生活的意义上为传统保留一方存在的空间，应当说是能够收获促进社会健全和安定的效果的，但是，在公共领域甚至私人领域，如果去寻找传统的元素，可能是徒劳无益的。

---

① ［美］汉娜·阿伦特：《政治的应许》，张琳译，上海人民出版社2016年版，第51页。

阿伦特把传统看作常识的来源,甚至倾向于在"常识"与"传统"之间画上等号,然后感叹道:"当常识及其理所当然的判断不再发挥作用,或是不再具有意义,也正是这一领域将深受其苦。"① 就社会生活而言,不管道德能否像政治那样如阿伦特所认为的构成一个领域,都会让人们感到传统总是赋予道德生活以力量,让道德生活能够得以维系。政治就不同了,在政治生活中,我们看到的是那些来源于现实的要求在发挥作用。政治是为了解决当下的问题,无论人们怎样渴望把传统引入政治的运行中,也必须视其对解决当下问题的效果而定。事实上,在社会生活的各个领域中,政治是最为排斥传统的领域。虽然有许多理论也设想过让政治基于常识运行,让社会治理依据传统开展活动,但那些设想从来也未进入过实践,未在实践中取得过成功。

工业社会是在科学理性的基础上去开展政治的以及全部社会治理活动的,这样做也是因为社会建构就是对科学理性的诠释,是社会建构对政治以及社会治理提出的要求。然而,在科学理性的基础上所实现的社会建构的结果是,给我们建立起了这样一种社会治理模式:"钉一个钉子需要一个委员会的许可,然而该委员会在慢慢逼近问题的本质之前,选举出主席、副主席、财务专员、书记员、妇女委员以及一个委员会外部成员,他们共同决议,该事件应该由地方技术应用后果评估及环境保护伦理委员会

---

① [美]汉娜·阿伦特:《政治的应许》,张琳译,上海人民出版社2016年版,第52页。

负责解决。今天，政府中就充斥着这样一群人，他们浸淫的专业技能在于，做出貌似可以在普遍束缚了的视域中有力地推动事物前进的表面。"① 这是程序的要求、制度的规定，否则，就不具有合理性和合法性。总之，为了民主、法治的信念，为了营造合法性，也是为了每个人都可以逃避责任，致使所要解决的问题就被放在了不甚重要的位置。

在我们已经被置于高度复杂性和高度不确定性的社会中时，已经模式化了的这种社会治理会带给我们什么？难道不是令人担忧的事吗？由此可见，只有在科学理性和法的精神成为社会建构以及社会治理建构的基本材料的境况中，我们才能将合理性和合法性作为一种标准来对政治的以及社会的制度、行为等进行判断。在前工业社会中，没有科学理性和科学的问题，人们所拥有的是权力意志而不是法的精神。如果人们批评那个时候的某种政治的或社会的存在物不具有合理性、合法性，就如同指认某只公猴是强奸犯一样荒唐。显然，合理性、合法性的概念是不能应用于描述农业社会的存在物及其存在形态的。同样，在我们看来，科学理性是工业社会的标志，法的精神是工业社会的时代精神，都是与工业时代联系在一起的。一旦人们走进后工业社会，价值理性、伦理精神就会代替科学理性、法的精神而成为新的时代精神。那样的话，社会以及社会治理也将基于伦理精神而得到重

---

① ［德］彼得·斯洛特戴克：《资本的内部：全球化的哲学理论》，常晅译，社会科学文献出版社2014年版，第300—301页。

建。那个时代，把合理性、合法性作为一种标准来看待，就是不合适的。就直接动因来看，我们应当承认，关于社会治理的伦理建构这样一个构想是由现代社会治理的道德缺位引发的，但绝不是出于医治现代社会治理因缺失道德而导致的病患之目的，而是基于人类社会的后工业化现实而提出的一种追求新型社会治理模式建构的要求。

我们也看到，工业社会中的许多社会危机都被人们归结为社会治理的道德缺位引发的，也有人提出了把伦理以及道德的因素引入社会治理过程中来的要求。20世纪后期的行政伦理学的兴起本身就说明，人们是希望把道德的因素引入到政府的运行中来的，希望通过道德观念、道德原则、道德评价等去对公务人员的行为加以规范。但是，从所收功效来看，应当说是不尽如人意的，更多的时候，我们还是需要求助于法治，并再度陷入一种恶循环之中。而且，在此方面所推行的法治带来了社会无法承受的运行成本。其实，工业社会存在着根本的结构性问题。早在18世纪的启蒙运动确立了现代社会建构的基本原则后，就包含了社会治理必然走上非道德化的逻辑路径，而且是无法逆转和无法医治的。工业社会在社会治理上的道德缺位问题，只能在一次根本性的社会转型中去加以解决。全球化、后工业化正是这样一次根本性的社会转型运动，将会在对工业社会的否定中生成后工业社会，也就是把人类历史领入一个新的阶段。就这个新的历史阶段必然会有不同于以往的新型社会治理模式而言，我们的构想就是对之进行伦理建构。

当我们构想社会以及社会治理的伦理重构时，实际上已经在一定程度上把视线从被作为道德主体的个人身上移开了。因而，并不刻意地强调个人的道德判断对社会的影响。当我们在合作行动中去思考道德行为选择时，我们更多地关注任务的需求和环境的允许问题，而不是把个人的道德意志放在首位。考虑到人类社会漫长的历史和文化传承，基本的伦理价值和道德观念在个人那里所实现的积淀已如基因一样而为每一个人所拥有，以至于在还原论的意义上进行形而上学探究变得没有什么必要。所以，我们更多地关注社会以及社会治理伦理重构所在时代的历史特征，关注属于这个时代的特殊的客观需求。具体地说，我们所构思的是高度复杂性和高度不确定性条件下人的社会生活的道德化可能性、行动的伦理合理性等问题。

本来，伦理学就是一门实践的科学，需要在实践中去认识伦理和确认道德行为。但是，在现代性的分析性思维中，总是试图寻找抽象的一般性原则，从而提出了各种看似合理而实则荒唐的假设。其实，伦理学研究中的这一问题在康德那里就已经出现了，并在康德之后，变得更加严重了，致使伦理学研究脱离实际，成为哲学家的思想游戏。在全球化、后工业化进程启动之后，随着人类走进高度复杂性和高度不确定性的社会形态中，合作行动的实践对伦理学提出了迫切要求，以至于这项研究必须涉入实践的具体性之中，并要求我们抛开任何作为思想游戏而提出的假设。

第七章 民族国家的处境

民族国家是伟大的现代性造物，它的产生得益于近代早期那些伟大思想家的设计和规划。不过，究其客观原因，应当说民族国家是资本主义发展的必然结果。同时，民族国家又是与民族主义联系在一起的，或者说它是民族主义的物化形态。在工业社会的发展进程中，民族国家发挥着一个地区或民族免疫系统的功能，为经济的繁荣和社会的发展提供了坚实的保障。但是，民族国家所谱写的也是一部血与火的悲歌。

在"二战"后，民族国家普遍建立了起来，随之出现的则是国家间的压迫、掠夺和剥削，致使国家间存在着发展不平衡的问题。许多学者揭示了民族国家所存在着的结构性矛盾，而且在民族国家的发展史上，也一直存在着各种各样的试图改造民族国家的设想。然而，全球化、后工业化运动正在向我们展示这样一种情况：现实的社会发展走出了一条与所有思想家的设想以及实践中曾经尝试过的改革方案都不同的道路。其中，社会的高度复杂性和高度不确定性、社会运行和社会变化的加速化这两个方面，对于终结民族国家和建构全球治理模式，提出了全新的要求。所以说，全球治理是全球化、后工业化推展出来的一个全新的课题。

此前，我们所拥有的是一个"世界"格局，这是在工业化和资本主义世界化进程中生成的。在这一格局中，如果说存在着超出国家范围的治理问题的话，那也是一种"世界治理"，其突出特征就是由某一（些）霸权国家担负着"世界治理"的职能。世界治理其实是一种没有治理的状态，所以，在世界治理职能实现的过程中，所弥漫着的是赤裸裸的"原始丛林"状态。也就是说，由工业化和资本主义世界化所塑就的世界是拥有中心—边缘结构的世界，处在世界中心的国家为了维护某种有利于它（们）的世界秩序而开展世界治理。现在，人类已经进入全球化、后工业化进程，世界观念正在被全球观念所替代，需要建构的将是一种全球秩序。因而，也需要用"全球治理"取代"世界治理"。当"全球治理"实现了对"世界治理"的替代后，国际社会的"原始丛林"也就应当有了伦理。那个时候，如果说国家尚存，那么，它就应当是遵守道德规范的典范。当然，正如马克思主义者所预言的，国家将走上消亡之路。全球化是与地方化并行的一场运动，但全球化中的地方化也许不再以国家的形式出现，至少，与现代性的民族国家是完全不同的。

◇◇ 第一节　全球化中的民族国家

吉登斯认为，民族国家是与民族主义联系在一起的，"现代民族国家的形成与民族主义情感的兴起息息相关。民族主义可以被定义为：对于某些符号的共同归属感，这些符号可以使特定人群的成员认同他们归属于相同的共同体。欧洲民族主义的出现或多或少与民族国家的形成是步调一致的。因此，它是一种极为晚近的现象，与欧洲国家体系发展的早期阶段出现的对于共同体的弥散性情感有着明显的区别。因此，非常明显，欧洲民族主义的强化与地域性共同体的联结纽带、归属性和方言文化等的瓦解密切相关，这一现象是随着民族国家的到来以及由此导致的中央集权化过程而出现的"①。

进入 21 世纪后，民族主义在民主政治背景下演化成了民粹主义，并有可能汇成一股"反全球化"的逆流。也正是民粹主义的兴起，让人们感受到，民族国家"威胁着这个星球上的每一个人的生存"，"在当前的世界民族国家体系中，到处都遍布着前所未有的摧毁性潜在武力，然而却缺乏一套全局性的政治机

---

① ［英］安东尼·吉登斯：《社会学：批判的导论》，郭忠华译，上海译文出版社 2013 年版，第 118 页。

器来约束这种局面"①。特别是民族主义与民粹的结合，使民主政治感性化，甚至变得疯狂。如果说大规模杀伤性武器、生物武器等是控制在政治家手中的，那么，当带有激进民族主义情绪的政治家借民粹主义东风而掌握了这些武器的时候，对于这个世界意味着什么，会让人想起来就不寒而栗。这是民族国家在全球化、后工业化进程中给人们带来的某种危机感。但是，如果民族国家不在全球化、后工业化进程中作出过激的反应，也许人类历史的又一次伟大的转型就能够走过一段荆棘丛生的路程后迎来新时代的黎明曙光。

一　民族国家及其历史表现

从思想史的角度看，在近代思想家中，马基雅维利是较早意识到民族主义的思想家，他对佛罗伦萨人的介绍，表现出了强烈的民族主义精神，而民族国家就是这种精神的物化。但是，在民族国家的生成过程中，或者说民族国家的生成在其原发地，曾经反映出自然因素于其中发挥了重要作用。比如，地理、风俗习惯、文化、宗教、种族等因素，都成了民族国家边界划分的重要向量而被考虑进来。也许人们会指出我们所列举的这些因素大多属于广义的、模糊的社会概念所涵括的内容，但是，无论是在这些因素作为民族国家的生成原因上，还是就这些因素在民族国家

---

① ［英］安东尼·吉登斯：《社会学：批判的导论》，郭忠华译，上海译文出版社 2013 年版，第 127 页。

生成中发挥作用的表现方式上，我们都更倾向于将它们视作自然而然的因素。指出这些自然因素曾经在民族国家的产生过程中发挥了重要作用，并不意味着我们把这些自然因素看作民族国家产生的必要条件。相反，就民族国家在"二战"后得到普及来看，上述自然因素并不是决定性的。

就历史进步的总体情况来看，人类社会在演进中越来越远离自然，会在处理人际关系和行动方式等问题上，会在开展社会治理以及管理等各种各样营建秩序的活动中，都越来越少地考虑自然因素的制约。这也意味着，曾经在民族国家生成中发挥了重要作用的那些自然因素就会逐渐地从人们的视野中移开，进而也就会去创造另一种组织方式去代替民族国家所代表的组织方式。反过来说，仅仅有了自然条件，并不意味着民族国家这种组织形式就会产生，是因为有了民族主义思想并与这些自然条件结合了起来，才走上了建构民族国家的道路。一旦民族国家得以生成，就显示出了它在历史上从未有过的功能。在组织社会生活、开展社会治理和满足民族主义的各种各样的要求方面，都有着无比巨大的优势。

民族国家生成后，所开展的第一项政治活动就是处理"主权关系"问题。事实上，"主权的概念产生于16—17世纪，是现代国家在欧洲发展的结果。随着作为跨民族机构权威（如天主教会和神圣罗马帝国）的衰退，英国、法国、西班牙和其他地方的集权化君主得以宣称对最高权力的行使，并以一种新的主权语言加以表达"①。这个概念与整个现代性的观念是联系在一起的，需要在所谓"天赋人权"这个源头上才能作出合理解释，或者说是在人权扩大到民族国家的层面之后而提出的一种要求。

在中世纪，无论是神权还是君权，都是比较模糊的。当主权的概念提出后，尽管是出于论证绝对国家的需要，却在某种意义上把国家凌驾于君主之上了，以至于路易十四也不得不通过申述"朕即国家"来抗拒君权受到削弱的现实。但是，随着主权观念深入人心，即便像路易十四这样的君主也不可能无视国家，至多也只是提出让人把他看作与国家一体的要求。事实上，国家与君主的地位不可逆转地此消彼长，以至于人们把国家看成远远高于君主的存在物。显然，君主是可以更换的，而国家则不易，这也使得人们更为看重国家。由于君主相对于国家地位的下降，也使得人们可以构想一种没有君主的国家。因而，走向了民主的方向，用民主替代了君主。这大致就是民主理念生成和得以扩散的原因之一。

根据吉登斯的看法，"要理解民族国家的兴起，就必须把资本主义的兴起与中世纪后期欧洲存在的社会条件联系起来。16世纪的欧洲是一个由众多小国所组成的分网络结构，它是一个共存、结盟和冲突之间不断转换的国家体系。无论它是不是资本主

---

① [英]安德海·海伍德：《政治学核心概念》，吴勇译，中国人民大学出版社2003年版，第45页。

义兴起的一个必要条件,它都无疑是资本主义扩张的历史背景。在那个时代,这些国家还不是民族国家"①。所以,在欧洲,直到16世纪,都没有形成民族国家,至于世界上的其他地区,则要更晚。在某种意义上,是在第二次世界大战结束后的民族解放运动中,才涌现出了大批的现代意义上的民族国家。这就是吉登斯说的,"16世纪的欧洲国家并不是民族国家,因为它的绝大多数的边界还游离不定,并且缺乏后来逐渐形成的中央集权式的国家机器"②。

民族国家在一定程度上是由民族主义支撑起来的。在社会发展中,生产力水平的提升、生产关系的变革,都不足以撼动民族国家的基本框架。即便民族国家的边界变得日益模糊了,只要民族主义的观念和情结尚存,就会极力抓住民族国家的最后一缕毛发不放手。因而,在全球化、后工业化运动中,民族主义更多地显现为社会进化的阻力。如果说在工业社会行进的过程中民族主义的生成对于把地球上的大片土地从殖民主义之下解放出来发挥了积极作用,也在建立起民族国家、提出主权独立的主张和搭建起国家框架等方面发挥了积极的促动作用,那么,在全球化、后工业化进程中,民族主义逐渐地转化为保守的力量,努力在全球化、后工业化的行进中扮演反对者的角色。

从历史上看,民族国家的出现所汇集出的力量是巨大的,甚

---

① [英] 安东尼·吉登斯:《社会学:批判的导论》,郭忠华译,上海译文出版社2013年版,第117—118页。
② 同上书,第118页。

至是让人不可思议的。比如，在中东地区，像以色列这个国家，在建国的时候其人口数量是很少的，然而，却在一个本不属于它的地区生存了下来，而且成为这个地区的一个强国。相反，在这个地区，那些没有建立起民族国家的人们，在其祖居之地却无法汇集起用以对抗以色列的力量。这就是国家的秘密。正如鲍曼所说："使民族始终统一在一起的，是主权国家源源不断的力量，这是原则上——即使不是在实践上——不仅是保证共同的保障和福利的唯一力量。"①

民族国家所造成的区域相对封闭以及世界各地区的发展不平衡，则成了移民动机得以滋生的温床。因为更好的生活对欠发展地区的人是有着巨大的诱惑力的，特别是处于中心地带的国家在对边缘地带国家的长期剥削和掠夺中积累了大量的资本和财富，过上了富裕生活，使得边缘地带国家的人们希望通过移民改善自己的处境。面对这种情况，如果打破既有的世界中心—边缘结构，让现在的边缘地带获得平等的发展机遇，哪怕是让这些地区的人们看到生活水平能够得到不断提升的希望，也许就会极大地削弱移民动机。可是，民族国家不愿意这样做，而且在民族主义的统领下也根本不可能这样做。这就是全球化、后工业化进程中必然会产生动荡的原因。

正如生命体的皮肤是第一道（也是最重要的）免疫屏障一

---

① ［英］齐格蒙特·鲍曼：《被围困的社会》，郇建立译，江苏人民出版社2006年版，第10页。

样，民族国家非常注重经营好自己的边界。地理上的、文化上的、制度上的以及生活方式上的等各个方面的边界，都被作为民族国家机体健康的条件而去加以维护。在这种情况下，当对某个国家实施侵略的时候，也是通过对某个方面的边界的攻击开始的。一旦攻破了某个方面的边界，就能够达到削弱该国免疫力的目的。比如，对意识形态进行攻击，把某种观念说成包含着"普世价值"而迫使某个或某些国家必须接受，就是对意识形态边界的突破。一旦这个边界被踏平了，也就可以完全从思想上实现征服。相形之下，在民族国家边界不被突破的条件下，意味着其免疫力发挥着很强的作用，就会使自己拥有更强的健康优势，从而在赛场上赢得更多金牌。在低度复杂性和低度不确定性条件下，民族国家在安全的思路和名义下所作的几乎所有安排都是为了增强其免疫力。但是，当社会进入高度复杂性和高度不确定性状态，随着民族国家墙体变薄，作为皮肤的免疫功能减弱了，并将引发整个免疫系统功能的日益式微。那样的话，也许治愈和康复的安排被提到首位就会成为民族国家的一种条件反射。也就是说，在全球化、后工业化进程中生成的所有地方性的存在，都会如条件反射一样把关注点转移到治愈和康复能力的开发和建构上来。然而，从历史趋势来看，这种治愈和康复的追求也可能会徒劳无功。

与工业化相伴随的是民族国家的兴起和在民族国家框架下去开展社会治理。"到目前为止，在现代的领土所有权国家的进程中，传统国家的社会静态几乎在所有的社会领域都被动态性所代替，是一个漫长的历史进程。与此同时，在新时代的领土国家中，社会过程和社会变化的加速尤其是行为条件相统一的结果。采用同样的国家语言、货币、市区、教育体系、法律规范、管理系统、纳税义务、基础设施和中央的控制组织，都首先通过由此产生的对国家内部的转换障碍和交易障碍的拆除，而成为重要的发展加速器和流通加速器。通过系统地建设基础设施和确立法律保障及行为保障，并且也通过管理的（和控制的）垄断的确立以及由此带来的相对可信赖的不受外来侵犯的保护，民族国家创造了长期的可计划性和可预测性的前提条件，而这些正使科学——技术和经济——工业加速得以系统的发展成为可能。"① 总体来看，民族国家中的几乎所有制度性设置和行为都促进了社会运行和社会变化的加速化。这一点，在工业社会几百年的发展中已经得到了证实。也正是这种加速化，在20世纪后期表现出突破民族国家框架的迹象。因而，人类进入了全球化、后工业化进程。

从最近几十年的情况看，全球化、后工业化不仅不是加速的停滞，反而把加速化推进到一个新的量级。这在某种意义上可以说，民族国家可以成为一种历史陈迹，但它把人类社会推到了加速化的轨道上，进入了似乎永不停滞的加速化进程，并

---

① ［德］哈尔特穆特·罗萨：《加速：现代社会中时间结构的改变》，董璐译，北京大学出版社2015年版，第231—232页。

使社会表现出了高度复杂性和高度不确定性，以至于人类不得不思考这种条件下的生存方式、生活模式和社会治理模式的问题。我们承认，"现代的法律与传统的惯例法或者静态的自然法构想不同，它能够对变化的需求作出动态的适应，这一点正如从中所产生的政治的民主制度相比传统的君主政体要更有适应能力和反应能力一样。同时，现代国家在它的科层式的管理体系中创造了高效率的决策工具和执行工具，它们凭借快速性和可靠性，特别是在获得和使用（尤其是税收）资源和信息方面远远超越了所有的老式的系统。在法律规定的帮助下，成功的现代领土主权国家通过国家的和科层式的规章制度和对社会过程的政治上的控制而实现了技术—经济的和社会的加速的无与伦比的发展"①。

这些成功正在成为历史，一个"风险社会"提法的提出和流行本身已经证明，工业社会推动社会运行和社会变化加速化的惯性仍然存在，而且加速的势头更猛，工业社会适应社会运行和社会变化加速化的机制却开始显现出失灵的状况。这也就是出现风险社会的原因。现在，"从大量对全球化时代下的民族国家的功能丧失和功能变化的诊断中可以明显地看到……有关民族国家陷入衰落并且不断地失去权力的假设得到了广泛的赞同"②。根据罗萨的看法，"民族国家从加速的关键机构变成了减速的核心

---

① ［德］哈尔特穆特·罗萨：《加速：现代社会中时间结构的改变》，董璐译，北京大学出版社 2015 年版，第 232 页。
② 同上书，第 240 页。

机制,也就是说成了加速的障碍"①。果若如此的话,在加速与减速之间形成的冲撞,就是致命的风险源。不仅如此,"科层管理的结构和决策过程不仅失去了高效和时间上的合理化的总体形象,而且它现在完全成为无效率的典型了,也就是说缓慢和不灵活的典范,在韦伯最初对它的合理性和快捷性的证明中可以看到,在科层制度中曾经所有过程都是行动适度的,行政手续也都是被严格遵守的,权限和规定被设定了统一的线性层级,固定的工作线路被确定,等等"②。

因为社会运行和社会变化加速化,官僚制曾经拥有的那些被视为具有无比优越性的方面,在今天却显得行动迟缓,不能让人们收获效率,反而让人们在危机事件频发的情况下显得笨手笨脚,以至于人人都意识到,"由于科层体制过于缓慢,因而在今天,科层官僚组织的去科层化就成为从减速中加速的王道了"③。对此,罗萨认为:"处于危机中的科层官僚制度,体现为正在出现的功能的转变,因此这不只是意味着单纯的管理危机:在与经典的现代化完全相反的晚期现代中,不再能够通过对社会方面、文化方面和经济方面的过程和关系进行国家的管制而实现加速,而是通过对这些方面的去规制化产生加速。"④ 就这种"去规制

---

① [德]哈尔特穆特·罗萨:《加速:现代社会中时间结构的改变》,董璐译,北京大学出版社2015年版,第241页。
② 同上。
③ 同上。
④ 同上书,第243页。

化"而言，实际上只是20世纪80年代各国改革的初步行动。其中所包含的隐喻必然是，最终抛弃工业社会建构起来的制度以及组织形式。结果，必然是重新建构起适应社会运行和社会变化加速化的社会治理模式。

二 民族国家的结构性矛盾

吉登斯认为，在前近代社会中，即在我们经常表述的农业社会中，面对自然界的生存矛盾是最为基本的矛盾。随着民族国家的产生，社会的构成性矛盾变成了最为基本的矛盾。原因恰恰在与民族国家相伴生的资本主义那里，是资本主义带来了这种矛盾，或者说把原先从属于生存矛盾的次生矛盾转化成了主要的和基本的结构性矛盾。吉登斯指出："资本主义与民族国家之间的关联绝非纯属偶然……由于'人造环境'的兴起（其范例即为现代都市生活的'建筑环境'，但不仅限于此），城乡关系的形态发生了变化，这是民族国家形成过程所包含的基本内容。对于国家政治上的形成和'经济'上的分化来说，时间与空间性质上的转变都是十分重要的。这种转变过程将结构性矛盾从生存性矛盾中分离出来，并使前者逐渐取得了压倒后者的主宰地位。简言之，人类的社会组织不再与自然界有任何相对应之处；自然界沦为生产扩张的一种手段。对生存状态的探寻与质疑受到压抑，但这种压抑并不彻底，也不可能彻底。实际上，对于由资本主义所引发的结构性矛盾来说，这种压抑还是至关重要的。结构性矛盾之所以具备独特的爆发性潜力，压抑也起到了一定作用。"①

由于民族国家发展上的不平衡，在绝大多数国家中，生存矛盾依然存在。但是，这种生存矛盾不再是自然界直接施加于人的，而是由结构性矛盾所派生出来的，是资本主义结构导致了一部分人面临生存的压力。这就是从矛盾视角所看到的社会和历史图景。如果在这个视角中去看未来的话，就会形成在民族国家框架不变的条件下去谋求改造现实的方案，那就是，消解既有民族国家中的结构性矛盾。在这个问题上，实际上产生了各种各样的意见，而且有些思想也转化成了实践。应当说，20 世纪 80 年代以来的全球性改革运动基本上都是在这一思路中展开的。

从全球化、后工业化所展现出来的情况看，历史走出了自己的路，那就是 20 世纪后期开始的社会网络结构的逐步形成。当然，这条路还很长，我们只能说社会网络结构的形成才刚刚展现出初步迹象，但它的内涵是清晰的，那就是，人类再一次面临时间与空间性质上的转换。也就是说，在后工业社会的网络结构中，工业社会及其线性结构中的结构性矛盾将会被消解。在后工业社会中，或者说在高度复杂性和高度不确定性的条件下，如果说存在矛盾，那些矛盾也将是非结构性的、散布的、偶然性的。或者说，矛盾本身就具有高度复杂性和高度不确定性的特征，既

---

① ［英］安东尼·吉登斯：《社会的构成：结构化理论纲要》，李康等译，中国人民大学出版社 2016 年版，第 185—186 页。

不是产生于某种存在形态的结构中的，也不会在矛盾集结的地方形成结构。在社会的高度复杂性和高度不确定性条件下，由于结构性的原因不再存在，因而，并不是每个人都会面临生存矛盾。但是，这个时候，每个人却都会强烈地感受到生存矛盾的强烈威胁。原因就在于，这种生存矛盾不是因为生活资料的匮乏引起的，而是由我们今天称作"风险""危机事件"的那些莫名的原因引起的，是倏忽出现而令人猝不及防的。所以，只有当全体社会成员在人的共生共在的理念下开展行动，才能抵御这种矛盾所构成的威胁。

实际上，吉登斯是按照黑格尔的思路来分析资本主义亦即民族国家的结构性矛盾的，认为这个社会中的一切矛盾都根源于国家与市民社会间的矛盾。吉登斯指出："在资本主义（民族）国家里，国家这一'公共'领域孕育了'市民社会'这一'私人'领域，后者又与前者彼此分离，并保持着某种张力。从这种模式中，我们可以发现资本主义（民族）国家的原生矛盾。"[①] 这显然是对黑格尔经典论述的复述。这也说明，从"矛盾"的视角去观察工业社会，是能够形成经得起反思性检验的观点的。正是在这一可靠的观点中，我们看到了全球化、后工业化进程展示的新前景：从20世纪后期开始，以非政府组织等为标志的"新市民社会"逐渐成形，它与近代早期的市民社会不同，不是

---

① ［英］安东尼·吉登斯：《社会的构成：结构化理论纲要》，李康等译，中国人民大学出版社2016年版，第186页。

与国家相分离，而是表现出了替代某些国家职能的状况。特别是在社会治理方面，这些被我们称作"新市民社会"的因素不仅承担起了国家所不能及的诸多社会治理事项，而且也分担了诸多原先由国家承担的职能，甚至使民族国家内外部的政治版图都发生了变化。这是我们在市民社会这一极所看到的变化，它意味着国家与市民社会分离的历史与逻辑都开始发生变化，即从分离到靠拢。

与上述"新市民社会"的生成同步展开的是：在全球化、后工业化运动兴起之时，民族国家受到挑战的压力就已经为人们清晰地感受到了。人、资本、物品的流动使民族国家的边界变得日益模糊，信息技术的广泛应用更是成为民族国家不得不开放的促动因素。虽然现已成为传统的民族国家政治仍然会努力去消解全球化对民族国家的冲击，但显而易见的是，民族国家护卫自己不发生变化的防守力量日渐减弱。从世纪交替的时刻开始，关于"全球治理"问题的讨论就一度成为时尚，只是在美国特朗普总统激进民族主义声音所具有的高分贝盖过了人们关于全球治理问题的讨论时，才让人重新回到了对传统的民族国家间的诸如贸易等冲突的关注上来。如此高分贝的民族主义声音肯定不会长久回荡，全球化、后工业化运动还将再启行。在作为国家与市民社会相分离的国家这一极，也将会在实质上发生变化。这样一来，既然作为结构性矛盾的原生性矛盾失去了宿主，也就意味着吉登斯所说的"资本主义（民族）国家"结构性矛盾的退位。所以，我们在后工业社会中遭遇的将是另一种类型的矛盾。

吉登斯认为，民族国家虽然存在着结构性矛盾，但这种矛盾并不必然导致冲突。"冲突和矛盾之所以往往重叠在一起，是因为矛盾体现了各个社会系统的结构性中主要的'断裂带'，往往牵涉到不同集团或者说人群（包括阶级，但不限于此）之间的利益分割。矛盾体现了各种不同的生活方式和生活机会的分配。这些生活机会原本是就可能世界而言的，但现实世界却揭示了这些可能世界自有其内在的必然性。如果说矛盾并不是必然会酿发冲突，那么原因就在于，行动者只有在特定的条件下才会不仅对自身的利益有所意识，而且有能力和动机去左右它，但这样的条件有相当的可变性。"①

对于社会治理而言，在矛盾是否必然导致冲突的问题上，如果形成了不同的认识，所作出的措施选择就会有所不同。如果认为矛盾必然会导致冲突，就会利用冲突去释放矛盾所积聚的力量，以求冲突处于可控的状态，而不是等待矛盾积累的能量达到一定程度时自然爆发。因为，在这种爆发中出现的冲突往往是不可控的。如果认为矛盾并不必然导致冲突，也会有积极的和消极的两种选择，但消极的选择往往是不理智的，所以在现代社会治理中鲜能见到。一般来说，社会治理者都会采取积极干预矛盾的方式，避免冲突的发生，只是在出现干预不当时，才会爆发冲

---

① ［英］安东尼·吉登斯：《社会的构成：结构化理论纲要》，李康等译，中国人民大学出版社2016年版，第187页。

突。对矛盾的干预取决于各方面的条件，准确地把握时机、选择正确的干预措施、对矛盾作出合理性的判断等，都是对社会治理者的挑战。正是因为这些挑战，致使社会冲突层出不穷。因此，我们同意吉登斯关于矛盾并不必然导致冲突的判断，如果不是任由矛盾自然发展，是不一定走到冲突的地步的。然而，冲突又总是出现在社会治理的实践之中，也说明导致冲突的矛盾已经对我们构成了极大的困扰。

事实也证明，资本主义、民族国家或者说工业社会的结构性矛盾并未导致马克思主义者所说的冲突总爆发，而是以全球化、后工业化的形式走上了终结人类这一历史阶段的道路。但是，如果不是马克思主义发挥了批判性启蒙的作用，那么，工业社会这个历史阶段中的社会结构性矛盾所带来的冲突又是必然的，而且有可能会大大地延宕全球化、后工业化运动到来的时日。所以，马克思主义的警示功绩是不可磨灭的。正是因为马克思主义揭示了这个社会的结构性矛盾必然导致冲突，才使得人们极力去谋求干预矛盾的措施，从而出现了"矛盾并不必然导致冲突"的现实。这是我们从历史进程中看到的情况。如果就民族国家自身的社会治理而言，尽管对矛盾的积极干预避免了大规模冲突频繁出现的状况，但局部的、小规模的冲突仍然是层出不穷的。而且，工业社会中的结构性矛盾也恰恰是所有这些冲突的总根源。20世纪理论家们关于正义等问题的理论探讨，对于社会治理探索管控矛盾的方案，提供了诸多灵感。所有这个方面的理论都未能触及工业社会的结构性矛盾,所以,才让全球化、后工业化运动的出现表现为一个自然历史进程。进而,才会在全球化、后工业化进程中出现对它的"拥抱"和"拒绝"两股力量。

毋庸置疑,从二战后的基本情况看,在民族国家内部,社会差异化程度的不断扩大,使民族国家作为族群容器的功能不断减弱。特别是到了20世纪后期,人们明显地感受到,权威机构的控制力越来越难于实施有效的控制。对此,斯洛特戴克进行了历史比较,认为全球化使得民族国家的墙体变薄了。他指出:"迄今为止,人们关于'社会'的理解以及联想的内容一般来说无外乎是有着强大墙体的、有着固有领地的、有着严格保护着的象征,通常是单一语种的容器——因此,它是一个在某种意义上讲的民族密封容器当中寻求自我的确信,并且在完全自我(对于外来人而言往往是完全不同理解的)的冗余方式摇摆的集体中。这样的存在于地点和自我之间的某个节点上的历史共同体,即所谓的民族,曾经因为他们的自我容器特质而呈现出一种内部和外部极大的反差——这种事实状况在前政治的文化中人们归结为幼稚的族群中心主义,而到了政治阶段后,则习惯于归结为内政与外交的本质不同。这种差异和反差则由于全球化的效应而日益迅速地被逐渐抹平。民族国家作为容器的免疫作用在它们的受益者眼里却越来越成为有威胁性的东西。"[1]

---

[1] [德]彼得·斯洛特戴克:《资本的内部:全球化的哲学理论》,常晅译,社会科学文献出版社2014年版,第236—237页。

从全球化、后工业化运动最初表现出来的迹象看，首先，民族国家治理体系走向了对社会的开放，原先属于免疫需要的防范和封闭，在社会的压力下逐渐被突破；其次，社会治理逐渐变得不再完全是民族国家机构的事情，如雨后春笋般涌现出来的被我们归入"新市民社会"的各种各样的社会组织参与到了社会治理过程中。而且，这些社会组织本身就以所谓"民间外交""公众外交"的形式与民族国家外部建立起广泛的联系，使民族国家对外与对内的职能差异逐渐被抹平。对此，学者们给予的是积极评价，认为"全球时代作为近代固执己见的一个必然发展结果，其心理政治挑战在于，容器免疫性的削弱并不能简单地被理解成一种形式的损失和颓废……对于后现代来说，还放在赌桌上的东西是对于可操作的免疫关系成功的新设计：并且正是这些可以也将会以多样化的方式在有着通透的墙体的社会中重新构建起来——即使一如既往的并不是在所有的情况下对于每个个案都能成功"[①]。

如果把民族国家比作一个生命体，就可以看到，它的自我维护系统在功能上的确近似于免疫力。从进化的观点看，免疫力也是处在变化中的，免疫系统会因为新的因素（如基因重组）而获得新的免疫力。如果整个免疫系统受到了破坏，然后再生出新的免疫系统，那也就是物种的突变了，意味着新生的物种已经不

---

① ［德］彼得·斯洛特戴克：《资本的内部：全球化的哲学理论》，常晅译，社会科学文献出版社2014年版，第238页。

再是原来的物种了。全球化、后工业化中的民族国家可以说正处在这个关口上，正面临着人类生活方式和社会治理模式的突变。当民族国家四周的墙体变得越来越薄和越来越脆弱时，有那么一天，突然倒塌了或蒸发了，作为容器的历史也就终结了。也许在它原来所在之处，留下的是一个平台。我们是把这个平台视为合作治理的平台的。当然，这只是一个比喻，因为我们不相信会出现任何静止平台。

阿伦特认为，在当今政治的运行中，发挥支配性作用的其实是一些偏见，"就国内政治而言，这些偏见至少与政党驱动的民主一样古老，也就是说有一百多年的历史。政党驱动的民主在现代历史上第一次宣称其代表人民，尽管人民自己从未相信过这一点。至于国际政策，我们或许可以把它的源头放置在19世纪与20世纪之交帝国主义扩张之初的数十年，那时民族国家开始把欧洲人的统治延伸到全球，不是为了全体国民，而是为了国家的经济利益。然而今天，过去一小撮人的偏见和特权赋予这些广为流传的对政治的偏见的真实的力量——遁入无力状态，极度渴望完全卸去行动的能力"①。由于这些偏见与来自社会的根本性要求是冲突着的，由于这些偏见使得政治丧失了本应具有的功能，由于这些偏见把政治导向了与社会发展相反的方向，以至于政治必须借助于谎言和欺骗来维系自身。

---

① ［美］汉娜·阿伦特：《政治的应许》，张琳译，上海人民出版社2016年版，第96页。

这就是阿伦特所指出的:"对内政策不过是有隐蔽的利益,以及更为隐蔽的意识形态,用谎言和欺骗编制而成;而对外政策是在乏味的宣传和赤裸裸的权力操纵之间摇摆——早在足以摧毁地球上一切生物的手段被发明出来之前,这些对政治的偏见就已经存在。"① 人类不可能长期地生活在这种偏见、欺骗和谎言之中,而是需要从这种政治状态中走出来。全球化、后工业化运动所提供的就是这样的机遇,让人类从民族国家政治中走出来。

艾丽斯·M. 杨认为:"现存的民族国家体系规定了各种深层次的排斥,并且使之正当化,其中许多排斥都是非正义的。当前,全球性的相互依赖的状况意味着,在某个民族国家内部,某些人的行动将会预示着或影响到另一个遥远的国家中其他人的行动。如果各种民主政治制度的范围应当与由各种正义的义务所组成的范围相一致的话,那么,这种论点就意味着,应当存在着更加具有全球性的制度方面的能力来处理世界上各民族之间的关系与相互作用。"② 艾丽斯·M. 杨在这里所看到的问题是真切的,或者说是人人都能感受到的。如果假定既存的民族国家框架及其模式不变,那么,艾丽斯·M. 杨的建立起"具有全球性的制度方面的能力来处理世界上各民族之间的关系与相互作用"的想

---

① [美]汉娜·阿伦特:《政治的应许》,张琳译,上海人民出版社2016年版,第96页。
② [美]艾丽斯·M. 杨:《包容与民主》,彭斌等译,江苏人民出版社2013年版,第11页。

法，也应当被评定为一种积极的思考。事实上，已经有许多学者提出了类似的想法。

民族国家的框架和模式并不是不变的。就民族国家是工业社会的产物而言，它也将随着工业社会的终结而退出政治历史的舞台。其实，民族国家本身就是工业社会的标志物，当人类走进后工业社会后，也许在一个相当长的历史时期内还会通过国家去开展政治活动。但是，那种国家已经不同于现代民族国家了，甚至作为国家建构基础的公民身份也都消失了。在这种情况下，民族国家框架下的各种民主政治制度以及实践，都将在全新的建构路径中去再塑形。在全球化、后工业化条件下，全球治理中的非排斥性或包容性、全球正义的实现等，都不是在默认民族国家框架和模式不变的情况下能够找到出路的。

三　民族国家遭遇挑战

就全球化的政治意涵来看，当我们"将全球化本身看作是政治项目"时，其主要任务就是"为了消除'全球流动'的流通障碍。由于这个政治项目具有全球流动的特性，尤其是资本在最小的政治和经济的阻力下向另一个方向流动的特性中，因而尽可能使流通条件有利于那些影响领域，就成为（民族国家的）政治方面的最紧迫的目标；否则的话，在被环境排斥在外的意义下，就会出现……新的领土的次级重要性。因而全球化作为政治项目……是要放弃管理本身，也就是说首先要消除政治上的管制要求和控制要求"①。就全球化所呈现出来的这种政治发展趋势而言，势必有一天会宣告民族国家政治的终结，代之而行的将是全球政治。这种全球政治又是与地方政治并存的。由于技术网络已经消解了地理空间意义上的"地方"，从而使地方政治具有了更多的随机性。

从现实来看，工业社会及其资本主义的思想传统决定了，在他们感受到全球化的挑战时仍然希望坚守既定的民族国家治理模式。比如，从桑德尔的论述中就可以清晰地看到这一点："资本与商品、信息与意象、污染与民族，正在以前所未有的容易程度实现跨国流转，在这样一个世界上，政治必须采取跨国的乃至全球的形式，才能与其保持步调的一致，不然的话，经济力量就有可能不经民主政治力量的核查而运行。传统上属于自治载体的民族国家将会发现，它们越来越难以发挥引导民意去适应那些左右着其命运的经济力量。然而，经济全球化固然表现了有必要采取跨国的控制方式，但仍有待考察的是：这些政治单位是否能够激发认同和忠诚，使民主权威最终能够在这种道德与公民的文化基础上得以建立起来。"②

岂止经济全球化，现在的情况是，政治也走进了全球化进程，而且在全球化中发生了变异。因而，不用说民主还有什么权威，

---

① [德]哈尔特穆特·罗萨：《加速：现代社会中时间结构的改变》，董璐译，北京大学出版社2015年版，第261页。

② [美]迈克尔·桑德尔：《公共哲学》，朱东华等译，中国人民大学出版社2013年版，第23页。

即便是在民主的名义下所开展的活动,都更多地染上了狂欢节的色彩。这样一来,人们只是借着民主的形式去释放受到压抑的情绪,而国家机构以及法律等既定设置,却像往常一样非常认真地对待通过民主程序决定的事项,把随意性的表演当成了严肃的正剧。在国家之间,则把这种并不真正反映公众意志的东西当作人民的指令,并按照这种指令去开展活动和处理国际关系。我们并不知道政治家们是否像他们所表现出来的那样严肃、严谨地代表民族国家在国际舞台上开展交往,但就他们貌似正经地把游戏的结果当作处理国家间关系的依据而言,这本身就是一场闹剧。

当我们指出全球化是与后工业化联系在一起的时候,其实,也就清楚地表明了这样一种看法:全球化进程中的对立和冲突在根本上属于新与旧的对立和冲突。无论是经济全球化对政治的挑战,还是政治在全球化中发生的变异,都需要通过基于全球化的需要而进行的包括全球治理在内的社会治理创新去加以应对。我们所主张的创新意味着对工业社会历史阶段中曾有的经验作出排除,这一点是非常重要的。因为,近一个时期,关于"全球政府"或"全球权威管理机构"的言论愈来愈多。桑德尔在思考如何回应全球化挑战时,所持的就是这种观点,他甚至提出把美国进步主义时期的经验运用到全球治理中来。

桑德尔指出:"全球经济中所面临的自治挑战,与美国政治在 20 世纪早期所处的困境有着惊人的相似之处。那时跟现在一样,新式的商业和通信溢出了人们熟悉的政治边界,并让人们跨越距离建立了互相依赖的网络,但是,这种新的互相依赖并没有带来新的共同体感。"① 进步主义运动是通过强化联邦政府的权威并通过其有效的管理而使人们成为"邻居、公民同伴、共同事业的参与者"的。桑德尔认为,我们今天所面临的处境与当时非常相似,"既然他们的困境与我们的差不多,那就可以顺理成章地认为,进步主义解决方案的逻辑可以延展到我们时代。既然应对全国经济的方式是加强中央政府,培育国民的公民感,那么,应对全球经济的方式就应该是加强全球化管理,并相应地培育全球性或世界性的公民感,具有国际视野的改革者已然开始阐述这一创意"②。

我们不禁要问,全球机构的权威难道就是简单地把联邦政府的模式搬过来吗?而且,是按照美国宪法去对全球施行管理吗?其实,这是因为对全球化的全面误读而导致的一种简单化的想法。美国19世纪后期和20世纪初期的困境是发生在民族国家框架之中的,是民族国家内部的问题,而今天我们所面对的是民族国家之林,任何一个国家都不同于美国当时一个州的地位,即便说它们之间有着某种程度的形似。而且,在现有的国家中,不会有很多愿意去建立全球联邦并成为全球联邦中的一个政治单位的国家。所以,关于建立统一的全球治理机构的设想是不切实际的空想。全球化是走向后工业社会的一场深刻的历史性社会变革运

---

① [美]迈克尔·桑德尔:《公共哲学》,朱东华等译,中国人民大学出版社2013年版,第23—24页。
② 同上书,第24页。

动。我们在全球化中遭遇的所有可以被称为重大问题的东西，在工业社会中都未曾出现过。哪怕有些问题有所相似，也只是形式方面的表象，而且更多地属于我们的联想，是由我们的联想建构起来的，而在实质性的方面，它们都是完全不同的。所以，工业社会的经验并无参考价值。在全球化进程中，阻碍创新的主要因素就是工业社会的认知模式和模式优化观念，因为这些因素蒙住了人们的眼睛，以至于人们看不到全球化所具有的是社会变革的属性。正是因为人们被旧的观念蒙住了眼睛，才会让人们想起按照工业社会曾经拥有和应用的社会建构和社会治理建构逻辑去构想全球化中的行动方案。

20世纪后期以来，在全球化运动持续展开的过程中，试图在全球治理方面去复制民族国家既成方案的做法甚为流行，许多学者都提出了大致相同的设想，桑德尔的表述可以说是具有代表性的。他说，"我们时代的全球化冲动与进步主义时代的国家化计划之间的模拟在下述方面是能够成立的：没有跨国的政治组织，我们便无法控制全球经济，而没有培育广泛的公民认同，我们也难以维持这些组织。人权协议，全球环境协议以及控制贸易、金融和经济发展的世界组织，都涉及这方面的事务——它们为了取得公众的支持，就得激发更大的参与感以应对共同的全球命运。"① 如果我们所面临的全球化挑战如此简单，对于经历过

---

① ［美］迈克尔·桑德尔：《公共哲学》，朱东华等译，中国人民大学出版社2013年版，第24页。

工业社会的科学以及各种社会运动洗礼的人们来说，那根本算不上是挑战。我们在全球化运动中所遭遇的是一场人类历史上从未有过的挑战，是一场不加以谨慎应对就有可能把人类引向毁灭境地的严峻挑战。

斯洛特戴克认为："当前的全球化紧张情况反映出了如下现实：随着民族国家，迄今为止的尽最大可能的政治居住条件——似乎是民主的民族（或是想象中的民族）的起居室和会议室——都将暂时停歇，并且在这个民族国家的起居室内已经到处都有着令人不快的穿堂风——特别是那些高失业率和不断升级的抱怨情绪共同滋长的地方。如我们回顾的时候可以认识得更清楚的那样，这曾经是民族国家了不起的功绩，为其中绝大多数的居民提供一种家的感觉，它同时是想象中的或者现实的免疫结构。它可以被体验为作为地点和自我的趋同，从更好的意义上是地区性认同性的体现。这种国家的功绩在福利国家体制对于国家强制力施以最成功限制的地方达到了最令人瞩目的成就。"[①] 随着福利国家陷入一片声讨中，民族国家的失败似乎已成为不得不承认的事实。恰在此时，全球化对民族国家构成了另一重挑战，使民族国家感受到了什么是雪上加霜。在危机以及越来越明显的运行不畅中，在民族国家"起居室"和"会议室"的核心地带，出现了类似于疯狂的民粹主义，并对外展现极端民族主义的肌肉，似乎随时准备着

---

① ［德］彼得·斯洛特戴克：《资本的内部：全球化的哲学理论》，常晅译，社会科学文献出版社2014年版，第232—233页。

投身一场肉搏之中。面对这些，我们不得不说，这是"最后的疯狂"。同时也说明，全球化中的成功者和胜利者，必将是那些能够冷静自持的人，唯有那些在全球化中以清醒的意识顺应全球化的要求而开展行动的人，才能在混乱中辨明方向，并用自己的行动去一步步地走在历史进步的方向上。

在全球化、后工业化进程中，在社会及其所有构成要素的高速流动中，"若地点和自我之间的交织有所松动，抑或是消解，就会产生出两种极端的情形，从中可以解读出社会场域结构同样实验性的解体：一个无地点的自我和一个无自我的地点。显而易见，一切现实存在着的社会都曾经必须面临着寻找在这两个极端当中某个达成共识的位置点——理想的状态当然是与极端保持着理想的距离。人们也很容易理解，即使是未来，每个现实的政治共同体也必须面对自我和地点的决定的双重律令给出一个回答"①。这个回答就是既在又不在。无论是个体还是共同体，作为自我是一个无地点的自我，而自以为自我所在的地点，却又是个无自我的地点。

自我是在行动中展开的，又在行动中实现收缩并返回来成为自我。行动的任务和解决任务的过程和结果证明和界定了自我，使自我成为相对性的存在。但是，那是机械论语境中的相对主义无法理解也无法想象的相对性。因为，自我的这种相对性将完全

---

① [德] 彼得·斯洛特戴克：《资本的内部：全球化的哲学理论》，常晅译，社会科学文献出版社2014年版，第233页。

把领地意识从人的头脑中驱逐出去,没有故乡,但行动之处就是家乡;没有家园,但所到的每一处都是家。总之,"自我越来越具有多地域性的趋势——同样地,地点也渐成多民族融合的、去国家化了的地点"①。在某种意义上,这只是一种向既存观念妥协的描述。实际上,当地点是流动中的点的时候,所谓民族国家等,都是在辞书中才能查到的词语。而且,无论怎样去作出解释,也很难让人想象出我们今天视为自然而然的那种状况。

◇◇第二节 从"世界"观念到"全球"观念

在全球化、后工业化进程中,可以确认为人类前行障碍的显然首推这样两个方面的问题:"一方面,制度代表了系统在生活世界中的规范锚定;另一方面,制度保护了生活世界的交往结构并保证了生活世界对系统的合理和民主的控制。"② 无论是在有着辉煌工业文明的西方诸国内部,还是在既有的世界秩序格局中,这两方面的问题都是人们必须面对的。哈贝马斯发现了这两方面的问题,但他并未打算对问题作出回答。事实上,他也不可能作出回答。这是因为,它们并不只是理论问题,而是一些需要

---

① [德]彼得·斯洛特戴克:《资本的内部:全球化的哲学理论》,常晅译,社会科学文献出版社2014年版,第234页。

② [德]阿尔布莱希特·韦尔默:《后形而上学现代性》,应奇等编译,上海译文出版社2007年版,第78页。

通过几代人的行动去寻求答案的实践问题。不是说这些问题的解决没有丝毫的紧迫性，相反，我们在今天就应当认识这些问题并努力寻求这些问题的解决方案。

进入 21 世纪后，这些问题所显现出来的负作用越来越明显、越来越严重。特别是以观念形式出现的这些问题，深深地扎根在了人的头脑之中，成为一种顽固的挥之不去的意识形态，以至于人们面对风险和危机时也努力将它们纳入既有的制度系统中，按照制度所建构和形塑出来的生活世界的交往和行为模式去作出理解和进行处置。特别是在国际社会，面对着恐怖主义以及地区性动荡，各种各样的政治和军事介入都只不过是为了维护一种固有的世界秩序。这与全球化、后工业化的要求是背道而驰的。全球化、后工业化意味着人类历史上的一次深刻的社会转型运动，它将是既有的世界秩序向全球秩序变迁的过程。也就是说，我们正面临着一种全新的全球治理问题，参与和建构起这种新型的全球治理体系，正是我们不可推卸的责任。

一　全球治理问题的提出

20 世纪七八十年代开始，全球化、后工业化的问题引起了人们的关注。人类历史发展中的这场全球化、后工业化运动越来越显示出不可遏制的势头，而且对人类社会生活的各个方面都产生了广泛影响。原有的与人类相关的一切，都正在发生变化和要求发生改变。全球化运动是率先从经济领域开始的，然后扩散到了政治以及社会的各个领域。这就是20世纪后期以来人们在谈到全球化问题时总是冠以"经济"的定语——经济全球化——的原因。

就经济全球化而言，究竟是跨国公司的兴起和壮大引发了全球化运动还是全球化运动造就了跨国公司？这可能是一个无法弄清且争论起来也没有什么意义的问题，但就全球化运动表现出了对民族国家边界的蔑视而言，显然是由跨国公司首先加以实践的。跨国公司的一个重要特征就在于它不像其他经济实体那样必须无条件服从一国政府的治理，而是时时处处都表现出将自己的意志强加于所有与它的经营有关的或它已经看上了的政府。因为它在一定意义上可以自由跨越民族国家的边界，从而表现出了对民族国家政府的某种蔑视。虽然它们声称遵守所有国家的法律，但在实际行动中，总能让所有国家的政府都以谄媚的神情讨好它。它可以不属于任何国家，却又是存在于国家中的，会以"国中之国"的形式出现。当你说它是某个国家中的"国中之国"时，它的身体的另一半却又在另一个国家中。至于同某个国家的政府相处是否愉快，主动权不在那个国家的政府手里，反而恰恰是在跨国公司的手里。所以，在跨国公司的视野中，并不存在严格的国界线，而这一点恰恰反映了全球化运动的基本精神。全球化进程中的人口、物质、财富等的流动是不能都归因于跨国公司的，但它们之间有着一致性，并与跨国公司一道汇成了全球化浪潮。至于政治上的全球化，则应视为对经济全球化的反映和确认。

总之，全球化荡涤着民族国家的边界，似乎要将民族国家边界上的篱笆拆除。采取这种行动的却又是来自民族国家内部的势力。在今后一个较长的时期，民族国家都可能是全球化运动中的行动者。无论是以全球正义的实现为借口，还是出于自身利益的考量，在采取行动时，十分吊诡的是，都对民族国家自身形成了否定。由于通信、交通的便利化以及利益要求的无限膨胀，民族国家否定自身的行动已经构成了不可遏制的历史趋势。因而，用一种新型的社会治理模式替代民族国家框架下的社会治理的运动也势在必行。不仅一国内部的治理需要拥有全球视野，而且全球已经如此紧密地联系在了一起，这本身也意味着人们正在呼唤着全球治理。

沿着近代思维的逻辑前行，也许人们会以为，将出现一种由全球机构承担的社会治理，或者说把美国联邦模式放大为全球治理。但是，如果我们采取了另一种思路：全球化也就是地方化。这样一来，我们就会看到另一幅图景，那就是，将会由充分的社会自治替代民族国家的治理。在此意义上，"地方化"只是一种空间比喻。实际上，这种治理并不是发生和局限于具体的地域空间中的，而是地域空间意义上的跨越性甚至全球性的治理，是没有固定地域界线的专业性社会组织所承担的社会治理。在许多情况下，这些组织是虚拟性的。令人不安的是，在全球化已经成为一个显著的历史现象的时代，许多谈论全球治理的人表现出了对建立全球机构的热情。这实际上是一种非常幼稚的要求，是一种试图把美国联邦模式复制到全球的做法，目的是要建立一个唯一性的全球国家。这显然是工业社会这个历史阶段中发展出来的线性思维的再运用，是在根本不理解全球化运动的实质的情况下提出的一种意见。

我们知道，"民族国家是历史的产物，它仅仅在一定时期和空间内存在。19世纪的欧洲一直是现代历史的中心。恰恰是在这几十年的历程中，决定性的斗争以各种方式奠定了资产阶级民族国家的基础，也确定了当代世界的框架"[①]。我们不应该期望民族国家会永远存在下去，在全球化浪潮一遍遍的冲刷之下，民族国家的边界必将变得越来越模糊，以民族国家这种形式出现的族阈共同体也必将为合作共同体所取代。阿明在分析民族国家时指出："意识形态、英国和法国的政治智慧和语言构成了民族国家形成和存在的基础。首先，对于民族国家而言，意识形态会相应地给它一个自主空间，把先在性赋予国家……这种先在性似乎是可以争议的。然而在这种情况下，国家确实就是资本主义的产物，马克思主义和正统的社会学都意识到了这一点。"[②] 其次，"在欧洲民族国家中，语言这一维度赢得了特殊力量，甚至作为一个新的社会成就而构成了国家的本质。教育和现代民主已经把民族语言当做一种工具，它通过民族国家本身的界定而终结了国

[①] [埃及] 萨米尔·阿明：《全球化时代的资本主义——对当代社会的管理》，丁开杰等译，中国人民大学出版社2013年版，第58页。

[②] 同上书，第59页。

家的边界及其大众文化"①。再次，现代民族国家是首先在英国和法国创建出来的，这里也是 18 世纪启蒙运动的发源地，孕育出了创建民族国家的政治智慧，并成为其他地区纷纷效仿的样板。"国家早期模式的力量激发了随后的国家模式。既然有了英国和法国，德国和意大利也就把他们作为创建自己国家的模板。创建者的智慧是认识到如何形成联合并造成社会妥协，从而能够动员各种各样的支持力量。"②

就世界范围来看，"在第二次世界大战之后，世界上所有国家都取得了独立，形成了民族国家体系，也正是在这个时候，民族国家陷入了至今也没有结束的危机之中，即使在它起源的核心区域也是如此"③。正是这种危机，演化出了全球化的力量，给了人们去结束这个被民族国家割裂的世界的希望。一旦全球化取得了积极进展，一旦经济全球化对政治形成最后的致命一击，那么，在民族国家框架下所开展的政治游戏也都将结束。工业社会在民族国家框架下所开展的社会治理必将为全球治理所替代。即使民族国家在一个相当长的时期内依然存在，民族国家中的社会治理也必然要与全球治理相呼应，必须反映全球治理的要求和对全球治理形成支持。相应地，由霸权国家主宰的旨在维护世界秩序的世界治理，也将为全球治理所替代。

---

① ［埃及］萨米尔·阿明：《全球化时代的资本主义——对当代社会的管理》，丁开杰等译，中国人民大学出版社 2013 年版，第 59 页。
② 同上。
③ 同上书，第 60 页。

在社会科学的话语中,"全球"的概念大致是在 20 世纪中期流行起来的。自这一时期开始,人们逐渐确立起了全球观念。起先是生态问题、环境问题出现了跨国界的影响,随后是经济以及自由贸易的实践努力把世界纳入一个市场体系中。特别是在冷战后,西方国家的"世界一体化"追求也赋予全球概念以更多的政治内涵。就人类社会的发展来看,溯及全球观念的源头,可以看到,是与近代早期的资本主义世界化联系在一起的。但是,世界观念与全球观念之间又存在着明显的差别。在世界观念中,存在着一个世界是谁的世界的问题,或者说世界是由谁主导的。泛泛而言,可以说世界是人类的世界,但在逻辑上必然会追问世界的中心在哪里?世界秩序由谁来维护和主导?从近代以来人们所建构起来的世界结构看,准确地反映了世界观念在逻辑上的形塑功能。

全球观念不同,它不需要一个中心,也不需要于其中去追问谁是主体,更不需要全球秩序的主导者。所以,当全球的概念取代了世界的概念而成为社会科学话语中的流行概念时,应当说表达了旧的世界秩序的终结和新的全球治理的开始这样一种要求。正是在此过程中,中国崛起了。因而,建构新型全球秩序的期望也就寄托在了中国身上,迫使中国必须参与到全球治理中来。如果说全球治理这一概念本身就包含着一种新型的关乎全人类的秩序的话,那么,中国在这种新型全球秩序的构想方面,在如何获得这种秩序方面,就需要作出认真思考。只有这样,全球治理的方向和路径才会变得明确。

随着中国经济发展取得巨大成就，世界对中国有了新的期待，原先承担着维护世界秩序责任的西方大国开始要求中国参与全球治理，甚至要求中国承担起更多的全球治理责任。同时，广大的发展中国家由于不满于西方国家长期主导的世界霸权秩序，也把对秩序重构的期望寄托于中国，中国在经济上的迅速崛起也使得政治影响力日益扩大。也就是说，中国已经告别了弱国形象，开始在诸多全球问题的解决方面获得一定的发言权。随着中国国际地位的不断提升，在全球治理中发挥越来越重要的作用将是不可逃避的责任。就人类社会正处在一次根本性的历史性社会转型而言，中国需要在旧秩序的终结和新秩序的确立中发挥作用。全球化、后工业化是建构全球治理体系及其模式的前提，也是历史加予人类的一个重大机遇，而中国的崛起，则意味着不可回避地承担起这一责任。而且，中国的政治、经济以及整个社会的发展也是与全球密切联系在一起的。中国需要顺应全球化的要求，自觉而主动地承担起建构全球治理体系及其模式的责任。

二 全球治理模式问题

全球化所表现出来的是人类社会发展在当下的一个横向维度，而后工业化则意味着纵向维度中的历史变革。从这两个方面看，所面对的都是一幅不同于以往的新图景，都包含着人类社会治理重建的新要求。也就是说，原先存在于民族国家中的社会治理以及国际关系中的世界治理，将被全球治理取代。

在全球化的条件下思考全球治理的问题，阿明表达了这样的观点："全球化已经削弱了民族国家的力量，因此需要对全球的经济、财政和金融体系进行管理……经济全球化从逻辑上需要建立一个能够对危机做出反映的世界政治体系，它是一个能够在世界范围内达成社会妥协的权力体系，就如同民族国家在国家层面上进行的一样。"[①] 这看上去是一个非常现实的方案，显然最能够为人们所理解和接受。但是，它在经济和政治模式上实现了何种意义的变革，却不能不说是一个问题。实际上，它无非是对工业社会模式的强化，是要求民族国家扩张为一个统一的全球国家，继续运用官僚制的运作方式而对这个全球国家进行管理。这是可能的吗？如果作出了肯定性的回答，就无异于说人类的后工业社会仅仅是在更大范围内复制了工业社会的模式，全球化、后工业化也就不再意味着人类社会的一场根本性的变革。那样的话，一切都会变得简便易行，只要由美国这样的强国出头展开一次全球性的征服，然后作出建立全球性国家的安排，当前人类所面临的一切问题也就销声匿迹了。非常明显，这是一种过于简单的线性思维，也是对依附论学派致力于挑战世界中心—边缘结构的思想背叛，更没有把人类当前所面临的高度复杂性和高度不确定性考虑进来。

---

① ［埃及］萨米尔·阿明：《全球化时代的资本主义——对当代社会的管理》，丁开杰等译，中国人民大学出版社2013年版，第20页。

不仅是阿明，面对全球化，许多学者都提出了建立世界国家的构想，阿明只是持这一构想的学者的代表。也就是说，他所表达的意见是有代表性的。"能否说建立世界国家已经成为客观的历史必要了呢？毫无疑问，我们需要再次认识到，资本积累导致了地球资源的破坏。但是，面对这个困难，主流的政治和文化制度都逃之夭夭了！美国的傲慢就是一个清楚的说明。不容置疑，全球主义的意识形态必定和它的前提一致，它们不仅要支持全方位的市场三位一体化（商品和服务、资本与劳务），而且也要用进步的社会精神去正视通过建设世界国家来辅助管理世界民主和地球资源。显然，主流的自由主义意识形态不会这样做。相反，它既不用可行方案，也不击破军事上极不平衡的状态，而是利用意识形态本身来削弱国家力量。"①

工业社会带来的后果已经使人类难以承受了，人与人的竞争、国家与国家的竞争，最后都将消极后果转嫁给自然界，耗尽了自然资源、破坏了环境，而人以及国家在此之中只收获了那部分合乎其目的的利益。然而，在工业社会走到其发展巅峰的地步，自然界在接受人的竞争所转嫁过来的破坏性因素方面已达饱和状态，不仅不再能默默地忍受人们的竞争，而且无法对人的生存提供充分的支持。全球化、后工业化所面对的首先就是这一问题。但是，这是否意味着通过建立全球国家实现对人的控制就能

---

① ［埃及］萨米尔·阿明：《全球化时代的资本主义——对当代社会的管理》，丁开杰等译，中国人民大学出版社2013年版，第69—70页。

够成为一个解决问题的方案？显然不行。如果作出这种设想，那肯定是一种过于简单化的想法。是绝不可能把"国家主义"改写成"全球主义"的，因为，那样做并不能实现根本性的治理模式变革，简单地把"国家主义"翻牌成"全球主义"是不可能解决当前人类所面对的这些问题的。

回顾工业社会的历史，民族国家尽管有着不同类型，采取了不同的社会治理方式，尝试了各种各样的控制技巧，但无一例外，而且也都不可避免地让自然界去承受人的竞争行为的后果和为人的行为失误埋单。依此判断，即便建立起全球国家，虽然消除了民族国家之间的竞争，但人与人之间的竞争却不能消除。那无非是化宏观的破坏自然的行为为微观的和无所不在的破坏自然的行为。即便这个全球国家实行了超强的控制，又有什么因素和力量保证它不出现巨大的行为失误，乃至不对自然界造成最后的毁灭性破坏？也许学者们会说，民主将是保障，但全球国家的民主在何种意义上又不是对民族国家历经数百年试验的民主模式的复制呢？如果在后工业化进程中对工业社会的民主寄予美好的幻想，与工业化初期那群对农业社会的田园生活大加赞誉的空想社会主义又有什么不同？显而易见，那仍然是一种非常值得怀疑的空想。

所以，全球国家的构想绝不是一个好主意。从阿明上述那段话来看，他是在抱怨美国那样的大国缺乏建立全球国家的雄心壮志，进而转求其他。这本身就是一种不正常的心态和错误的想法。可以肯定地说，全球化是民族国家消解的过程，但代之而起的绝不应是全球国家，而应当是一种全新类型的合作共同体。这种合作共同体在人类历史上的任何阶段都未出现过，是一种等待着我们大胆构想和精心设计的全新的生活形态和行为模式。对于这一共同体而言，所开展的将是一种全新的全球治理模式。

在与农业社会的"家元共同体"比较的意义上，我们把工业化、城市化、资本主义世界化进程中出现的现代共同体称作"族阈共同体"。在构成了一个相对独立的和完整的社会治理体系的意义上，我们把民族国家看作族阈共同体的一种表现形式。作为族阈共同体的民族国家是建立在契约之上的。正如阿明所说："为了建立国家，人们订立'社会契约'以建立民族国家——作为一个国家，作为一个民族国家，因而没有'社会契约'，国家也就不会存在。"[①] 这是否意味着人类对契约的永恒依赖呢？答案显然不是。当然，社会契约不仅是启蒙时期的伟大发现，而且是人类的一项伟大发明。不过，我们必须承认的是，基于社会契约而建立起来的民族国家在工业社会除了带来无限辉煌的伟大成就之外，也导致了无穷无尽的冲突。事实上，社会契约造就了一种文明类型，在包含着政治、经济等所有的社会生活领域中，都可以呼唤并实践着理性和科学，使人类的一切可以理性化的活动都能够吸纳竞争机制。当我们为竞争所带来的竞争者的

[①] [埃及] 萨米尔·阿明：《全球化时代的资本主义——对当代社会的管理》，丁开杰等译，中国人民大学出版社2013年版，第71页。

双赢和多方共赢而庆贺时,当我们为竞争赋予社会以巨大活力和推动社会进步而志得意满时,却没有想到,我们其实是让自然界去承担一切终极性的破坏,毁灭了自然对人类的宽容和亲和。所以,随着后工业化进程的开启,可以相信,人类将不再满足于工业社会既有的发明,而是要求用一项新的发明去推动人类的进步。

人类在今天所遇到的诸种问题也都是启蒙时期未曾发现的,也不是启蒙思想家们能够想象到的,我们没有理由认为启蒙思想一劳永逸地解决了所有问题。我们今天遭遇的问题,恰恰是基于启蒙思想的社会建构和行为模式建构带来或引发的,我们怎能相信启蒙思想可以继续指导我们解决这些问题呢?即便是那些对启蒙思想加以修订和改装后的思想,也不能在解决我们所遇到的问题时发挥切实有效的指导作用。我们必须根据我们所遇到的问题,必须依靠我们今天所拥有的资源,去对未来作出规划。在这个过程中,试图沿着近代以来的思想演进逻辑去把既有模式扩大化和强化,都是远远不够的。在某种意义上,可以视为懒惰的表现。总之,社会契约以及基于它的全部社会建构,都是应当受到否定的。甚至可以设想,应当到它的对立面去寻找通向未来的道路。当然,这个"对立面"应该是新设立的对立面,而不是已经被启蒙思想否定的对立面。

在人们开始意识到全球化的问题时,人类社会发展中所呈现给我们的是一个被称为"欧盟"的案例。所以,谈论全球化的学者们无一例外地都关注到欧盟这一社会现象。阿明对欧盟推崇备至。从时间上看，欧洲一体化是全球化的开始，在一定程度上，可以把欧盟的建立视为全球化的一个示范性案例。但是，我们并不能就此而认定欧洲能够成为全球化的推手，更不应该将其视为全球共同体建构可资模仿的范例。因为，从欧盟运行的情况看，欧洲并未生成全球意识。阿明其实也看到了这一点，他指出："由于缺少政治远景，所以，在社会视角中补充政治愿景，就将反作用于欧洲共同体已经建成的经济基础。在世界经济政治体系中，欧洲及其成员如何确定他们的计划（或诸多计划），仍然是一个无结论的问题。"① 虽然在阿明谈论欧盟的问题与前景时尚未明显地显露出诸如英国"脱欧公投"等明显的离心倾向，但阿明已经看到，"欧洲一体化的前景仍然非常不确定。只有当欧洲成为新的政治和社会主体时，一体化才能更加深入，但欧洲共同体同样很可能陷入停滞，变成边缘化的主体，甚至发生倒退，失去它现在已具有的重要性。欧洲仍然没有把自己变成一种不可逆的历史现实"②。

就欧洲一体化而言，也许是基于自由贸易原则而作出的设计，在这个方面，它是一个自觉的过程。然而，全球化在欧洲的关注之外，欧洲各国与欧盟之外的国家仅仅建立起了贸易关系和开展经济交往，它们无意于推动全球化，甚至没有意识到全球化

---

① ［埃及］萨米尔·阿明：《全球化时代的资本主义——对当代社会的管理》，丁开杰等译，中国人民大学出版社2013年版，第104页。
② 同上书，第104—105页。

为它们带来了什么样的机遇和挑战。所以说,"欧洲并不是建立在某个塑造社会的共同计划基础之上的……欧共体的共同目标并没有涵盖所有社会目标,毕竟受到控制的工作环境和贸易联盟的权利是主要成员国在很久以前就达成的共识。无论是社会所有权(不仅是对私人和公共所有权进行有限讨论)的核心问题,还是工作的未来状况及其社会地位(这不是与工人'磋商'的陈词滥调),都没有写入欧共体的行动日程"①。对欧共体自身而言都缺乏重塑社会的计划和追求,就更不用说还会有什么全球目标了。至于全球治理的问题,可以认为,欧洲的学者和思想家们根本就没有去认真地想过。

随着欧盟的离心倾向在英国、意大利等地区变得越来越强,可以断定,作为一个让人联想起全球化样板的案例,欧盟会在发展实践中走向两个可能的方向。首先,会有一种力量要求把欧盟塑造成一个更大的国家,用来代替分散的民族国家所构成的欧洲。在这种要求中,反映了在国际舞台上与美国等强大国家开展竞争的追求,以为国家规模的扩大和统一国家实力(通过整合的途径)的增强而能够使其在国际舞台上占据优势地位,能够通过在政治上、经济上(将来也可能会在军事上)战胜其他所有国家而取得更大的甚至永恒的利益。根据契约论的原则,这种要求会落实到让每一个国家都根据契约原则而让渡某些"权利"

---

① [埃及]萨米尔·阿明:《全球化时代的资本主义——对当代社会的管理》,丁开杰等译,中国人民大学出版社2013年版,第107页。

上来，即让所有的成员国都作出某些利益上的牺牲而去换取更大的利益。英国公投本身证明，民族国家的公民不认同这一做法。也就是说，英国的公民并不愿意按照霍布斯的意见去用暂时的小的牺牲去换取某个期望中的更大利益。

欧盟也可能受到另一种力量的牵引，那就是把欧盟塑造成一种（非国家的）新型共同体的追求，即致力于合作机制的建构，并一步步地走向合作共同体的方向。如果是这样，那么，英国公投所带来的困难将是暂时的，过了一段（也许不是很长的）时期，欧洲各国又都会回归到欧盟的框架下，并展开一波淡化民族国家边界的行动，把整个欧洲整合成一个合作共同体。这需要一个前提，那就是它应当拥有一种明确的建构合作共同体的理论去指导它开展行动。不过，即便出现了这样一种理论，现实情况也是，在欧盟之外依然存在着民族国家，从而决定了欧盟对外关系必然是竞争与合作并存的状况。那将意味着，欧盟成为一个整合后的巨大的民族国家而在既有的国际关系体系中去与其他民族国家打交道，仍然不会建构起全球治理的新模式。

在瞻望全球治理的前景时，欧盟并不是一个可以推广和效仿的模式。至多，在我们所谈到的后一种可能性之中，包含着可以把欧盟统一意识放大为全球精神的可能性。那样的话，也必须指出，全球精神与欧盟意识在根本性质上是完全不同的。不过，如果考虑到欧洲人所背负的18世纪启蒙的包袱的话，在这个地方，是不可能产生出这种创造性的全球意识的，也许只有一种来自外部的输入，才能使欧洲获得这种意识。果若如此，欧洲就需要等待着我们为它提供革命性的思想。

在全球化、后工业化进程中思考全球治理的问题，需要一项根本性的理论和思想创新。首先需要把全球每一个国家、每一个地区都看作一个完整的合作共同体的构成要素，需要把不加任何排除的人的共生共在作为一切行动的根本目标，并在此前提下去作出全球治理的安排。不过，欧盟近期的诸种表现也让我们更加充分地认识到，历史前进的道路是曲折的，欧盟发展中所遭遇的挫折也会反映在全球合作共同体建构的追求中，会使全球治理模式的设计和建构出现各种各样的变数。但是，在对全球化、后工业化运动的深层解读中，建立起为了人的共生共在的全球性合作共同体是无可选择的历史必然。在今天，确立全球治理的主题，并为了全球治理模式建构而进行谋划，是可以在全球性合作共同体的建构中发挥引领作用的。鉴于近期美国出现的某种反全球化倾向，说明西方社会深深地受到资本主义世界化所造就的世界观念的束缚，会在全球化进程中选择逆行的方向。这样一来，全球化进程就会因此而延宕。同时，这也说明，也许促进全球化的任务落在了中国的肩上，需要中国去承担起建构全球治理新模式的任务。而且，也只有中国能够胜任这项工作。

三 建构全球治理模式的阻力

从近代历史看，在工业化的进程中，西方国家相继崛起的历史总是伴随着战争。一个国家的崛起就是一个霸权的出现，也意味着重新划分国际格局的要求产生了，从而通过战争去开辟道路。在全球化、后工业化进程中，后发展国家的崛起是否意味着复制既往的历史事件呢？如果后发展国家走上了西方发展的道路，那是必然要发生战争的。但是，如果后发展国家走出一条全新的道路，国家间的战争就是可以避免的。然而，令人不解的是，西方发达国家总是极力推荐它们的价值观和发展道路，总是希望把后发展国家变成它的克隆物。这是一种多么愚蠢和多么危险的做法呀！现在看来，中国在21世纪崛起已成必然，中国传统的价值观是它和平崛起的保证，但西方国家总是要把它们近代生成的那些东西加予中国，要求中国按照它们的模式去进行政治改革。而且，西方国家也确实在中国扶植起了不少信奉西方价值观的知识精英。如果中国真的按照西方国家的设计走上强国发展之路的话，其结果将是怎样的呢？显然，西方国家所担心的事情必将发生。

在谋划未来时，必须首先充分考虑既有的条件。我们既已拥有的这个世界是在资本主义世界化进程中形塑出来的，甚至可以说是由近代率先建立起了民族国家的西方建构起来的。作为一个世界，包含着中心—边缘结构。就全球化意味着"世界"的终结和"全球"的兴起而言，必将打破资本主义世界化所建构起来的这一世界结构。如果历史的进步不是通过打破中心—边缘结构去开辟道路，而是中心与边缘位置的互换，那么，人类就会在风险社会中陷得越来越深。以世界体系为例，如果仅仅是一个或者一些国家挤进了中心地区，而将现在中心地区的国家排挤到边缘地区去，必将付出世界动荡的代价。而且，在工业社会已有的成就面前，这种动荡的代价是否能够被人类所承受，可能是一个在今天难以作出评价的问题。所以全球化的唯一前进方向就是消除任何形式的中心，从根本上打破世界的中心—边缘结构。这是因为，人类今天所面对的几乎所有问题都是产生于这个世界中心—边缘结构之中的，是这个世界中心—边缘结构造就了发展不平衡、贫富对立、环境和生态灾难等。

阿明指出："无论人们怎么想，美国的战略目标都是维持它在世界霸权中获得的优势。"① 然而，在全球化进程中，"这个战略目标受到了世界经济中竞争力量的侵蚀，也受到了因维持这种地位而支付昂贵代价的威胁。既然两极世界的原则不复存在，对所谓的更多的'敌人'进行干涉也就必然要增多……如果必要，通过分裂国家来削弱'潜在敌人'，通过使其内部不停地冲突来消耗尽敌人的力量，就可能有助于降低干涉的必要性。一直为快速干涉寻求理论基础的地域政治学，以及控制世界上最重要自然资源的军事战略是美国不愿放弃的不可缺少的方法，至少目前不愿意……因为华盛顿（美国政府）非常清楚，如果失去了政治

---

① ［埃及］萨米尔·阿明：《全球化时代的资本主义——对当代社会的管理》，丁开杰等译，中国人民大学出版社 2013 年版，第 66 页。

霸权，美国的经济特权地位，特别是美元作为世界货币的地位（这可以使其他国家为美国进行赤字融资）就不能再维持下去。有人认为，美国缺少施加强权所必要的金融手段，因为国内压力迫使美国减少对外干涉费用。但是，他们忘了美国霸权同时也保持有利资源流入美国的最好的方法。"①

在既定的世界体系中，随着冷战的结束，美国已然是世界唯一的中心，而欧洲则沦落为紧紧围绕着这个中心的最内一圈的边缘，成为沃勒斯坦所说的"半边缘"。② 所以，美国可以凭借着自身的中心地位而肆意地掠夺一切边缘国家和边缘地区的剩余。在没有任何竞争对手的条件下将那些来自边缘的剩余收入囊中，并用来维护既有的世界体系和用来巩固自身的中心地位不发生变化。显然，这是与全球化背道而驰的。如果说全球化代表了某种具有必然性的历史趋势的话，那么，美国的所有这些努力都只能一时阻碍全球化的脚步，而不会长期持续下去。即便是这种一时阻碍全球化进程的做法，也必将伴随着巨大的风险，会让世界变得更加动荡，并在这种动荡中将自己置于非常危险的境地。

可以相信，世界并不会完全按照美国设计的路线运行，总会有某些它预想未及的因素出现，并打破这个它极力维护的世界体系，从而打破这个它可以从中源源不断地获取收益的世界中心——

---

① ［埃及］萨米尔·阿明：《全球化时代的资本主义——对当代社会的管理》，丁开杰等译，中国人民大学出版社2013年版，第66页。
② ［美］伊曼纽尔·沃勒斯坦：《现代世界体系》第1卷，郭方等译，社会科学文献出版社2013年版，第97页。

边缘结构和终止任何形式的世界霸权。那样的话，即使人们都变得文明和理性了，也无法保证所有人都放弃对它所犯下的罪行加以清算的要求。所以，如果美国政府具有足够的智慧和理智，早一日抛弃霸权思维，就是既有利于世界也有利于其自己未来的明智之举。可惜的是，美国并不愿意听到也不会听到这种声音。

一些致力于赶超西方发达国家的地区中的人们也许会想望着通过自己的发展而一步步地逼近中心，或者满足于作为一个地域性的中心，或者乐意作为世界中心—边缘结构中的一个"次中心"，或者干脆跻身于世界的中心。在中心—边缘结构的边缘地带能否生成次中心？能否生成一个同样的拥有中心—边缘结构的系统？也许经验可以向我们提供肯定性的答案，而在理论思考中，则会作出完全不同的回答。这是因为，如果在一个有着中心—边缘结构的系统的边缘地带生成了子系统，作为子系统的次级系统的出现其实意味着系统不是唯一的。也就是说，会同时出现或同时存在着若干个次级系统。即使所有这些次级系统都围绕着一个共同的中心，那么在这个次级系统中又有着许多围绕着次中心的边缘。也许这会形成一个类似于星系结构的图景，但民族国家绝不是恒星或行星，它在主权的名义下是有着一定的自主性的，可以决定选择自己愿意接受的中心，或者成为这个中心的边缘或者成为那个中心的边缘。

这样一来，次中心就会变得不稳定，相应地，次级系统也必然会受到两个或多个系统的拉扯，从而将其撕裂，即表现为系统的解体。从理论上看，如果一个系统是有着中心—边缘结构的，那么，在其边缘带上即使产生了次级系统，也不会长期存在下去，而是必然会走向解体。因而，也就不可能出现可以长期保持不变的次级系统及其次中心。在国际社会中，工业社会的历史阶段总是表现出这种状况，不同的政治板块之间的边缘地带无法永久性地保持一个独立自主的民族国家，即使出现了所谓"中立国"，也是各政治板块出于缓冲的需要而暂时任其存在的。一旦各政治板块或某一政治板块认为它作为缓冲工具的价值丧失了，立马就会消除其作为一个完整的独立系统的性质。

在民族国家内部，系统边缘地带的次级系统可能会长期存在，但与国际社会的情况不同的是，这些次级系统并不具有独立性，而是一种从属性的甚至是附属性的系统，它的中心—边缘结构会随时根据作为系统的民族国家的中心—边缘结构自我持存的需要而发生改变。一个次级系统的存在作为经验事实只是一种幻相。不过，我们必须承认，在整个工业社会的历史阶段中，中心—边缘结构是一种普遍存在着的世界构图，一切不平等、不平衡、非正义的问题都是根源于这种中心—边缘结构的。由于中心—边缘结构决定了世界意义上的系统在能够同化边缘的时候就维持边缘的存在不变；如果不能同化边缘就会将其撕裂后再加以同化。其结果，都无非是将其化为边缘。正是这个原因，导致了近代以来世界格局变动的历史事实。

直到20世纪中期，人类都走在工业革命所开辟的道路上，每一次经济危机或世界大战，都只是工业社会发展道路上的插曲，甚至发挥了强化世界中心—边缘结构的作用。全球化则意味着人类历史的一个新起点，即从工业社会向后工业社会转型。全球化运动绝不是世界中心—边缘结构的延续，更不可能实现对这一结构的强化，而是一场打破世界中心—边缘结构的运动。全球化的客观要求就是要造就出一个"平"的世界，而不是用一种新的中心—边缘结构去取代既有的中心—边缘结构。依这个标准来看，女性主义运动如果希望把女性置于世界的中心，国家间的竞争如果希望用新的霸权取代既有的霸权，都只不过是工业社会的世界中心—边缘结构的持存。这就像农业社会的一个王朝取代另一个王朝一样，不是对社会的既有结构和性质的改变。

我们在全球化进程中所看到的恰恰是一种强大的阻碍历史进步的力量，主导势力仍然顽固地在既有约束框架之内开展活动，力图获取短期利益，因而加剧了世界的动荡和无序状态。"他们试图通过市场'自我调节'这类陈腐的意识形态，或者通过断言'别无选择'，或者通过纯粹简单的愤世嫉俗来证明其选择的合法性，但这并非解决问题的办法，而是问题本身的一部分。"[①] 自由主义的意识形态以及基于这种意识形态的世界体系，已经将人类领进了风险社会，对这种意识形态的持续

[①] [埃及]萨米尔·阿明：《全球化时代的资本主义——对当代社会的管理》，丁开杰等译，中国人民大学出版社2013年版，第6页。

推行，只能使人类社会雪上加霜。工业社会有许多不可超越的东西，有许多不需要超越的东西，这就像运动员只需要跨越安置在跑道上的障碍栏，对于操场边缘的围栏，即使他能够一跃而过，也不需要去尝试跨越，他只需要跨越那些摆放在跑道上的障碍栏就可以证明自己的能力。在全球化、后工业化进程中，全球合作共同体的建构，全球治理模式的谋划，需要跨越的障碍物就是世界的中心—边缘结构，只要我们解决了这一问题，人类社会将不再有霸权，既有的世界治理模式就得到了超越，全球性的人的平等也就会成为现实，人的共生共在价值也就会包含在人的一切行动之中了。

人类全球化、后工业化的行程才刚刚开始，在20世纪80年代以来的全球化运动中，每一次举步前行都显得无比艰难。在未来的行程中，进两步退一步都是常有的事。政治与经济的行进速度是不一致的，以至于政治被经济全球化的脚步甩得越来越远。这就是鲍曼所看到的，"从两个世纪的现代民主那里继承的政治机构，并没有像经济那样也进入到全球空间……政治依旧像先前那样是区域性的……这样的体系显然是不平衡的"①。政治与经济全球化程度的不同，已经带来了消极后果，民族国家框架下的区域性政治阻碍了经济全球化的进程。在某些灾难面前，民族国家也会重新证明自身的价值。随着经济活

---

① [英]齐格蒙特·鲍曼：《被围困的社会》，郇建立译，江苏人民出版社2006年版，第166—167页。

动在国家间的频繁展开，狭隘的政治观念不时地在这种经济活动中挑起冲突，在国家间制造不公平。一方面，是强国、大国走向更富裕的一极；另一方面，则是小国、弱国向相反的方向运动。这种国家间的不公平以及发展的两极化，导致了矛盾和冲突。在小的、弱的民族国家无力向大的、强的民族国家提出抗议的情况下，非国家力量却悄悄地成长，并以恐怖主义行动去宣示它的存在和发泄它的不满。可以认为，新世纪出现的恐怖主义无非是由霸权派生出来的，是一种极端化的反霸权现象。由于它是极端化的，因而其表现也是非常有害的。

全球化虽然是由经济开辟道路的，而政治的发展则迫切需要自觉的推进。只有政治全球化与经济全球化实现了平衡，只有当政治走出民族国家的框架而获得了全球政治的属性，才能找到一条真正健康的全球化道路。然而，如上所述，从美国最近的表现来看，工业社会的政治模式正在以恶作剧的方式嘲弄全球化，通过宣示一些反全球化的经济主张而去表现政治的荒唐，也通过一些荒唐的政治行动去对全球化发起攻击。当然，在此背后，可以看到巨大的阻力来自思想和行为的惯性，工业社会既有的思想和行为模式与其物化形态的世界中心—边缘结构相互纠缠在了一起，从而成为全球化、后工业化进程中的最大障碍。只有突破了这一障碍，全球治理模式的建构才能走上一条阳光大道。所以，全球治理的兴起本身意味着对工业社会的政治以及经济运作模式的扬弃。如果我们的社会治理概念需要覆盖全球,如果说全球化所渴求的全球治理就是全球性的社会治理,那么,我们关于社会治理的设想,也应反映在全球治理上。而且,就全球治理而言,承认、包容、相互尊重等道德主张会显得更加重要。

第八章　全球治理中的合作

今天，我们已经可以去憧憬全球治理了，即把全球治理作为一种可以想望的新模式对待。在近代社会的发展中，资本主义世界化终止了农业社会的地域分离，开拓出了一个有着中心—边缘结构的世界，因而也出现了世界治理。世界治理是在中心—边缘结构中进行的，所营造的是一种霸权秩序。全球化、后工业化意味着人类历史的又一次转型，意味着世界治理为全球治理所取代。全球治理不仅是在空间上遍及全球和让全球每一种社会力量都参与到治理中来，而且要求每一个局部性、地方性的社会治理都应拥有全球观念和全球视野。世界治理是民族国家开展竞争的框架，而全球治理将代之以合作，其目标是实现人的共生共在。全球治理将是合作治理，但是，我们却不应对合作抱有任何幻想，任何关于合作的幻想都是有害的。在促进以合作为特征的全球治理模式建构过程中，我们需要把合作建立在坚实的基础上，而且要首先将自己打造成合作体，并通过展示合作的力量去实现全球治理模式的生成。

在全球化、后工业化进程中，人类将走进一个全新的历史阶段。在这个历史阶段中，我们将生活在"全球社会"之中。全球社会的建构将对道德和文化提出全新的要求，而这些要求却是我们在人类的历史遗产中不可能获得的，而是需要我们去自觉地加以建构的。从全球化、后工业化运动中带来的社会变化看，正在为我们去建构起新型的道德和文化作出准备和提供条件。全球社会中的道德与文化将是建立在社会的开放性和流动性前提下的，需要满足社会高度复杂性和高度不确定性条件下的人的生活和活动的要求，从属于和服务于人的共生共在的目的，在行动上表现为合作治理。所以，全球治理的真实意蕴也就是合作治理。

◇ 第一节　走向合作的全球治理

20世纪80年代，人类是在整体上穿过了《纳尼亚传奇》中的那只大衣柜，进入了一个新的世界。而且，当人类进入这个世界之后，身后的那只大衣柜也就完全消失了，再也回不到过去那个世界了。但是，在人们的记忆中，即将逝去的那个世纪曾经发生过的战争和动荡犹在眼前。正是战争和动荡促使人们在20世纪最后的几年中确立了"和平与发展"的主题。一时间，世界各国领导人聚集在一起的时候，往往笑容可掬地瞻望一个和平与发展的未来。

可是，进入21世纪后，人们却在和平与发展的主题上噤声了。一方面，因为恐怖主义的出现而使和平赞歌失声，甚至使和平的美梦做不下去了；另一方面，环境污染、地球变暖等问题也宣示着发展的主题失去了可以续写的篇章。实际上，这些都不是问题的根本，和平与发展的主题没有失效，只不过原先在这两个主题下所开展的行动都未指向世界的中心—边缘结构。也就是说，在资本主义世界化进程中建立起来的世界中心—边缘结构制造了几乎所有的不公平、不公正，从而引发了矛盾和冲突，使世界变得不安宁。如果不打破世界的中心—边缘结构，关于和平与发展的一切申述都只是一种臆语。正是由于人们没有确立起从根本上改变旧世界的目标和行动路线，才让我们看到新世纪出现的一种工业社会回潮的现象，无论是在一国内部还是在国际社会中，似乎一切又回复到了近代早期就开始确立的那种秩序之中，局部性的战争和动荡又开始频繁爆发。

一 全球治理：新旧模式的更迭

在近代早期发生的资产阶级革命属于一场打破旧世界和创立新世界的运动，它在近代与古代之间划定界限，把人类历史分成不同的历史阶段。但是，资产阶级革命并不是历史进程中的断裂带，而是在历史为它提供了充分准备的条件下发生的。打个比方：有一棵幼芽即将破土，却有巨石压在了这棵幼芽之上，需要把这块巨石搬除，资产阶级革命所发挥的就是这样的作用。对于新世界来说，资产阶级革命所扮演的是帮助它破土而出的作用。早在中世纪后期，城市化进程中就孕育了工业社会的种子，资产阶级革命使这颗种子萌芽和破土而出，从而走上了工业化进程。进入工业社会后，始于中世纪后期的欧洲城市化运动呈现出加速的迹象。根据蒂利的考察，"在19世纪和20世纪期间……制造业和工人涌向城市……制造商住在他们能降低获取原料的成本和使他们的产品接近市场的地方，可以正确地假定，工人们将会到制造商所在的地方去。最后一波的集中极大地加速了欧洲的城市化，产生出了人们现在已知的城市化的大陆"①。

具体地说，"在欧洲，城市增长的巨大加速是在1790年后到来的，伴随着19世纪的资本集中、工作场所规模的增大和大规模运输的产生。"② 在此过程中，经济实现了根本性的转型，原先的自然经济形式基本上被市场经济所改造和替代。社会结构也发生了变化，城市成了分布在欧洲各地的一个个中心，而农村则成了围绕着各自中心的边缘，在市场中开展活动和从事生产，受到市场的影响甚至支配。在欧洲从绝对国家向民族国家转变的过程中，城市发挥了重要作用。当绝对国家从神权国家分离出来后，面对着诸多与君主争权的世俗贵族，这些贵族在是否臣服于君主方面总是表现出患得患失的状况，甚至不时地出现反叛君主的行为。为了避开贵族而开展社会治理，君主往往利用城市，即

---

① [美]查尔斯·蒂利：《强制、资本和欧洲国家》，魏洪钟译，上海世纪出版集团2007年版，第55页。

② 同上。

通过城市建立起一整套与贵族无涉的行政管理体系。这种行政管理体系建立起来之后，贵族的力量相形失色，而君主则变得强大起来。其结果是，一方面，促进了社会治理朝着现代化的方向前进；另一方面，面对君主的强势，贵族也不得不作出臣服的选择。随着贵族力量的削弱而仅仅成为一种称号，国家则走向统一，君主的绝对性地位得到确立。这是绝对国家走上顶峰的标志，也是绝对国家向民族国家转变的起点。

在民族国家的形成中，海外扩张的行动发挥了驱动作用。海外扩张的行动也把贵族纳入到动员对象的范畴中，并要求他们给予物资上的支持。但是，海外扩张的最大受益者却是城市。向海外市场输送的是城市生产出来的工业品，而从殖民地掠夺回来的，除了供给城市生产的资源外，也有大量的本国农业产品的替代品，以至于土地贵族变得可有可无。在海外扩张中，所需要的兵源主要来自农村，即把贵族土地上的农民转变成战士，使贵族土地上的人口下降到了无法再组织生产的地步，从而对贵族形成了另一重打击。贵族衰落了，即使君主还存在，也已经失去了作为贵族中最大贵族的意义。君主是与贵族共在的，没有贵族，君主的性质和功能都发生了转变。至于君主能否被保留下来，则取决于新生社会因素的意志或偏好。不管君主是否被保留下来，国家的性质都发生了变化，即转变为民族国家。这就是近代民族国家生成的基本情况，离开了对城市作用的认识，也就无法理解民族国家生成的奥秘。

这只是近代欧洲民族国家生成的自然历史过程，至于二战后的民族国家建构运动，所遵从的则是另一种逻辑。总之，人类社会经历了上述过程而形成了一个统一的世界。这个世界是民族国家的世界，民族国家依据经济、政治等各种因素而被纳入到一个体系之中，形成了有着中心—边缘结构的世界体系。特别是在20世纪经历了两次世界大战后，形成了围绕着世界性霸权国家而展开的世界中心—边缘结构，在这个中心—边缘结构中产生了世界治理模式。

在近代以来这个由民族国家构成的世界中，实际上并不存在严格意义上的治理，世界秩序的获得不像在民族国家内部那样是通过权威机构的行动建构起来的。在民族国家间，一方面存在着霸权和依附关系，有着某种隐性的命令—服从机制；另一方面民族国家间平等的原则又是人们经常提起的，甚至遵守这一平等原则往往被看作一种道义。由于这两个方面的纠缠，世界秩序基本上是以竞争的形式出现的。所以，由民族国家构成的这个世界也被称为"国际社会"。作为一个社会，主要表现为一种竞争的社会。竞争行为模式涵括了三种类型的行为，分别是竞争、战争和竞赛。总的来说，在近代以来的这个历史阶段中，特别是在经历了两次世界大战后，民族国家间的竞争是得到鼓励的，被认为是文明的行为，战争则被视为一种野蛮的行径。然而，战争却时常发生，至少局部性的战争在"二战"之后从未绝迹。

战争是竞争的激烈形式,总是发生在民族国家或一个区域中对立的人群之间;竞争往往是由个体的人或组织化了的个体的人承载的。至于竞赛,更多地具有娱乐的性质,特别是在体育活动中表现得较为经典。如我们已经指出的,在农业社会中,竞争行为尚未模式化,这个时期尚未生成竞争文化,竞争行为往往得不到规范,因而更为经常性地以战争的形式出现。一般来说,战争主要发生在不同的共同体边界上,至于温和的竞争或更多的时候以友好的形式出现的竞赛,在农业社会已经普遍存在,但其非规范色彩依然是比较明显的,没有明确的规则去规范这种竞赛行为。到了工业社会,竞赛作为娱乐活动而得到了发展,而且也被要求在一定的规则约束下进行,关于这种行为的规则甚至要比竞争规则更为严苛。尽管如此,却又是人们乐意于接受的,规则的严苛丝毫也没有削弱竞赛的娱乐性质。

在工业社会,由于竞争行为模式化了,而且竞争行为也是最为普遍的社会行为,因而,竞争行为往往是由法律来加以调控的,在国家间则是以一系列协议和协定的形式出现,也被称为国际法。也许竞赛更多地属于娱乐的范畴,以至于人们很少为了竞赛而去制定法律,竞赛规则往往是以俱乐部规则的形式出现的。比较起来,战争除了会被要求遵守一些原则之外,基本上是不受规则规范的,而在大多数非战争状态的时期和地区,应当说规则发挥了作用。在此意义上,我们又可以认为世界治理是存在的。特别是联合国等诸多国际机构的产生,也在尊重国家主权的名义下开展了诸多属于世界治理范畴的行动。

世界治理无非是采取不甚积极的方式维护一种国家间的竞争秩序。当竞争在国家间展开，并在有可能遭受外部威胁的情况下，庞大的军事经费支出被视为非常必要。不仅有着安全需要的国家需要通过自己的军备而维持着某种水平的恐吓，而且霸权国家为了维护自身对世界的支配能力，也会将更多的经费用于军事上。这些经费支出数额之大是非常惊人的。如果用于解决贫困人口的生存问题，可以相信，全世界一年的军事经费支出可能一百年也花不完。如果用于有益于人的科研开发以及生产活动，其推动社会进步的作用可能会创造出奇迹。这在今天看来是不可能的，就是因为人类拥有的是竞争文化以及这种文化的物化形态，决定了人们似乎是无可选择地走到了这一步和不得不这样做。当我们确立了终结竞争文化的理论目标后，一个合作而不是竞争的社会图景就会跃然于我们眼前。只要我们为这样一个社会的建构作出了努力，用于诸如军事等那些无谓且消极性的经费支出就会呈现下降趋势，而用于解决贫困问题、残障问题的经费就会相应地提升。一旦人类受益于合作，也就会激发出更大的建构合作社会的热情，并使合作社会的建构进入加速的进程。这就是全球化呈现出来的新要求：实现从竞争秩序向合作秩序转型。这本身也意味着全球治理对世界治理的替代。

从20世纪后期以来的情况看，正如阿明所说："我们现在已经进入了一个新时代，这个时代的特征是资本主义经济管理全球化的空间与民族国家的政治和社会管理空间相分离。"① 资本借全球化之机而向民族国家渗透，跨国企业在与民族国家讨价还价后获得了极其优惠的待遇和特权，或者得到民族国家政府的默许而成为许多国家中的"国中之国"，侵蚀着那些地区的利益，破坏性地开采那些地区的资源，在把剩余取走时为那些地区留下环境污染、疾病和贫困。这样一来，不仅没有为打破世界的中心——边缘结构作出丝毫贡献，反而更加强化了这一结构。全球化绝不应该成为纯粹的经济过程，不应该放任自由主义驰骋。上述所谓的全球化，恰恰是后工业化进程中的全球化的扭曲形态，所导致的是人类社会发展中的倒退。实质上，它是资本主义世界化的一种疯狂状态。就后工业化进程中的全球化而言，既是对民族国家这种政治形态的干预，又需要通过民族国家来进行政治干预，应当在民族国家自觉的全球合作意识的生成中去加以规划和进行推动。其目标就是，用全球治理代替世界治理，用一种真正的治理去营造全球合作秩序，从而终结近代以来的那种频繁的、激烈的国家间竞争甚至战争状态。

二 世界治理的行动逻辑

就既有的世界而言，竞争文化在国际关系中导致了某种"恐怖平衡"格局的出现，即通过核武器等而使得不同的势力集团

---

① ［埃及］萨米尔·阿明：《全球化时代的资本主义——对当代社会的管理》，丁开杰等译，中国人民大学出版社2013年版，第29页。

达成一种相互恐吓的所谓平衡。其实，这种平衡是非常脆弱的，一旦出现哪怕些微的不平衡，人类的命运就变得非常堪忧。另外，如上所说，为了维持这种恐怖平衡的状态，大量的资源被用于军费开支。对于这种资源消耗，如果从合作文化的角度看，显然是毫无意义的浪费。事实上，在这方面所消耗的资源如果用于生产和人的生活水平的提高，用于解决一直显得非常匮乏的社会福利问题，那肯定是人类的福祉。即便我们不去设想这些资源消耗用在了人的生活水平提高方面，单就这种"恐怖平衡"本身来看，将用什么因素去保证它长期维持下去而不出现失衡？难道这不是一个令人担忧的问题吗？当然，人们可能会说，国际社会中的恐怖平衡是由国内的平衡来提供保障的。比如，政党之间、国家权力机构之间的平衡决定了国际平衡的状况。但是，如果既存的政党平衡关系、三权分立的机构平衡等因社会的变化而出现了变化，那么，国际关系上的恐怖平衡将以什么来提供保障？这不能不说是一个令人担忧的问题。

从20世纪民族国家处理国际关系的情况看，恐怖平衡是存在于不同的国家集团之间的，各种各样的联盟的出现成了大国政治家们的一种领导艺术的体现。在施行的时候，往往是借着合作的名义去建构一个又一个联盟。不过，联盟的概念所指的是协作模式在超级协作体那里的行动方式。在协作的视野中，协作者是可以分析、分解为原子化的个人的。这就是我们一再指出的，原子化个人的放大是以组织的形式出现的，而组织自身就是一个协作系统。在更大的协作系统中，组织又是以一个表征着个体的协作者的身份出现的，是这个更大的协作系统中的协作行动者，这个更大的协作系统也被称作组织联盟。在国际性的行动中，国家就是一个行动者。国家间可以组成联盟以获得相对于其他国家的竞争优势，因而出现了巨型协作系统。

联盟在实质上就是一种协作系统，是因为国家、组织等巨型的行动者拥有竞争者或敌对者，才造就了联盟这种形式，只不过它的结构化程度弱而已。一旦一个联盟体出现了，即使在联盟体的外部没有敌对力量或竞争者，它也会刻意制造出这些东西。否则，联盟就会走向解体。这也说明，作为协作系统的联盟在政治上极有可能成为一种邪恶的力量，在国际政治方面尤其如此。在全球化、后工业化进程中，在合作的要求和主张对协作模式构成挑战的情况下，由联盟所代表的协作行动体也就更多地暴露出其邪恶的面目。在市场中，企业联盟每时每刻都破坏自由竞争；在国际舞台上，由少数大国操纵的联盟时时处处都在破坏正义的堤坝。几乎所有的联盟体，都无非是组织起来阻碍历史进步的力量。

阿克塞尔罗德认为："解释国际联盟的主要思路是：国家之所以要组成联盟，主要是为了抵御其他强权国家的侵略。"[①] 这实际上一语道破了联盟产生和存在的前提，那就是，存在着以强

[①] [美] 罗伯特·阿克塞尔罗德：《合作的复杂性：基于参与者竞争与合作的模型》，梁捷等译，上海人民出版社2008年版，第84页。

凌弱的不平等关系，存在着竞争和攻击性行为随时都会发生的可能性。如果这个前提不再存在，构建联盟也就没有必要了。然而，这个前提的消失又如何可能？也许人们会寄予正义理论的普及，通过不断地重申民族国家间的平等原则。可是，少数霸权国家对广大发展中国家的欺凌不正是在近代平等、正义等话语环境中生成的吗？所以，国家间的平等以及强国欺凌弱国的历史，并不会在任何主观追求中终结，而是需要在客观的历史进程中去加以解决。

在探讨合作的复杂性时，阿克塞尔罗德追问道："什么力量可以使得一个国家变得更不以自我为中心，愿意为了合作行动收益或者全球化进程放弃一部分自治权利。"[①] 在回答这一问题时，阿克塞尔罗德基于近代国家间关系的变动而设计了一个"进贡模型"。在这一模型中，国家的领土不会变动，但通过战争可以使财富发生变动。即使在尚未诉诸战争时，"一个单独的行动者可以要求邻国支付报酬，威胁说如果不支付，随之而来的将是战争"[②]。这种威胁是能够发挥作用的，因为，"虽然领土不会换手，战争对双方也都有损害，但是对较弱的一方损害更大。于是模型的核心就是进贡模型，行动者可以通过进贡支付从其他人那里夺取资源，并且用这些资源再去争夺更多的资源。联盟也是允许的，所以行动者可以一同工作。独立的个体行动者集合是否会

[①] [美] 罗伯特·阿克塞尔罗德：《合作的复杂性：基于参与者竞争与合作的模型》，梁捷等译，上海人民出版社2008年版，第129页。

[②] 同上书，第134页。

变成一个集聚的稳定的行动者,主要看进贡体系的动态;行动者的组合是否表现出了一个单独行动者那样的功能,也要看出现的联盟模式是否导向稳定的协调行动"①。

根据阿克塞尔罗德的发现:"行动者相互之间依据过去的行动建立起或多或少的承诺。这些承诺可以被视作心理过程……或者是政治规则……行动基于简单的决策规则而不是博弈理论考量的最优选择。因为在如此复杂的环境里,理性计算几乎是不可能的。"② 所以,"行动者的行为会随着时间推移而变化,因为他们在交换作用中积累了历史经验,会把简单决策规则运用到这些积累的数据上"③。这就是阿克塞尔罗德所观察到的所谓"合作关系"的建立过程,其中有三个重要因素:第一,威胁使用战争;第二,被迫进贡;第三,在经验的基础上形成简单的规则。的确,阿克塞尔罗德的这个"进贡模型"解释了近代以来为了和平而被迫"合作"的历史。在某种意义上,可以说是惟妙惟肖地描绘了美国是如何迫使世界大多数国家与它"合作"的行动过程。但是,在这种被称作"合作"的情境中,我们看到的是讹诈。

的确,从美国历史来看,它也许从未打算过占据任何一个国家的领土,它所要求的只是必须与它"合作"。对于不愿意与它

---

① [美]罗伯特·阿克塞尔罗德:《合作的复杂性:基于参与者竞争与合作的模型》,梁捷等译,上海世纪出版集团2008年版,第134页。
② 同上书,第135页。
③ 同上。

"合作"的,便发出战争威胁,在战争威胁失灵的时候,便付诸行动。不过,这种行动也仅仅是要推翻那个不愿意与它"合作"的政府,并帮助建立起一个愿意与它"合作"的政府,然后就是撤兵。难道这就是国际社会中的一个不变的"合作模型"吗?也许美国这样的霸权国家希望如此,而广大的发展中国家却会持不同的态度。其实,阿克塞尔罗德所说的这个"合作",完全是一种依附关系和依附行为,这种"合作"的要义就在于进贡,就在于财富的掠夺,尽管是在文明的口号中和以隐蔽的方式进行的。

在阿克塞尔罗德的"进贡模型"的运行中,引入了"承诺"的变量,让承诺作为合作的前提出现。"承诺由过去它们选择支付或者战争所决定,也对未来它们支付或者战争产生影响。……如果两个个体行动者发生战争,相邻的行动者就会加入它给予承诺更多的一方。如果它对需求者和目标对象的承诺水平是一样的,它就会保持中立。如果它确实加入了一方或另一方,它就会按照自己承诺的比例贡献自己的力量(比如财富)。"[①] 这样一来,我们所看到的却是一幅严酷的合作欺凌的图景,即相互作出承诺的一群国家"合作"起来欺凌尚未作出承诺的国家,或欺凌承诺群集之外的国家。因而,也就建构起了这样一种"强者恒强,弱者恒弱"的不平衡和不平等的国际关系体系。"一个国家经常要承诺帮助它的'守护者',无论出于选择还是强迫……

---

① [美]罗伯特·阿克塞尔罗德:《合作的复杂性:基于参与者竞争与合作的模型》,梁捷等译,上海人民出版社2008年版,第137页。

反过来,'守护者'国家提供保护也是常见的事,因为它要保护未来的收益。"① 这就是建立在承诺和财富索取基础上的所谓"合作",也就是我们当今所看到的世界治理的基本方式。

如果我们承认这是合作,如果我们满足于这种合作,那么,它只能说是"合作之癌"。也就是说,如果合作是人类肌体中的健康细胞,那么,阿克塞尔罗德所考察的这种"合作"依然可以比喻成细胞,但那是一种癌细胞。我们曾经要求不应把互助、协作等同于合作,而阿克塞尔罗德给我们提供的这一合作形式却完全超出我们所观察到的上述三种合作形式中的任何一种。这却是当今世界中的现实,当政治家们谈论合作的时候,多数情况下所指的都是阿克塞尔罗德的进贡模型中的"合作"。由此可见,"合作"一词的使用要多滥就有多滥,以至于在我们这个人人大谈合作的时代却无从理解合作。不过,阿克塞尔罗德提出的问题是有价值的,是什么力量促进了合作?这一问题对于我们所构想的全球化、后工业化背景下的合作而言,也是必须要回答的。因为,只有当我们回答了这个问题,才能够找到把合作的构想转化为行动方案的路径。现实已经表现出了这样一种迹象,随着全球化、后工业化时代的到来,强国在工业社会这一历史阶段中所奠立起来的比较优势正在日益式微,如果世界能够恪守和平底线的话,相信要不了多久,国家间的强弱对比就会朝着趋近的方向运

---

① [美]罗伯特·阿克塞尔罗德:《合作的复杂性:基于参与者竞争与合作的模型》,梁捷等译,上海人民出版社2008年版,第138页。

动。在国际关系中，就会出现每一个国家都独立自主地去与其他国家开展合作的局面。在这种合作中，自由与平等的原则将会在国际社会中得到张扬，每一个独立自主的国家都不需要去与其他国家结成联盟，更不需要依附某个强国。

真正的合作是不需要以联盟的形式出现的。如果说在国际社会中存在着国家联盟体，那么，在这种联盟体内部所存在的绝不是合作机制，而是一种国家间的协作。联盟体中必然会生成一种中心—边缘结构，处在中心位置的强国必然是联盟体规则的制定者，必然扮演着联盟体主持者的角色；而联盟体中那些寻求联盟去对自己加以保护的弱国，则必然处于一种依附强国的地位，接受强国的驱使，听从强国的旨意而在国际社会中制造事端。所以，联盟体并不是一种国际合作的形式，反而是合作的障碍，联盟体的行动也基本上属于破坏合作的行动。因此，国际合作体系的建构不仅不能从联盟的建立开始，反而恰恰需要以废除当今存在的所有联盟为起点。这就是我们在希望扬弃世界秩序和构想全球秩序的时候首先要思考的国家间关系形态。我们认为，如果说联盟是除了联合国之外的世界治理范型，那么，全球治理模式将意味着每一个国家都平等地对待所有国家，视整个人类为同一个命运共同体，而不是通过结盟去划定各种各样的边界。

三　为了人的共生共在的全球治理

世界中心—边缘结构本身就证明了民族国家之间是存在着差

异的，这种差异亦同人与人之间的差异一样，可以导向两个完全不同的方向：其一，是朝着对立、冲突的方向发展；其二，是朝着合作的方向进步。至于差异朝着哪一个方向发展，则取决于什么样的条件发挥了作用和产生了实质性的影响。这些条件有客观的条件也有主观的条件，但最为根本的还是一个社会所拥有的制度。当一个社会的制度包含着抹杀差异的内蕴倾向的话，不仅无法消除差异，反而会时常地把差异转化为对立和冲突。即使这种制度在许多方面消除了差异，那么，剩下的那些无法消除的差异也会朝着对立和冲突的方向转化。在某种意义上，部分地消除差异反而为对立和冲突腾出了更宽阔的战场。相反，如果一个社会的制度承认差异，那么，差异就会转化为人们交往互动的动力。人们在对自身区别于他人的差异的维护中，是能够使人们获得和拥有与他人开展合作的资本的，而且能够在合作中展现出差异互补所带来的有益效果。在一国内部、地域性社会中会表现出这种状况，在全球以及国家间的关系中也会有相同的表现。

差异是存在于人类共同体的每一个层面和每一个角落的，关键的问题是我们怎样去面对差异而作出行为选择。民族国家中的治理更多地以抹平差异的形式出现，而在国际社会中，由于没有明确的、系统化的和结构化的世界治理，因而，主观上的抹平差异的追求往往没有显现出来。但是，由于世界体系中存在着霸权，特别是由于霸权国家总是努力要把其价值观推广到世界，甚至通过干预等方式去要求小国、弱国接受其安排。所以，事实上也存在着抹平差异的倾向。一方面，民族国家宣称主权独立，强调自身不同于其他国家的特点；另一方面，霸权国家又总是要求其他国家与它相趋同，至少也要走在同形化的路上。结果，主张差异与抹平差异的倾向之间就产生了冲突。这也是构成国际社会冲突和战争的原因之一。

对于一个国家或社会来说，差异是生命力的源泉。比如，在一定程度上，美国的活力源于它的种族多样性和文化多元化，来自它的开放性。但是，随着新兴的繁荣国家不断增多，美国对于移民的吸引力正在迅速下降，这将消解美国的活力。特别是美国在全球化过程中极力压缩移民，甚至借着拒绝难民的名义而排斥移民，致使美国活力的消解速度变得越来越快。虽然美国在一个相当长的时期内依然会是最大的经济体，它的政治霸权也是不可挑战的，但是，如果有一天它发现具有移民愿望的人开始减少，它事实上已经完全衰落了，它会不可逆转地陷入一种封闭状态。另一种情况是，如果美国主动选择封闭，那么，它的衰落就会更早地到来。而且，对于世界来说，这种情况一旦出现，那将是一个非常危险的时期。因为，此时的美国人的非理性行为会被激发到最高的程度，会出现凭借其既有的政治、经济、军事力量扰乱世界的行动，会把全球带入一个极其恐怖的境地。可以说，在这个时候，世界的安全将不是来自恐怖组织的威胁，而是来自美国。

鉴于美国所拥有的实力和地位，它的开放性才是世界安全的保证，一旦美国开始变得封闭，全球就将陷入灾难之中。为了避免这种情况的发生，不仅世界各大国的领袖们需要从今天开始思考对策，而且美国的政治家们也需要对其未来作出相应的战略性安排，需要关注在今天还是以贸易保护的形式出现的封闭要求可能带来的影响，以便防止其把美国引向一条封闭的道路上去。事实上，美国的体制决定了它不可能关心那些关涉全人类的事务，更不可能去关心人类的未来，所以，也不可能去进行战略谋划。特别是在民粹主义崛起的条件下，美国已经明显地表现出了一种走向封闭的趋向。如果美国这样的发达国家开始变得封闭，那么，亚洲、非洲以及拉丁美洲各地的民族国家在打破自我封闭和对外开放的过程中就会遭遇极其复杂的环境，从而使行动策略的选择变得非常困难。在此过程中，许多国家就会表现出犹豫不决甚至朝三暮四的状态，甚至在对外对内政策方面，都会反映出自相矛盾的混乱状况。

从20世纪以及过往的经验看，由于资本主义世界化的要求，先是欧洲后是美国等率先实现了现代化的国家，面对世界所持的是一种开放的态度，但这种开放更多的是出于对外的资源掠夺和商品倾销的目的。所以，在近代以来的历史中，阿明所读出的是，"资本主义主导力量采取的方法是公然操纵：根据具体情况，通过选择性的干涉来操纵种族（操纵宗教原教旨主义）和民主，这种制度似乎以'对富人一个规则，对穷人又是一个规则'为基础。它有时会代表人民进行干涉，有时会保持沉默，有时把'自由选举'强加于人，有时为残暴的独裁辩护。强权们希望通过教化媒体使干涉合法化，或者在面临更难堪的情形时保持完全沉默，从而达到他们的目的。为了达此目的，他们还诉诸政治上的天真：例如，'人道主义组织'允许自己被强权利用，就如同过去伴随殖民征服的传教士往往怀有最好的主观意图一样。现实再一次表明，无论西方发达国家干涉第三世界国家的动机如何，它们的作用总是消极的"[1]。工业社会所拥有的是崇尚法制、崇尚理性的文化，然而，来自世界体系中心的国家和地区的政治家们在处理一切国际事务的过程中，却无不把"权术"运用到极致。也许他们可以自我辩护说是为了自己国家的利益，而实际上，他们是在对边缘国家和地区的一切进行破坏，是在破坏中猎获个人乐趣。在某种意义上，他们成了一群穿着西服、系着领带的"变态狂"。

在谈到知识产权的问题时，阿明对关贸总协定（WTO）有过一段精彩的评论："关贸总协定——世贸组织力图在此条款下列入的'商业秘密'，难道不是将我们带回到300年前的重商主义的贸易垄断时代吗？甚至讨论这一主题的语言也不是中性的。我们不再说知识是人类的共同财富，而是当有人获取知识时却说他是'盗窃'！这种政策有时近乎无赖：例如，关贸总协定为保护医药部门垄断者的巨额利润，企图禁止第三世界国家生产便宜

---

[1] ［埃及］萨米尔·阿明：《全球化时代的资本主义——对当代社会的管理》，丁开杰等译，中国人民大学出版社2013年版，第65页。

的药品,但这些药品对许多人来说是生死攸关的。"① 环境污染、全球变暖、食品短缺等都正在对全人类的生存构成威胁,而西方国家却封锁了解决这些问题的相关技术,或者在转移这些技术时索取高昂的费用,以至于许多渴望这些技术并希望通过这些技术的应用去改善全人类生存条件的发展中国家望而却步。在人的共生共在已经成为一个必须予以关注的问题时,所谓知识产权以及对人类共有财富的私人占有,已经成为源源不断地生产出问题和制造出危机的重要原因。对此,如果不加以改变,也许上演一出人类共同的悲剧将不会遥远。

工业社会所拥有的是竞争文化,可以认为这种竞争文化源于竞争行为,是因为竞争行为的普遍存在并绵延长久而形成了竞争文化。对此,我们已经做了较为充分的分析:从时间上看,竞争文化生成于近代,个人的发现以及个人主义哲学理论的建立,对竞争文化的生成作出了第一份贡献;市场经济的形成以及对这种经济的合理性证明,则为竞争文化的生成提供了基础性的支持;对竞争行为的规范以及对竞争行为合法性的确认,赋予竞争文化以健康的品质。可以认为,就竞争行为而言,源于远古的人类生存状态,甚至在人类还是动物的时候,就已经有了竞争行为。达尔文所指出的"物竞天择"就属于这种竞争。竞争文化的出现使竞争行为模式化,而且成为主导性的社会行为模式。竞争文化

---

① [埃及]萨米尔·阿明:《全球化时代的资本主义——对当代社会的管理》,丁开杰等译,中国人民大学出版社2013年版,第27页。

反过来对人的思维和行为都产生了形塑作用，让人在社会生活的每一个领域中的每一个方面都以竞争者的姿态出现，以竞争为乐，甚至发展出各种各样的竞争游戏（如体育比赛）。进而，通过竞争游戏培养人的竞争精神，而整个教育体系也都是服务于训练和提升人的竞争能力的。

正是这样，我们获得了一个由竞争文化主导的社会，它也可以被命名为"竞争的社会"。竞争成了这个社会的基本特征，这个社会从竞争中获得了繁荣与发展的动力。然而，随着这个竞争社会的运行在时间的维度中不断展开，即使所有的竞争行为都能够得到适当的规范，都能够在合理性与合法性方面得到证明，也在总体上把人类引进了风险社会，让人类承受着危机事件频发的困扰。事实上，竞争正在将一个极其危险的未来加予人类，竞争正在用踏实的脚步丈量着距离各种宗教所宣布的"世界末日"还有多远。特别是在全球化、后工业化进程中，这种丈量的步伐也迫不及待地加快了速度，似乎觉得"世界末日"来临的日子太远而等待得不耐烦了。

关于这一点，并不是危言耸听，其实，它已经是共识。应当说，在我们的这个世界上，每个人都意识到了这一点。但是，由竞争文化形塑出来的人已经如此习惯于竞争，如果让他换个思维方式和行为方式，那是完全不可能的，他甚至连考虑一下也不愿意。比如，美国不断地在全球实施军事演习是为了阻止竞争和震慑竞争吗？不是，而是在挑起竞争和开展激励竞争。美国高调宣称重返亚洲,到正在崛起的中国门前炫耀武力,展开步步进逼的挑衅,难道不是被竞争文化冲昏了头脑吗?正像信奉巫术的人会"跳大神",进入"跳大神"状态的人在自己身上扎下一刀也不会感到疼痛。当竞争文化深入骨髓的时候,人的神智也会同样不再清醒。比如,美国不断地在中国的东海、南海对中国实施挑衅,是想与中国打上一仗吗?难道美国子弟的生命不如草芥吗?可以断定,美国的政客们对此连想都没想过。因为竞争文化决定了他们只考虑谁胜谁负的问题,至于在分出胜负的过程中付出什么样的代价,则是他们思维中的盲点。

可见,竞争文化在今天已经变得多么危险。如果我们不避讳这样一个事实,即指出中东的所有恐怖势力在历史上都与美国有着深厚的渊源,就会看到竞争文化原来是那样的丑恶。在冷战时期,美国出于东西方竞争的需要,培育、扶持了这一地区的恐怖力量,冷战结束后,又通过伊拉克战争等把大批的人逼迫到恐怖组织的阵营中,壮大了恐怖主义的力量,从而收获了一个荒唐的结果。经济学家们总是告诉我们竞争可以让人变得理性,然而从政治上看,当竞选成为闹剧时,有何理性可言?在国际政治中,如上所述美国的作为,难道不是对"理性"一词的羞辱吗?在低度复杂性和低度不确定性的社会中,竞争文化能够显现出积极价值,竞争行为的消极后果也是人类能够承受并加以消化的。然而,在高度复杂性和高度不确定性社会中,竞争文化危险的一面暴露了出来,竞争行为必将引发人类无法承担的后果。正是基于这一认识，我们提出了合作文化建构的问题，希望用合作文化替代竞争文化。

在全球化、后工业化进程中，人们也越来越意识到合作的价值。在微观研究中，人们发现，"如果一个群体的每一个成员都以有利于其他成员的方式来行动，那么这个群体将会获得巨大利益"[1]。在全球社会中，这也是一个不变的原理。但是，形成于近代以来的行为模式并没有发生改变，人们一旦开展行动，总是选择竞争。之所以人们不愿意放弃竞争，之所以国家间宁愿游走于战争的边缘也要开展竞争，那是因为尚未拥有人的共生共在观念，或者说人的共生共在尚未被人们认识到已经是一个迫切性很强的问题了。在全球化、后工业化的背景下，人类的命运是如此息息相关，以至于人们必须在面对差异的时候寻求合作。在更为广泛的意义上，我们在何种程度上扬弃了旧的世界秩序，也就在同等程度上走上了人与人之间、国与国之间、民族与民族之间的共生共在，也就在同等程度上确立起了合作互惠的新秩序。

在全球化、后工业化的条件下，有三条道路可供选择：一条道路是用资本主义世界化的观念去认识全球化，其结果必然是，要么推行扩张、侵略、干预；要么采取对扩张、侵略、干预的抗拒。另一条道路就是适应全球化、后工业化的要求，用全新的思维和创造性的行动去争取生存和发展的机遇。还有一条道路是选

---

[1] ［美］梅雷迪思·贝尔宾：《超越团队》，李丽林译，中信出版社2002年版，第138页。

择做被动的和沉默的观众，等待着去享用全球化、后工业化的发展成果。提出全球治理的构想本身，意味着一种积极的行动观念，那就是要通过行动去终结国家间无所不用其极的竞争，并用合作行动模式取而代之。在此过程中，首先需要行动者确立起包容的观念。包容的观念可能并不以科学世界观的面目出现，但它能够导向最大可能性的真理。与那些狭隘的、片面的世界观相比，一种包容性很强的世界观本身就包含着理性的思考和审慎的比较，会实现自我净化，以至于在付诸行动时能够避免任何主观武断，从而在每一项行动的开展过程中进行多种方案的比较和选择。所以，当我们提出包容性世界观的时候，以往那些引发争论的关于世界的偏见都可以终结了。在后工业化进程中，任何导致武断行为的世界观都会把人们的行动引向某种邪恶的方向。

根据哈贝马斯的构想："只有接受了他者的视角，才能在个体当中形成一种新的社会整合。要想彼此承认对方是具有行为能力的自律主体，并且是永远能够对自己的生活历史负责的主体，参与者就必须自己创造其社会整合的生活方式。"① 当每个人都能够"创造社会整合的生活方式"时，社会才能够真正成为人的社会，所有压抑人和旨在实施对人的控制的社会设施，才不会成为凌驾于人之上的力量，反而是服务于人的生活和活动的。也许哈贝马斯在提出这一构想时还底气不足，因为，哈贝马斯所看

---

① ［德］哈贝马斯：《后形而上学思想》，曹卫东等译，译林出版社 2001 年版，第 221 页。

到的是工业社会中人们只为了自己的利益而去开展行动，从来也没有把社会整合的内容放在自己的行动中，只有少数人去思考社会整合的问题，但那也是作为实现自我利益的手段看待的，在很大程度上，是职业化的行为。但是，今天看来，全球化、后工业化进程正在将这种需求展示出来。在合作行动中，每一个行动者，每一个人，都以自己参与行动的行为规定了自己，也同时规定了他人，每个人都能够以自律去增益于社会整合，并为合作治理贡献力量。如果说全球治理无非是国家间的合作治理，那么，作为行动者的每一个国家都需要拥有包容的观念，并在行动中运用"他者的视角"，从而建构起具有合作属性的全球秩序。

在构想全球治理模式时，我们也必须看到，尽管我们在处理国际关系时渴望申明合作的主张，但这种主张是不能演变成幻想的，我们没有能力也没有权利把这种主张强加给交往对象。所以，面对不愿意接受合作主张的交往对象，其他方面的准备是必要的。然而，在一切影响力所及的地方，将我们的合作主张去与交往对象分享，则是我们应当承担的责任。或者说，这是我们应当负起的一项对国际社会的基本责任。对此，最为重要的是，作为一个国家，我们应当首先将自身改造成一个合作行为体。不仅需要自觉地和主动地从事合作意识形态的建构，而且要在制度安排和行为模式的形塑方面，采取切实的行动。在某种意义上，只有当我们在合作秩序的获取方面取得了明显的成就，只有当我们的经济发展以及其他社会生活都明显地受益于合作，才有可能营建出合作的力量，并对国际社会产生广泛的和实质性的影响。

◇◇ 第二节　基于道德的合作治理

全球问题引发了人的全球治理联想，于此之中，也包含着一个"全球社会"生成的判断。既然一个全球社会生成了或即将生成，能否同时出现与全球社会相适应的伦理道德，而不是按照既有的思路和逻辑去考虑全球治理体系的建构？显然答案是肯定的。一旦我们作出了肯定性的回答，接下来的问题就是，我们能够为全球社会中的伦理及其道德的生成做什么样的工作？这就把我们引入了积极探索的轨道。在全球治理的问题上，如果我们思考的重心放在了全球治理体系的建构上，而不是去以创新的追求致力于全球治理模式的建构，就有可能落入把民族国家治理体系推广到全球的思维陷阱中，就会以为在这种推广中进行一些技术改进和调适就可以了。与之不同，在全球治理的问题上，亦同20世纪80年代以来的国家内部的改革一样，是一个社会治理模式重建的问题。从民族国家到全球社会，绝不仅仅是一个治理范围上的扩大，而是需要一种全新的社会治理模式与之相伴。

正如在工业化、城市化的过程中建构起了现代社会治理模式而不是将农业社会地域性的社会治理模式简单地搬过来一样，在从民族国家到全球社会这样一个二次"脱域化"的过程中，我们同样需要建构起不同于民族国家的社会治理模式。既然需要建构起新型的适应全球治理要求的社会治理模式，那么，在这种新型社会治理模式的建构中，我们就可以想象如何去突出伦理道德的向度这个问题了。这样一来，我们的任务就首先被确认为去建构与全球社会相适应的伦理道德体系，至少在逻辑上是要把对建构全球社会的伦理道德探索放在优先位置上。然后，我们才可能在此基础上去谋求全球治理模式建构的方案。

一　全球社会的道德条件

在民族国家兴起后，民族主义者往往是把个人的荣誉与国家的兴衰联系在一起的。在民族国家产生后，人们一直是通过各种各样的方式去激发民族主义的，努力去引导民族主义者的某种联想，让民族主义者相信其与国家之间有着共命运的关系。也正是因为成功地建构起了个人荣誉与国家之间的某种联系，使得个人对荣誉的争取和获得凝聚起了某种力量，让人们积极地去为了国家而奋斗。所以，现代性的民族国家无不对其国民的荣誉追求加以利用，而且这也确实成了一个非常重要的激励手段。于此之中，也包含了荣誉非道德化的可能性，以至于个人在国家的名义下投身到对异族、他国的侵略和掠夺等之中，而且也往往把这些看作获得荣誉的途径。在全球化、后工业化进程中，个人的荣誉追求依然是必要的，但应超越民族国家的狭隘视野，需要与整个人类的共同命运联系在一起。全球社会中的每一个人都应努力去为自己争取荣誉，但是，所有荣誉的获得，都是包含在增进人的共生共在的途径之中的，必须是在为人的共生共在的行动中去获得荣誉感。

全球化、后工业化是与近代早期出现的那场告别农业社会的运动不同的。我们知道，在人类从农业社会向工业社会转型的过程中，生成了民族国家，而在民族国家的基础上形成了世界体系。由于资本主义的世界化，建立起了世界体系。全球化、后工业化恰恰是要终结工业社会的世界体系，代之以全球体系。随着全球体系的出现，人类社会第一次以全球社会的形式出现。在这个全球社会中，以往在人类社会生活中存在的所有主客观因素，或者说构成了整个社会的所有主客观因素，都将不再具有合理性。因而，人与全球社会的关系也完全不同于民族国家中人与人、人与社会之间的关系，更不同于超出了民族国家边界的那种与世界之间的关系。所有这些不同，决定了人们之间的伦理关系以及人的道德观念，都将获得全新的形态和内容。

就全球来看，经历了全球化、后工业化运动，人类必将告别工业社会的世界体系并建构起全新的全球社会。世界体系是生成于现代化的过程中的，它首先应看作民族国家政府发挥作用的结果。正是民族国家的政府，组织起了对外的征服而建构起了世界体系，而且所采用的主要是军事的、资本的、文化的手段，是以侵略和掠夺的方式去开展行动的。吉登斯指出："如果说资本主义世界体系是现代世界的一个突出特征的话，那么，民族国家体系同样是现代世界体系的突出特征之一。"① 也正是因为民族国家体系及其模式已经意识形态化了，在全球化、后工业化进程中才会有许多学者试图以复制民族国家治理模式的方式去构想全球治理体系。全球化、后工业化运动将要造就的是一个完全不同于以往的新型的社会。这个社会不仅在范围上扩大到了全球，而且在性质上也完全不同于以往。

从农业社会的"安土重迁""父母在，不远游"到工业社会的外地求职、异地生活，显然是一场文化革命和观念变革。同样，从民族国家公民到全球流动，也将是一场文化和观念上的变革。在今天，也许一些人带着国民意识参与到了流动过程之中，而且他在用行动去诠释全球化的时候，承受着精神上的焦虑甚至痛苦。他在流动中虽然有着祖国意识，却不知道自己属于哪个国家的国民；他知道自己是哪个国家的公民，却在那个国家生活时日很少，而且也常常因为没有时间或因为其他理由而放弃他的公民权的行使。随着全球化脚步的加速，这部分人在统计学的意义上已构成了很大的规模。越来越多的人正在成为流动于民族国家之间和脱离了民族国家的"流民"。也许他们会自称"世界公民"，但那不是由诸如联合国之类的国际机构授予他们的，而是自我的讥谑之言。伴随着人的流动，物、资本等也以更快的速度

---

① ［英］安东尼·吉登斯：《社会学：批判的导论》，郭忠华译，上海译文出版社2013年版，第119页。

流动了起来。全球化、后工业化运动把流动性推展了出来,让我们看到构成了全球社会的一切都处在流动之中。

就工业社会来看,如果把社会作为系统来看待,就会发现,它是与民族国家相关联的。民族国家所拥有的相对明确的边界也为社会这个系统划定了范围,使社会系统在民族国家中展开,并拥有了比民族国家的形式更为丰富、更为多样的内容。相对于社会系统而言,民族国家则是外壳。反过来说,社会系统则是民族国家外壳包裹下的全部内容。构成社会系统的是许许多多子系统,这些子系统处在互动中,表现出不同程度的开放性。但是,在社会系统与民族国家边界相互重合的地方,却存在着开放性不足的问题,甚至有可能是封闭的。在全球化、后工业化进程中,也正是在开放性的问题上,出现了社会系统与民族国家相分离的情况。这个时候,社会系统突破了民族国家的边界,或者说,突破了民族国家为它划定的边界,对外开放。在此过程中,民族国家有可能扮演遏制社会系统开放的角色,也有可能为社会系统的开放提供有保留的支持,还有可能积极地推动社会系统的开放。依此,民族国家是以不同的形象出现的。

在社会系统谋求开放的过程中,必将带来一种结果,那就是,社会系统自身的"去系统化"。即便全球化、后工业化运动走到了全球系统被建构起来的地步,也可以说全球作为一个总体系统将变得非常模糊,遍布全球的将是纵横交错的地方系统。无论是在地理上还是网络上,真正呈现在我们面前的都是地方性系统。这就是为什么我们说全球化也是地方化的原因。由于全球化与地方化是同时发生的，也是同一场运动的两个面相，所以，我们所说的全球社会，在整体上可能是非系统性的，全球社会同时是所有地方性系统的集合形态。就此而言，也可以将全球化定性为：绝不是民族国家时代的社会系统拓展到了全球，反而是民族国家所代表的那种社会系统的解体，是由无限多的交叉重叠着的地方系统构成的全球系统。由于全球系统在任何一处都是没有边界的。所以，这个全球系统也就是全球社会。

当我们把民族国家看作一种组织形式的时候，就会更加清晰地看到全球化对民族国家所构成的挑战。正如斯科特等人所指出的，在一个很长的历史时期中，"虽然大多数社会的内部都存在文化经验与表达的巨大差异，并且每个社会都在努力使自己适应全球化的世界，民族国家及其相应的文化体系仍然是影响组织的最重要的社会环境"①。民族国家是根源于历史传承而拥有了属于它自己的独特文化，这些文化正在受到全球化、后工业化运动的激荡和冲击，但是，在民族国家所拥有的文化中，也有着某些可以转化为全球文化的因素，可以成为全球共享文化。总体来看，全球文化将不是民族国家文化的延续，至少在类型上，全球文化将是一种全新的文化类型。就当前乃至今后很长一个时期来看，我们对民族国家这样一种组织以及民族国家框架下的所有组

---

① ［美］W. 理查德·斯科特、杰拉尔德·F. 戴维斯：《组织理论——理性、自然与开放系统的视角》，高俊山译，中国人民大学出版社 2015 年版，第 431—432 页。

织的认识，仍然需要从它所在的文化环境入手。即便是跨国公司，它的分支机构在行为上的以及管理措施等各方面的特征，也是需要从文化上去加以把握的。也许对于由民族国家所构成的国际组织的认识可能是无法基于文化的视角加以审视的，因为这类国际组织所反映的往往是资本的基准价值，但在这类组织中其实也是不难发现那些发挥主导作用的国家的文化所具有的影响力的。所以，忽视了文化的视角，就无法真正认识和理解包括民族国家在内的几乎所有组织。

一旦涉及对组织的认识和把握，组织研究者的文化背景也就会被作为一个问题提出来。因为，组织研究者的认识成果显然是从属于组织建构、组织管理以及推动组织发展的。包含着文化见解的研究成果在付诸应用的时候，特别是在向异质文化区域推广的时候，就会遇到适应性的问题。斯科特等人是这样评价当前的组织研究状况的："目前我们关于组织的知识主要来自美国学者的研究以及他们的加拿大和英国的同事的一些贡献，因此受到非常大的文化制约。知识的主体大多来自对当代美国的组织的研究。当然，由于美国的组织创新不断、影响广泛，常常成为世界各国学习的样板，因此美国学者的工作具有重要意义。但是，能否就此得出结论，基于这些带有文化偏见的观点和带有地域特征的组织形态样本，就能够建立一个坚实的组织研究领域呢？"①

---

① ［美］W. 理查德·斯科特、杰拉尔德·F. 戴维斯：《组织理论——理性、自然与开放系统的视角》，高俊山译，中国人民大学出版社2015年版，第432页。

斯科特等人提出的这个问题非常好。在全球化、后工业化时代，如果组织研究带着这种既成的偏见，就不可能在寻找适应这一全新时代要求的组织方面取得积极进展。反而会发现，所有研究和探讨的成果都会成为各种各样创新性主张得以提出的障碍。

科学技术的发展在全球化、后工业化运动中的突出表现就是信息技术取得了迅速的进步，而且总是能够得到同步应用。在信息技术的应用中，让人明显地感受到它与全球化、后工业化运动的基本精神的某种契合。信息技术的应用，在消解民族国家隔离中发挥着积极作用，使得许多社会过程获得了新的运行特征。我们可以清楚地看到："对于许多社会过程而言，空间距离不再重要，并且越来越多的事件或行为都从空间时间中'脱位'了，也就是说，原因和结果与事件本身完全或者很大程度上在时间上和空间上是分离的。"① 之所以我们把 20 世纪 80 年代看作全球化的起点，正是在信息技术、经济和政治三个维度的交汇中去作出这种确认的。在吉登斯所说的"脱域化"进程中，人们突破了天然的地理障碍，也打破了封建制度所形成的隔离，但民族国家的建立又意味着在地球表面的各处打了许多"隔断"。全球化、后工业化作为又一次"拆墙"运动，反映在信息技术、经济和政治的互动中，是一场影响到社会的所有方面的运动。信息技术是一个新兴的全球化、后工业化运动的推动因素，也是这个

---

① [德] 哈尔特穆特·罗萨：《加速：现代社会中时间结构的改变》，董璐译，北京大学出版社 2015 年版，第 255 页。

时代的标志,而经济和政治则意味着一场根本性的变革,所带来的将是经济和政治的工业社会模式的终结和后工业社会模式的兴起。用罗萨的话说,"全球化这个关键词所概括的加速过程正被导向现代的空间—时间—制度的又一次的变化,或者已经被引导到那里了"①。在此变革过程中,所有变革凝结到一起,就会以文化变革的形式出现。也就是说,全球化、后工业化必将造就出全新的文化类型,而且是具有总体性的,是普及到全球的文化。

全球化、后工业化一方面冲击着民族国家的边界,甚至最终有可能荡平那些边界;同时,又在造就地方和族群,使更加多样化的地方和族群展现在全球舞台上。文化观念、宗教信仰、生活方式等各个方面的独特主张都会相遇和杂处,无限的差异会汇成一幅高度复杂的图景,以至于社会的运行在未来这个维度中会包含着高度不确定性。但是,这个时候,人们却能够共享人的共生共在这一基本价值,所以更愿意尊重和包容差异。无论人们在文化观念、宗教信仰和生活方式上有着什么样的不同,也不会演变为直接的冲突,更不会暴力相向。这个社会将会拥有某种更大的强制性力量去杜绝这些冲突,并保证人们能够处于合作体系之中去开展合作行动。这种所谓"更大的强制性力量"绝不是由某个实体性的存在承载的,也不是在民主体制中形成的,更不是通过代表制而集结起来的,而是直接地存在于地方系统之中。作为

---

① [德]哈尔特穆特·罗萨:《加速:现代社会中时间结构的改变》,董璐译,北京大学出版社 2015 年版,第 254 页。

这种力量保障的因素，就是人的共生共在的理念。在全球社会中，制止和杜绝冲突的强制性力量将不再是由某种机构所掌握的，而是隐藏在整个社会运行机制之中的，是生成于人的共生共在的价值追求和观念中的，这个社会的每一个成员都是人的共生共在观念的载体，都拥有着解决和处理任何社会冲突的力量，每一个人所拥有的解决和处理社会冲突的力量都会在任何需要的时候和地点立马汇聚起来并发挥出巨大的作用。

一旦人们走出利益冲突的思想限制，完全解开了利益冲突的死结，地区间、群体间的文化观念、宗教信仰、生活方式上的差异也就不再会成为点燃冲突的火种。相反，此时的人们更愿意透过差异的表象去捕捉背后的相似性，并在对相似性的领悟中相互学习和借鉴，寻求合作行动的动力。这就是在文化内在化的过程中生成的一种由个人承载并通过个人去实现的力量，这就是全球社会中的道德力量。可以相信，一旦人们拥有了人的共生共在这一共享价值，也就能够从工业社会的建构逻辑中彻底地脱身出来，就不会在自我中心主义的立场上去看问题和思考行动策略，更不会在个人主义主张中去感受和刻意关注自我与他人的利益冲突，也就不再在利益冲突的逻辑中走向敌对和你死我活的境地。这就是全球化、后工业化所要造就的新型文化的基本特征，其内核就是人的共生共在。

正如历史上的任何一个时代一样，有什么样的文化，就会有相应的道德。在全球化、后工业化即将把我们领进的时代中，围绕着人的共生共在建构起来的文化也会反映在人的道德上，并时时处处调整着人的行为和贯穿于人的所有行动之中，通过人的行动而把人的共生共在的理念转化为现实。总之，全球化、后工业化将把人类领进一个全新的时代，把人置于全新的生活和活动的场境中，在人与人之间建构起全新的关系，从而使人获得完全不同于以往的道德和文化建构条件。

二　全球化与全球治理

"11世纪以降，中国与欧洲之间存在着一些零星的接触，间或还有一些贸易往来，但在随后的几个世纪里，由于各方面的目的和原因，中国与欧洲又成了两个彼此不相往来的世界。今天，不管东西方之间可能存在着多大的文化差异，一切都已发生了变化。中国已不再是一个帝国了，它变成了一个民族国家。尽管从领土和人口角度来说它仍然是一个巨型国家。当然，它还自称是社会主义国家。民族国家尽管遍布了整个世界，但它的未来必然采取西欧建立已久的'自由民主'模式。"[①] 基于西方近代政治运行的框架以及思维方式的惯性，吉登斯对于未来所作出的判断也是工业社会政治文化的延续和在全球范围的推广。所以，他才会断言中国必然会采用西方模式。其实，他在写作的时候尚未看到全球化、后工业化运动的兴起，更不用说认识到全球化、后工

[①] [英] 安东尼·吉登斯：《社会学：批判的导论》，郭忠华译，上海译文出版社2013年版，第14页。

业化运动将要开拓出的人类历史的新阶段了,他是在旧的世界格局以及传统的现代化历程中作出了这种判断。

近代早期的资产阶级革命开启了世界体系建构的过程,也把民族国家作为一种典范性的政治形式推向了世界各地。特别是在 20 世纪,经历了两次世界大战之后,民族国家基本上覆盖了整个地球的表面。从民族国家兴起以及世界体系的生成来看,也许是由于西欧率先建立起民族国家的示范作用,致使几乎所有的国家都采用了民族国家的形式。在政治运行方式、权力结构、规则以及发挥作用的状况、政治信念的性质等方面,各国之间还是存在着很大差异的。处在世界体系中心的国家却把这种差异看作一种绝对的"恶",希望消除这种差异。因而,产生了霸权,并引发了各种各样的和层出不穷的冲突。历史证明,通过和依据霸权去消除差异的道路是行不通的,宣称某种意识形态的普世性也不可能得到普遍响应。面对差异,只有寻求相互承认的出路。

有趣的是,在泰勒、霍耐特等人发现了承认的价值时,经济全球化的进程开始启动了,而且很快地在政治上对民族国家构成了挑战,迫使民族国家或民族国家联合体去作出一些政治上的调整。我们也看到,许多人会以为全球化是一条霸权替代和消除差异的新道路。实际情况不是这样的。全球化将会消除霸权而不是实现霸权替代,不会像在工业社会这个阶段中那样,由一个新崛起的霸权去替代原先的霸权。在如何对待差异的问题上,我们认为,全球化不会把消除差异当作目标,也不会产生消除差异的客观后果。相反，全球化的全部能量都是由差异提供的，也会在行进中不断地扩大差异，即实现全球社会的差异化。全球化运动中的一切能动的主体，都必须坚持一个最为基本的原则，那就是承认和尊重差异。这是对人的道德要求，也是全球化所指向的全球社会应有的一种文化。如果这样的话，那么泰勒、霍耐特等人关于承认的构想就在价值上得到了增强。

吉登斯认为："要打破西方世界的生活方式远优于其他文化的生活方式这样一种有意或无意的信念，则或许更加困难。这种信念通过资本主义自身的迅速扩张得到了促进，因为资本主义曾经启动了一系列侵蚀或摧毁它所接触到的大部分其他文化的事件。而且，许多社会思想家还举出了具体的形式来支撑这样一种信念。他们把人类历史纳入社会进化论的框架之中，把'进化'看作是不同社会类型支配和掌握其物质环境的能力。西方工业主义无疑处于这一架构的最顶端，因为它所释放出来的物质生产能力远胜于以前的任何其他社会。"[①] 所以，西方社会自然而然地把自己看作世界的中心，要求整个世界围绕着这个中心转，听从中心的安排，从属于中心的利益需要。对此，吉登斯评价道："这种进化论架构所表达的是一种种族主义的意涵……种族中心主义把自己的社会或文化看作是衡量

---

① [英]安东尼·吉登斯：《社会学：批判的导论》，郭忠华译，上海译文出版社2013年版，第14—15页。

其他社会或文化的标尺，这种态度无疑深深扎根在西方文化之中。当然，在许多其他社会中也同样典型。"① 这种情况在"其他社会"中的表现也是受到西方感染所致，是从西方社会中习得的，所反映出来的是文化传播的效应。从根子上看，还是由进化论架构中的种族中心主义形塑出来的。这就是霸权的理论依据，是得到了进化论的科学证明的，因而也被认为具有合理性。

在对世界体系生成后的这种西方种族中心主义模式作出反思后，吉登斯提出了这样的批评性意见："在西方，这种优越感多少已经成为工业资本主义贪婪吞食其他生活方式的借口和理由。我们不能把西方社会之所以能处于世界优势地位的经济和军事力量当真看作是进化论架构中的最高点。当我们与其他文化进行比较时，这种对现代西方斐然的物质生产的肯定评价本身就是一种反常的态度。"② 正是这种"反常的态度"构成了霸权的心理基础。也许在吉登斯的潜台词中包含着其他霸权可以取代西方霸权的判断，即便得到了证实，那也无非是对既有的霸权模式的证明，在理论上和治理实践上，都没有发生改变，所改变的无非是"江山易主"而已。

与吉登斯的判断不同，当人们从全球化中读出了"解构霸权"的要求时，也许会产生另一种忧虑，那就是，全球化会不

---

① ［英］安东尼·吉登斯：《社会学：批判的导论》，郭忠华译，上海译文出版社2013年版，第15页。

② 同上。

会在全球再造出一个类似于中国先秦那样的战国时期？从近一个时期"全球治理"引来了越来越多的人关注看，其中是包含着这种忧虑的，甚至在许多国家的政策中是包含着相关的隐喻的。如果那样的话，在工业社会所生产出来的大规模杀伤性武器面前，在社会的高度复杂性和高度不确定性条件下，诸雄争霸所带来的后果会是什么样子，简直是让人不敢设想的。所以，假如出现了那样一个"新战国"时期的话，如何避免国家间的冲突、战争，就显得非常重要了。当然，这将是一项非常艰难的工作。因为，假如出现一个"全球战国时期"，必然会引发竞争的加剧。

在由民族国家构成的世界体系中是存在国际竞争问题的，但在工业社会的低度复杂性和低度不确定性条件下，民族国家的独立性以及主权的神圣性是可以对这种国际竞争产生抑制和约束作用的，可以让民族国家自己去决定涉入国际竞争的深度。在全球化可能带来的"新战国"时期中，由于民族国家独立性的弱化和主权观念的消减，决定了一国无法对是否涉入国家间的竞争实现有效控制，反而会受到竞争风暴的裹挟而被卷入到列国竞争的过程之中。这个时期，如果国家利益意识依然存在的话，那么，为了国家利益或者以国家利益的名义而开展行动就会经常发生，甚至有可能点燃战争的火种。所以，我们必须在这种全球战国时期到来之前实现文化转型，建构起新型的合作文化，用以替代竞争文化。

在此，我们还要重复一下上述主张，因为我们所面对的是一个在全球化进程中不断由许多西方学者提及的而且似乎为人们所广泛接受的错误主张。在全球化进程中，面对那些全球性的正义问题，在全球正义实现的问题上，许多西方学者认为，有赖于建立起全球性的权威机构去开展全球治理。与我们这里所说的"新战国"不同，这显然是一种民族国家模式扩大化的思路，也是现代性的依靠政府等权威机构的科学化、技术化以及合法性等去开展社会治理思路的延续，其最终结果——至少在逻辑上——是全球变成一个唯一性的国家。这样一来，民族国家的治理方式延续了下来，官僚机构、民主政治的代表制机构和运行机制、社会的以及政治的线性展开的中心—边缘结构等，都无非是在规模上比民族国家扩大了，而民族国家运行中的所有问题也将同样地得到复制和延续。我们一再指出，民族国家是人类在工业社会这个历史阶段中所拥有的一项伟大发明，连同民主政治以及全部社会治理方式都是适应这个历史阶段的社会运行、人的存在和生活方式、社会治理等方面的需要而建构起来的。虽然其中包含着诸多也许有着恒久价值的经验，但绝不意味着整个模式会永远存在下去。就道德在整个工业社会中的去势而言，一直是人们提出批评的方面，而且许多人也因为道德受到冷落和社会治理主要倚重于外在性规则而对这个历史阶段的整个社会作出否定。如果全球社会复制了工业社会的生活和活动等模式，那么，在社会治理上会不会因为民主施行上的困难而陷入全球性集权呢？或者说，要么接受诸雄争霸；要么接受全球集权。

也有一些学者对全球性国家的构想提出了批评，认为那是不可能的，就如艾丽斯·M.杨所说的："在倡导全球管理能力的过程中，许多当代理论家拒斥了那种关于单一的、集权的全球性国家的想象。这种国家的权力和权威是在现存的大规模的民族国家模式基础上被构想出来的。像这样一种全球性国家的想象不仅看起来很难实施，而且许多人认为诸如此类的目标是不值得向往的。"① 许多人提出的替代性方案是所谓全球民主，艾丽斯·M.杨赞同全球治理是民主的构想，但希望指出这种民主是多样化的、地方化的和差异性的，需要建立在对差异的包容的前提下。其实，所有那些基于工业社会民族国家的治理模式以及在对民族国家治理模式的批判基础上所提出的构想，都是不可行的。因为，无论是统一性的民主还是差异化的民主构想，也都无非是民族国家的独特产物，都是在民族国家模式下所提出的设想。事实上，即便是民族国家框架下的民主实践，也在不同的国家中有所不同，在全球治理中应当使用哪个国家的民主模式呢？显然是无法达成统一认识的。像艾丽斯·M.杨所设想的地方性的、差异化的民主一旦落实到实践中来，也许就不再能够归于民主的范畴之中了。在全球治理被作为一个问题提出来的时代，人

---

① ［美］艾丽斯·M.杨：《包容与民主》，彭斌等译，江苏人民出版社2013年版，第328页。

类所面对的是社会的高度复杂性和高度不确定性,它决定了民族国家框架下的任何一种已有的和可以想象的民主模式都不适宜于全球治理。虽然可以基于民主的思路去进行全球治理构想,但在引入高度复杂性和高度不确定性的基本条件后,如果说人们仍然走在民主追求的道路上,那么,所构想出来的方案也许是一种不再关注形式的实质民主,而这种实质民主恰恰就是合作。因而,全球治理只能属于合作治理的范畴。

总之,全球治理并不是民族国家治理的延伸,全球治理也不是一个可以孤立看待的领域,而是与人类社会的全球化、后工业化时代联系在一起的,它标志着或者说意味着人类社会治理的一个新的历史阶段的到来。因而,需要在社会治理创新的意义上去作出构想。如果我们看到了全球化与地方化是并行的一场向后工业化转型的运动,就会明白,工业社会在社会治理上的同一性追求是完全无法付诸实施的。如果说民主是与法治联系在一起的,是通过具有同一性和普遍性的规则而对民主活动实施规范的,那么,在高度复杂性和高度不确定性条件下,在必须承认差异和包容差异的要求中,根源于传统的形式民主的治理显然会变成空想。

在全球化、后工业化所指向的社会中,无论民主的、集权的或者工业社会这个历史阶段中所存在的各种混合模式,都不具有实施的条件。特别是"地方化"所包含的"去中心化"意蕴,会对任何凌驾于其上的支配性力量和行为作出明确的拒绝。如果在全球治理的名义下建构起了凌驾于地方治理体系之上的某种力量，就会导致无法预料的消极后果。再进一步，如果在行动者之外有着某种支配、控制力量，那么行动者就是不自主的，就无法在高度复杂性和高度不确定性条件下开展行动。为了避免支配性力量和行动的出现，必须做到的一点就是，那些作为行动者的专业性全球性机构，将不受任何一种力量的控制和操纵，不服从于任何一种势力的利益和意志。同样，对于作为行动者的个人而言，所有这些专业性的机构也不应是控制、支配、驱使个人的存在物。个人是自主的，听凭自身的道德指令，而个人的道德又被带入到集体之中，注入了以集体形式出现的行动者之中，并通过作为集体的行动者而转化为全球社会的文化。当然，我们在这里使用个人、集体等词语的时候，所表现出来的完全是既有语境下的叙事困难。其实，当个人与集体都成为行动者的时候，他（它）们的自主性意味着他（它）们作为非实体性的存在形态也就是道德形态。

三　全球治理就是合作治理

"全球化"这个概念是在全球化、后工业化运动中被发明出来的，是在资本主义世界化的闭幕式上得到了广泛应用的。但是，人们在使用这个概念的时候，却没有去把握它的准确内涵，而是望文生义，表现出了使用上的随意性。我们认为，"全球化"这个概念的误用也许是因为人们没有区分开"历史过程"

和"历史性运动"这两个方面或两种情况所致。

其一，可能存在着去指称作为"历史过程"的全球化。这是可以追溯到"走出非洲"时的那个起点的。而且人们会看到，那个时候的人没有国家边界的限制，不需要护照，在所谓"全球化"的过程中更加自由。但是，这样一来，全球化这个概念也就变得毫无意义了，反而是把人类在历史学以及人类学方面所取得的成果一笔勾销了。如果这样笼而统之地把人类历史以及人类尚未出现的那个"前史"都称作全球化的历史，那么，它对于我们把握历史还有什么意义呢？

其二，全球化是指一场"历史性运动"。正如人类历史上发生过多场可以构成断代的历史性运动一样，全球化是发生在人类历史前行的一个特定时期的一场运动。准确地说，是从20世纪80年代开始的，而我们当前正处在全球化进程中。我们今天所谈论的"全球化"一词，应当准确地理解成是特指20世纪80年代开始的这场历史运动，既不应与历史上的其他历史运动混为一谈，更不应将其说成是从类人猿开始的"流浪史"。比如，与工业化相伴随的那场以航海为标志的运动是殖民历史的起点，属于一场"资本主义世界化"运动，在根本性质上，是与全球化运动不同的。全球化带给我们的将是一种全新的时空形式，无论是民族国家内部的治理模式，还是建立在霸权统治基础上的世界秩序，都不再适应于全球化所开拓出来的这个全新的时空框架，更不可能在这个框架下去开展社会治理。

进入21世纪,当"风险社会"的提法开始流行的时候,人们立马就感受到了合作的压力。正如斯洛特戴克所说的:"鉴于共同的风险和跨国家的威胁,在合作的挤压下,人们成为一个自我逼迫的公设。对民族国家分析的结果——按此结果,民族国家只有通过令自我更加紧张的持续交际来保持自身的形状——也在越来越多的程序上证明其是适用于尚没有完全聚合了的地球上的'国家共同体'。自我生成的紧张是一切大型的共识和合作机制的基础。"① 如果说合作本身就是不可怀疑的共识,那是没有问题的。在社会高度复杂性和高度不确定性条件下,一切不愿合作、破坏合作的行为,都是对人类也同样是对自己不负责任的做法。当美国总统在"美国优先"的口号下破坏全球合作的时候,他既不可能让美国伟大,也表现出了对人类以及美国自身不负责任的态度。合作作为一种共识是唯一性的和没有替代性的,在这一共识之下的合作行动并不一定要建立在共识的前提下,一切合作行动的具体性都不受共识的规约。在诸多危机的情况下,没有形成共识也必须开展行动。总之,共识并不是合作行动的必要条件。

在农业社会,当地理因素为地域确立了边界的时候,地域中生成了同质性的家元共同体。对于共同体成员来说,是融合于共同体的,在你我之间,并无明确的边界。当人们在"脱域化"

---

① [德]彼得·斯洛特戴克:《资本的内部:全球化的哲学理论》,常旭译,社会科学文献出版社2014年版,第222页。

的过程中突破了地理边界，却建立起了心理边界，人与人之间都有着明确的边界，而且法律及其制度为护卫这种边界提供了强有力的支持。与此同时，原先由地理因素划定的边界被打破后，又以民族国家的形式重新划定了边界，并以国家主权的形式出现。全球化又对民族国家的边界形成冲击，而且社会的高度复杂性和高度不确定性推展出来的是人的共生共在的主题。正是人的共生共在，对人的心理边界发出了质疑，要求人们在拆除一切外在性的边界的同时，也拆除人与人之间心理上的边界。在这种情况下，人对他人、对社会都是开放性的，人没有什么可以私而不宣的东西，用一句俗语讲，"人没有什么见不得人的东西"。这一点是一切外在性的规则都无法对人提出的要求，唯有人的道德，才能将人变成这种开放性的、透明的人。

在未来一段时间，边界问题将会成为人们普遍关注的重要问题，全球化、后工业化所指向的社会重构任务，在很大程度上取决于人们对边界问题的态度。在工业社会的行进中，人们所从事的主要工作就是划定边界的工作，在国家与社会之间、在不同领域之间、在组织之间、在一切组织形式中的各部门之间、在公与私之间、在人与人之间，都一直在不厌其烦地去划定边界和调整边界，希望通过划定边界去解决几乎所有的社会问题。在全球化、后工业化进程中，人们猛然发现，人类的相互依存性并未因为划定清晰、明确的边界而减弱，而是变得日益增强。划定边界的做法可以解决一些社会问题，却不能解决所有社会问题，划界的做法带来了或引发了更多的社会问题。比如，在公私部门或领域之间划定边界，徒然引发了"公有"还是"私有"的争议，而且有的时候会闹到流血的地步。如果说划界划出了分歧、争论和命丧黄泉，那么，人为什么要为了这个执念而不断地去做那些划界的工作呢？实际上，那些关系到人类命运的根本性问题，是不可能通过划界的做法去加以解决的。在全球化、后工业化进程中，人类也许应当换一种"玩法"，把划定边界的做法转变为拆除边界的行动。

在共同体的语境中，我们也将全球社会的共同体形式称作合作共同体。合作共同体是内在于人的，在人的内心中包容了这个共同体。这种合作共同体既不同于工业社会的"族阈共同体"，也不同于农业社会的"家元共同体"。

农业社会的那种原生性的家元共同体因为存在着血缘纽带而使人们天然地将自己的命运与共同体联系在一起。这种共同体中的人们并未经历过只有在工业社会历史阶段中才有的理性洗礼，他们的那种与共同体的同呼吸、共命运还不能看作将共同体内化的状态。相反，他们恰恰是将自己融入到共同之中并作为共同体的一部分来看待的，他们在共同体中寻找归属感，也确实找到了这种归属感。所以，他们天然地把自己的一切都看作属于共同体的。

在族阈共同体中，人们与共同体间的关系变得复杂多了，需要在辩证的理解中去加以把握。就族阈共同体而言，无论是在

"族"还是在"阈"的意义上，共同体都可以成为人的生活、生存和利益实现、自我发展的空间。但是，就人已经生成了自我意识而言，在个人与社会关系的中心—边缘结构中，在一切以自我为中心的心向中，个人都是目的。对于个人这个目的而言，共同体无非是个人诸多可利用的工具中的一种。即使共同体是必需的工具，也不妨碍对其他工具的同时使用。也许正是由于这个原因，族阈共同体往往需要求助于某些建构性的意识形态去号召人们对共同体的热爱，并形成了诸多以"主义"为名的标识性称谓，而且也确实在模糊共同体的工具性方面发挥着较为有效的作用。如果没有建构起这种意识形态，人们也许意识到了同属于一个共同体，却不知道去把共同体作为工具去加以利用，因为人们不知道自己在共同体中能够获得什么样的利益，比如"蚁族"，也许就是这种感性的而不是理性的共同体。总的来说，族阈共同体中的个人与共同体构成了一对矛盾，工业社会在社会治理上经常要处理个人与共同体间的关系，使之能够处在某种平衡状态。事实上，在民族国家以及组织中，这往往是社会治理和组织管理的一项主要事务。

对于作为共同体演进所达到的高级形态——合作共同体——来说，一方面，经历了工业社会的理性洗礼，人们获得了直观共同体在高度复杂性和高度不确定性条件下基准价值的能力；另一方面，人的共生共在观念转化成了人的道德意识，也重塑了人与人之间的伦理关系。由于这两个方面的原因，人们并不满足于对共同体的从属状态，而是将共同体内化于心。也许这种状态在表现形式上会与家元共同体的状况有所相似，但在实质上则是不同的。

即便我们不在全球化、后工业化所开拓的未来这个意义上去谈论合作治理，而是本着现实主义的原则，在全球化、后工业化进程中也会看到，合作治理是指这样一种社会治理形式：首先，是政府与各种各样的社会治理力量合作开展社会治理；其次，是政府各层级之间不再受到官僚制模式限制，而是努力去建构起一种合作关系并开展社会治理的行动；最后，区域政府之间就经济、社会、环境等各个方面的问题开展合作行动。在扩大的意义上，即在民族国家尚存的条件下，国家之间就全球问题也应通过合作行动的方式去加以应对和解决。就此而言，合作治理实际上也就表现为全球治理。

合作治理是全方位的，它意味着一个社会是一个广泛的合作体系，也意味着全球被建构为一个合作体系，在人类所面对的一切非传统问题上，都以合作的方式去加以解决。每一种社会力量，无论是以个体的形式还是以集体的形式出现，也不管是以民族国家还是跨区域组织的形式出现，都是合作行动者，都为了合作的目的而在合作框架中开展行动。今天看来，这是一个似乎不可能得以实现的理想，但在社会的高度复杂性和高度不确定性条件下，在风险社会和危机事件频发的条件下，人类其实是没有其他选择的，唯有合作的道路，唯有以合作治理的方式去赢得人的共生共在。民族国家将成为失去了现实合理性的历史性存在，真正开展合作行动的将是地方性行动体系。所有的地方性行动体系又都是全球性的，拥有全球性的观念和意识，为了不分人种、不分地域的人的共生共在而开展行动。所有的为了人的共生共在的行动所承担的和所要解决的都是具体的任务和问题，也由于任务和问题的具体性而无法遵循同一性的规则，因而是在伦理精神的指引下去开展行动的。

主要参考文献

邓正来、[英]亚历山大：《国家与市民社会——一种社会理论的研究路径》，邓正来译，中央编译出版社1998年版。

《普列汉诺夫著作选集》，汝信等译，生活·读书·新知三联书店1961年版。

韦政通：《儒家与现代中国》，上海人民出版社1996年版。

[埃及] 埃米尔·阿明：《全球化时代的资本主义——对当代社会的管理》，丁开杰等译，中国人民大学出版社2013年版。

[澳] 约翰·S. 德雷克泽：《协商民主及其超越：自由与批判的视角》，丁开杰等译，中央编译出版社2006年版。

[德] 阿尔布莱希特·韦尔默：《后形而上学现代性》，应奇等编译，上海译文出版社2007年版。

[德] 阿克塞尔·霍耐特：《分裂的社会世界》，王晓升译，社会科学文献出版社2011年版。

[德] 彼得·斯洛特戴克：《资本的内部：全球化的哲学理论》，常晅译，社会科学文献出版社2014年版。

［德］哈贝马斯：《合法化危机》，曹卫东译，上海人民出版社2000年版。

［德］哈贝马斯：《后形而上学思想》，曹卫东等译，译林出版社2001年版。

［德］哈尔特穆特·罗萨：《加速：现代社会中时间结构的改变》，董璐译，北京大学出版社2015年版。

［德］哈尔特穆特·罗萨：《新异化的诞生：社会加速批判理论大纲》，郑作彧译，上海人民出版社2018年版。

［德］黑格尔：《法哲学原理》，范扬、张企泰译，商务印书馆1979年版。

［德］卡尔-奥托·阿佩尔：《对话与责任：向后传统道德过渡的问题》，钟汉川、安靖译，浙江大学出版社2018年版。

［德］马克斯·韦伯：《儒教与道教》，洪天福译，江苏人民出版社2005年版。

［德］马克斯·韦伯：《社会与经济》，林荣远译，商务印书馆1997年版。

［德］尼采：《权力意志——重估一切价值的尝试》，张念东等译，商务印书馆1996年版。

［德］诺贝特·埃利亚斯：《个体的社会》，翟三江等译，译林出版社2008年版。

［法］克罗齐耶：《法令不能改变社会》，张月译，上海人民出版社2007年版。

［法］克罗齐耶、费埃德伯格：《行动者与系统——集体行动的政治学》，张月等译，上海人民出版社 2007 年版。

［法］卢梭：《社会契约论》，何兆武译，商务印书馆 2005 年版。

［法］皮埃尔·卡蓝默、安德烈·塔尔芒：《心系国家改革——公共管理建构模式》，胡洪庆译，上海人民出版社 2004 年版。

［法］皮埃尔·卡蓝默：《破碎的民主——试论治理的革命》，高凌瀚译，生活·读书·新知三联书店 2005 年版。

［古希腊］亚里士多德：《政治学》，吴寿彭译，商务印书馆 1965 年版。

［美］W. 理查德·斯科特、杰拉尔德·F. 戴维斯：《组织理论——理性、自然与开放系统的视角》，高俊山译，中国人民大学出版社 2015 年版。

［美］阿瑟·奥肯：《平等与放弃——重大抉择》，王奔洲等译，华夏出版社 2010 年版。

［美］埃德加·博登海默：《法理学——法律哲学和方法》，邓正来译，上海人民出版社 1992 年版。

［美］艾丽斯·M. 杨：《包容与民主》，彭斌等译，江苏人民出版社 2013 年版。

［美］爱德华·霍尔：《无声的语言》，何道宽译，北京大学出版社 2010 年版。

［美］昂格尔：《知识与政治》，支振峰译，中国政法大学出版社 2009 年版。

［美］鲍威尔、迪马吉奥主编：《组织分析的新制度主义》，姚伟译，上海人民出版社2008年版。

［美］查尔斯·蒂利：《强制、资本和欧洲国家》，魏洪钟译，上海世纪出版集团2007年版。

［美］戴维·奥斯本、特德·盖布勒：《改革政府：企业精神怎样改造公营部门》，周敦仁等译，上海译文出版社1996年版。

［美］戴维·约翰·法默尔：《公共行政的语言——官僚制、现代性和后现代性》，吴琼译，中国人民大学出版社2005年版。

［美］道格拉斯·C.诺思：《制度、制度变迁与经济绩效》，杭行译，格致出版社1994年版。

［美］弗兰克·奈特：《风险、不确定性与利润》，郭武军、刘亮译，华夏出版社2011年版。

［美］弗朗西斯·福山：《国家建构——21世纪的国家治理与世界秩序》，黄胜强等译，中国社会科学出版社2007年版。

［美］汉娜·阿伦特：《政治的应许》，张琳译，上海人民出版社2016年版。

［美］赖特·米尔斯：《社会学的想象力》，陈强等译，生活·读书·新知三联书店2016年版。

［美］理查德·C.博克斯：《公民治理——引领21世纪的美国社区》，孙柏瑛等译，中国人民大学出版社2005年版。

［美］理查德·桑内特：《公共人的衰落》，李继宏译，上海译文出版社2008年版。

［美］罗伯特·阿克塞尔罗德:《合作的复杂性:基于参与者竞争与合作的模型》,梁捷等译,上海人民出版社2008年版。

［美］罗伯特·阿克塞尔罗德:《合作的进化》,吴坚忠译,上海人民出版社2007年版。

［美］罗纳德·德沃金:《原则问题》,张国清译,江苏人民出版社2012年版。

［美］玛莎·C.纳斯鲍姆:《正义的前沿》,朱慧玲等译,中国人民大学出版社2016年版。

［美］迈克尔·贝尔雷等:《超越团队:构建合作型组织的十大原则》,王晓玲等译,华夏出版社2005年版。

［美］迈克尔·克尔伯格:《超越竞争文化——在相互依存的时代从针锋相对到互利共赢》,成群等译,上海社会科学院出版社2015年版。

［美］迈克尔·桑德尔:《公共哲学》,朱东华等译,中国人民大学出版社2013年版。

［美］麦金泰尔:《德性之后》,龚群译,中国社会科学出版社1995年版。

［美］麦克尔·巴泽雷:《突破官僚制》,孔宪遂等译,中国人民大学出版社2002年版。

［美］麦克斯·布罗克曼编:《下一步是什么》,王文浩译,湖南科学技术出版社2018年版。

［美］梅雷迪思·贝尔宾:《超越团队》,李丽林译,中信出版社

2002年版。

[美]墨菲:《政治的回归》,王恒等译,江苏人民出版社2001年版。

[美]诺兰:《伦理学与现实生活》,姚新中译,华夏出版社1988年版。

[美]佩特曼:《参与和民主理论》,陈尧译,上海人民出版社2006年版。

[美]乔治·H.米德:《心灵、自我与社会》,赵月瑟译,上海译文出版社2005年版。

[美]乔治·亨利:《进步与贫困》,吴良健等译,商务印书馆1995年版。

[美]乔治·索罗斯:《这个时代的无知与傲慢》,欧阳卉译,中信出版社2012年版。

[美]全钟燮:《公共行政的社会建构:解释与批判》,孙柏瑛等译,北京大学出版社2008年版。

[美]文森特·奥斯特罗姆:《复合共和制的政治理论》,毛寿龙译,上海三联书店1999年版。

[美]伊曼纽尔·沃勒斯坦:《现代世界体系》,郭方等译,社会科学文献出版社2013年版。

[美]詹姆斯·汤普森:《行动中的组织——行政理论的社会科学基础》,敬乂嘉译,上海人民出版社2007年版。

[瑞典]马茨·阿尔维森、[英]休·维尔莫特:《理解管理:一

种批判性的导论》,戴黍译,中央编译出版社 2012 年版。

[印度] 阿马蒂亚·森:《以自由看待发展》,于真等译,中国人民大学出版社 2002 年版。

[英] B. 威廉斯:《伦理学与哲学的限度》,陈嘉映译,商务印书馆 2017 年版。

[英] 安德海·海伍德:《政治学核心概念》,吴勇译,中国人民大学出版社 2003 年版。

[英] 安东尼·吉登斯:《社会的构成:结构化理论纲要》,李康等译,中国人民大学出版社 2016 年版。

[英] 安东尼·吉登斯:《社会理论的核心问题》,郭忠华等译,上海译文出版社 2015 年版。

[英] 安东尼·吉登斯:《社会学:批判的导论》,郭忠华译,上海译文出版社 2013 年版。

[英] 哈耶克:《通往奴役之路》,王明毅等译,中国社会科学出版社 1997 年版。

[英] 霍布斯:《利维坦》,黎思复等译,商务印书馆 1986 年版。

[英] 马克·尼奥克里尔斯:《管理市民社会》,陈小文译,商务印书馆 2008 年版。

[英] 梅因:《古代法》,沈景一译,商务印书馆 1984 年版。

[英] 密尔:《代议制政府》,汪瑄译,商务印书馆 2009 年版。

[英] 欧内斯特·巴克:《英国政治思想》,黄维新等译,商务印书馆 1987 年版。

［英］齐格蒙特·鲍曼：《被围困的社会》，郇建立译，江苏人民出版社2006年版。

［英］齐格蒙特·鲍曼：《全球化——人类的后果》，郭国良等译，商务印书馆2001年版。

［英］齐格蒙特·鲍曼：《寻找政治》，洪涛等译，上海人民出版社2006年版。

［英］瓦克斯：《法哲学：价值与事实》，谭宇生译，译林出版社2006年版。

后　　记

　　这本书是教育部人文社会科学重点研究基地——中国人民大学伦理学与道德建设研究中心的重大项目"社会治理的伦理重构"（16JJD720015）研究成果。课题的名称是葛晨虹起的，付梓时沿用，表达对葛晨虹的纪念。

　　在人大哲学系读博时，葛晨虹低我一年级，因之，她叫了我近30年师兄。我们在校园里是经常碰到的，但因教书做学问是非常独立的事业，平时几乎没有什么交往。2016年的一天，葛晨虹打电话给我，问我中午能否一道吃饭，我感到意外但也很高兴，立即答应说，"师兄请客、你定地方"；她说，"就在'集天'吧，我们现在同时出发，应当同一时间能到"。点餐时，她主动提出由她来点，我理所当然地把这个权利让给了女士。结果，她点了一盘海带丝、一盘土豆丝，均是凉拌的，又为我们两人各要了一碗面。我花了56块钱，同她开玩笑说："你真体谅师兄这个穷书生。"

　　认识葛晨虹的人都知道，她说话的风格简捷直白，不属于交谈型的女性，但我们谈了很多。人大的师生都知道，午饭时间的"集天"是非常嘈杂的，但我们这顿饭吃了较长时间。她的大意是，看过我的《寻找公共行政的伦理视角》和《行政伦理的观念与视野》，希望我沿着这个思路继续做下去。她表达了这样一个看法：伦理学研究应当对社会治理建构、制度设计有所贡献，而且重复了几遍。说到正题上，是希望我能够申报"基地"的课题。她知道我是不爱做课题的，所以反复申述道，"这个课题如果能立项的话，我可以自由研究，基本上不要应付烦琐的中期检查等"。接下来，我按照她的指导，写了一个课题申请论证书。几个月后，她又打电话给我说，专家评审通过了，下一步报教育部，让我开始集中精力做这项研究。这就是本书的缘起。这个研究成果也许与葛晨虹的期望有很大距离，我却迫切希望尽早出版这本书。虽然葛晨虹已经无法读到这本书，但于我而言，需要用这本书寄托对她的哀思和表达对她的感谢。

我是一个在学科上无所归依的学者。我的工作单位是公共管理学院，当公共管理学在中国的土地上还是一棵幼苗时，我给它松土浇水，但在公共管理学界，我似乎一直是一个闯入者。我的大量作品是关于社会学和政治学的，只是早年写了一些伦理学方面的东西，能够被主持基地工作的葛晨虹想起，并邀我申报基地的课题，让我非常感动，就如游子找到了家一样。

不过，在准备出版这本书的时候，我心里还是有些不踏实，伦理学界能否接受这本书，我对此并不感到乐观。我对伦理学当前的研究状况还是比较清楚的，我所理解的伦理学与当下的伦理学研究有着巨大差距，所以，我总感觉这本书不能得到伦理学界的认同，从形式上看，这本书是难以归类到伦理学中去的。我所专注的是伦理精神而不是伦理学的范畴，因此，也许伦理学专业的学者会认为这本书与伦理学沾不上什么边。在我看来，伦理学的范畴不仅可以用来反映伦理精神，也可以用来诠释权力意志和法的精神，既然这个学科的研究工作已经习惯于不甚在意伦理精神了，我也不需要计较于应用伦理范畴叙事。对于这个问题，我在同葛晨虹交流的时候谈到过，在研究过程中，我也把研究提纲拿给她看过，她表示完全赞同我的看法和想法。

  对于我的这项研究工作，葛晨虹的赞同是一个很大的激励，促使我顺利地完成了这本书的写作。遗憾的是，葛晨虹已经读不到这本书稿了。这是她留给我的遗憾，更是留给伦理学这个学科的遗憾。

张康之

2019 年 12 月